世界大战丛书

丘吉尔
第二次世界大战回忆录 12

铁幕

〔英国〕温斯顿·丘吉尔 著
王 敏 译

北京时代华文书局

本书铭言

战争时：坚毅

失败时：不屈

胜利时：宽容

和平时：友善

致　谢

在各位好友帮助下，我得以完成前几卷的著述，这里要再一次表达对他们的感谢：陆军中将亨利·博纳尔爵士、海军准将文伦、迪金上校、已离世的爱德华·马什爵士，以及丹尼斯·凯利先生和伍德先生。还有很多其他人士也曾审阅过原稿，并提出了自己的意见，在这里也一并表示感谢。

有关空军方面的资料是由空军元帅盖伊·加罗德爵士提供的，对此我分外感激。

一直以来，伊斯梅勋爵都在帮助我，还有其他朋友们也愿意随时帮助我。

在此要特别感谢英王陛下政府文书局。一些官方文件原文的版权为其所有，然而承蒙英王陛下政府批准，得以附加在内。出于保密，我对本卷所列的一些电文，谨遵英王陛下政府谕，做了改动。但是都是在本意基础上加以改动的，其原意或者实质并没有变动。

本卷还引用了罗斯福总统的某些电文，经同意还附带了一些私人信函，在此，感谢罗斯福财物保管理事会和我的其他朋友。

温斯顿·斯宾塞·丘吉尔

序　言

这部讲述第二次世界大战的著作，是我独自著述的，完成本书，这部著作就全部完成了。英美联军在1944年6月6日登陆诺曼底，过了十四个月，我们取得了这次战争的最终胜利。这段时期内，发生了几件足以震惊文明世界的大事：纳粹德国战败，被分裂和占领；苏俄攻进了西欧的腹地；日本也战败了；投放了两颗原子弹。

像之前数卷一样，我在本书里所叙述的事件，是在兼任大不列颠首相和国防大臣期间了解到，还有亲身经历的。在写作过程中，当年处在严峻局势下完成的文件和演说稿是我著述的依据，之前几卷也是如此。之所以这样做，是因为我相信它们对彼时发生的事件的描述，比那些时过境迁后的回忆要更加真实。大约在两年前这部书稿就已经完成了，那之后我就忙于其他公务，只能就本书中叙述的历史事件做个大概的、粗浅的核查。另外，还必须征得同意才能收录其他的原始文件。

虽然我们伟大的盟国节节胜利，势不可挡，然而忧虑不安的人们目前仍未迎来世界性的和平。所以，我把本卷命名为《胜利与悲剧》①。

温斯顿·斯宾塞·丘吉尔

于肯特郡，韦斯特汉，

恰特韦尔庄园

1953年9月30日

---

①　英文原书卷名。——编者注

各个伟大的民主国家取得胜利了，
因此又可以再去做那些蠢事了，
须知这类蠢事几乎断送掉他们自己的生命。

目　　录

第一章　筹备新的会议

红军的成果——意大利战争——东欧的政治问题——总统与斯大林针对波兰的信件往来——要启动三个大国的会谈——我支持这一提议——我在1月1日给罗斯福先生的电报以及他的答复——我尽量筹备一个联合参谋长组委会会谈——哈利·霍普金斯在1月21日到了伦敦——对雅尔塔这一地方的忧心——1月29日我坐飞机去了马耳他——2月2日瓦莱塔港的情况——英国和美国的参谋长们的争论——在寒冷的冬天中飞去萨齐——直接开车去雅尔塔

苏联军队开赴到波兰、匈牙利边界的事，上几章已经说了。10月20日，俄国人在攻占了贝尔格莱德后，又穿过了多瑙河，但当他们向匈牙利平原深处挺进时，遇到激烈的反抗。11月29日，他们进攻多瑙河上的一个桥头阵地，那里离布达佩斯南面有八十英里，然后又向北挺进。12月底，首都已被团团围住，惨烈的巷战在长达6个星期的时间里发生了好几起。德国人在巴拉顿湖的岸边展开了强劲的抗争和激烈的反扑，这使得俄国人不得不暂时休兵，直到下一年的春天。

在波兰的战场上，俄国人在夏季进行过大举进攻后，把秋天的那几个月用来收束军队。1月，准备工作完成。他们从散多梅尔的前线出发，从国界穿过，月末便插入了西里西亚的巨型产业盆地，又向北走，穿过了华沙两边的维斯杜拉河，1月17日，他们占领了那座城市，不仅如此，在进攻波森的时候，他们还以扇形队列压向奥得河下游，直扑什切青和但泽。在进攻东普鲁士的时候，他们从东、南两个方向一起进军。到了1月末，整个国家只有格尼西斯贝格的战略要地因为派了大量的兵将守护，不曾被他们攻占。在4月之前，守卫那里的士兵都跟但泽那里的一样，持续着不屈而无望的抗争。在库尔兰德被斩断的德国军队因为希特勒的禁令，直到德国投降才离开那里。

苏联军队的最高作战指挥部使用了大概三倍的强势步兵和压倒性的空军，采用的作战策略和1918年发生在福煦的最后那场胜仗很像：一会在这儿、一会在那儿的连串战斗，把那条宽广的战线打出了众多相连的断口，最后敌人只能把战线全部后移。

* * *

我们在西面的战场虽然不大，但通过它我们一样到达了德国的边界。因此，希特勒的队伍在1945年1月底事实上已经被逼回了德国境内，只有匈牙利和意大利北部还有些不堪一击的根据地。就像我之前说过的那样，亚历山大在意大利的进攻虽然精妙但却毫无希望，由于被斩断，已经停下来了。从11月起的6个月，战略空军和作战空军开始对德国至意大利的铁路线展开空袭。因为变电站被毁，大半的伯伦纳线只能放弃电力，改用蒸汽作动力，其他地区的敌军在支援、补养的行动上也严重受阻。坎农将军（美国空军总司令埃克将军的下属）指挥的联合作战空军，战况日趋紧迫，不能全部记述，他们顶着严酷的天气镇压敌军，为秋天的战争提供了极大的帮助。亚历山大将军电报中的称赞是他们应得的。

坎农将军是个天生的领导者，他时常帮助我、支持我，我从中获得了鼓励，所以对我来说，再怎么称赞他都不过分。他的功劳，从我们丝毫不受敌人空军滋扰，从我们获得的频繁、强劲的增援，就能做出评判。当我们进入敌军的阵地，被炸掉的桥、不能通行的铁路、敌军被毁的车，一个挨着一个，随处可见。

不过要想彻底解放意大利，不到明年春天是不行了。

三国会议即将开始，在此之前的战局就是上面这样。

* * *

政局并不让人满意，起码东欧如此。希腊的安宁还不稳，不过看起来在时间合适的时候，基于大选和无记名投票的、自由民主的政权是能被建立起来的。可是，罗马尼亚和保加利亚已经被苏联的军队控制了，匈牙利和南斯拉夫的上空也飘浮着战争的阴云。波兰虽然逃脱了德国的魔爪，但只是换了个掌控者而已。我在10月到访莫斯科时，曾和斯大林达成了一个非正式的临时决议，可当德国战败，这片辽阔的土地并不会被这一决议掌控、左右。而且从我本心来说，我也没想过要那样。

战争结束之后，欧洲的整体形象和架构需要重新探讨，这十分紧迫。当纳粹被粉碎，德国怎么处理？在最后打败日本的战争中，苏联能为我们提供些什么？当达到军事目标，为了保证世界未来的安宁和有力的管控，三大盟国要采取什么举措，建立什么组织？敦巴顿橡树林会谈结束时，还有一些问题没有达成共识。1944年，我和艾登先生到访克里姆林宫时，历经千难万险，好不容易促成的那个谈判，竟然和敦巴顿会谈拥有一样的结局。这个会谈发生在由苏联人提供的“卢布林波兰人”和“卢布林波兰人”来自伦敦的同行之间，虽然规模不大，但意义重大。总统和斯大林在米科莱齐柯与他的伦敦同行断绝来往时，曾经通过信，那些通信十分乏味（这些情况罗斯福先生始终没有瞒过我），可是1月5日，俄国人竟然认可卢布林委员会为波兰的临时政权，把英美两国的意愿抛到了脑后。

*　　*　　*

总统和我说过，他和斯大林有过下面这些电报沟通。

斯大林元帅致罗斯福总统　　　　　　　　1944 年 12 月 27 日

……米科莱齐柯和波兰人民委员会的会谈不过是障眼法，这从米科莱齐柯到访莫斯科之后发生的一些事中可以得到证明，其中最重要的一件事是，我们在波兰流亡政府秘密使徒——我们在波兰境内抓获的恐怖分子——那里拿到了他们和米科莱齐柯官方的无线通讯。他们是想站在米科莱齐柯政府的背后操纵恶毒的恐怖袭击，来对付波兰境内的苏联官兵。尽管苏军是来解救波兰的，但波兰的流亡者仍旧操控恐怖分子杀害在波兰的红军军官和士兵，组织恶毒的抵制苏军的动乱。事实上，他们和敌军是站在一起的，我们无法接受这个。有两件事让事情变得更糟了，而且危害了波兰和流亡政权的关系。一件是米科莱齐柯被换成了阿尔奇谢夫斯基，另一件是波兰流亡政权部门首长的大换血。在这段时间里，波兰的流亡政权已经有了很大的战果：比如增加波兰国家以及政权的行权机构，壮大强化波兰军队，落实很多政府发布的命令，最先开始的就是对农民有好处的土改。所有的这些，已经稳固了波兰的民主势力，让波兰人和国外大量的波兰阶层进一步认可了人民委员会。

在我看来，我们的着眼点应该放在，认可波兰人民委员会的人和所有愿意跟它结盟，也有能力跟它结盟的人身上。这对联盟和我们实现尽快粉碎希特勒德国政权的共同目标，有很大的好处。苏联既然已经承担了将波兰从德国这个占领者手中解救出来的职责，那苏联现在要做的，就仅仅是和波兰人自己建立的新政府保持良好而亲密的关系。新政府已经得到了进一步的发展，并建立了军事力量。现在这支队伍正在和红军一起抗击德国人。

波兰人民委员会若是把自己变成波兰临时政权，按照上面的情况，说实话，苏联没道理不马上认可。要知道，任何国家都不会比苏联更需要一个亲近联盟的民主波兰。波兰的情况和苏联的安稳关系密切，这一方面是因为苏联是解放波兰之战的主要责任人，一方面是因为波兰和苏联是邻里。苏联在波兰境内和德国对战时，之所以能取得胜利，与波兰非战区的平和、可信赖有很大关系，这一点我需要额外说明。这件事波兰人民委员会看得很明白，可是流亡政府和它的密使却在红军的身后筹谋内部战争，让红军的成功因为这种要挟而受损。

此外，从波兰的现状来看，我们也应该放弃流亡政府的策略了。波兰人已经不相信它了，而且我们战胜德国的共同目标，还因为它在苏联红军的身后制造内部战争而受到了损害。我相信对于我们的共同目标来说，这样做——先让联盟各国政府达成协议，然后立刻派代言人和波兰人民委员会的代言人沟通，保证波兰人民委员会变成波兰的临时政权时，经过一阵子缓冲，就承认它的合法性——是非常有好处的，而且是自然而然的，也是公平的。要不然，波兰人恐怕会不再那么相信我们。那些在伦敦的波兰逃亡者，我们为了他们的权益而不顾波兰的权益，我可不想面对波兰人这样的指控。

对于这件事的回应，罗斯福把他回复的电报给我看了，说得很清楚：

罗斯福总统致首相　　1944年12月30日

我们步调相同，这一点你可以从下面这些信看到，这些信我今天已经发给斯大林了。

“你在12月27日发来的电报让我心神不宁，也非常灰心。认可卢布林委员会作为波兰临时政权，这件事我们暂且放在一边，等我们能坐到一起就整个问题进行讨论的时候再说。关于这件事，你在电报说，你并不想这样。但我认为贵国政府和军队并不会因为把纯粹是律法上的认可放到一个月后，受到多大程度的影响，毕竟这离我们将要到来的见面没多长时间。

“我并没有要求你减少和卢布林委员会的来往，在伦敦的波兰政府，我也没要求你一定要和它接触或者认可它目前的组织架构。假设苏联承认了波兰的其他政权，可是包括英美在内的联合国家多数成员国却依旧认可伦敦波兰政权，还继续和它交际。在目前的战争中，这无论是对公众言论，还是对敌军气焰都太糟了，甚至会带来非常可怕的结果。这也是我为什么一定要你晚些再承认，是因为我相信你想到这些。

“你很坦白，那我也坦白地跟你说，波兰政权也好，伦敦波兰政权也罢，对我们来说都没什么特别，我们现在承认的是在伦敦的波兰政权，不会放弃它跟着你们去认可目前这样的卢布林政权。这完全是因为无论是从哪方面，卢布林政权的发生以及它之后的发展情况，美国的国家和人民都找不到理由相信，以卢布林委员会目前的架构，它可以理直气壮地作为波兰民众的代言人。截至目前，从德国的残暴统治中逃脱出来的波兰领土，只有寇松线西面的一小点地方，我们必须看到这个实际情况。波兰人根本没机会表达自己对卢布林委员会的看法，这个事实是无可争议的。

“要是哪天波兰解放了，哪个临时政权是波兰人自己拥戴成立的，我国政府自然会尊重波兰民众的意愿。

“你说米科莱齐柯离开伦敦波兰政权之后形势变得更糟了，这一点我十分赞成，米科莱齐柯，我敢肯定他是真心想要清除苏联和波兰间的所有争执。我直觉只有他才能领导波兰解决波兰目前面临的困境和危害。就我个人而言，无论是他给我的印象，还是他在华盛顿时跟我说的话，或者是他在到访莫斯科那段时间的努力和举措，都很难让我对他产生怀疑，我不信他知道恐怖分子操控的那些事。

“我写这封信的目的是告诉你，对于认可现在的卢布林委员会为波兰临时政府这件事，我国政府所持有的态度。我仍旧希望苏联能暂时不要宣布承认卢布林委员会为波兰临时政权。因为再没有什么时候比现在更让我相信，当我们三个坐在一起的时候，能够解决波兰情况。在军事层面上，我也相信一个月的延迟，不会有什么影响。”

对此，斯大林的回答是：

斯大林大元帅致罗斯福总统　　　　1945 年 1 月 1 日

你在 12 月 30 日发的电报，我已经拿到了。

不能让你认可苏联就波兰问题的决定，我感到很失望。可是我希望你能随着情况进一步的变化，知道在对抗希特勒德国的战争中，波兰人民委员会，始终在支援联盟，尤其是红军，而且他们以后也会如此，但在战争中，伦敦流亡政府却为了支援德国人筹谋分裂。

你要求苏联延迟一个月认可波兰临时政权，可发生了一件件事，使得虽然能明白你，却不能答应你。波兰人在 12 月 27 日就曾问过我们这个问题，当时苏联顶级理事会的回答是，只要他们宣布成立波兰临时政权机构，苏联马上就会宣布认可。因为这样，我实在没办法答应你了。

恭祝新年快乐，身体康健、工作顺利。

*　*　*

针对波兰问题，现在我收到了斯大林直接给我的电报。

斯大林大元帅致首相　　　　　　　　　　1945 年 1 月 4 日

卢布林波兰委员会发布的，把波兰人民委员会变成波兰共和国临时政府的通告，你肯定已经知道了。苏联和波兰人民委员会的纠葛你也了解得很清楚。我相信这个委员会在波兰的威望很高，可以合理合法地代表波兰国民的意愿。米科莱齐柯离开了流亡政权，而因为他的离开，流亡政权也失去了政府的形象，所以我们认为波兰人民委员会成为波兰临时政府的时机刚刚好。我们已经答应认可波兰临时政府了，因为在我看来波兰总要有个政府。

一点也没办法让你赞同苏联政府对波兰情况所持的立场，这让我觉得非常可惜。但是我希望，我们认可卢布林波兰政府，不但有利于联盟整体工作的目标，还能让我们更快地战胜德国这些事，能够随着事情的进一步展开而被证实。

为了方便你考量，我把我发给总统的两封关于波兰的电报也发给你。

我们三人将在这个月末，或者下个月初进行协商，就我所知，总统已经跟你说过，并取得了您的许可。能在我国见到你们，我感到非常开心。祝愿我们共同的事业一切顺利。

就着这个机会，我祝你新年快乐、工作顺利，身体健康。

我认为电报沟通没什么用处，必须面谈才有可能。

首相致斯大林大元帅　　　　　　　　　　1945 年 1 月 5 日

你把你关于波兰问题发给总统的两封电函发给我，我在此表示感谢。针对目前事件的发展情况，我和我议会的同事们确实觉得头痛。这些事情我确信再没有什么办法，比我们三人面对面地就所有的这些问题进行沟通更有用了。在商讨这些问题的时候，我们要把它们同战争，以及逐渐和平的全世界的形势关联起来，不能把它们当作独立的问题。我们的立场在这段时间并没有发生变化，就如同你知道的那样。

* * *

总统认为必须再次举行一次三方会谈，为此花了不少时间来协商会谈事项。这时往往会讨论到会谈的地点。“斯大林无法在地中海和我们见面，我打算把会谈地点放在雅尔塔。那里，无论是岸边的登陆设备，还是空中的飞行环境，都是最好的，差不多是黑海上最合适的地方了。跟我同去的大约有三十五人，和去德黑兰时没什么不同。我还是希望，军事情况能够影响斯大林元帅，让他顺从我们的意愿。”

对此，我是这样回应的。

首相致罗斯福总统　　1944 年 12 月 29 日

我会把海军关于雅尔塔的调查给你发过去。若是会谈地点最终选定那里，为了便于我们休息的需要，最好安排几艘驱逐艇。卡塞塔的空军基地和气象中心，都可以作为飞行的起点，飞行环境很好。我还坐着约克号飞机在辛菲罗波尔着陆过。不过，假使我猜得不错，斯大林应该是在岸上准备的。我会尽力把随同人员的数量减到最少。在我看来，会谈的时间安排在 1 月末比较合适。安东尼和莱瑟斯必然会和我一起去。

罗斯福先生 30 号发来电报，说总统任职大典一结束，他就坐船去地中海，再坐飞机去雅尔塔。对于这件事，我马上表示了赞同，由于我们在岸上的住处有些紧张，我还答应安排一艘轮船去塞瓦斯托波尔。而我本人会从卡塞塔直接坐飞机过去。我在 12 月 31 日致电罗斯福先生，问他说，“你为这次活动取名字了吗？如果还没取的话，不如叫‘阿果诺特’，这个名字不会让人做什么猜想，只是个地名。”

不过总统身边的人，他的大夫、参谋，以及别的什么人，认为在意大利和雅尔塔之间的山峰，会使得飞机飞得太高，并不适合总统，希望总统改变路线，从卡塞塔起飞。海军上将休伊特的意见是，先坐船去马耳他，然后再换乘飞机，飞往雅尔塔。我认为可行。

首相致罗斯福总统　　　　　　　　　　1945 年 1 月 1 日

假使你来马耳他，我们会很高兴的，我们会去港口迎接你，你还能看到你在一年前为马耳他题词的雕刻版。我们会布置好所有的事。谁也别改了。让我们当机立断，就从马耳他去雅尔塔吧！

为了愉悦自己，这一含义被我修饰成了句子：

我们不需再改变、犹豫或者混乱。

从马耳他去雅尔塔，从雅尔塔去马耳他。

我的电报发不发，也许意义不大。

罗斯福总统致首相　　　　　　　　　　1945 年 1 月 2 日

按照我们的计划，我们会在 2 月 2 日中午之前坐船去马耳他，然后立刻飞往雅尔塔，再不更改。能在港口和你见面，实在是太让人兴奋了。

我非常喜欢你关于“阿果诺特”这个名字的提议，耿直是我们二人共同的祖先。

* * *

在华盛顿的哈利法克斯阁下在他的汇报中谈到：他发电的前一天见过总统，在他看来，总统的“脸色不太好”，不过罗斯福先生表示自己没什么问题，还说对于即将到来的会面十分期待。总统说，在他看来，我们在希腊所做的事意义重大，不过很可惜，当时没能到访英国；太平洋上的日本自杀式飞机，造成的结果是，一个日本人的命要用四五十个美国人来换，这让他非常重视。他相信不管是哪场战争都不会轻易完结。

我因为这些言论和某些别的考量，非常想举办一个联合参谋长组委会会谈。在见到斯大林之前，我们两个或者担任大会主席，或者参会。于是我发了下面这些电文。

首相致罗斯福总统　　　　　　　　　　1945年1月5日

1. 你能在马耳他呆上两三天，并安排参谋们参加一个秘密会议吗？艾森豪威尔和亚历山大都会出席。在我们看来，我们很有必要商讨一些和苏联人无关的事。比如日本的事，比如以后怎么调配意大利的队伍。我们会把所有的事都准备妥当，只要你答应就行。

2. 你的这次行程不包括我们的岛屿，这让我们非常失望。假使你先去访问法国，然后才来英国，我们会十分遗憾，而且会给我们一种非常令人懊恼的印象。事实上我们会认为你在藐视你最紧密的合作伙伴。如果我所料不错的话，你的行程将只有地中海和黑海，若是如此，怕只是又一次的“到访德黑兰”罢了。

3. 我和国家总参已经在凡尔赛的艾森豪威尔总部停留两天了，这两天非常有意思。戴高乐恰巧也在那个时间到了。他是为了南方（斯特拉斯堡）的事来的，那件事，我们两人作为政府领袖得到过电报通告。我们举行了一个临时会议，对那件事做了一些让他高兴的改动。对他，艾森豪威尔可一点都不吝啬。

4. 我现在正在艾森豪威尔的火车上，要去探望蒙哥马利。糟糕的天气不适合飞行。整个国家都被雪覆盖着。希望我能在周六到达英国。

希望你万事如意。

总统起先认为我们在马耳他先举行一个准备会议，是没什么希望的。他说，他会在2月2日到达马耳他，前提是海上的天气不坏，而且为了按时和斯大林会面，也不能在马耳他停留。他在电报中说：“这次行程时间上的问题，让我非常可惜。我无法按照你说的，在‘阿果诺特’之行前面，先在马耳他举办英美两国的总参谋长会谈。我相信先在马耳他举行会谈并不会让我们在雅尔塔得到什么机会。由于距离太远，我无法像你那样去战斗的最前方了解情况，所以我真羡慕你。”但是，对于我的建议，我并没有妥协。我在12月6日曾经致电总统，谈及我们在西欧和北欧的军事行动给我带来的忧虑，读者们应该还有印象。现在这些问题一样让我忧心忡忡。在去雅尔塔之前，英国和美国的参谋长们先谈一谈，是很重要的。而且，我想让他们先去前线了解一下情况，所以他们中的重要成员最好比我们早到马耳他两天或者三天的时间。另外，如果艾森豪威尔可以离开战场，我想让总统让他一起来。亚历山大我也带上。这样的话，和准备会议的意图相同，外交部的大臣们也需要举行一个相仿的会议。莫洛托夫和刚刚上任的斯退丁纽斯，是否会随同总统一起过来，这个我并不清楚。不过，我想让艾登、斯退丁纽斯、莫洛托夫，先在亚历山大港或者金字塔地域进行一次会谈，时间大约在我和总统到雅尔塔前一星期。

因此，1月8日，我再次发电，说了这个建议之后，又说：

我们的军事成员在我们到雅尔塔以前，先花几天时间举行一次会谈，在我看来，仍旧十分必要。那段时间，我们要商讨的是和军事无关的政治，并不需要军事家们的建议，所以他们有在塞瓦斯托波尔开一次会的可能。就算是这样，在此之前也有很多问题要先进行协商，包括我们开会时进行商讨的顺序。

你认为我们在雅尔塔停留多长时间合适？这个会议发生的时

机，是联盟的大成员国之间意见相左，但我们跟前的战争阴云却更加庞大的时候，所以它有极大的可能会是一个关系生死的会议。我现在觉得这次战争的结局可能会让人感到遗憾，甚至还不如上次。

总统的回复是，为了能够和英国的参谋们在1月30日上午举行会谈，他已经下了命令，让马歇尔、金和阿诺德和他们的辅助者按时到达马耳他了。至于斯退丁纽斯，由于罗斯福先生自己将会离开国家很长时间，如此，国务卿就不能也在国外长时间停留了，所以他不能让他来参会。我们将会在马耳他碰头，然后一起去参加三国会谈。

他最后说："在我看来，在雅尔塔停留的时间，最好在五六天以内。我和约大叔约好了时间，假使可以，我一点也不想改变。"

我仍旧固执己见，因为在我看来，这个时间太短，也就比没开这个会好一点儿。

首相致罗斯福总统　　　　1945年1月10日

1. 谢谢你同意联合参谋长组委会准备会议的事。

2. 艾登非常希望斯退丁纽斯和美国的参谋长们能早两天到马耳他开会，因为他想先和斯退丁纽斯简单地商量一下会议安排，他还专门跟我强调过这件事。我敢说，即使莫洛托夫没来，这也十分必要。只有这样我们才有可能在五六天的时间里达成我们对世界架构的期望。原谅我的固执，就是无所不能的主，也要七天才能完成。

3. 你发给国会的官方文件我正在详读，我得说，这个咨文写得非常睿智。

希望你万事如意。

可是总统回复说，1月31日之前到达马耳他，对公务繁忙的斯退丁纽斯来说实在太难，所以他决定让哈利·霍普金斯来英国，和我、艾登进行磋商。霍普金斯在1月21日坐飞机到了伦敦，我们就三国会议中可能会谈到的一些问题，以及上个月我们因为波兰、希腊、意大利产生的矛盾进行了讨论。我们在三天的时间里进行的讨论，有很多相当坦诚。霍普金斯在报告中表示我们的言辞“十分富有攻击性”，但会谈成果“喜人”。他说，我曾经对他说，按照我们现在所有的关于雅尔塔的报告来看，那是个糟糕至极的会谈地点，就算再用十年，我们也找不到比它更糟的了。不管怎么样，从我们出发那天我收到的电报来看，总统的参谋们也有点担心。

罗斯福总统致首相　　　　1945年1月29日

看起来奔赴“阿果诺特”的路并不像起初说的那么容易。我派了一些人去探路，我会问问他们，离开马耳他之后，怎么走合适。

从目前收到的消息看，我赞同你的说法，在我们确实确定行程时，马上知会约大叔。

现在罗斯福已经身处大海之中，大家都无力再做什么了。不过没过多长时间，他的预见就成真了。

* * *

我在1月29日离开了诺索尔特，乘坐的是阿诺德将军提供的“空中之王”一样的飞机。和我同机的，有我女儿萨拉、官方随行者、我个人的秘书马丁先生和罗恩先生，以及海军中校汤普森。在另外两架飞机上的，是我其他私人随行和各个部门的若干官员。1月31日，天还没亮，我们到了马耳他。我在那里才知道，在班泰雷列岛附近，其中一架飞机失事了。不过生命就是这样不可预测，飞机上的所有人，三位机组人员和两个乘客，全部生还。

我在路上突然发了高热。摩兰勋爵劝我，中午之前要一直在飞机里卧床休息，我照做了。之后，我到军舰“猎户座”上休息了一天。晚上，我感觉没那么难受了，和马耳他统帅，及哈里曼先生一起吃了顿晚饭。

总统和他的随行人员，在2月2日清晨，乘坐美国军舰“昆西”号进入瓦莱塔港。那天天气和暖,天空中一片云彩都没有。我站在“猎户座”的甲板上向前张望。在美国的巡洋舰从我们边上驶过，慢慢停在港口侧面的泊位时，我在船桥的位置看到了罗斯福总统坐在那里的身影，于是我们互相招手示意。那场景实在是壮丽：喷火式战斗机在天空中护航，礼炮声隆隆，码头船厂邀请的乐团演奏美国国歌。在我看来，我的病已经不那么严重了，能够上“昆西”号用餐。当晚6点，在总统的官用客舱中，我们举行首次正式会谈。我们在那儿看到了几份报告，有联合参谋长组委会的会议简报，也有马耳他三天前发生的军事磋商的报告。顾问们的工作完成得很好，艾森豪威尔的战斗方案：把队伍带到、带过莱茵河，是他们商讨的中心。关于这个问题存在的分歧，还是放在其他章节再说比较好。毫无疑问，翻检整个战斗经过是这个时机必须要做的事。比如，如何抗击德国的潜艇，以后会发生的东南亚之战、太平洋之战以及地中海的形势。他们要求我们在希腊调出两个师的兵力，我忍痛答应，只要时机合适，立即进行抽调，但我也说得很清楚,要我们这样做,只有希腊拥有了自己的军事力量才行。为了支援西欧、北欧，意大利也得抽调三个师出来。不过，我强调说，两栖力量不能撤出得过多。不管在意大利的德国人在哪里投降，对我们来说，可以及时跟进都是十分必要的。由于“除非有需要，否则我们不能让俄国人在西欧占据太多地方，”所以我们最好在奥地利多占领一些地方。我们在军事层面上基本没什么分歧，讨论的成果喜人，即：在和俄国竞争者见面之前，联合参谋长组委会确定了自己的位置。

当晚，在“昆西”号上，我们举行了会餐，并就艾登和斯退丁纽斯在几天前讨论的相关政治问题进行了非正式磋商。等到了雅尔塔，这些问题还会被提起。我们在那天晚上就出发了。总统原本计划只带三十五个随行人员，结果我们两人的随行人员都翻了十倍那么多。为了把英美代表团差不多七百人的成员，全部运到一千四百英里以外，位于克里米亚的萨齐机场，十分钟，运输飞机就要飞一次。为了进行技术准备工作，英国空军支队在两个月前就到那里驻扎了。

晚餐结束，我登上私人飞机就去歇息了。这次飞行，时间很长，也很冷，我们着陆的机场被厚厚地白雪包裹着。我又站着等了一会儿总统，因为他的飞机还没到。他是被人顺着“神牛”号的梯子搀下来的，脸色看着非常糟。我们观看了仪仗队，他坐在没有顶的汽车中，我跟在他的身边。之后，莫洛托夫和俄国一行带着我们的随行人员去了一个大帐篷吃甜点。

很快，我们又从萨齐出发去雅尔塔，坐车走了很长的路。和我坐在一起的，是摩兰勋爵和马丁先生。我们谨慎地带了面包，里面还夹着肉，可是我们才把面包吃下去，就到了一幢很大的建筑中。某个人告诉我们莫洛托夫正等我们来。他为我们准备了午餐，内容十分丰富，差不多够十个人食用。现场只有莫洛托夫和他的两个下属，显然，他们没发现总统他们。莫洛托夫很开心，宴席上都是俄国国宴上的美味佳肴。尽管我们已经吃过饭，没什么食欲了，但我们并不想被他们发现。

我们在路上花费的时间，大约是八个小时。沿路时常能看到列队的俄国士兵，还有些排成排的女人，站在村中的道路上。还有些人站在重要的桥上和山路上，还有些孤立的支队散落在别的据点。当我们翻过高山，走近黑海沿岸时，温暖而明亮的阳光、平和的天气忽然将我们笼罩在其中。

第二章　雅尔塔的世界和平方案

瓦尔隆佐夫宫——俄国人细心的接待——斯大林2月4日到访——奥得河和阿登——2月5日首次全员会谈——德国的将来——分割和补偿——罗斯福先生重大宣言——2月6日二次会谈——法国一定要攻占一块德国的领土——争论敦巴顿橡树林会谈——斯大林的意见——世界机构和大国相同——莫洛托夫认可新的方案—— 一些俄国的共和国盟友和世界机构——我在2月8日给战时议会发电报——2月8日第四次会谈的议案——受斯大林之邀到约索波夫宫参加晚宴——严肃而友善地会谈——斯大林讲往事

瓦尔隆佐夫宫是俄国在雅尔塔的总部。就是这儿，斯大林、莫洛托夫以及俄国的将领们对俄国的政事进行处置，对正发生的激烈而广泛的战争进行部署。罗斯福总统所处的利瓦吉亚宫离瓦尔隆佐夫宫不远，但更加庞大华美。由于罗斯福总统行动不便，全体会议就在那里举办。就这样，我们占用了雅尔塔所有还完好的房子。我和一些重要的英国代表被安排在一栋雄伟的别墅里，离利瓦吉亚宫大概五英里远。这栋建于十九世纪的别墅，是俄国王爵瓦尔隆佐夫邀请一位英国建筑师设计建造的。这位瓦尔隆佐夫还曾担任过俄国驻圣詹姆斯大使。

和我住在一起的有我的女儿萨拉、艾登先生、卡多根爵士、布鲁克爵士、坎宁安爵士、波特尔爵士、大元帅亚历山大、阿齐博尔德·克拉克·科尔爵士、伊斯梅将军、摩兰勋爵，还有一些别的人。代表团里剩下的人分别安排在两个招待所里，到我们这里大概要走 20 分钟。那些人，无论是不是高级官员，都五六个人一间，看起来没有谁觉得不妥。由于十个月前德国人才从附近退走，所以周边的建筑被损坏得很厉害。还有人告诫我们说，只有别墅周边园林里的地雷被清除干净了。俄国的士兵像平时一样在别墅进行周密的巡视。我们没来的时候，在这里工作的人有一千多，门窗都被修葺好了，还从莫斯科运来了全部摆设和用具。

我们所住的地方风景优美，令人着迷。别墅一半采用了哥特风，一半采用了摩尔风。它身后倚着高耸的雪山，最高处的顶端就是克里米亚最高的山峰。漆黑、辽阔的黑海在我们面前延伸开去。这本是一个让人觉得寒冷的时节，可是我们却从中感觉到了和暖和惬意。白玉雕成的狮子守护在大门处，院外的花园十分漂亮，一些亚热带的植物，松树、柏树等种在里面。赫伯特家曾经在威尔顿画过全家福式的画像，在我们饭厅的壁炉两边就挂着这些画像的复印件。瓦尔隆佐夫亲王可能娶过赫伯特家的某个女儿，所以把它们从英国带到了这里。

为了让我们对这里的生活感到惬意，主人翁尽了最大的努力，就是我们随口说的话，也被倾心留意。波特尔有次在观看那些长在大玻璃柜里的盆栽时说，要是有鱼就好了。结果，不过两天，他们就弄了很多金鱼过来。还有一次，有人突然说鸡尾酒里没放柠檬片，结果礼堂第二天就出现了一棵柠檬树，上面长着密密麻麻的柠檬。所有的这些必然是从遥远的地方空运到这儿的。

* * *

斯大林在我们到这儿的第二天，2 月 4 日下午 3 点，来看望我。我们针对抗击德国的事进行了详谈。他对此并不担心，德国物资匮乏，面包、煤炭都不充足，运输线也被毁坏得很厉害。我问他说，假使希特勒南移，例如去德累斯顿，俄国会怎么做？他说：“追上去。”

然后补充说，红军在奥得河的另一面已经占据了若干碉堡，而德国派来负责防守的人，不过是个没经过训练，毫无组织纪律，且装备落后的民兵突击团，所以奥得河已经不是阻碍了。为了守住这条河，德国人曾准备在维斯杜拉河调一些受过训的军队过来，但俄军的武装部队已经和他们错开了。现在德国担当机动、战略援助角色的部队，只有二三十个几乎没受过训练的师。德国人把几个训练有素的师放在了丹麦、挪威、意大利和西面的战场，不过总体而言，我们已经攻破了他们的防线，而他们的计划也只是把缝隙填补好。

美军受到了龙得施泰特组织的进攻，我问斯大林对此的看法。斯大林说，德国人这样做是为了挽救颜面，但这可不是什么聪明的做法，他们已经受到教训了。德军现在存在体制问题，但这样做是治不了病的。他们的顶级将领只剩下了古德里安这个激进分子。德国被截断在东普鲁士的那几个师或许能被用来守卫柏林，前提是德国人能够快些把他们撤出来。不过德国人太不聪明了。布达佩斯那十多个师的兵力，让他们没办法认识到，他们已经离开了世界强国之列，他们已经没有随心所欲地取得军事力量的能力了。当然他们早晚会认识到这一点，不过那时候已经太晚了。

然后我邀请他到我的地图间参观，皮姆上校已经把地图挂起来了。我先对我们在西面的战争策略进行了说明，然后亚历山大将军介绍了意大利的时局。斯大林的论调听起来非常幽默：我们不一定会迎来德国人的反击。为了直接打到维也纳，我们或许可以把所有的队伍都派到南斯拉夫和匈牙利去，让他们和红军在这儿汇合，把阿尔卑斯南侧的德军包圆，只留下几个英国的师在战场上。我说，“我们也许没办法从红军手里拿到完成这件事的时间。”我并没有生他的气，因为我知道他只是随口说的。

*　*　*

我、总统和斯大林在五点的时候一起对军情，尤其是俄国在东面战场的展开情况进行分析。我们一方面详细地了解了俄军取得的成绩，另一方面商定了各自参谋长下次磋商的议题。我说，有一个问题我们要讨论一下：德国人从意大利调 8 个师对俄国人进行反击，需要多长时间，我们又该如何应对。为了增强我们在别的地方的攻击力，我们或许可以从意大利北面调几个师出来。还有一个问题，为了和卢布那峡谷左边的俄军汇合，我们是不是应该从亚得里亚海的最上面攻击。

会谈在非常诚挚、友善的氛围中进行。马歇尔将军针对英军、美军在西面战场的良好情况做了简单的说明。斯大林说，俄军并不是因为德黑兰的决断才发动了一月份的那次攻击，而是因为正义。他当时还问了他若想继续帮忙应该怎么做。我的答案是，三国总参齐聚，正是对联盟各国在整体军事配合上进行检查的好时候。

*　*　*

2 月 5 日下午 4 点 13 分，此次会议的首次全体会议启动。我们，包括三名翻译在内的二十三个人，坐在利瓦吉亚宫内的一张圆形的桌子边。斯大林、莫洛托夫带来的成员有维辛斯基、麦斯基、俄国驻伦敦大使古谢夫和俄国驻华盛顿大使葛罗米柯，以及担任翻译的巴甫洛夫。罗斯福和斯退丁纽斯是美国代表团的领袖，他们带来的人有，同为海军上将的莱希和博尔纳斯，哈里曼、霍普金斯、国务院欧洲部部长马修斯，以及兼任翻译的国务院特别助理伯伦。我和艾登坐在一起，亚历山大 · 卡多根爵士、爱德华 · 布瑞奇斯爵士、英国驻莫斯科大使阿齐博尔德 · 克拉克 · 科尔爵士，都是我的代表团成员。担任翻译的是波尔斯少校，自从 1942 年我和斯大林第一次在莫斯科见面，他就开始做译员了。

关于德国的将来的问题，在会谈的最开始就提到了。这个问题我自然早就认真地想过了，还在一个月前就给艾登先生写了信。

首相致外交部长　　　　　　　　　　　　1945 年 1 月 4 日

1. 战争结束后如何处置德国。这样宏大的问题要现在定下来，还为时过早。毫无疑问，严格的军事控制是德国有生反抗力量消失后，要做的第一件事。假使德国还有秘密运动，这件事可能要做若干个月，甚至是一两年。

2. 如何处理鲁尔、萨尔区的工业区，像这样对德国进行瓜分的现实问题，也要解决。即将开始的会谈可能会对这些问题进行探讨，不过在我看来，那时也未必会有最后的决定。现在，没有人能对欧洲的将来进行预测，大国间的联系是怎样的？人们的心情如何？不过有一点能够确定，德国和那么多国家结下大仇，在这里他们会付出代价的。

3. 每次让我对这样的策略——“再次对受苦受难的德国进行救助”——坦陈心底的想法时，我都要不断碰壁。“欧洲中心的社会必须是健康的”，我很清楚这种观点。虽然我们手里棘手的事情已经太多了，但我仍坚持我们没必要认定那些将来有可能产生的割据、有可能会变得非常重大的争执，一定会成真。我们以后的新内阁会怎么考虑，我们是没办法确定的。

4. 相比于对德国与欧洲在漫长的未来会如何相处这样的问题进行讨论，我更愿意把心力放在讨论未来两三年会产生效果的现实问题上。我到现在还清晰地记得，在上一次战争结束之后，下议院和所有公民们残暴的意愿让我产生的惊骇，以及彭嘉乐派法军到鲁尔让我产生的愤怒。可是议会和民众的心绪没多久就彻底换了样子。德国从美国拿到了亿万美元的借款。对德国采取宽大措施的那段时间，我是经历过的。因为德国失去了损害我们的力量,这样的措施一直延续到洛迦诺公约和巴德文王朝的晚期。可是,事情在之后却瞬间变得天翻地覆。希特勒逐渐强大起来。然后我又一次对当时大多数人的想法不认同起来。

5. 一个社会受到打击、震动,那种百味杂陈的心绪——不管是战争刚结束,还是亢奋的感情必须立即归于平静的时候——是没办法在这么短的段落中全部说明的。这种情绪会形成十分可怕的洪流,控制住大部分人的思想,那些不肯对这股洪流妥协的人,不但会被孤立,还将一事无成。这些世情教会我们一件事:放慢脚步,一步一步地走,最多也只是多走一步、两步。因此,那些现在所有将会成真的事和力量,在尚未显示出效果以前,我们应该把自己的想法留住,这是非常睿智的行为。三国会谈即将举行,关于这个问题,我们或许能从中得到更多的灵感。

斯大林在这时问起如何分割德国的事。我们需要政府吗?要一个还是若干个?或者我们只需要一种政府组织的样子。当希特勒无条件投降的时候,我们怎么做?他的政府组织我们留不留,或者根本就不跟它接触。罗斯福先生在德黑兰时曾提议将德国分割成五块,斯大林认为可行。不过我却十分犹豫,按照我的想法,德国最好分成两块:普鲁士一块,奥地利—巴伐利亚一块,由联合国共同管理鲁尔和威斯特伐利亚。斯大林说,我们是时候有个清楚的答案了。

我说大家都觉得该对德国进行分割。但是我们没办法在五六天的时间里完成这件事,因为方案太庞杂了。我们要仔细地研究历史、经济、种族方面的实际情况,还要对其进行长期审查,所以得有一个专门的组委会。这个组委会要吸收各种各样的意见,经过分析,再提出建议。有很多事需要考量。我们要怎么安排普鲁士,俄国和波兰想要哪些土地,谁将拥有莱茵河一带和萨尔大型工业基地的掌控权。这些情况都得考虑清楚。两大盟友的立场也是英国政府需要仔细思量的事。专门分析这些情况的组织必须马上建立起来,然后等我们听取了它的汇报再下最后的结论。

我那个时候考虑了一下以后的事。毫无疑问，希特勒、希姆莱若是走出来表示愿意无条件投降，我们多半会跟他说，战争的罪人是没有谈判资格的。如果只有他们才能代表德国人，那战斗非进行到底不可。但相比于这种情况，另一种可能更大，希特勒和他的同伴被杀了、不见了，由别的组织站出来表示无条件投降。这种情况一旦发生，三大国家就必须马上开会，讨论是否有必要和这个组织沟通，如果有，就把三大国事先准备好的条件拿给他们，如果没有，战争继续，整个德国都将处于严厉的军事控制之中。

罗斯福先生的意思是给我们的外交大臣两天时间，让他们制定出方案来讨论这些问题，然后在一个月之内拿出分割德国的最终方案。到这里，事情暂时结束。

我们还对其他问题进行了磋商，不过并没有结论。总统说德国境内是不是应该有一块法国的领地？大家都认为应该如此，要在德国划出来一块给法国，至于如何管控这块区域，留给外交官们去想。

俄国制定了一个方案来催促德国还款和毁掉军工产业，斯大林让麦斯基来介绍这个方案。麦斯基表示要让德国给俄国一大笔钱。在我看来，德国是拿不出来的，看看上次战争让人沮丧的情况，我们就该知道。英国也一样损失惨重，很多房屋都被毁了。我们失去了很多来自其他国家的投资，我们需要从国外进口很多粮食，如此一来，作为平衡，我们必须想办法出口更多的东西。德国的赔偿能真的减少这些压力吗？我不敢说。受损的不止我们，别的国家我们也得想想。德国要是发生了饥荒会怎么样呢？我们能置之不理，任由它处在危机之中，甚至把这个当成它的报应吗？如果不这样，那么我们要提议救济他们，钱又由谁来出。斯大林说这些无可避免。我说，总不能让人光干活不吃饭。俄国的议案，最后大家一致表示先交给特别组委会研究一下，这个组委会要先在莫斯科举行秘密会议。

之后我们商量了第二天的会议议程，另外，关于会议的议题我们也做了安排。一共有两个，一个是敦巴顿橡胶林会谈的议程，这是一个关乎世界安危的会议；一个是波兰问题。

* * *

罗斯福先生在首次会谈上做了重要讲话，他说美国只会占领德国两年时间，虽然美国愿意为了守护和平，做尽一切明智的事情，但这并不包括，支撑一大批离国土三千英里的士兵所需的巨额花费。我想起一件令人胆战的事，英国必须在美国撤离欧洲后，自己担负起占领全西德的责任。这是不可能的，我们根本做不到。

因此，我在 2 月 6 日召开的二次会谈上，极力要求法国人和我们一起承担这件事。这并不意味着法国占领了一部分地区，事情就解决了。德国再次崛起不过是时间的问题，美国人早晚会回自己的地方，而法国人只能是德国人的邻居。法国的强大非常重要，不仅对欧洲如此，对英国也一样。除了法国，再没有哪个国家能清空自己海岸线上的火箭基地，并为了抵抗德国而设立军事力量。

之后我们把论题转向寻求世界和平的手段上。总统表示民众言论对美国来说最具效果。由于美国民众普遍信任这样的世界机构，所以如果敦巴顿橡树林议案以及和它相近的议案能够获得认可，那么相比于其他国家，美国或许更能为世界和平倾尽全力。对安全委员会来说，投票权是非常重要的，可是直到敦巴顿橡树林会谈结束，这个问题还没有取得一个统一的结论。

总统在 1944 年 12 月 5 日曾对我和斯大林说过一个新的提案，下面是详细内容：所有安全理事会的成员都有一票，除非十一个成员国中的七个投票表示支持，否则任何决定都不能执行。从步骤上来说，这已经非常详细了。而像是吸收新成员国入会，驱逐某个成员国出会，抚平、处置战争，提供军事援助、控制军事武装，这样相对重大的事，必须所有常任理事国全部支持，才能有效。换种说法，在“四大国”

没有全部认可的情况下，安理会形同虚设。安理会无论想做什么，只要美、苏、英、中任何一个国家不同意，就能回绝、阻止。否定权说的就是这个。

通过和平的手段来解决战争问题，这是罗斯福先生提议中的，另一个不同凡俗的见解。如此一来，就得要取得七票支持，而且作为常任理事国的“四大国”都不能反对。2月6日，斯退丁纽斯先生，在二次会谈上又对其进行了补充，即包括“四大国”在内的所有成员国，不管是谁，一旦被那个战争牵扯进去，它就只有参与讨论的权利，没有投票的权利了。

* * *

斯大林说，对于这个提案，他现在还没有彻底了解，他会自己分析一下，看能不能明白。他说，三大国虽然现在是联盟，不会出现某方攻击另一方的情况，但十年之后，甚至连十年都不到，当我们三个离开统帅的位置，当那些没经过这次纷争的新的领导人登台，我们现在经历的事就被遗忘了。他补充说：“五十年甚至更久的安宁，是我们所有人都想要的。如果我们能够众志成城，德国带来危机，最严重也不会有多严重，就怕我们自己内斗。所以，怎么做才能确保我们以后能团结一致，才能让三大国，或许还要加上中国和法国，始终处于一个战壕，是我们目前就要考量的。为了避免重要大国发生争斗，我们一定要拟定一个政策。”

之后他又道歉说，美国的方案，他因为一些别的事，到现在也没能认真分析。这个方案，他是这样解读的：所有的矛盾统分为两种——无论是哪一方面，经济、政治，或是军事，必须惩处的和通过和平工具可以处理的。这两种都要经过严密的磋商。只有安全理事会的所有成员都认可才能进行惩处。若是某个理事会成员自己就参与了争斗，他也可以拥有讨论权和投票权。另一面，若是通过和平的手段能够平息这次争斗，那这次争端所牵涉的所有人都将失去投票权。他说，某些人认为俄国人没必要对投票权太在意，大讲特讲。俄国人确实十分关心，因为投票决定了所有的事，而他们在意投票的结果。举个例子，如果中国是安全理事会的常任理事国，它不可能在会谈或者理事会中只有敌人、反对者，在它看来，会有人帮助他们，它会提出收回香港要求，而埃及也会表态要拿回苏伊士运河。

我说我是这样解读的，世界机构的权限，在英国尚未被劝服或者英国坚持不同意的情况下，并不能强迫它。

斯大林问是不是真是这样，我说是真的。

艾登先生继续讲解，中国和埃及在面对这种状况的时候，虽然可以进行指控，但英国要是不同意，任何要求强行施行的提案都不会通过。斯退丁纽斯先生也表示认可，他说，要想实行制裁，非要安理会所有常任理事国都认可才行。或许还可以建议对和平处理的程序，比如仲裁，进行推介。

斯大林说香港或苏伊士的事也许会对三大国的团结造成损害，他对此有些忧虑。

我的回复是，这样的危害我也注意到了，不过不管国家大小，世界机构都不会去损害他们之间正常的交流。世界性的机构是自成一体的，虽然不妨碍成员国之间进行交流，但那些会对大国之间的联合造成影响的提案，在世界机构里提起，显然不是一件明智的事。

斯大林说："1939 年 12 月发生在苏芬之战时的事，我相信我的莫斯科同事还记忆犹新。当时，英国人和法国人为了攻击我们，把世界同盟当成工具，俄国也确实受到了隔离，并被驱逐出同盟。后来，他们还鼓动大家一起攻击我们，说要让十字军团进攻俄国。这样的事，我们希望不会再次发生，谁能担保吗？"

艾登先生表示，按照美国的提案，这种事确实不会再发生了。

斯大林说："除了这个，还有什么其他的保证措施是我们能做的吗？"

我回答说，针对大国间的团结问题，已经有专门的条例了。

斯大林说今天是他们首次听说。

要说是不是真的没有鼓动起来对大国进行攻击的危险，我得说，确实存在。以英国为例，我唯一敢保证的是，在这种情况下，正常的沟通没有失效。我相信总统不会挑起或者支援反对英国的活动，当然，我也会竭尽所能不让这样的事发生。我敢说，为了不让这种事发生，他也会竭尽所能。同样，我也坚信斯大林元帅就算真的会进攻英国，也不会不宣而战，总会先试试能不能和平解决——自然，未必是书面上的。

他说："我赞成。"

罗斯福先生说，以后大国间会有矛盾出现。这些矛盾所有人都会知道，而且会出现在会谈上被人争论。但是把那些矛盾放到安全理事会上探讨，不正是证明了我们互相信任，也坚信我们可以解决吗？它们是不会导致分裂的。我们的统一不会因为这样而被损害，只会更加坚固。

斯大林认可了这件事，并表示会对这一提案进行分析，第二天再继续探讨。

* * *

当我们在第二天下午再次讨论这个新提案的时候，莫洛托夫认可了它。他的说法是，在俄国人看来，敦巴顿橡树林会议提起的议案，可以保证无论大小一切国家的团结协作，所以他们在那次会议上，曾经为了保证三大国的统一而竭尽所能。当前新议案的议程要求三大国一定要团结一心，他们觉得很好。现在还有一件事需要处理：国际机构能不能吸收苏联的共和国盟友为会员，并让它们也拥有投票权。虽然这个问题在敦巴顿橡树林会谈的时候，曾经被争论过，不过现在又有了新的问题。在俄国代表团看来，乌克兰、白俄罗斯和立陶宛——

他们的三个盟国，至少有两个要成为初始成员国。若能如此，他们会觉得心满意足。这些共和国盟友，没有一个是微不足道的，他们都在战斗中损失惨重。他们是第一批遭受入侵的，而且被祸害得非常厉害。英国的自治领[①]正在一步步，稳定地朝着自主的道路上前进，俄国也要向英国学习。他们会提出这种范围相对较窄的提案，也是因为这个。他最后说："总统针对投票权的提案，我们非常认可，不过我们希望俄国的三个，最少也要有两个共和国盟友，能成为原创成员国。"听到这个，我们所有人都放下心来。当即，罗斯福先生恭喜了莫洛托夫先生。

总统说接下来我们要把所有国家聚集到一起开个会。时间是什么时候？邀请哪些国家呢？苏联有许多盟友，英国有很多单独且互相距离很远的大集团，美国没有殖民地，只有自己，有一个外交部长。另外，还有一些别的国家，比如疆域不如俄国，但比美国辽阔的巴西。再者还有一些国家非常小。会谈的时候，我们能坚持一个国家一张选票不动摇吗？还是让相对大一些的国家拥有超过一张的选票？他主张，让外交官们去探讨所有这些问题。

斯大林能够一往直前地认可总统关于投票权的提案，让我非常高兴，他还说，全世界的人都会因为我们形成的这一结论，而放下心来，并觉得称心。莫洛托夫的提议也是个非常大的突破。我赞同罗斯福总统的话，美国和英国在投票权上的地位是不一样的。我们的自治领有四个，之前的25年，在那个1939年才消亡的世界和平机构中，他们曾经起到了非常大的作用。为了和平和民主的进程，他们做出了自己的努力。1939年，同盟宣布对德开战，虽然他们清楚地知道我们的无力，却没有一个缺席，全都积极地参与战争。当时，我们是没办法逼迫他们的。这件事他们是因为自己愿意才去做的。他们之间虽然有过讨论，但时间非常短暂，他们在25年的努力中得到的应属于自己的位置，无

① 自治领：自治领是英国殖民地政策下的一种特殊体制，是从殖民地或自治殖民地进化来的。19世纪，英国所有自治、半自治殖民地，特别是那些有自己的政府职权的，比如加拿大，澳大利亚，都被称作自治领。——译注

论是哪种制度，我们都不能让他们失去。俄国政府的提案，因为这些原因，我们感同身受。我开始偏向这个庞大的国家，虽然俄国的创伤仍旧鲜血淋漓，但它前进道路上的独裁者们却都被它消灭了。我想到，英国在法规上的举措，让我们在安理会中拥有了一个以上的投票权，这有很大的可能会让这个拥有一亿八千万民众的国家对我们产生怀疑，罗斯福总统已经给出了一个答案，这让我感到愉悦。我们要清楚，这个答案，并不是在回绝莫洛托夫先生。

但是我坦言我只会做我权力以内的事。我道歉说，关于莫洛托夫先生的建议，我恐怕没办法那天就给出最终答案，因为我想找时间和艾登先生商量一下，可能还得给内阁发电报。于是，大家决定让外交部长们来处理这件事。罗斯福先生建议，为了把国际机构建成，所有国家在三月份聚到一起开个会。我说，虽然我现在不反对这件事，但我有些担心，因为那时候，针对德国的战争恐怕正是激烈的时候。

* * *

当晚，后半夜，我致电艾德礼先生。

首相致副首相　　　　　　　　1945 年 2 月 8 日（破晓 2 时 49 分）

今天的情形要更好一些。俄国人已经认可了美国针对敦巴顿橡树林机构的建议。他们表示，他们之所以会对这个建议心悦诚服，我们的说明起了很大的作用。原本他们希望拥有 16 个大会投票权的位置，现在他们只要求两个了。他们说，一定要让白俄罗斯和乌克兰成为新世界机构的会员国，因为他们受到了严重的迫害，且作战勇猛。这个提议尽管让美国十分为难，但总统并没有反对。他说他计划 3 月在美国举办联合国大会，这件事可以放到会上去讨论。

我认为我们的身份不太一样。俄国只有一个位子，我们却有四五个席位，如果连印度在内就有六个，他在这个层面上提出了不少要求。我并不想在这件事上和俄国发生龃龉，毕竟他们在主要问题上已经妥协了，而且某些妥协还没有落到实处。他们一共要了三个位置，其中一个是重要的，这一主张并不过分，而且在我看来，我们将因此不再是唯一拥有多张表决权的国家，这对我们的位置是有好处的。

现在我希望内阁给我们权利，让我们跟俄国人担保，只要到了对这件事进行表决的时间，我们就一定会支持他们的提案，不管是在这儿，还是3月将在美国开启的会谈上。在我看来，我们会从内阁手中拿到这种权限，至于是否使用，那要看当时的局势了。我们在很长时间以前，曾经就寇松线的事，给过他们承诺，说会支持他们，现在的这个担保也应该和那个担保相同，都是君子协议。

若是同意让俄国拥有更多的表决权，或者是以实际行动来表明，就能全票通过敦巴顿橡树林会谈的所有事，那我认为，这没有不去达成的理由。我们应该把这件事看成一件非常好的事情。在美国人看来，无论是政治、统御身份，还是推广上，这都是一件好事，是一件很有作用的事。我们针对国际架构的全盘设计，它也会是一部分……

截至目前，虽然存在让人丧气的警示和征兆，但雅尔塔会议进行的情况非常好。这里绿阴环绕，和里维埃拉有些像，都是清丽温婉的格调，科尼什一样的小路四处延伸着。一座座别墅、宫殿，虽然多少都有些损伤，但都是封建社会上层人士留下来的。屋里摆放的家具都是千辛万苦从莫斯科运来的。我们的主家是那么的豪爽，尽管不过几天，就把水管安上，把路修好了，真让人不可思议。今天没有顾问工作，他们都去巴拉克拉瓦战场游玩了。我们没把这件事放在心上，所以开会的时候，没郑重其事地和俄国人说。

因为时间的关系，只要你们不提出反对意见，我就按照这份电报的主张行动了。

* * *

剩下的详细问题处理得很快，并没花多少时间。我们在2月 8日下午再次开会，关于俄国人想让他们的两个共和国盟友进入联合国的事获得了全票通过，并把4月25日（周三）定为国际机构首次会议举行的日子。能够参会的，只限于 3月 1日之前对公敌宣战的国家，以及在联合国公约上签了字的国家。斯大林说，如此一来，那些等到胜负已分才不再犹豫不决，不曾英勇杀敌的国家，也会被邀请过来，我同意这个观点，可是，德国人的士气会因此受到极大的打击。

当晚，我们和斯大林都去了约索波夫宫参加夜宴。我们当时说的话都被记录了下来，就放在这里好了。我们在会谈中谈到下面这些：

我们相信，不管是对于我们的期盼，还是对于我们的心智来说，斯大林元帅的健康都是非常重要的，这毫不夸张，也用不着拿些特别华丽的文字吹捧。史册中的成功者有很多，但政治家却很少，而能在艰难的战斗中，仍旧保住胜利的只有极少的一些。我衷心期盼斯大林元帅能够长长久久地健康地活着，能和苏联的民众相伴，能够帮助我们继续前行。我们现在已经不像以前那么艰苦了，希望斯大林元帅能带领我们到一个更加轻松的时期。我们因为和这位崇高的人关系融洽、密切，而更有在世间忙碌的力量。他的威名突破俄国，世界传颂。

斯大林以称颂的话作为回应，他说：

让我们举起酒杯向英国的领导人致敬，在世界所有首相里，他是最英勇的一个。我们在他身上看到了政治阅历与军事统御力，可作为范例的完美融合。当时，欧洲都要臣服于希特勒了，他却独自向德国开战，表示即使英国没有盟友也绝不妥协。他说不管英国现有的盟友，或是以后可能会有的盟友，都离开了英国，英国的作战也不会停止。这样的人,一百年才能出一个,让我们为他，为这位英勇地举着英国旗帜的战士的身体，干杯！我说的是我的感受，我的心是这样想的，我的思想是这样说的。

之后我说的那些话相对严肃：

我得说，从这次战争开始到现在，这次会谈让我尤其感到自己身负重责，就是最黑暗的时候，也没这样。斯大林元帅说的那些原因，让我们知道我们正在向最高峰挺进，我们前面的景致辽阔悠远，但我们的难处不可轻忽。过去的很多种族和袍泽，面对五年、十年的战斗，往往都走上了陌路。几千万、几百万受苦受难的民众在不断地重复这种糟糕的循环：开始的时候掉进地狱，之后他们凭着自己的牺牲从中爬出。现在我们有了不再犯先辈那种错误的可能，还能努力打造坚实的和平。为了和平与喜乐，大家欢欣鼓舞。那些家庭可以再次团聚吗？所有的士兵都能回家吗？被毁掉的房舍能够重新建造吗？勤劳的工人能看见他们的家吗？保家卫国虽然荣耀，但我们前面还有一个更大的任务——让劳苦大众的愿望成为现实，即让他们的日子平和安宁，凭借我们攻无不克的能力护住他们，让他们不受伤害。这种希望，我把它放在了威名赫赫的美国总统和斯大林元帅身上，我将从他们身上找到守护和平的卫士，当敌人被击溃，我们将跟随他们全力消除穷困、动乱、暴动与剥削。 我的期望就是如此。而英国方面，我们会尽一切努力跟上你们。我们会努力地支援你们的奋斗。元帅说起了未来，所有事情中，最有价值的就是它。否则，就是把血液汇成了湖海又有什么意义呢,只是徒增凶恶罢了。我建议为了成功之光、和平之光洒满大地，我们干杯！

斯大林的回复如此绵长，这是我从未想过的。他说:“我说的不少，就像个老头一般，但我要举杯致敬，希望我们联盟之间的关系能够始终这样融洽，能够一直直率地坦陈自己的见解。我在外交历史上，从没见过哪个同盟像三大国这般亲密，盟国间能有开诚布公的共同见解的机会。我很清楚，我这样说，一些人会觉得有些幼稚。

“同盟中的国家不该蒙骗彼此，或者这真的是幼稚的，阅历丰富的外交官可能会这样说:‘盟友有什么不能蒙骗的呢？’但就当我幼稚好了，在我看来，就算我的盟友智商有限，我也不该蒙骗他。为什么我们的联盟如此坚固，或许我们诚信地对待彼此，或者说，我们都不太好欺骗，就是原因。我建议，为了我们三国联盟的坚实牢固，让我们举杯，祝它稳健不可摧毁。祝愿我们可以尽可能地对彼此坦诚。”

然后他又说:

让我们举杯，向各位将领致敬，只有在征战中，人们才会知道他们。他们的功劳在征战结束后，就会被人忘记。在战斗中，作为一样的人，大家敬重他们，女人爱慕他们。但战争一结束，他们的声望就开始下滑,女人们也转过身不再注意他们。让我举杯，向众位军事统领致敬。

他并不会去想象我们面前的困境。

欧洲的历史这段时间已经改变了走向，发生了本质上的改变。战争中，发生了一件好事，重要的国家形成了联盟。只有结成联盟才能赢取战争。显而易见，一个与公敌对抗的联盟，大家很容易就能认可它。但是，当战争结束之后，想要让这个联盟保持长久的和平和胜利成果，这就很难了。从前我们在一个战线中奋战，这很好，难度也没那么大；另外，敦巴顿橡树林会谈在这段时间也完成了，我们取得了一个极大的成绩：建立了保证和平、强化和平的律法上的基石。这是一个分水岭。

让我们举杯，祝贺敦巴顿橡树林会谈完满结束，也希望我们因战斗而达成的联盟，在战斗结束之后，能够更加稳健并持续发展。在我们为自己的国家奔忙的时候，也希望我们能清楚地记得我们不仅有自己的工作，还有一致的工作。所以战斗的时候我们对共同事业激情澎湃，安定的时候我们也要这样。

莫洛托夫看起来也是那么和善兴奋，他说：

让我们举杯，向比我们更早加入战斗的陆军、海军、空军，三大军队的代表致敬。他们身上压着千斤重担，并且损失惨重。我们得说，他们已经做完了自己该做的事，并不比任何人差。我希望他们取胜，让欧洲的征战快些完结，让联盟的胜利之师挺近柏林，并将他们的大旗升上那座城市的天空。为了英国陆军、海军、空军这三大军队的代表，陆军元帅布鲁克、陆军元帅亚历山大、海军上将坎宁安和空军中将波特尔，让我满饮此杯！

* * *

在宴饮的融洽氛围中，斯大林开始对我们说起从前，他的某些话被记下来了。

他说："芬兰之战是怎样发生的呢？列宁格勒（他通常把它叫做'彼得堡'）与芬兰的国界线有二十公里左右的距离。俄国人想用北边的领地换取芬兰人后退三十公里，但芬兰人并不想这样。之后芬兰人枪杀了几个俄国边境上的守军。俄国边境分支军立即上报红军，红军因此朝芬兰人开战。他们曾就此请求过莫斯科的批文，莫斯科下令让他们回击。事情接连发生，战斗就这样开始了。俄国人并不想和芬兰人开战。

“1939 年，英国人和法国人要是能派代表团来莫斯科，代表团中又有真的想与俄国和解的人，俄国政府又怎么会和里宾特洛甫签协议？

“1939 年，里宾特洛甫对俄国人说，英国人和美国人根本不会打仗，只是一些生意人。

“我们三个大国若是能团结一心，就半点也不会被别的大国所伤。”

第三章　俄国和波兰：俄国的承诺

卢布林与伦敦——总统预见的未来——英国的政令——新国界与自由大选——两个敌对的波兰政府——斯大林的演讲——寇松线和希尼斯河——苏联对波兰秘密部队的指控——争执的危机——2月6日罗斯福先生致信斯大林——莫洛托夫2月7日的新主张——住户的迁徙——我于2月8日致电内阁——英美草案——组建一个波兰政府——会谈里的关键点——联盟国家的凝聚与大众的指责——得有一个新开始——为了获取充足的信息——再次卢布林对伦敦——波兰对苏联亲热——斯大林同意举办自由选举——2月9日莫洛托夫拿出的计划——莫斯科会谈的方案——巨大的进展——2月10日我、艾登与斯大林秘密会谈——雅尔塔声明的最终草案

雅尔塔会谈一共举行了八次全员大会，谈到波兰的少说也有七次。按照英国的记录，我与斯大林、罗斯福针对这一问题互换的建议，差不多有一万八千字。我们的外交部长们和他们的下属在自己的会谈中，也就此展开了激烈、全面的讨论。在他们的辅助下，我们总算制定了一套言论。这套言论不仅是我们给国际的承诺，也是我们为未来制定的行动准则。这个让人难受的故事还没结束，真正的情况，大家也没有彻底明白。但在战争期间最后的二次会谈上，我们做了什么样的努力，也许从这些记录中能得出一个公平的评判。一切困苦与矛盾，都不是新近产生的，都是早就有的，而且数量庞大，避无可避。波兰卢布林政权——俄国人喜欢叫它“华沙”政权——被俄国保护着，对伦敦波兰政权极端愤恨。10月莫斯科会谈到现在，他们的关系非但没有变好，反倒更加糟糕。俄国军队像潮水一般涌过波兰，波兰暗处的军队毫无理由地被控诉为残害俄国兵将、损毁和攻击俄国后方和交通线路的凶手。西方的强国并不知道事情的究竟，也没有相关的信息。超过十五万的波兰人正在意大利和西面的战场奋勇杀敌，以最终摧毁纳粹的军事力量。他们以及在欧洲很多其他的波兰人，都在渴望着自己国家能够脱离控制，逃亡生活虽然是他们自己的选择，且充满荣光，但他们希望能回到家乡。大量的波兰人留在美国，急切地期待着三大国家能给出一个解决之道。

关于我们所探讨的问题，能做出下面的总结：

如何建立一个唯一的波兰临时政权。

怎样举办一个自由的选举，以及什么时候举办。

波兰东边和西边边境的事情怎么处理。

挺进中的俄国军队，他们的后方和交通线路如何保护。

*　*　*

我想，我在前面的章节中提过的，斯大林和总统（我也是其中一员）针对波兰问题的重要信件，读者们应该还没忘吧。对于雅尔塔会谈来说，波兰确实是它开启的最紧要的原因，不仅如此，它还是整个联盟溃败的最重要的一个理由，这在以后会被证实。

罗斯福总统在2月 6日我们见面的时候（会谈一开始），就说他从美国到这里来，看见了波兰问题的未来。美国的波兰人有五六百万，多半是第二代，他们多数支持寇松线。他们清楚波兰东部他们留不住。不管怎么样，他们都想得到些回报，东普鲁士和部分德国领地是他们希望的。罗斯福在德黑兰时曾经说过，俄国政府若是能做出一些妥协，比如为了弥补柯尼希斯贝戈所受的损害而让出瓦尔夫以及一些出产石油的地方，他就不那么难做了。不过波兰得有个长期政权才是最主要的。从美国民众的主要言论来说，因为卢布林政权只是一小块波兰和很少一部分波兰人民的代表，所以他们并不认可它。想要一个能将民众凝聚到一起的政权，或许要从五个重要的党派中选。

罗斯福既不认识波兰伦敦流亡政府的人，也不了解卢布林政权的人。在米科莱齐柯到华盛顿后，罗斯福对他印象深刻，认为他个性诚挚。罗斯福想让波兰建立一个政权，即使是一个临时的政权，它最好也能担当表率，并被多数波兰人认可。至于如何组建，方法有很多，例如，先建立一个总统内阁，暂时管理政府，之后再建一个更长期的组织。

之后我说，我有将英国政府的态度讲述出来的职责。不管是会谈还是其他公共场所，我都一次又一次地说过，俄国关于寇松线（以俄国政府的说明为依据）的提议：把利沃夫收归俄国，我是认可的。议会和保守派曾因为这件事大肆指责过我（议会也指责了外交官）。但我时常想，在对抗德国的战争中，俄国饱受摧残，在将波兰从德国人手中解救出来这件事上，俄国人也功不可没。他们不是凭借军事力量来提出这样的主张，而是凭借权益。尽管是这样，但俄国若是能像总统说的那样，对于远比它弱小的国家，以庞大胸襟表示愿意放弃一部分土地，值得我们称赞、敬佩苏联的举动。

不过相比于领地边界的事情，更重要的是一个雄伟、独立、自主的波兰。我希望波兰可以独立地按照自己的想法来掌控他们的生活。斯大林元帅时常会用最肯定的语气来宣告这样目标，我时常会听到。我之所以会把波兰边境线的事放到不那么重要的位置上，就是因为我相信他所说的波兰独立、自主、自治的宣言。在英国以及英国的观念里，这是一件非常重要的事。我们对抗德国，也是为了让波兰恢复自主，能够自治。1939 年，我们征战沙场时的配备有多弱，所有人都知道我们非常危险。因为这样我们差点丢掉性命，一个国家的命，一个民族的命。英国和波兰在物质层面上，没有半点相关。我们会对波兰仗义相助，帮着他们对抗希特勒的粗暴的侵略，只有一个原因：荣耀。所以只有让它独立、自治、民主的解决方案，才是我们能认可的处理办法。波兰只能自己掌控自己，掌控自己魂魄。无论是波兰，还是波兰的某个集团，都不能用这样的自由，做任何可能与德国携手攻击俄国的方案。国际机构正在建成，它也不会允许这种事发生，也不会让俄国独立去对抗这些事。

对现有的两个波兰，我们有不同的态度。现在在伦敦的波兰政权，它里面的成员我一个都没看到过。我们虽然对他们表示认可，但这并不意味着，我想和他们建立同盟。另外，我们和米科莱齐柯、罗默和格拉布斯基这几个人——他们都非常的正直、有理性——有着长时间融洽而频繁的联系，虽然这种联系并不是官方的。现在三个大国手里有不少重要的事情要去处理，我们有着相同的目标。要是三个大国在现在这个时候，放任这两个敌对的政权来狠狠地破坏他们之间的关系，那他们该被指责。在大范围民主选举达成前，我们是否可以帮助波兰构建一个广受认可的政府？这样的政权可以帮助波兰民众，为以后律法和政权的民主表决做预备。这件事若是能够达成，中欧未来的安宁和兴旺这条路，我们就走了很大一步了。现在俄军正成功地追逐着德军一路向前，他们的交通线路，我敢说，是可以被护住的，这一点可以担保的。

* * *

斯大林在会议稍停一会儿后，发布了演讲。他说，英国政府将波兰的事情当作自己的荣耀，关于这一点他是能够明白的，但这对俄国来说，在荣耀之外，还有安全上的考虑。说荣耀，以前俄国人和波兰人的矛盾非常多，俄国政府有心除去这些矛盾发生的根源；说安全，波兰是俄国的邻国，俄国的对手在进攻俄国的时候，总是选择波兰作为通道。往前数 30 年，德国在攻打俄国的时候，从波兰借路借了两回。为什么他们会从波兰过来，因为波兰弱小。俄国有心看到波兰成为一个强国，这样它就有能力将这条通路闭合起来。既然俄国无法在外边将那条通路关上，就只能让波兰从里边，自己去关上它了。为什么一定要让波兰独立自主，强大起来，就是因为这个。在苏联看来，这件事关乎生死。沙皇想要压制、融合波兰，但苏联政权并不想，它的战略和沙皇政权的相差巨大。苏联已经着手于友善的策略，这种友善的主要对象就是一个自主的波兰。苏联的立场是以此为全部基石的，换句话说，自主、民主和强大的波兰是俄国希望看见的。

然后，他又对我和罗斯福先生提起的某些看法进行了评价，他说总统认为把寇松线做一些改变比较好，让波兰来掌控利瓦尔夫，或是某些别的地方。我曾经把他称为一种显示豪爽的手段。但寇松线是寇松、克雷孟梭和美国的那些代表通过会谈制定的，并不是俄国人的创造。那个会谈，俄国人并不在受邀之列。寇松线缺少人类种族学上的根基，俄国人并不认可它。这条边界线，列宁拒绝接受。他不想让波兰来掌控比亚威斯托克各省。俄国人已经不再坚持列宁的主张了，但现在某些人却想让俄国连寇松、克雷孟梭所说的东西都拿不到，在我们看来，这太无耻了。乌克兰人到了莫斯科会说，在守护俄国这件事上，连寇松、克雷孟梭都比斯大林和莫洛托夫强。战斗若是能持续得久一些，波兰或许能从德国得到弥补，尽管这会让俄国牺牲得多一些。10月份，米科莱齐柯还在莫斯科，他问我，在俄国看来，波兰西边的边境线在哪里合适。听我说俄国希望波兰把西边的界线推到尼斯河，感到非常开心。斯大林说叫尼斯的河一共有两条，一条挨着雷斯劳，一条要更西边一点。他所希望的那条尼斯河是西边的那条。他希望会谈能接受他的提议。

* * *

斯大林又说，只有波兰人允许了，我们才能建立波兰政权。米科莱齐柯和格腊伯斯基在我到莫斯科考察的时候，也去了那里。他们以前和卢布林政权接触过，并形成了一定程度的共识。米科莱齐柯虽然回了伦敦，但按照约定他还得回来，但最后却没能实现。他的同事们把他辞退了，而原因就是他愿意和卢布林政府展开合作。对于伦敦波兰政权来说，光是卢布林政权这个说法就已经让人厌恶了，它将其称为一群强盗和犯人。相应地，卢布林和他们保持了相同的做法。所以目前这部分事情十分棘手。

卢布林政权，也就是当下的华沙政权，想要跟伦敦波兰政权断绝来往。斯大林曾听他们说，他们能够接受泽利戈斯基将军和格腊伯斯基，不过让米科莱齐柯做总理，想也不必想。他说的其实是："你们要是喜欢，和他们讨论一下也没什么。""我可以安排一下，让你们和他们在这里，或者是莫斯科见一面。不过他们很民主的，和戴高乐差不多，另外，他们有能力保证波兰的安宁，让内战结束，还不让红军受到进攻。"这样的事伦敦波兰政权可做不到。俄军有 212 人被他们的奸细所杀，他们勾结波兰暗处的反抗团体，为了得到装备抢掠了物流货仓。他们不顾法令建立的无线电台，还没注册就开始运行了。卢布林政权的人帮了我们的忙，但伦敦波兰政权的人却制造了很多问题。他是一个将领，只有可以保障他们后院稳定的政权，才能得到他的认可，毕竟对红军来说，后院稳定是非常重要的。

* * *

总统见现在时间太晚，建议暂停会议，明天再继续。但我认为有件事必须说清楚：由于联盟和俄国政府在波兰的信息渠道不同，所以得到的关于真相的汇报也不一样。我说按照我们所得到的信息，若是让波兰人自主地陈述自己的意愿，能够认可卢布林政权的连三成都不到。这个预估或许在某些细节上存在误差，但这结论已经是按照我们能够掌握的最好的信息做出的。我对斯大林说，我们为什么那么企盼能有个相同的举措，因为我太怕波兰秘密军队和卢布林政府对决带来的困苦、牺牲、抓捕和流放了。波兰的事本来就十分棘手，我们生怕所有的这些情况再使它发生变化。毫无疑问，敢对红军发动攻击，这必须处罚，我们也认同这一点，但说卢布林政权可以作为波兰全民的发言人，就我们所掌握的事情来说，它还没这个权利。

当时总统希望马上休会，会谈暂停。他说："在 500 多年的时间里，波兰始终是矛盾源头。"我回复说："所以我才要竭尽所能把这些问题从根本上处理掉。"之后，我们就结束了会议。

* * *

当晚，总统给斯大林写了封信，在这封信送出之前，我们对其中的问题进行了探讨，然后做了一些改动。信中，我们全力游说，说为了能尽早开展民主投票，可以让伦敦波兰政权和卢布林政权都派两个代表过来参会，在我们面前讨论，建立一个我们都能认可的临时政权。这个方法我是认可的。当我们在 2 月 7 日再次开会时，我对总统的建议表示了支持。罗斯福对他所看重的事情进行了重复说明。他说边界线的问题确实不能轻视，但辅助波兰人成立一个大一统的临时政权是我们的任务，说得严重一些，如果他们暂时建不了，我们可以帮他们建，直到他们自己能通过民主投票建立独立政权为止。他说："现在波兰的事被弄得乱七八糟，我们得做些督促的事，给这些事来点新气息。"他又问斯大林是否想要对他昨天的言论进行额外说明。

斯大林回复说，总统的信他大概一个半小时之前才拿到，为了跟贝鲁特和莫拉斯基通话，已经当即让人去找了。不过，他刚刚才收到消息，这两个人目前一个在克拉科夫，一个在罗兹，由于他不知道对方阵营代表们的位置，所以他同意去问他们如何才能找到那些代表。莫洛托夫经过全力剖析，制定了某些方案，以防这些代表赶不及参会，其中有些提议和总统的相近。

莫洛托夫于是上台对以下的大纲进行了陈述：

1．现已商定，将波兰东边的边境线设定为寇松线，部分地区拿出五至八公里划给波兰。

2．现已商定，波兰西边的边境线从什切青城算起，包括切什青城在内，由此向南一路以奥得河和西尼斯河作为界线。

3．现已商定，接受部分波兰逃亡团体中的民主领导人进入波兰临时政权。

4．现经考量，经过扩充的波兰临时政权，各国同盟政府应该认可。

5．现经考量，认为在第三条中说到的扩充后的波兰临时政权，要尽可能早些让波兰所有民众进行自由投票，建立长久的波兰政权。

6．赋予莫洛托夫先生、哈里曼先生和克拉克·科尔爵士对波兰临时政权扩充一事进行商讨的权利，然后由他们提出方案上交三大盟国政府进行讨论。

这似乎鼓励了罗斯福先生，他表示我们已经取得了实际的进步。不过他还得和斯退丁纽斯先生谈论一下。他最后说："'逃亡者'这个词，我觉得不好。相关人员我只认得米科莱齐柯。我们只跟逃亡者联系就行了吗？不，在我看来，我们还得找一些在波兰本地的人。"斯大林支持暂时不做商讨，不过我却在那个时候挤了进去。从后来发生的情况可以看出，下面这些建议的交换是有价值的。

我说，我和总统一样不认可"逃亡者"这个词。这个词原本说的是那些在法国大革命后被流放的法国上层人士，它的适用范围应该是被自己国家的人赶出国家的人。但那些在外国的波兰人并不是这样，他们是被德国人赶出本土的，因此我主张不用"逃亡者"这个词，换成"在外国的波兰人"。斯大林接受了。莫洛托夫方案的第二条说到了西尼斯河，我对提示那里的那些人说，在之前的讨论中，我只要说到波兰边境线向西移动的问题，就说波兰可以按照自己的意愿扩充领地，但扩充的范围不应该超过他们想要的，或者他们能很好地控制的，若是波兰鹅被来自德国的食物撑着，结果因为不能吸收死掉了，可就太不幸了。对于几百万人被逼迁徙这件事，大部分英国民众的言论都是表示非常惊诧，这件事我是清楚的。希腊人和土耳其人关于人丁问题的矛盾，在前一次的大战之后，已经被胜利地消除了。两国至此之后都相处得很好。但当时迁徙的人数，多说也就二三百万。波兰要是占据了东普鲁士和西里西亚直达奥得河，只此一点，德国就得接收六百万被迁回去的德国人。这个问题关系到仁义道德，只有我国的民众认可了，我才能着手处理。

斯大林说，那里的德国人已经逃走了，所以那些地方是没有德国人的。

我的回复是，是否有地方可以容纳没走的德国人才是要关心的事。在争斗中，德国人已经死掉了六七百万。等到战争结束，差不多还得杀死一百万人（按照斯大林的估算，得二百万人）。因此得有什么地方可以安放那些移民，至少某种程度上是那样。当然也有可能他们还得填补某些空出来的地方。只要波兰人能控制，德国放得下，一多一少，规模差不多，移民的事我并不担心。不过这件事要关注的是有多少人要解决，而不是有什么准则。

这只是常规讨论，所以既没拿出地图，也没明确东尼斯河或者西尼斯河，本来我们应该清晰地把它标出来，我们也没做。不过就算这样，这件事也会很快弄明白的。

*　　*　　*

我在第二天早上给艾德礼发了封电报：

……昨晚，总统给斯大林写了一封信，这封信发出之前，我们参与了一些改动，让人记忆犹新。信中主张把当下的卢布林政权换成一个新的波兰政权，这个新建立的政权要能够统驭全国，将国内外的波兰代言人全部容纳进去。今天（周三），俄国人对此做出了回复，五六条内容在本质上和总体准则并没有什么冲突。我们提出把磋商放到明天再进行，以下是外交官们写好的反对意见，我将其和苏联原本的提议一起用电报给你发过去。

事情根本毫无进展，按照我们的预期，我们应该竭尽所能建立一个这样的波兰政权：无论是我们、美国，或者是联合国里别的国家，都愿意认可它。现在能联系上的波兰人，我们要从中选出一个具有号召力的人作为代表，比如米科莱齐柯、格腊伯斯基、罗默，或者美国人提议的在波兰本土的维托斯、萨皮伊哈等人。卢布林政权若是能接受八个或者十个这类人，那我们马上就认可它，我们能从中得到好处。之后我们再让使者或者别的使节团去波兰，以便我们多少对波兰的情况有些了解，知道能不能在此基础上进行一个民主、公平、不被干扰的选举。要知道，波兰政权要想获得性命并支撑下去，非要进行这样的选举不可。这是一个难题，我们期望在面对它的时候，你们愿意赋予我们自由，让我们可以有所作为，并自主掌控。

说完苏联的提议，我又说：

关于波兰，我们（英国和美国）改正后的提议如下：

1．现在商定，波兰东部的边界线设定为寇松线，部分地区拿出五至八公里划给波兰。

2．现在决议，但泽自由市、柯尼希斯贝戈西部和南部的东普鲁士一域，位于西里西亚的奥伯林行政区域，还有波兰提议的奥得河岸东部地区，都属于波兰西边的领域。经过谅解，商定把这些地方的德国人送回德国，而在德国的波兰人，全部按照他们的意愿送回波兰。

3．由于苏联的军队已经将波兰的西面解救出来，那里要将波兰所有自由、反法西斯势力作为基石，马上建一个可以代表全国的临时波兰政权，在波兰本土统帅之外，这个政权还要包含波兰在国外的自由统领者。这个政权机构要让三大同盟国政府都认可才行。

4．现在商定，波兰人要成为建立这个波兰临时政权的主要负责人。这个临时政权的组织机构，波兰领导者的代言人们要一起商定，除非已经可以进行民主选举了。莫洛托夫先生、哈里曼先生和阿齐博尔德·克拉克·科尔爵士被赋予了和这些领导者沟通的权利，他们要把领导者们协商的结果送交同盟国政府进行磋商。

5．现在认可，这种临时政权一旦成立，必须尽早展开民主、不受干扰的选举，另外，选举要以大选和匿名投票为基础。为了确保这一政权的建成是波兰民众心意的真实体现，选举中所有的民主党派都有权利参加，并提议参选者。

* * *

2月8日，罗斯福在我们的又一次会谈中，宣布了他以莫洛托夫提案为基础的修改草案。他说："按照苏联的提议，波兰东边的边界线是寇松线，部分地区拿出五至八公里划给波兰。关于这一点我们没有意见。"虽然我曾经希望俄国人能稍微妥协一些，但目前的难题已经很棘手了，所以能不让困难升级，还是不提的好，总算有件事是我们所有人都认可的了。然而对于西面的边界线，总统态度坚决。波兰从德国身上取得报偿，这他是认可的，"包括柯尼希斯贝戈线以南的一部分东普鲁士、上西里西亚，一直到奥得河沿线，"他又说，"但没必要一直延伸到西尼斯河。"在五个月之后，当我们在波茨坦又一次举办会谈的时候，我尽可能这样坚决要求，因为我也一直是这样认为的。

组建一个我们所有人都能认可，又能够让波兰民众承认的政府，是个遗留问题。罗斯福先生提议让三个波兰领导人组建一个总统组委会，然后让他们到莫斯科成立一个临时政权，这个政权要容纳华沙、伦敦，以及波兰国内的所有层面的代言人，之后尽可能早地启动民主投票。

会议暂停了不长时间，之后，莫洛托夫表示他反对这样。他说，现在统领波兰民众的是卢布林政权。波兰人中的很大一部分都认可它、拥戴它，它权势和名望都非常高。而在伦敦的波兰人却没有这些东西。我们去扩充现在的政府好了，因为波兰人是不会接受我们努力建立的新政权的。我们一切的主张都是为了一个目的：尽可能早些在波兰开始民主投票，如此说来，它也不过是个暂时的组织。要说怎么对它进行扩充，再没有什么办法比美英的使臣和我自己进行共同磋商更好的了。他说，能够形成共识是他非常渴望的事，总统在2月 6日的信件中曾经提议说，要在五个人中，请两个人过来，他是认可的。他说卢布林政权不会一直等着我们，说不准什么时候就不愿意和那些人中的某些人进行磋商了，比如米科莱齐柯，他就是一个，不过他们若是派三个发言人过来，有两个是罗斯福提议的，那么马上就能开始谈判。

罗斯福先生说：“总统组委会的事，怎么处理？”

他回复说：“若是能没有就再好不过了。因为，要是那么做了，就表示要交往的组织不唯一，是两个。”

我说：“会谈的要害就在这里，整个世界都等着我们的答案。要是我们大家仍旧坚持只认可自己选择的波兰政权，整个世界都会觉得我们在本源上就有矛盾，这会带来非常悲惨的结果，不仅如此，这也意味着这次会谈没有成功。另外，对于波兰的最根本的真相，或者说，一部分最根本的真相，我们的观点确实不一样的。按照英国得到的消息，很大一部分波兰人都不认可卢布林政权，在我们看来，在国外的波兰人也不会把他们当成自己的发言人。若是会谈的结果是让卢布林政权独自扛起国家的重担，而不顾当下的伦敦波兰政权，整个世界都得公然表示它们的不认同。可以看到，在外国的波兰人将会联合到一起举行一个事实上的抗争。我们手下有一支波兰部队，人数是十五万，他们都是在国外的波兰人尽全力集结出来的。这支部队不管是以前，还是现在，在战场上都非常英勇。他们会听卢布林政权的吗？我是不信的。它从开战之初就认可的政府，英国若是不再认可，它会认为英国变节了。”

我又说：“我想斯大林元帅和莫洛托夫先生是很清楚的，伦敦波兰政权所做的事，我并不赞成，任何一个时期，他们都没停止作蠢事。但一直以来，我们毕竟是认可这些人的，若是我们忽然不管他们，转过身去，公开认可新政权，我们就会迎来激烈的指责。别人会说，在东边边界线的事上，英国已经彻底被俄国人说服（真相确实是这样）了，俄国人的主张，英国政府认可，也拥护。别人还会说，从战争开始到现在，五年的时间里我们一直认可的波兰正统政权，我们和它翻脸了，还说我们根本不知道波兰内部发生了什么事。那个国家我们进不去，他们的想法我们看不到也听不见。别人会说，只有卢布林所说的波兰民意才会被我们认可，如此一来，在国会上，英国的皇帝就会因为彻底不顾波兰的公正之事而备受责难。莫洛托夫是我的伙伴，即使我们接受了他的建议，这也会导致艰难的争论，对联盟国家的同结一致没有好处。”

然后我说：“在我看来，这些主张还不全面。假使我们对伦敦波兰政权放手，那两方面的人在另立门户的时候，就算有些不平等，也不应该太多。英国只有确信新政府可以真实地反映波兰民意的情况下，才能不再认可伦敦波兰政府，而认可别的政府。因为我们无法知道所有的真相，所有这仅仅是一种意见，这一点我无可否认。若是真能在波兰举办一次民主、不受左右的普选，而这一普选又是基于不记名投票、大选以及民主选择备选人的，那我们所有的矛盾就都不存在了。这件事假使真能完成，伦敦波兰政权，英国政府将跟它彻底断绝关系。就是选举尚未开始的那段时间让我们那么紧张。”

莫洛托夫说莫斯科会议也许会有些好的结论。这件事要是波兰人自己都没参与，解决起来将会非常难，他们非要有陈述自己主张的权利不可。我赞同这种观点。不过我说，有一点非常要紧，即在会议中，不管哪件事有矛盾，我们都得静下心来，竭尽所能地形成共识。我的观点得到了总统的认可。他说波兰及早开始普选是美国人的一个大宗旨。只有一件事：这个国家该怎么统治，按照他的想法，大选最好别等到年终。于是只剩下时间的问题。

斯大林当下说起了我曾经抱怨的那件事，即消息太少和得不到消息。

我回答说："我不是一点消息都得不到。"

他回复说："但和我得到的消息并不一样，"然后他又说了一些话，跟我们担保卢布林政府确实极受波兰民众认可，特别是贝鲁特、奥索布卡·莫拉斯基和吉米耶斯基将军。德国人占领波兰的那段时间，他们始终在华沙生活，坚持在暗处开展运动，而不是离开自己的国家。波兰人对此记忆颇深。与此同时，那些生活在德国统治区的人，我们也不能忘了他们的那些特别的想法。他们对这些人，所有在苦难的时候呆在自己国家的人，感到认同，在他们看来，他说的那三个人就是那种人。他说，这三个人天赋异禀吗？不，或许伦敦波兰政权里还有比他们有智慧的人，但当人们在希特勒的统治下受苦受难的时候，他们却不在那里，所以波兰人不愿意接受他们。这种感情或许简单粗暴，但它到底不是虚构的。

他说俄国的军队将波兰解救出来，这对波兰来说是件重要的事情，所有的事都因为这件事而变得不同。在切割波兰的事件中，俄国人参与了三次，所以波兰人以前讨厌俄国人是众所周知的。但波兰人的想法已因为俄军的进入和波兰的解脱已经彻底不同了。曾经的仇怨已经消散，对俄国人的喜爱乃至热切已经取代了它。这并没有什么难的。德国人的逃跑大家看得开心，他们觉得自己得救了。斯大林说，在波兰人看来，将德国人赶出去是他们人生中一个崇高的、热爱国家的喜事，他的感觉是这样的。波兰民众的庆祝活动，伦敦波兰政权一点也不曾参与，这让波兰人觉得震惊。当他们在路上和临时政权的人相遇，会问起伦敦波兰人究竟在什么地方。伦敦波兰政权因为这件事声名尽毁，这也是临时政权在没有崇高领导人的情况下依然能被民众信服的原因。

在斯大林看来，我们若是想弄明白波兰民众的情感，就不能小看这些情况。我以前说我担心会谈在我们形成共识之前就分崩离析了。那要怎么做呢？各国政府因为信息渠道不同，得到的结果也不一样。或许将不同战线的波兰人聚到一起，看看他们的意思，才是应该最先做的事。

他继续说，不是所有事都让人欣慰，波兰政权不是投票表决的结果。若是真能在民主投票的基础上组建一个政权，自然比这样的好，但截至目前，因为战斗的原因始终没办法那么做。但举行投票的时间或许已经要来了。在尚未到来之前，我们要如何看待临时政权？要像看待法国戴高乐政权那样。要知道戴高乐政府也并非是投票表决产生的。道贝鲁特和戴高乐，他不清楚谁的声望更高。但怎么就不能和扩充后的波兰政权沟通呢？毕竟有和戴高乐达成协议的可能啊。戴高乐政权也没比它更加自由民主。相比于法国，给波兰的条件更严苛，有什么道理？截至目前，波兰政权推出的土改计划在国内引发了非常热烈的反响，而法国政权没推出什么条例，会让法国血脉沸腾。若是我们能够公正地看待这些事，那我们不可能找不到一个相同的位置。事情比我设想的要好，我们只要能把注意力都放在重要的点上，把那些不那么重要的别看得太重，事情就可以办好。

总统问：“要多长时间，才有举行投票表决的可能？”

斯大林回复说：“只要没什么严重的阻挠，不过也不一定就有，用不上一个月。”

我说，如此我们自然没什么不安心的了，而且对于民主投票产生的政权，我们会衷心支持，所有的东西都将被它替代。不过不管是什么需求，只要会对军事行为产生阻碍，我们就不该说。它们是最终目标。我们答应派我们的外交官去商讨这件事，因为不管怎么样，若能在如此短暂的时间，就是两个月也行，弄明白波兰民众的意愿，情况就彻底不同了。到了那个时候，没有谁会抵制这种政府了。

于是，我同意将这件事交给我们的外交部长们去讨论。

* * *

因此2月9日中午，三个外交部长开了个会。他们没办法达成共识。不过莫洛托夫在那天下午四点开全员大会时，拿出了一个新提案，这个提案和美国初步提案所提的主张有些相似。卢布林政权的重组应该以更普遍的民主为基石，即包括波兰国内的民主领导者，又包括波兰国外的民主领导者。这件事要怎么办，应该让他和英国使臣、美国使臣在莫斯科一起探讨。当卢布林政府完成重组，应该确保民主表决尽可能早地开始，在此基础上建立的所有政府，我们都应该认可。斯退丁纽斯曾经提出要以文书来确保三个在华沙的使臣可以对选举进行查看，并上报选举到底是不是自由，不受干扰的，可是，莫洛托夫却不答应，他说，这种做法会让波兰人觉得厌恶。他认可的美国的提案，只对这点以及某些小的地方做了改动。

我也表示这个进步非常大，但在我看来，我是有说出一个常规警示的职责。这个会谈结束之后，我们的会谈就剩下一个了。在大家都渴望形成共识的氛围中，还有一种渴望：快马加鞭地离开。我说，我们不应该因为不想多花两天的时间，就把这些大事马马虎虎地结束掉，以至于将会谈的成绩都丢了。我们马上就要拿到重大的成果了，但不能草率地下结论。我们这辈子最有价值的时间，可能就是这个时候了。

罗斯福先生说，我们和俄国人当下的矛盾多半是言辞上的，不过不管是他，还是我，都渴望表决真的是基于公平和自由。我对斯大林说，我们当下所处的位置非常糟，因为我们下要紧的定论的职责，却对波兰国内现在的情况知之甚少。比如波兰人对彼此深恶痛绝，奥索布卡·莫拉斯基曾经说过非常粗野的话。有人还跟我说，卢布林政权曾坦言，要对波兰境内的军事力量和一切参与秘密活动的人都当作叛国者进行调查。我说我因为这个感到紧张和难过。当然，红军的安危我是放在第一位的，不过我希望斯大林能想想我们的难处。波兰内部的情况英国政府不了解，唯一的办法就是用降落伞把某些勇者空投过去或者把某些从事秘密活动的人带出来，但通过这样的方式获得消息，并不是我们希望的。是不是有什么办法能既不影响俄军动作，又能做出些弥补呢？是不是能让英国人获得一些便利（美国人自然也是），让他们了解到波兰人吵起来的时候，应该怎么处理。铁托曾说，为了能把表决公平开展的情景通报给全世界，他愿意让俄、英、美三个国家的考察人员在南斯拉夫展开表决的时候到场。在希腊的那边，为了让大家相信表决的展开基于民众的意愿，希腊将会非常欢迎美国、俄国以及英国的考察员。这样的事，意大利也会出现。一旦意大利北边被解救出来，意大利的政局将发生巨变。一定要在有可能建成的制宪会议或者国会出现之前，先举办一次投票表决。面对这件事，英国的准则是一样的——为了向世界通报所有的事都是公正地处理的，俄、美、英的考察员都应该来。我说，选举要公允地举行这件事，现在绝没有重复得太多。比如米科莱齐柯能把他的党派组织起来，回波兰去参加竞选吗？

斯大林说：“等外交官们和莫洛托夫见到波兰人时，让他们去想好了。”

我回复说：“当我和下议院说的时候，我一定要能对他们说，这将是一个自由的选举，在举办的过程中，能够真的确保它的自由和公允。”

斯大林说，米科莱齐柯能参加选举，也能推荐参选者，因为他不是法西斯党，而是农夫党。我说波兰政权中要是已经有农夫党的发言人，这件事就更确定了。斯大林因此答应会有一个波兰农夫党代言人在那个政权里。

我说，我们就先说到这儿，然后又说了一句话做补充：我说的都是肺腑之言，希望不会受到责怪。

他回答说："波兰人的想法，我们是一定要听听的。"我解释说，东部边境线的事，可以在国会解决是我希望的事。在我看来，国会要是能认可这件事：波兰人已经可以自己对他们想要的事物进行裁定，那么那件事也就能解决。

他回复说："他们中的某些人很不错。""他们是出色的士兵，里面还有一些人是出色的科学家和音乐家，不过，他们全都喜欢吵架。"

我回复说："我想要的只是各个层面的人都有相同的机会去说话。"

总统说："表决必须没有争议，就像恺撒的夫人一样。我要对全世界做出一种担保，我不想有人责问表决是否干净。相对于说这是原则的事，说它是好的政治事件更好。"

莫洛托夫说："我们最好和波兰人谈谈，我担心我们要是把美国的初步方案塞进去，波兰人会觉得我们不相信他们。"

对此我并不认可，并下定决心过一阵子和斯大林说。时机第二天就到了。

* * *

2 月 10 日，艾登、我，斯大林、莫洛托夫在约索波夫宫举行了一次秘密会议，这次会议之后，我们将举行的是那个成绩斐然的会谈的最终会议。我又一次陈述，由于波兰没有我们的代言人可以把那里的事告诉我们，所以我们觉得非常难做。只有两个处理方法供我们挑选：要么派个使臣以及大使馆的工作人员，要么找些记者。和后边相比，前面的更好一些。我再次提出，卢布林政权和选举的情形，国会是有权利向我询问的，我必须告诉他们我清楚那边的事。

斯大林回复说："当波兰新政权获得认可，就不会再对你们保密了，你们可以往华沙派遣使臣。"

"在那个国家，他可以按照自己的意愿做事吗？"

"他们的活动，红军是不会限制的，我也承诺，我会发布基本指令，不过你们自己也得和波兰政府谈谈。”

斯大林还说，在波兰戴高乐就有一个使臣。

因此，我们答应在我们的宣告中加上下面这些话：

上面说的事一旦获得认可，就互相派遣使臣。波兰的事情，各个国家的政府通过使臣的汇报就能知道了。

我费尽千辛万苦所得到的最好的成绩就是这个。

* * *

艾登在四点十五分会议再次开始时，首先宣读了一篇宣告，这份宣告是被三个国家的外交部长认可了的。我发现这份宣告没说边境线的事，这让我非常在意，于是我说，整个世界都会质问这是因为什么。按理，西面边境线我们都认可了，只有一个问题，就是到底应该把那条边境线画在哪儿，以及我们该怎么解释。波兰应该得到东普鲁士的一部分，如果波兰人想，他们还能把边界线伸展到奥得河沿岸。可是我们非常疑惑，再往前走，或者说，这件事现阶段应该采取什么建议。在会谈中，我还指出我收到了一封战时内阁发来的电报，由于迁丁的事太庞大，没办法处理，所以所有把边界线一路延伸到西尼斯河的条目令他们都彻底不接受。

罗斯福先生说他建议把所有和西面边界线有关的条目去掉，他想等波兰实现大一统的时候，看看新政权对此有什么想法。

斯大林说：“东面的边界线我们自然不能不提。”

尽管我知道认可他的说法，会让我受到很多责难，但我还是那么做了。

我说，我们应该先弄明白，对西面边界线，波兰的新政权究竟是怎么看的，不仅如此，在和平处理的项目中，边界线自然也应该算在内。

根据美国的宪法，这样的事，总统只有在参议院同意的情况下才能处理，如此一来，事情就变麻烦了。在深层次的商讨之后，我们总算达成了行动上的共识。因此，会谈结束时，针对波兰的联合声明也被放在了发布的官报中，下面是文字叙述：

1945 年 2 月 11 日

我们来参加克里米亚会谈，下定决心要把有关波兰的矛盾处理掉。会谈中对这件事进行了全方位的探讨。我们再次强调建立一个这样的波兰，强势、自由、自主和民主，是我们共同的心愿。磋商的结论是，我们对如何才能建成这样的——被三国认可的、全国统一的——波兰临时政权达成了共识。

下面是形成的条款：

波兰因为被红军解放了全境，而有了一种新的局势。相比于因为这种局势而需要建立的波兰临时政权，西面还没解放时可能成立的临时政府，在基础上要更窄。所以当下在波兰施行权限的临时政权进行重组的时候，应该基于更广泛的基础，把波兰国内的民主领导者和波兰国外的民主领导者都包括进去。因此，新的政权应该叫作波兰全民族临时政权。

为了按照上面所有的路线进行政府重组，莫洛托夫先生、哈里曼先生和克拉克·科尔爵士被下令组成一个组委会，这个组委会被授权先在莫斯科和当下临时政权的人以及波兰内外别的波兰民主领导者举行谈判。波兰全民族临时政权应该确保：尽可能早地举办自由的、不被制约的选举，这个选举还要基于普选和不记名投票。任何民主、抵制纳粹的党派都有参与那些选举，以及指定参选者的权利。

一旦波兰全民族临时政权按照上面的准则建成，联合国、美国以及现在和波兰正在主政的临时政权保有邦交的苏联，都要和新的波兰全民族临时政权建立邦交，并互相派遣使臣，波兰的情形，三个国家的政府将通过使臣的汇报时常知道。

在三个国家的政府领袖看来，波兰东部应该以寇松线为边界，不过在部分地区，要划出五到八公里的好处给波兰。他们同意：必须在北部和西部给波兰大面积土地。在他们看来，该给波兰多少领土，应在恰当的时候问问波兰全民族临时政权的意思。应该通过和平谈判来处理波兰西部边疆最终的划定。

第四章　雅尔塔的最后

美苏以及远东——一个绝密协议——2月8日——我和斯大林的秘密会谈——7月5日，我发给各方自治领总理们的电文——我们于2月10日在瓦尔隆佐夫别墅最后那次宴饮——斯大林向英王敬酒——我向斯大林敬酒——斯大林对于英国普选的态度——“约大叔”——会谈落幕——我们开车去塞瓦斯托波尔——去巴拉克拉瓦视察——回萨齐——乘飞机去雅典考察——我在宪法广场发表的演说——我们于2月15日启程去埃及——和总统共进日常午饭，真挚道别——我和伊本·沙特国王见面——互换礼物——我在卡瑟别墅的小住——我们于2月19日坐飞机去英国——对于雅尔塔的争论——对于波兰深深的担忧

关于远东地区，我们在雅尔塔的官方会谈中并没有说到。我清楚俄国参与太平洋之战的事，美国人想跟俄国人谈一谈。这件事，我们在德黑兰的时候曾经有过一些了解。1944年12月，哈里曼先生在莫斯科的时候，斯大林曾跟他说起过等战斗结束之后，俄国将会对这些地方提出一些细致的需求。等德国认输，美国的军事组织想要击溃日本，大概得需要18个月的时间。若是俄国能够帮忙，美国的牺牲就不用那么大了。当时进攻日本还仅仅是个打算。麦克阿瑟将军到马尼拉的时候，雅尔塔会谈已经过了一天了。要再过五个月，才能对第一颗原子弹进行爆炸检测。俄国要是继续不偏不倚，众多停留在满洲的日军就能参与到守护日本本土的战斗中了。2月 8日，罗斯福总统和哈里曼先生怀着这个疑问，和斯大林就俄国在远东的领地需求进行了磋商。当时在现场的只有一个俄国的翻译和来自国务院的同样担当翻译的查尔斯 · E · 伯伦先生。大会在两天之后继续进行，在部分条款被改动后，俄国的需求得到了认可。1951 年，按照哈里曼先生在美国参议院提供的证词，这些是交易需要，俄国答应一旦德国认输，他们会在两三个月内加入到针对日本的战斗中。

那天下午，我和斯大林闲聊的时候，我问他对于远东，俄国有什么希望吗？斯大林说，他们想要一个海军基地，就像旅顺口一样。在美国人看来，那些口岸由世界统一管理是最合适的。但俄国人想要保证他们的权益。我回复说，我们希望能在太平洋见到俄国的船只，日和俄之战，我们也支持俄国去弥补自己的亏损。第二天，2 月 11 日，他们把头一天斯大林和总统签订的草案拿给我看，我以英国政权代表人的身份在上面签下了名字。直到俄国政府和中国政府达成协议，这份文件才被解冻。对于支援中国政府这件事，斯大林毫无疑问是要答应的。到这儿，事情暂告完结。等我们在波茨坦再次举行会谈的时候，才又一次说起它。

我在下边这封电报的部分小结中，记录了关于这些协商的记述，7 月 5 日，我把这份电报发给了各个自治领的总理。

在克里米亚大会上，斯大林以机密的方式告诉我和罗斯福，苏联政府同意一旦德国投降，他们会在两到三个月的时间里，参加对日战争。下面是他的条件：

一、要让外蒙古现在的状况延续下去。

二、1904 年俄国丧失的权利，予以还原，即：

（一）收复库页岛南面及与它相邻的所有岛屿。

（二）大连商业口岸世界化，要确保苏联在这一港口的优先权，要再次认可苏联在租借旅顺港做海军基地的权利。

（三）中东铁路和南满铁路担负着联通大连出口的责任，对于它们，应该建立一个俄中共营的企业一起管理；经谅解：必须确保俄国的优先权，中国在满洲所有的国家主权都要得到保证。

三、要把千岛群岛交给苏联。另外，这些需求属于我、罗斯福和斯大林三个人秘密协议的内容。根据协议，这些条件要得到蒋介石的认可，罗斯福同意会按照斯大林的意愿，去请蒋介石答应这些事。我们三个人全都表示，当日本被打败后，我们会想办法让苏联的条件获得切实的满足。协议里只有一件事，即为了帮助中国从日本的桎梏中逃脱出来，苏联预备和中国签订联盟条约。

尽管我以英国代言人的身份在这份协议上签了字，但我和艾登都没有参与过这份协议的制定环节，这一点我必须解释清楚。它被看成是美国的事，确实，这和美国的军事动作关系极为密切。我们没理由参与到协议的制定过程中。总而言之，在事情开始之前，他们没说过要让我们参与，我们只是按照他们说的，认可了这份协议。美国曾因为对苏联的这些妥协而备受责难，对此，他们自己的代言人是要负责的。这件事对我们没什么影响，只要理由有一点不充分，我们都不能参与，参与就错。

* * *

2月10日，该我主持最后一次晚宴。当时离斯大林计划的到达时间还有几个小时，俄军的一个班到了瓦尔隆佐夫别墅。将要举办宴饮的所有接待室两侧的门都上了锁。护卫上岗，谁都不准进。然后他们检查了每个地方——桌子下面，墙后面，全都做了检查。跟着我的人为了离开办公室要去住的地方，只得从这幢大厦中出去。元帅在所有事情弄好之后来到了这里，他的态度非常热情。总统不一会儿也到了。

斯大林在约索波夫宫的聚会上，曾经举起酒杯祝愿英国帝王身体健康，尽管他这么做是为了表达善意和敬重，却让我觉得不舒服。他说，通常来说他是抵制君主的，他和民众站在一条战线上，但这次的战争，让他意识到，他应该对英国的民众心怀敬意。由于英国的民众敬重他们的君王，所以他要祝愿英国的君王身体健康。这种敬酒祝愿的方式，我可不喜欢，于是我让莫洛托夫去讲清楚，将来再遇上这样的场合，为了避开窘境，斯大林光祝愿“三个国家的领导人”身体健康就行了。我在这个新规定获得认可后，就开始使用了：

我恭祝英国国王、美国总统，苏联加里宁主席，三个国家的三个领袖身体健康。

总统看起来非常累，他回复说：“我因为首相的敬酒辞记起了很多以前的事。1933 年，我的夫人去我们国家的一所学校考察。她在某间教室见到一张有着大块留白的地图。她问为什么那里什么都没有。她得到的回答是，那个地方他们是可以提起的，那就是俄国。我们会致信加里宁主席，请他派个使臣到华盛顿讨论建交的事，这一偶发事件也是一个原因。我们和俄国相识的往事就是这个。”

祝愿斯大林身体健康的事，现在轮到我来做了。我说：

这种用敬酒表示祝福的事，我已经做过很多次了，不过这次我举起酒杯的时候，所怀有的激情要比以往强烈很多。为什么会这样，是因为已经到手的成功更宏大吗？不，是因为相比于我们已经度过的那段难熬的时间，俄军崇高的成功和荣耀将它变得柔和了。在我看来，尽管在一些事情上，我们或许有矛盾，但在英国，他有个不错的朋友。俄国前景明媚、繁华、美满，是我想要看见的。我愿竭尽所能地提供帮助，在我看来总统意思也是这样。某段时间，元帅对我们不太友善，我曾经说过一些和他有关的粗话，我不曾忘记。不过所有这些都因为我们一起吃的苦和一致虔诚，烟消云散了。曾经的误解被战争的火焰烧得干干净净。我们认为我们拥有一个可以信赖的友人，我认为他对我们的感情是一样的，我希望他能和我们一样，将这份感情持续下去。我向苍天祈求，希望他长命百岁，能自己看见他钟爱的俄国征战的时候荣耀，和平的时候美满。

在作回应的时候，斯大林兴味盎然，在我看来，他觉得对我们的三国会谈来说，“国家统帅”的称呼是非常恰当的。我没记下他原本的说法。包括翻译在内，我们的人数不超过12个。我们在正规礼貌上的发言结束后，就三个两个地聚在一起聊起天来。我说，希特勒被击败之后，联合王国将举办一次普选。在斯大林看来，我的身份不可动摇，“民众清楚，对他们来说，领导人是必不可少的。而领导人，还有谁能比取得战果的人更合适呢？”我解释说，英国的党派有两个，我只是其中一个。斯大林以坚决的口吻说：“没有比你这个党派更好的了。”之后，我向他表示感谢，最近英国到俄国进行访问的代表们得到了热情款待。斯大林说，他们本就该热情款待，他钟爱洛瓦特勋爵那样的青年士兵。他的人生中最近出现了一种新乐趣，军事。事实上他差不多只有这个爱好了。

总统因为这个谈起了英国宪法。他说我总是说宪法允许这样，不允许那样，可是实际情况是，英国是没宪法的。就算这样，相比于形成文字的宪法，没形成文字的宪法也要更好一些。就像大西洋条例，虽然没有文档，却世界闻名。他在自己的文档中找到了一份我们两个签过字的复印件。可令人吃惊的是，两个名字的笔迹一样都是他的。我回复说，大西洋条例是星辰，不是法令。

我们接着往下说。斯大林提起一件事，按照他的说法就是“德意志帝国时期，德国失去理智的教条性”，他还仔细地叙述了他青年时期遇到的一件事，事情发生的地点是莱比锡。他和两百个德国共产党员一起参加一个世界性大会。他们乘坐的火车按时到达了火车站，可是，在火车站收票的人却没在那儿。结果，全部德国共产党员都在站台等了两个小时才走。就这样，他们走了那么远的路想要参加的大会，一个人都没能参加。

就这样度过了那个悠闲快乐的夜晚。元帅走的时候，别墅的待客室中有很多英国代表团的人。我提议说："为了斯大林元帅，让我们呐喊三声。"他们激动地呐喊了。

* * *

在雅尔塔，我们还经历了一件不太顺遂的事。罗斯福先生办了一个午宴，他说我跟他在秘密通信时，管斯大林叫"约大叔"。按照我原本的意思，他背地里和斯大林说，可他却以幽默的口气说给了在场的那些人。因为这个，当时气氛非常尴尬。斯大林发火了，他怒气冲冲地问："什么时候我们才能离开？"博尔纳斯先生凭借一句妙语扳回了局势。他说："提起山姆大叔的时候，你都不在意，约大叔的说法又差在哪里呢？"因为这种说法，元帅的火气消了下来。在这之后，莫洛托夫跟我说，斯大林知道这是玩笑话。他已经了解到，在国外，管他叫"约大叔"的人有不少，这个称呼代表了一种密切和友善，是以和善的口气说出来的，这他已经感觉到了。

* * *

第二天，是2月11日，星期日，也是我们对克里米亚进行考察的最后一天。和平时没什么不同，这次的这些会谈也留下了很多要紧的事没能处理。波兰公告制定的策略，虽然言辞宽泛，但若能切实执行，毫无疑问是能够起到等候总条约的作用。总统和他的参谋为了让俄国参与对抗日本的战争，和俄国签订的那个远东协议，和我们并不直接相关。因为这个协议，美国后来发生了一场激烈的争辩。总统急着要走，他在回去的路上，还要做客埃及，在那儿，他会和各个层面的掌权者探讨中东的事。在利瓦吉亚宫，曾经是沙皇时期的弹子屋中，我和斯大林与他一起吃午饭。在进餐的过程中，我们在最后的成稿文书和正规公告上签了字。现在，所有的事都要看执行理念怎么样再说了。

* * *

那天下午，我和萨拉开车去塞瓦斯托波尔，游轮“弗兰格尼亚”号，就在那儿停着。这艘船是从达达尼尔海峡开过来的，被当作指挥船使用。若是雅尔塔陆上设施被毁，它也能用。艾伦·布鲁克爵士和别的指挥官们和我们一起上的船。在甲板上我们见到的口岸，尽管现在又忙碌了起来，晚上还有灯光在残骸上闪烁，但其实已经被德国人彻底毁掉了。

我很想看到巴拉克拉瓦战地的情况，就让陆军情报科的皮克准将仔细翻阅战斗计划，做好为我们当向导的预备。2 月 13 日下午，我去那里做了考察。和我一块儿的除了指挥官们，还有俄国统领黑海航舰的海军上将，斯大林命令他，在任何我想登陆的时候，对我进行接待。我们的东道主多少让我们觉得有点紧张，他们太周到了。不过这不是问题。皮克指着一个地方说，轻装旅那年被派去就是那条防御线。俄方的那个海军上将也一边指着差不多一样的地方，一边喊：“就是那个方向，德国的坦克开过来攻击我们。”没多长时间，皮克说当年俄军是如何布置的，还把俄军步兵曾守过的山丘指了出来，俄国的海军上将又插言说：“俄国炮兵中队打到只剩一个人的地方就是那儿。”一副引以为傲的样子。我觉得那时我得跟他说清楚，我们研究的“不是人的战斗，而是一个国家、一个时期的战斗。”是另一场战斗。对于这个，我们的主人看起来没能明白，不过好像非常欣慰，因此所有的事结束得都很美好。

那队轻装旅就是从我们面前的那片低凹的山地下发动攻击的。我们可以看见，为了守护那道山梁，苏格兰高地人当初非常勇猛。差不多九十年以前，拉格兰勋爵面对的情况如何，一个人看看前面的那片景致，就能知道了。清晨，我们去他的坟茔拜祭。见到俄国人如此地敬重、爱惜那个坟冢，我们非常受触动。

* * *

按照我原本的期望，我会穿过达达尼尔海峡抵达马耳他，走海路，可是，我认为对雅典进行一次迅速而短暂的访问，看看在最近的那次暴动之后希腊情形如何是我的义务。因此，我们在 2 月 14 日清晨坐车去了萨齐，在那儿有等着我们的飞机。艾登已经离开了。汽车在崎岖的山道上行驶，路过一个关隘，在那儿，德国人当初放弃了几十辆机动车。俄国警卫部队的仪仗队帅气地等在机场那里。我根据自己惯常的形式：看他们所有人的眼睛，对他们进行了检阅。由于他们的人数少说也有两百，所以花费的时间有点长，不过俄国的报纸因为这种做法，对我进行了称赞。我在上飞机之前，进行了告别演说。

我们飞去雅典的过程非常顺利。围着斯基罗斯岛的天空飞了一圈，又从鲁珀特·布鲁克的坟冢上空飞过。我们到机场的时候，来欢迎我们的是英国大使利珀先生和斯科比将军。这离我上次离开雅典，只有七个星期的时间，当时雅典因为巷战，被弄得七零八落。现在，我们乘坐无盖汽车到了这里。我上一次来这儿的时候，刚好赶上圣诞节，那条死了数百人的路上，现在什么都没有，只有众多兴奋地尖叫着想要冲过来的群众和拦着他们的，一小队穿着小裙子的希腊兵。当晚聚在广场的民众，差不多有五万人。夜晚的灯闪耀在那些古朴雅致的风物上，看起来非常迷人。我缺少准备讲稿的时间。我们的守护者以为我们会悄无声息地抵达这里。于是，我只能向他们作了一个简短但热情的讲话。

雅典以及希腊的将士、民众，你们会幸福的。今天是崇高的，它充满阳光、黑暗退散。在你们的国家前面是崇高的未来。

国际上，对我们一致的工作不了解，存在误解的地方有很多，对于那些引发了雅典之战的事情，还有很多不正确的传闻。不过现在那些事已经逐渐清晰了。对于希腊对国际产生的影响，以及将来仍将继续的影响，人们已经有了一定的领悟。

能在现在，在这里发表演说，作为一个英国人，我要说，这个高尚、永不磨灭的城市，英军能够为了守护它而对暴动和反叛进行阻击，让我感到非常荣耀。我们两个国家之间的关系，在很长的时间里就处在友善和诚挚的状态中，我们走在坎坷、满是尘土的路上，一起向前迈进。

不管是英国还是王朝的哪个民族，都爱惜着自由、繁荣和美满。为了希腊的独立，我们已经和你们团结在一起努力很长时间了，我们还会继续和你们走下去，直到黑色深渊的边界，我们会一起登上公义与和平那广阔的高峰。

我希望所有人能对国家尽忠守职，我希望所有人都能忠实于真理和崇高的道路。此时是崇高的，今天是充满阳光的，我希望所有人都能斗志昂扬。所有人都把希腊放在心中最重要的位置上吧，所有人无论是男，是女，年老，或者年幼，都把它放在心里最重要的位置上吧。让他们认可希腊金光闪闪的未来。

我诚挚地祝福你们，祝你们繁荣昌盛。我真心希望希腊能成为获胜国——那些因为战争受损严重的国家——能取得合适的位置。公义抬起头来吧！政党间的仇怨消失吧！祝你们齐心，祝你们亲密无间。愿希腊青春永驻，愿希腊全国上下一心！

当晚我在满是子弹痕迹的使馆中吃了一顿饭，我们在 2 月 15 日一早就坐专机去了埃及。

*　*　*

在亚历山大港，我上了英国的军舰——“曙光”号。总统和中东三位领导人——法鲁克王、海尔·塞拉西王和伊本·沙特王之间的磋商，我并没有参与。这三个人都是被总统请来见面的。举办大会的地方，是停在苦湖上的“昆西”号。美国那只巡洋舰那天上午开进了亚历山大港。我在近中午的时候，到船上和总统会谈，没想到，在后来那竟然就成了永别。我们之后在他的船舱里用了一顿简单的午饭。那时萨拉和伦道夫、罗斯福先生的女儿伯蒂格尔女士，以及哈利·霍普金斯和怀南特先生和我们一起吃的。总统看上去安静衰弱。我感觉他活不了多长时间了。我再也见不到了。我们诚心诚意地说了再见。那天下午，总统他们就从海上归国了。

*　*　*

在我们来自美国的友人出发后，我和伊本·沙特王相约见面。和沙特王磋商，他是坐着美国的驱逐舰“墨菲”来的。在旅途中，他拥有东方君王所有的奢华，他的随行人员大约有五十个，其中有两个是他的儿子，他的总理、观星师，以及那群准备按照伊斯兰教典礼杀掉的羊，都跟着他来了。我们请那里原本的住户先离开一段时间。这时又遇上了一些交际上的麻烦。有人跟我说，不管是抽烟，还是喝酒精类饮品，都不能当着国王的面进行，那是不被允许的。由于这次午间宴会是我主持的，所以我马上说出我的情况。我跟翻译说，陛下的信仰要是不让他抽烟喝酒，那我得说明，在饭前、吃饭时，或者两顿饭中间，抽雪茄、喝酒精饮品是我的习惯，是极为圣洁的举动。国王因为他的善良，同意了我的建议。负责管理国王饮品的那个麦加人，送了我一杯来自麦加圣井中的水，我这一生都没喝过比那更好的饮品了。

事前有人跟我说，会谈的时候需要互换礼品，我于是以我认为的恰当的尺度准备了些东西。“汤米”——汤普森，他在开罗的时候，用公费买了小小的一盒非常典雅的香水，价值是一百镑，我送给他的就是这个。我们所有人都拿到了一柄宝剑，上面镶嵌着钻石，还有一些别的奢华的礼品。萨拉得到的是沙特王特地给女士准备的一个非常大的旅行用的皮质箱子。我们的礼物和他们的一比实在太丢脸了，于是我跟国王说：“我们这次带来的，仅仅是稍微表达一下我们的态度。英国政府已经为您准备了一辆全世界最出色的汽车，它配备了所有舒服、闲适，以及能对敌人的攻击进行防护的装备。”后来这件事达成了。

沙特国王令人印象深刻。他对我们的忠实，让我非常佩服。就算是最晦暗的时候，他也有出色的行为。现在他已经超过 70 岁了，但一个将士蓬勃的生命力却没有丢失半点。作为阿拉伯沙漠中族长制度下的君主，他继续着与之匹配的生活。目前他有 40 个儿子，70 个女人，按照预言师规定，他需要四个正妻，他现在娶了三个，还有一个名额。

在我们从法尤姆回开罗的路上，我们曾经停在英国大使馆在沙漠中的房子里喝了喝茶。我在卡瑟的别墅，停留了几天的时间，还见了法鲁克国王和叙利亚总统。我们说起中东近来发生的纠纷，现在还有很多没能消失。这时萨拉将沙特国王给她的那个旅游用的皮箱打开了，有很多的华美的阿拉伯袍装在里面，还有几瓶非常奇异、雅致的香水。箱子的底部放了六个不同尺寸的纸盒，其中一个纸盒里的一颗钻石，估计价格得有一千二百镑，另外还有些别的珠宝和几串来自红海的珍珠项链。安东尼的礼物和她差不多，只是他的盒子里的钻石和他的位置是相配的。后来我在跟国会说这件事的时候，我跟他们说，毫无疑问，这些珍贵的东西，哪一件我们都不该自己留下。事实上国库虽然收下了这些礼物，但为了支付我提出的那辆送给沙特国王的汽车，又几乎把他们花光了。

2 月 19 日，我坐飞机回英国。由于诺索尔特陷在了雾中，我们的飞机只得改到莱纳姆着陆。我坐汽车去伦敦，到雷丁的时候停了一会儿，我的夫人在那里等我，她来接我了。

*　*　*

2月 27日中午，我请下院认可克里米亚会谈协议，我说：

为能让那些伟大的事情能像格拉德斯通说的那样“脱离出政党之潮的升起或是落下，不沾染一丝一毫”。所以对于这个新文案，我热切盼望一切党派都能形成共识。……相比于以前，联盟由于克里米亚会谈，不管是政治，还是军事，都更齐心了，德国也意识到，他们想分裂联盟各国的想法，成了泡影。它早晚要全盘皆输，不放弃反击只会带来没有意义的苦楚。联盟决议要让德国完全失去反抗能力，一定要毁掉德国的纳粹主义和军国主义，战争的罪人一定要马上给予他们应得的处罚，德国的产业，凡是为供应军备的，都得被毁掉或者监控，对于联盟各国受到的破坏，德国需要尽全力给予财物上的补偿。另外，将德国人除尽并不是联盟想要做的，不能拿走他们维持生活的必需品。报仇不是我们的策略，以必需的手段守护世界未来的和平和安宁才是。德国人总有一天要在国际网络中拥有自己的位置，但那绝不是在德国所有纳粹主义和军国主义的印记被完全、有效地消除之前。

波兰的事引起了议院的震动。

三个大国都觉得，波兰要想成为一个强势、自主、和平统一的国家，在以后能够美满、安定，一个重要的条件就是认可东面边界线和现在能够保证的西边边界线的条约……可是，光从现在已经显示出来的情形看，相比于波兰的边境线，波兰的自由问题更严重。波兰人在哪儿生活定下了，但他们能自己支配自己的生活吗？像英国、美国、法国这样的自由，他们能拥有吗？他们的主权和自主，有没有受到捆绑，或者这只是俄国规划下的某种产物，受到一小撮握有权力的人的逼迫，不能按照自己的心意，只能选用共产主义制度或者集体制度？我将事情毫无遮掩地呈现出来。相比于规划边境线，这种检验方法，要更精确，也更紧要。波兰处在何处？在这件事上，我们又处于何处？

要保护波兰的自由和独立这件事，斯大林元帅和俄国已经非常正式地宣布了，英国和美国现在也加入到了这一决议中。国际机构在这件事上也会在恰当的时候，在相应的尺度内担起责任。波兰人只要和他们的盟友保持统一战线，切实地采取与俄国融洽相处的策略，他们就能控制自己前进的方向，这是仅有的限定条件。那确实没有什么不合情理……按照协议，为了在波兰成立一个全民一致的新的波兰临时政权，让三大国都跟它建交，以防部分国家认可一个波兰政权，部分国家认可别的，各个方面在行动之前都得先磋商。英国政府要竭尽全力来保证一切民主党派的有代表性的波兰人能有充分的自由站出来发表他们的意见。为了确保波兰所有民主政党的代表者都能丝毫不受限制地出来表明自己的意思，英国政府得做出最大的努力。

斯大林在希腊的作为鼓励了我，让我觉得俄国是真心想要做到这件事的。我认为我有责任说出我的想法。

不管是在克里米亚的相处，还是在别的所有的相处中，斯大林和俄国的领导者们留给我的感觉都是，他们愿意在崇高友情和对等的关系中，与西方民主国家相处。在我看来，他们说话算话。在我知道的所有政府中，俄国政府是唯一一个就算被逼无奈，也要严苛地担起自己的责任的。在此处发动一场争论来质疑俄国的诚心，我绝不同意。毫无疑问，全世界的未来都会受到这些事件的影响。西方民主国家若是和俄国的关系出现了令人惊心的裂痕，人类的命运一定会失去光泽。

我接着说：

我们正进入的世界，是我们没办法预测的，所有时期都需要研讨。对于命运的链条，一段时间之内我们只能掌控一环，想得太长远，并不正确。

我们在克里米亚举行的会谈的成绩已经极大地加大了可能，我相信议会能够意识到这一点。三个大国因为那次会议的结果，联系得更为紧密了，我们对彼此的理解也有了一定程度的增加。美国已经深深地进入了欧洲的生活以及帮扶工作中，他们非常踊跃。我们三个国家都已经开始去做切实又庄严的宏图伟业了。

* * *

议会的回应，大抵是对我们在克里米亚会谈时的姿态，毫无条件的全部认可。但由于波兰人受到了德国人极大的摧残，我们又因为他们而最终参战，所以在公理上，我们觉得自己对波兰有责任，这种情感非常剧烈。对于这件事，一群议员，差不多有 30 人，反应十分激烈，他们中还有一些人对我的提议进行了反驳。深怕一个勇敢的民族被压迫这种情况会出现在我们跟前，这种感觉让我们烦恼。我得到了艾登先生的认可。第二天，区块投票，我们得到的票数完全压制了他们，但 25 个议员投票不支持政府，他们多半是保守派成员，另外，还有 11 个议员放弃了表决。没过几天，城市乡村规划科的事务次官斯特劳斯先生要求离职。

光说被好人认可的常规准则，那些肩负着处置战争时期或者危险时刻发生的一切大事的人，他们是不会把自己限制在那儿的，他们每天都得做出实在的决策，立场不能有一点含糊。如若不然，关联、统一的行为怎么保持呢？等打败德国，要责备那些人：曾经尽全力去鼓励俄国人拼命战斗，建议和我们崇高的饱受苦楚的联盟维持亲密关系的人，并不困难。在战场上的德国人还有两三百个师，我们要是和俄国人吵起来，敢问会出现什么结果呢？没过多长时间，承载着我们的愿望的所有想法都成了泡影。但是当时我们或许也只能有这些想法。

第五章　渡过莱茵河

艾森豪威尔将军对德国展开双线强攻——英国的疑虑——蒙哥马利的队伍抵达莱茵河——3 月 10 日将敌军赶离韦塞尔桥头阵地——3 月 7 日夺取科隆——第十二集团军群遇到了好运气——德军西岸的最后一个驻地——横渡莱茵河的方案和筹备——我于 3 月 23 日到访蒙哥马利总部——3 月 24 日亲见空降军着陆——韦塞尔和雷司激烈的战争——在蒙哥马利的地图车里过夜——我于 3 月 25 日拜访艾森豪威尔——过莱茵河——美军的急行——德国西线瓦解

虽然德国人在阿登战败了，但他们并没有为了获得喘口气的时机而退到河对岸，而是下定决心在莱茵河西边战斗。艾森豪威尔将军的打算的是三步骤，首先灭掉莱茵河西岸的敌军，向河边逼近，之后建立桥头堡，最后，一路向前进入德国。最后的那步，军队会一分为二，一起进攻，一队从杜伊斯堡下的莱茵河下游出发，从鲁尔北部边上过去，如此一来，就能将鲁尔围在中间再进行攻击了，继续往前，穿过北德平原一路走过不来梅、汉堡及波罗的海。第二队会从卡尔斯鲁厄出发前往卡塞尔，到那儿之后，再视情况看是往北进军，还是往东进军。

在马耳他，当我们分析这一方案时是有些忧虑的，在相同的时间进行两个大的战斗行为，不知道我们的兵力能不能支持。而且相对来说，蒙哥马利统率第二十一集团军向北进发远比另一路要紧。尽管参战的兵力可能只有 35 个师，但我们的意见是，无论有多少军力，最大的都

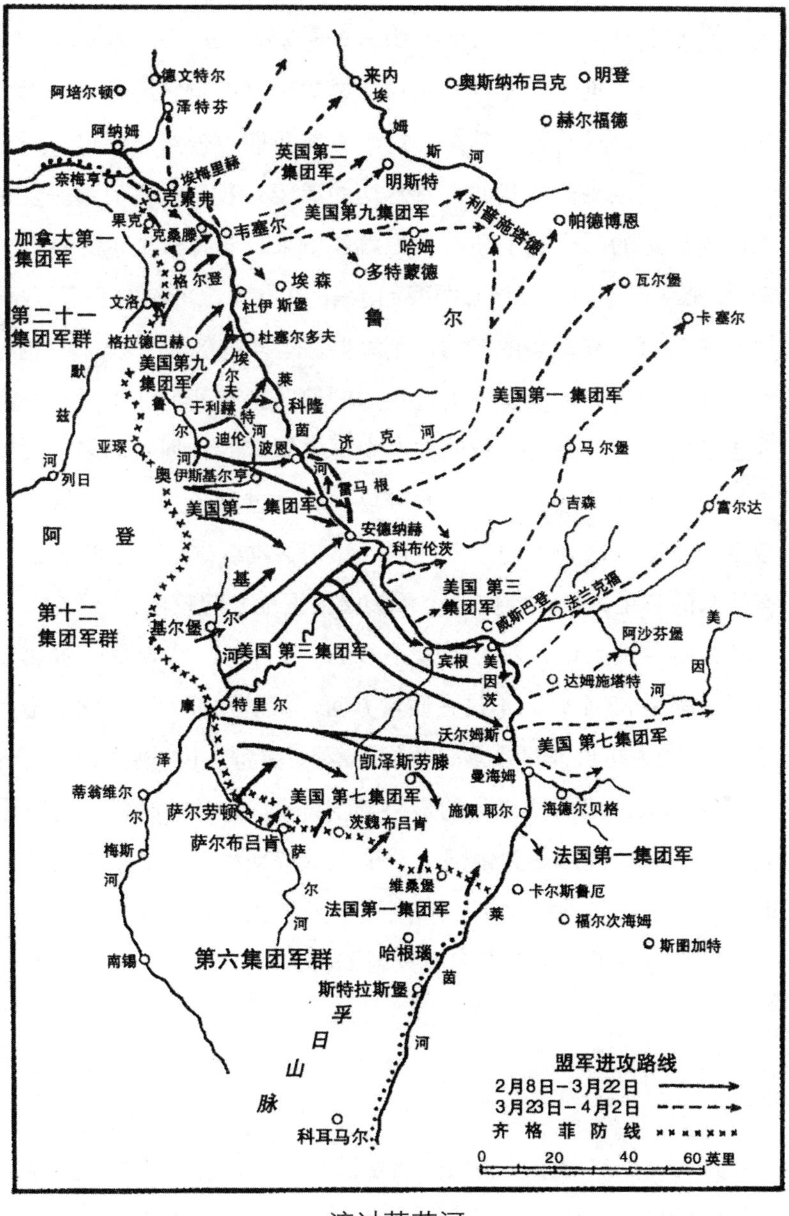

德文特尔
阿培尔顿
泽特芬
阿纳姆
埃梅里赫
奈梅亨
克累弗
英国第二集团军
来内
埃姆斯河
奥斯纳布吕克
明登
赫尔福德
明斯特
美国第九集团军
利普施塔德
帕德博恩
韦塞尔
哈姆
多特蒙德
埃森
果克
克桑滕
加拿大第一集团军
格尔登
文洛
杜伊斯堡
鲁尔
第二十一集团军群
格拉德巴赫
杜塞尔多夫
美国第九集团军
埃尔夫特河
莱茵河
瓦尔堡
卡塞尔
默兹河
鲁尔河
于利赫
科隆
美国第一集团军
迪伦
波恩
济克河
马尔堡
亚琛
列日
奥伊斯基尔亨
雷马根
吉森
富尔达
美国第一集团军
阿登
安德纳赫
科布伦茨
基尔河
美国第三集团军
第十二集团军群
基尔堡
威斯巴登
法兰克福
美因河
阿沙芬堡
美国第三集团军
宾根
美因茨
达姆施塔特
摩泽尔河
特里尔
沃尔姆斯
美国第七集团军
凯泽斯劳滕
曼海姆
蒂翁维尔
美国第七集团军
施佩耶尔
海德尔贝格
萨尔劳顿
茨魏布吕肯
梅斯
萨尔布吕肯
萨尔河
法国第一集团军
维桑堡
卡尔斯鲁厄
法国第一集团军
福尔次海姆
斯图加特
南锡
第六集团军群
哈根瑙
斯特拉斯堡
孚日山脉
科耳马尔
盟军进攻路线
2月8日－3月22日
3月23日－4月2日
齐格菲防线
0 20 40 60 英里

渡过莱茵河

应在这儿。为了形成其他进攻削减这里的军力，并不应该。在协同指挥官组委会的会议上，这件事曾经被激烈地争论过。布雷德利将军[1]认为蒙哥马利导致了大多数的压力，这并不是一个公平的评判。大体来说，英国的意见是向北进军是最重要的事，由于它的结果会对鲁尔产生影响，所以最要紧。其次，这个方案我们也曾经质疑过。对于蒙哥马利及早越过莱茵河我们有着急切的渴望，我们觉得他不应仅是因为德国河这边的某个点上还有兵力就停下来。艾森豪威尔的指挥官比德尔·史密斯将军到马耳他来跟我们承诺。在艾森豪威尔的官方汇报中，他说："莱茵河西岸战争的成功帮了大忙，这样的战斗方案——越过莱茵河，在河的另一边装备一支大兵力的部队，和我们在1月，甚至发动攻击那天之前设想的，长期方案中预先制定的计划差不多。大体的重点是对鲁尔北部进行一次全面进攻，而通过对法兰克福一域的桥头堡根据地发动一次强力的援助性进攻作为援助。之后为了打击并灭掉所有残余的有生力量，会向各个桥头堡根据地发起攻击。"[2]

从有多少师来说，双方是差不多的。2月初，艾森豪威尔和德国人差不多都是82个师。不过在质量方面，就差别很大了。联盟士兵斗志昂扬，德国人士气非常衰落。我们的部队历经战斗的磨砺，充满自信。敌军已经用上了他们搜集到的最终预留部队，1月的时候，为防止奥地利和匈牙利的油田落到俄国人手里，希特勒派出了他第六武装集团军的十个师。不过他的制造厂和交通已经被我们极大地毁坏了。他几乎没有什么汽油了，空军事实上只剩个名头。

* * *

彻底消灭克尔马尔单独根据地里的敌军是最先要做的事。在美国四个师的帮助下，法国第一集团军在2月初将这件事做完了。相对于

---

① 在奥马尔·布雷德利《一个士兵的故事》中可见。——原注

② 艾森豪威尔给协同指挥官组委会的汇报在第118页。——原注

这个，蒙哥马利发兵攻打科隆北面莱茵河的举动更要紧，而且它还引发了一场艰难且持久的战斗。从 2 月 8 日开始，由英第三十军和加拿大第二军构成的，由克莱勒将军统帅的加拿大第一集团军，开始从奈梅亨凸起的地方，以莱茵河和默兹河中间的地方为对象，向东南方向全力进逼。敌人有坚硬的防守工程，而且拼死守护。大地满是泥浆，两条河的河岸都被水淹了。虽然实现了第一天的目的，但之后的进程就没那么快了，十分艰难。我们要面对 11 个师的抵挡，所以领果克阵地我们到了 2 月 21 日才拿下来。敌军还把守着他们在韦塞尔前方战场的枢纽——克桑滕。

按照原本的计划，辛普森将军的美国第九集团军（此次战斗行动由蒙哥马利掌控）要从鲁尔河朝西面发动攻击，和英国的军队汇合，不过要过鲁尔河，非要拿下上游 20 英里远的那个大堤不可。2 月 10 日，这些大堤被美国第一集团军占领。但德国人打破了水闸，导致 23 日之前都没能开始从下游过河。美国第九集团军马上展开攻势。为了支援更北面的争战，面前的敌人被削减了兵力，如此一来，事情就发展得很迅速。

加拿大集团军在他们的进攻慢慢变强时，再次朝克桑滕发起了冲击，而在 3 月 3 日第三十军则与格尔登的美国军队汇合了。到这儿，第九集团军的右边锋已经到达与多塞尔多夫临近的莱茵河，因此，两军会合把敌军赶出了他们在韦塞尔的前方战场。3 月 10 日，德国 18 个师全部撤到莱茵河另一岸，只有五万三千个战俘和不计其数的死尸留了下来。

* * *

再朝南，从多塞尔多夫到科布伦茨间足足 80 英里长的地域，那里的敌军也开始在布雷德利将军统领的第十二集团军群的驱赶下，撤到了莱茵河对岸。左侧，赫奇斯统领的第一集团军侧面众军和第九集团军并肩朝前进逼。3 月 7 日，他们出人意料地轻松拿下科隆。有两个军还越过埃尔夫特河，占领了奥伊斯基尔亨，之后又分别朝东面和东南方向挺进。巴顿手下的第三集团军中的两个军，先是攻占了特里尔，然后又一直打到基尔河，还在 3 月 5 日发动了强力的攻击。他们顺着摩泽尔河的北岸展开清扫，三天之后，与第一集团军在莱茵河岸汇合。3 月 7 日这天他们大胆地把握住了一个良机。雷马肯的铁桥虽然被毁了一部分，不过仍然可以用，这件事被美国第一集团军旗下的第九装甲师发觉了，他们马上派先锋队渡河，别的军队也快速跟进。没多长时间，抵达对岸的军队就超过了四个师，还建了一个深达几英里的桥头工事。艾森豪威尔的规划里原本是没有这个举动的，实在是意外之喜，而且是大喜。为了制约美国的军队，德军只得从很远的北面调军队过来。这个短暂的战斗让第十二集团军群突然渡过了莱茵河，还抓到了四万九千个德军俘虏。这些德军在战斗中已经拼尽全力，但汽油过少在很大程度上影响了他们的行动。

我向艾森豪威尔道喜，这份祝贺是他应该得到的。

首相致陆军上将艾森豪威尔　　　　　　　1945 年 3 月 9 日

联盟军在你的调控下取得了伟大的胜利，我郑重地向你表示热烈的祝贺。在这一成功的基础上，打败或者消灭莱茵河西面的所有德军，将能够达成。美国集团军和集团军联盟敏锐和灵动，他们的指挥官和手下有能力适应当代最大的千变万化的战争，见到这些，任何分析战争的人都会被极大地触动。你们的协同作战意义深远，也让人兴奋，而在北方的英军和加拿大军在这一战斗中也能发挥功用，这让我愉悦。

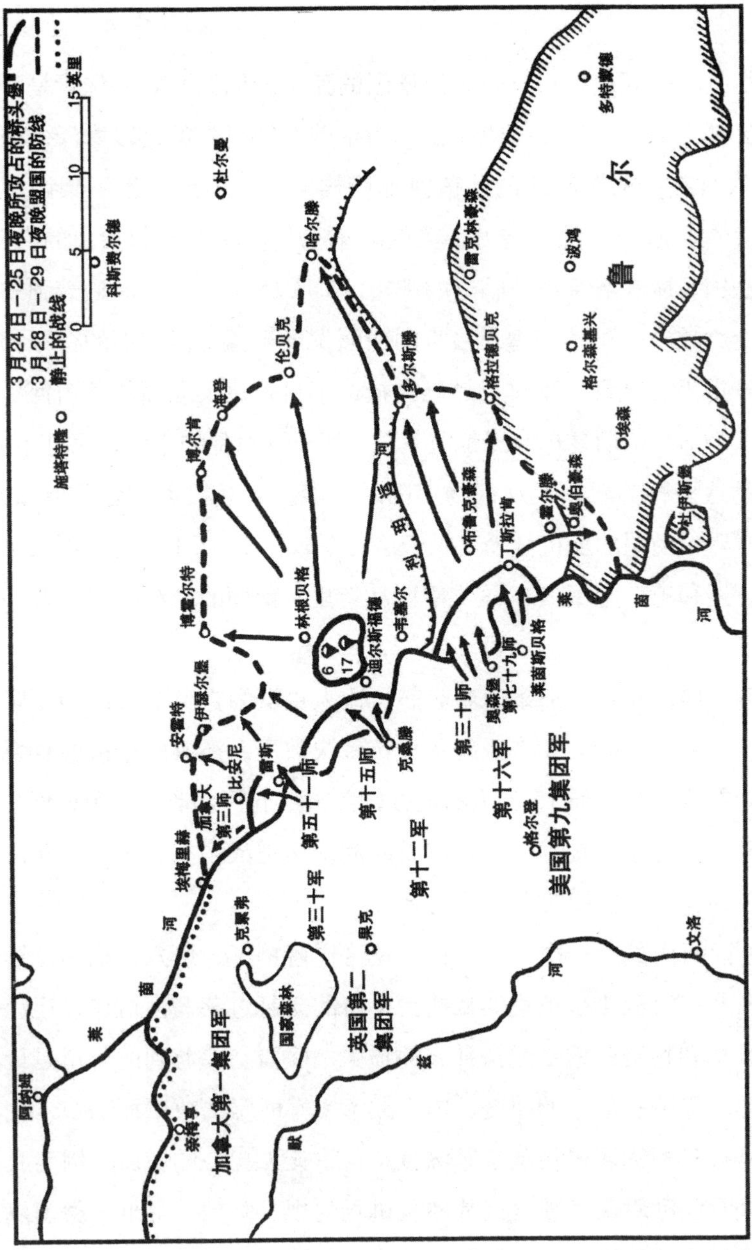
3月24日－25日夜晚所攻占的桥头堡
3月28日－29日夜晚盟国的防线
静止的战线
0 5 10 15英里
施塔特隆
科斯费尔德
杜尔曼
哈尔滕
伦贝克
海登
博尔肯
博霍尔特
安霍特
伊瑟尔堡
比安尼
雷斯
加拿大第三师
埃梅里赫
克累弗
果克
国家森林
英国第二集团军
第三十军
第五十一师
第十五师
第十二军
克桑滕
迪尔斯福德
林根贝格
韦塞尔
利
珀
河
多尔斯滕
格拉德贝克
格尔森基兴
埃森
鲁
尔
波鸿
雷克林豪森
多特蒙德
布鲁克豪森
丁斯拉肯
霍尔滕
奥伯豪森
杜伊斯堡
第三十师
第七十九师
奥森堡
莱茵斯贝格
第十六军
美国第九集团军
梅尔登
文洛
河
马
斯
奈梅亨
阿纳姆
莱
茵
河
加拿大第一集团军
第二
6
17
渡过莱茵河北段

* * *

莱茵河西面现在只有一大群德国的孤军。他们所处的位置是一个突出来的大据点，这个据点是由科布伦茨至特里尔的这段摩泽尔河和特里尔顺着吉戈菲防地的莱茵河那段构成的。美国的第三集团军第二十军在凸起顶点的正前方，美国的第七集团军在凸起顶点的右侧，一支法国军队在与莱茵河临近的那边。3 月 15 日，联盟军迎着强劲的反抗全力攻击。虽然茨魏布吕肯的西面发展迅猛，但东面的德军却把战场守得固若金汤。不过巴顿已经抵达了科布伦茨北面的莱茵河，还调了 5 个师从南面越过摩泽尔河下游，所以这对他们来说，用处不大。所有的这些行为斩断了从战场突围的可能。敌军根本没想到会如此，于是联盟军遭遇的反抗微乎其微。这支军队在 3 月 21 日已经到沃尔姆斯了，还和第二十军——这支军队从特里尔南面的凸起冲了过去——汇合了。

就这样，守护在那条声名赫赫，让人畏惧的吉戈菲防线的军队被斩断了。没过几天，所有系统的反抗都失败了。还有一个次级重要的成果：在美因茨南面 15 英里的地方，美军第五师发动了一场计划之外的战斗，渡过了莱茵河，没过多长时间，又把战场扩大为一个非常深的桥头堡，目标直接对准法兰克福。

德国西面最后一次大型反抗，就这样落幕了。用六个星期持续的战斗，在二百五十多英里的战线上，将敌人赶过莱茵河对岸，还让他们的人员和物资都遭受无法补充的损失，联盟空军起到的作用是最大的。敌军失败和崩溃的速度，因为战术空军时常的攻击而加快，我们也不必被日渐衰弱的德国空军滋扰。往常让人担心的威胁，因为我方飞机经常去敌军新型喷气式战斗机机场巡视，降到了最低。德国汽油出产量因为我们重型轰炸机持续的攻击降到了最低点，他们很多飞机场都被毁掉了，制造厂和交通系统严重受损，差不多已经不能动了。

*　*　*

蒙哥马利在南侧的美国人接近莱茵河的时候，已经做好了过河的准备。几个月前，作战计划和物品聚集就已经启动了。现在众多的军用物资、水陆双用车、强攻船以及建筑原料都被运到了前线，在持续的烟尘的遮挡下，部队朝我们这面莱茵河畔聚集。

过河的地方不错，鲁尔感觉到危险。总指挥凯塞林替换了龙德施泰特，也清楚要攻打哪里。他手里所留下的最好的军队就是在河岸东边挖壕坚守的第一伞兵集团军那七个师。不过他们在野外进行战斗的防御工事，还比不上盟军拿下的那些，只有韦塞尔和雷司外侧的工事好一些。不过他们有厉害的炮兵队，还从鲁尔那强悍的空军防御部队要了高射炮过来。对我们来说，发动攻击的时间越早越好，再加上荷兰北面还未脱离德国的掌控，它艰难的处境也让及早进攻这件事看起来更紧迫了。

首相致伊斯梅将军转呈参谋长委员会　　　　1945 年 3 月 8 日

看了格布兰迪博士发来的这封令人胆战心惊的信，以及德斯蒙德·莫顿爵士写在信上的评价，相信你们的注意力会马上被调动起来。

比德尔·史密斯将军在星期一那天晚上半夜时分，自动自发地来到了我在兰斯的住处，并跟我说了一个计划。他说等到过了莱茵河，他想或许能马上挤出两个师把荷兰的敌军清理干净。我知道他所说的师是美国军队的。按照我的想法，两方面的人得商量出一个方案好让波兰人避开会遇到的令人恐惧的事，而波兰的火箭发射基地也得尽快毁了。我觉得若是这件事一定会发生（对于这点，我不敢说准），就要想想是不是要把全面进攻柏林的时间推一推了。我预备致电总统跟他谈谈这一做法，不过在那之前，我得先问问你们的意思。相信水里的事情我不用想太多，毕竟水陆两用车和“水牛”型坦克等装备在军事活动中的推动作用，以前我们在法国北方的军事行动中已经验证过了。现在荷兰的德军要是真的处于几乎无法行动、彻底无用的状况，一切有战斗力的组织也都撤离了的话，我们也不用想太多战斗目标，太重视它了。

蒙哥马利抓紧准备自己的任务，联盟空军也派出了所有的兵力。为了让敌军无法从鲁尔武器制造厂拿到补给，他们在2月最后的那个星期，开始对不来梅到科布伦茨的那部分区域进行轰击，封锁战区运输。空袭随着时间一日日逝去越发凶猛。帝国空军和美国空军的第八和第九两个大队的重型轰炸机在进攻前两个星期，投下了差不多五万吨的炸弹。战区的运输线在中型轰炸机、战斗轰炸机以及占据支配地位的战斗机群的合作下，被斩断了，德国的西面因此引发了动乱和灭亡。

* * *

蒙哥马利统领的军队有加拿大第一集团军、英国第二集团军以及美国第九集团军。其中后两个集团军需要拿下位于韦塞尔南北方向的桥头堡，英国第一进攻旅居中，需要拿下韦塞尔。我们要做的是用两千尊大炮发动一个小时的轰击，之后在夜幕下过河，加拿大军则用来保护左侧的军队，之后也立即过河，朝北追击。为了从背后破坏敌军工事，英军第六空降师和美军第十七空降师这两个空降师，将在第二天一早，着陆于这个镇北面敌军的后方。他们会因为这样的布局与别的队伍——当初在阿纳姆让我们遭到不公平对待的那个——早一些汇合。对我们的战斗进行协助的，有重型轰炸机和科宁厄姆空军中将统领的超过三千架的战斗机。

我希望能和我们的队伍同时过河，蒙哥马利的意思是欢迎。跟着我的除了书记官乔克·科尔维尔，就只有“汤米”。3月23日下午，我们坐着达科塔式飞机，从诺索尔特飞往离文洛不远的英国军队总部。总指挥带我们去了他住的地方，那是启程时用的那种大的带篷车。我认出我坐着的是我曾经用的那辆舒服的货运车。吃饭的时间是七点，过了一个小时，我们按时到了蒙哥马利的那辆地图车。这里放着的地图是由一批精挑细选出来的军官画出的，所有这些地图代表了每个小时的战局。把这些地图看完，我们就完全了解我们军队的布置和攻击了。莱茵斯贝格到雷司那条长二十英里的战线，我们会以武力在十个地方渡过莱茵河。

我们要用尽全力。计划让百万大军中的八万先锋队先进入战局。众多的船和浮桥已经做好了使用的准备。隔着岸和我们僵持不下的德军有条不紊，他们凭借堡垒防御，全都装备着现代化的武器。

无论是我在战斗中看见的、分析的还是在通常读书中体悟到的，我都很难相信一条河可以成为抵挡一支强军的好防线。从我在桑赫斯特的时候起，我就一直在想汉姆莱著作的那本《军事行动》。他当初说过一个道理：和垂直穿过战线的河相比，所有平行于进攻线的河都更加危险。他还以拿破仑在 1814 年发动的那场让人震惊的战斗作例子。所以元帅还没跟我讲他的方案，这场战争就已经让我充满希望了，更何况我们手里还握有更加出色的制空权。我们不到 10 点就都睡了，因为第二天一早那两个师合计一万四千人的空降部队，将会携带大炮以及众多别的攻击性武器，降临敌军战线后方，这是总指挥让我看的重点。

我致电斯大林：

首相致斯大林元帅　　　　　　　　1945 年 3 月 23 日

现在我和蒙哥马利元帅所处的地方是他的总部。刚刚他已经下达了总攻的命令，要在一条开阔的战线（中间就是韦塞尔）上强行渡过莱茵河。差不多两千尊大炮和一个军的空降部队将对这次战斗行为作出援助。

希望今天晚上和明天能渡过莱茵河，构筑好桥头阵地。一旦渡过莱茵河，为了让进攻继续加强，大量的预备武装部队会马上准备渡河。

蒙哥马利元帅让我跟你转达他的敬意。我会在明天再给你发一份电报。

* * *

我们的第五十一师、第十五师以及美国的第三十师、第七十九师得到了当先攻击的荣耀。第一个出动的是第五十一师的四个营。不过几分钟时间，他们就到了另一面。由于河畔自身的守护能力较差，发动攻击的各个师起初没怎么遇到阻挡。黎明时分，桥头堡虽然看起来还有点浅，但已牢固地构筑起来了。同一时间，先锋队已经在韦塞尔展开了混战。

早上，蒙哥马利已经帮我布置好了观看空降部队着陆盛景的事，是在一个小小的山峰上，它的四周是起起落落的矮地。

飞机群在我们上空出现时，天已经完全亮了，它们虽然把咆哮声降低了，但仍旧非常大。之后半个小时的时间里，从我们头上排着队飞过去的飞机有两千多架。让我观看的地方选得不错。那里光线清楚，能清晰地看见军队在敌军那边的着陆点。飞机慢慢在眼前消失，不过几乎是同一时间又从别的高度朝我们这边飞回来。就是用最高级的望远镜也看不清伞兵了。不过这个时候，飞机的咆哮声变成了双份，刚过来援助的和已经做完攻击回来的。没多长时间，零星一些或是歪歪斜斜，或是冒烟，或是严重得已经烧起来的飞机飞了回来，看到这样的飞机，我们的心情沉痛起来。同一时间，一些很小的黑色的点渐渐升起。充足的阅历告诉我们，让人难过的惨事已经发生了。不过看上去每 20 架飞机中就有 19 架达成目标安全返回。过了一小时，我们回到司令部，这一猜测从我们得到的汇报中得到了证明。

现在整条线都在进行攻击，他们派车花了很长时间送我挨个地方去巡视。我还去各个部队的指挥部去看了看。回来得很晚。我自己的书记官乔克·科尔维尔没能和我一起坐车出去，因为他还要帮我做事。不过他也有自己的计划，事实上当天早上他就跟着那些过河的船过了莱茵河。虽然过河的时候没碰到反抗，但敌军的大炮却袭击了我们在对岸的据点。当时他正和一个将士说话，炮弹就在他们边上炸开了。站在他们边上的一个空降军士兵伤势严重，乔克全身都被他的血染透了。我和蒙哥马利回到指挥部的时候，他正好也回去，要不然他是不会把这个突发事件说出来的。元帅看他的衣服满是血污，问他怎么回事，然后又指责说，没经过他的同意，一个文员怎能私自过河。他非常愤怒，在这种情况下，我救了科尔维尔，保证会亲自教训他。等我把事情的过程弄明白了，我对他说，他要是被炸死了，我个人办公会受到很大的影响。那些秘密的电文每过几个小时就会被送来，谁替我翻译，谁拿来让我看？之后我用恰当的话说了他几句。他承认了错误。我嘱咐他说，吃饭时尽量离元帅远点。他听从了，换了其他的进餐地点。所有的事都结束了，没什么风浪。现在他已经被原谅了。

* * *

那天整整一天，事情都发展得很平顺，负责进攻的四个师已经安全过河，并在深达五千码的桥头堡中稳妥地驻扎起来。韦塞尔和雷司那边打得是最凶的。空降军战斗勇猛。我们的空战也非常成功。比联盟空军的进攻更猛烈的，也就只有诺曼底登岸的那天了。不过英国的战略空军并不在这一范围内，而从意大利出发的重型轰炸机得算在里面，它们已经攻进了德国的内陆。

我们在下午八点去了地图车。现在我们遇上了一个非常好的时机，这样一场庞大的战斗，我们将会看到蒙哥马利是如何调度的。大致是少校级别的青年将领，在大约两个小时的时间里，接连不断地过来汇报。所有的将领都来自战场的某个地方。他们是总统的私人代表，直接听命于他，想去哪里都行，想看什么都可以，而且无论是师部的指挥官，还是攻击部队的指挥官，他们都能发问，任何问题都行。他们一回来就得做汇报，他们的上司会对他们进行细致的询问，因此当天所有的战局都呈现出来。就这样，蒙哥马利从他熟悉的那些眼光独到的精干的职员手中，获得了战斗所有的实际情况。从每个指挥部和每个指挥官手里拿到的汇报，即使蒙哥马利拿到时，他的参谋长德·甘冈将军已经选择、评判过了，但这么做之后，上面这些报告就获得了一个非常有意义的能够重复证实的机会。这种做法会让他有一个更加鲜活、更加直白，有的时候也更加精准的观点。那些将士面对的危险是很大的。在这晚和接下去的几个晚上，来汇报被我见到的将士大概有七八个，不过几个星期，就有两个牺牲了。在我看来，这是一种让人激赏的政策。当代的总指挥只有采用这种办法才能看到、读到战场各个地方的实况。这一步骤结束之后，蒙哥马利朝德·甘冈下达了众多的命令，而参谋组则马上将它们化为现实活动。等这件事完成，我们就歇息去了。

* * *

第二天是3月25日，我们去会见艾森豪威尔。在路上我对蒙哥马利说，他与马尔巴罗的方法类似于十八世纪的指挥方法，那个时候总指挥经由副官来做事，他们坐在马上，通过嘴巴调控战线为五六英里、一天就会结束的战斗，这场战斗会确定某些大国之后几年甚至几代的命运。为了让他的想法得到切实的执行，他会把四五个副官派去战场的各个部分。那些人清楚他所有的想法，让他的想法被切实执行就是他们的职责。这些将士并不统领军队，只是当作最高将领的替身代言人。当代的将领要呆在办公区对战斗进行指挥，相比于从前，战线长了十倍不止，每场战斗平平常常就要七天甚至十天那么久。状况不一样了，蒙哥马利采用的指派私人调查员（战场各级指挥官们自然会对他们十分敬重）的做法，虽然一部分恢复了曾经遗留下来的风俗，比较有趣。

我们和艾森豪威尔见面的时候还没到中午。这里的美国将领不少。在我们就各样的问题进行过沟通后，我们用了一顿简便的午饭。艾森豪威尔在餐桌上说，莱茵河这一岸有一所房子，离我们大概十英里，已经让美军拿沙袋围起来了。在那儿能清晰地看见莱茵河以及莱茵河的另一岸。他的意思是我们一起过去瞧瞧，他会亲自领我们过去。我们的脚下就是流淌而过的莱茵河，这一段大概四百码宽。敌军所在的那面是一片辽阔的草原。将士们跟我说，据他们了解，河对岸是没有军队驻守的。因此，我们惊讶地看了一会儿。我们做好恰当的防护后被带去了那所房子。职位最高的将领因为还有别的事，只得先走了。我和蒙哥马利正打算也跟着一块走，我就看见离我们不远的一艘小船预备停泊。于是，我问蒙哥马利："我们过河，去对岸看看怎么样？"他的答案让我有点惊讶："没什么不好的。"就这样，等他简单地问过几句话，我们就预备过河了，跟着我们的还有三四个美国的司令官和六个战斗人员。在明媚的阳光下、十分平静的氛围中，我们踏上了德国人的河畔，我们在那儿活动了差不多半个小时，什么阻碍都没碰上。

蒙哥马利在我们回去的时候，问船上的船长："我们是不是可以顺着河往下走走，去韦塞尔那面？那边能看到一点战斗的情况。"船长的回答是，为了避免飘荡的水雷影响我们的战斗活动，离这半英里设有一条铁链拦在河上。或许已经有若干水雷被拦住了。蒙哥马利接连发问，不过最后也认为太危险，不能施行。我们离开岸边时，他跟我说："我们去韦塞尔铁桥吧，去看一看那里的状况怎么样。"因此我们上了他的车。那些美国人仍然跟着我们，因为有事情看，他们都很开心。我们开车去那座用钢铁建造的巨型铁桥。桥中段已经坏了，不过它变形的铁架子刚好可以成为一个不错的椅子。德国人正对我们炮兵的射击进行回击，他们的排子炮四颗一起，炮弹的落地点离我们差不多一英里。

没多久，炮弹的落地点又近了。之后，有一会儿，排子炮从我们的头上飞过去，落到了我们这侧桥附近的水里。炮弹可能是撞到河底炸开了，还在离我们差不多一百码多点的地方引发了一个非常大的水柱。其中有几颗炮弹落下来的地方就在我们之后不远被挡住的汽车中间。我们于是认为我们得走了。我下来和我们富于冒险精神的主人一起坐了两个小时的车，回了他的指挥部。我觉得，他要求科尔维尔那个准则，看起来并不适用于他自己。

* * *

之后的若干天，我们在莱茵河东面又有收获。等到 3 月 28 日，美国第九集团军正朝着杜伊斯堡逼近，而且已经进入格拉德贝克。英国的一个装甲旅帮着空降师朝哈尔滕进一步挺进，又将战线从那一路延长到博尔肯和博霍尔特。左面战斗凶猛，不过加拿大第三师顺着莱茵岸边一路向下进逼已经快到埃梅里赫了，他们会与岸这边的加拿大集团军剩下的部分汇合。如此一来，我们在月末的时候就已经在莱茵河东面有个踏板了，在那里能启动进一步进入北德的大攻击。而那些工程兵在这一历史性的战争的主体部分所作出的成绩，我只给出一个范例，就能以此推论下去了。即：到了 26 号那天晚上，这条大河上已经建起来的大桥少说也有十二座了。

* * *

南边的美国军队在这一时期虽然没遇上这么强的反抗，但进程也挺让人惊讶的。他们基于自身的勇猛得到了两个桥头堡，而这一阵地每天都在扩大、变强，越来越多的队伍从科布伦茨南边和沃尔姆斯过河。美国第三集团军在 3 月 25 日抵达了达姆施塔特，在 29 日抵达了法兰克福。美国第七集团军也是在那天拿下了曼海姆，而美国第一集团军从雷马肯启程，已经到吉森了，还在朝北进逼。4 月 2 日，法军也渡过莱茵河，他们左侧的美国第七集团军跨过海德尔贝格朝东进发。卡塞尔告破。美国第一集团军跟左边哈姆东面的美国第九集团军碰了头。鲁尔和三十二万五千名守在那儿的军人被围。德国西边的战线已经垮了。

第六章　与波兰有关的争端

苏联撕毁雅尔塔协议 ——罗斯福身体日渐衰弱——3 月 6 日俄国强迫罗马尼亚接受自己选择的新政权——联盟对抗的危机和难点——莫洛托夫阻碍针对波兰的莫斯科大会——3 月 8 日我对总统提的意见——我在 3 月 10 日发的电报——直接对斯大林提条件？或者通过我们的使臣磋商？——罗斯福先生主张先停止政治战争 ——他在 3 月 16 日发来的电报以及我的回复——我在 3 月 18 日以个人名义发给总统的电报——巴鲁克先生到访——莫斯科对峙未停——我在 3 月 27 日的电报 ——我们接受与斯大林直接来往——我在 4 月 1 日的电报——斯大林在 4 月 7 日的回复——他以个人名义发给我的电报——进一步的曙光

离雅尔塔会议结束已经几个星期了，事情非常明白，俄国政府虽然在协议中说会扩大波兰政权，好让所有派别和两方面都能进入，但他们没做任何执行协议的事。我跟莫洛托夫说的那些波兰人，他完全拒绝，他根本不让他们任何一个参与圆桌预备大会的商讨。他原本提议我们派调查员去波兰，结果我们答应得太痛快、太迅速，反倒让他尴尬起来。我们跟他说这件事，他蓄意为难我们，狡辩说，卢布林临时政权的权威会因为这个受到极大的影响。莫斯科大会什么收获都没有。对于俄国人以及他们的波兰拥趸来说，时间对他们有好处，为了尽快掌控这个国家他们用了很多残忍的办法，他们并不想让外面来的调查员看见这些。时间多一天，这些暴力获得的成果越多。我于是向总统提议，一起对斯大林进行最高层次的呼吁。之后我们写了很长的一封信，简述英国人和美国人看见的波兰的事。罗斯福无论身体状况还是精神情况在这种危急时刻都表现出明显的衰落。我还以为我们的某些长篇电报所说的话，是给我信任的伙伴和同事的，就像我这些年通常做的那样。然而我的话他已经不能全都听到了。我要是知道他病得有多厉害，我或许会觉得逼得他那样紧，太铁石心肠了。在总统周围，忠诚于他的参谋，并不希望太多人知道他的身体情况，所以很多人一起拟定回复文件，然后署上他的名。既然罗斯福的健康情况越来越糟，这些事他也就只能做些常规性的允准、指令了。这种勤勉是呕心沥血的。在国务院看来，总统现在的健康情况如此脆弱，为了让事情别发展到锐利的程度，他们宁可让驻莫斯科的大使们来承担压力。原本哈利·霍普金斯还能在暗中帮帮忙，可是他因为自己也病得很严重，动不动就去不了或者不被邀请。对我们所有人来说，这几周都非常难熬。

*　　*　　*

那晚，我正和下议院谈起我们在雅尔塔争取的成绩，俄国人就在罗马尼亚做了一件无论是灵魂还是文字都违反了我们协议的事，这还是第一次。按照最新才订立的关于将欧洲解救出来的声明，在联盟军占据的国家，推进、完成民主选举和民主政权的建立，是我们所有人的义务。2 月 27 日，米凯尔国王忽然收到头天才在布加勒斯特出现的维辛斯基的拜见请求，并被强烈要求将由各个派别组成的联合政权遣散。这个政权成立的时间很早，是 1944 年 8 月，当时王族政变刚结束，德国人也被撵出了罗马尼亚。这位君主年纪不大，借着他的外长维索亚努的认可，他并没有接受那个提议。一直到第二天，维辛斯基再次拜见。国王请求说，他总要和各个党派的领导人商量商量。不过维辛斯基置若罔闻，不但如此，他还用拳头捶着桌子怒吼，逼国王马上同意，之后把门啪地一关就走出去了。同一时间，都城的街道上满是苏联的坦克和军队。3 月 6 日，掌握政权的变成了一个由俄国指派的政府。

由于这个消息意味着以后事情的一种形式，所以让我非常头痛。俄国人已经凭借暴力建立了共产党政权。由于 10 月我和艾登到访莫斯科的时候，曾经认可了俄国在罗马尼亚和保加利亚拥有多半的高阶话语权，我们在希腊拥有更高的位置，所以我们的反对被束缚住了。虽然在雅典发生的反抗共产党和人民解放军的战争持续了六周，让斯大林非常恼火，但他一直恪守着这一协定。现在已经重回安定，虽然我们前面还有很多难题，但我希望自由、不被约束的选举有希望在几个月内举办，而普选之后，希腊民众能完全按照自己的想法拟定宪法和建立政府，另外，美、英、俄三国能一起督促这件事就更好了。

这个时候，在黑海的两个巴尔干国家，斯大林正走着截然不同的路，这条路和所有民主理念相反。他曾经在纸上签名认可了雅尔塔准则,可是现在在罗马尼亚,这些准则正被践踏着。但我又不能逼得太紧，要不然，他可能会说:“你们在希腊的作为我都没有左右，你们凭什么不让我们在罗马尼亚获得相同的自由？”这会让我们对比双方的目标，谁都无法让对方认同。考虑到我和斯大林的私人关系，我坚信争辩这种事不正确。

在此之外，我十分清楚波兰是更重要的问题，为了不对处理波兰问题的前景造成影响，我不愿意对罗马尼亚做什么。虽然如此，我仍旧认为，我们需要跟斯大林说，由于强行组建一个小部分党派的共产党政权，违背了我们当初共同认可的与被解放的欧洲有关的声明，这让我们觉得困扰。更让我们特别害怕的是，这样政权的出现，可能会引发对反对共产党的罗马尼亚人（这些人会被控告犯了法西斯罪）的清剿，保加利亚发生过这样的事，它们非常相像。我于是跟罗斯福先生提议，让斯大林许诺：这一新政权，不会把雅尔塔声明曾经支持他们如此作借口，立即开始清剿反对共产党的人。

波兰的讯息（来自莫斯科）也非常让人沮丧。在英国政府中占了多数的那些人，都是各个阶层和政党的，根本无法在形成反对俄国独占波兰的强势的言论上步调一致。不管是工党的人，还是保守派的人，不管是社会主义人士还是天主教教众，他们的回应都那么激烈。我在议会中曾以这样的观点为基础：雅尔塔公告，无论是它的模式，还是宗旨，都会被彻底地实现。当大家发现我们已经上当了，而俄国人正直接或者让他们的卢布林木偶，在波兰身上使用那些大家已经熟知的共党手段，英国的言论形式就会变得非常危急。在军事上，欧洲和远东没有任何阻碍，但我们和俄国却面临着公然的分裂，这种想法，不止英国政府里有，在公众中也很普遍。

开始的那段时间虽然看起了很有希望，但在那之后的现在，对克里米亚的计划，莫洛托夫就只认可自己那非常狭窄和死板的说法了，除此之外的所有别的说法他都不接受。现在对于我们举荐的参选者，他想在事实上把他们排除在外，拿定主意只支持贝鲁特和他的同伙，他曾经许诺允许我们往波兰派调查员，现在也收回了。他分明是想把和"卢布林党派之外"的波兰人进行磋商的事变成一个笑话（这代表着新的波兰政权只是当前政权假扮出来的，为的是让它在那些什么都不知道的人面前，显得更光鲜），不仅如此，像是清剿、流放境外和组建全体政治体系的各种阴谋，在选举开始前，甚至新政权掌权前，我们也不能管。我们要是不把事情扳回来，过不了多久，整个世界都觉得我和罗斯福先生在签订克里米亚协议时候，就已经在弄这个哄人的方案了。

不管怎么样，我曾经跟议会许诺过，若是无法遵照雅尔塔的宗旨组建波兰新政权，我就得跟他们说。在我看来，要阻止抵制莫洛托夫的政策就只有一个办法：以个人的名义发电报给斯大林，清清楚楚地告诉他，什么事我们是一定要做的，只有这样，我才能不跟议会说会议已经成了泡影，对于这一点我深信不疑。这里面涉及的事很广，远超过波兰的事。这是我们与俄国人关于某些名词——民主、国家主权、自立、代表制体制和自由不被约束的选举——的验证。我于是在 3 月 8 日将这些主张跟总统着重说明了一番，还表示我应该按照下面的内容致电斯大林，还说我希望总统也能发封电报，写着同样的最低要求。

我想给斯大林发的电报，内容是下面这样的：

……我一定要跟你说，要是最后在莫斯科的组委会无法基于下面的内容形成共识，我就只能向议会发布通告，说我们已经败北了。

1. 莫洛托夫先生好像还在狡辩，说克里米亚公告的条例赋予了当前华沙政权一个无可置疑的权限：所有事都必须先和它磋商。公告中和这段有关的英文，原本是美国人制定的计划，这样说不对，所以莫洛托夫的说辞无法被认同。

2. 三国政府，不管是哪个国家举荐的波兰人，除非组委会全体成员都认定不能接受，否则，就都应该被认可参与磋商，而且应该尽全力早些把他们的名录上交给组委会。组委会得承诺：受邀的波兰人有权跟别的波兰人沟通，不管这个波兰人是波兰国内的，还是在国外的。另外，他们有权利跟组委会推荐别的应该参会的波兰人。所有波兰人，只要他在组委会前参会了，他在莫斯科的时候，就应该能和别的参会者完全不受限制地做事或是沟通，而且磋商完成之后，他们想走就走，去哪都行。莫洛托夫曾经不允许请米科莱齐柯，但是，他来参会是非常重要的，这一点毫无疑问。

3. 为了能在组建一个真的能够代表波兰各层主张的新政权这件事上达成共识，并上交组委会，应该让受邀参与磋商的波兰人他们自己商量。总统权力的事也应该在磋商范围之内。在磋商的时候，这个组委会应该以公平裁判的角色担当会议主持人。

4. 俄国政府在该委员会磋商完之前，应该尽一切努力阻止华沙政权在一切法令上或者政策上采用本质举措，来对波兰内部的社会、法制、经济、政治形势造成影响。

5. 为了让英国、美国的调查员能够到波兰进行拜访，并汇报那里的情况，俄国政府应该像莫洛托夫在这个组委会磋商的早些时候曾经自己说过的那样做。

我们坚决不能让波兰做我们两国民众矛盾和误解的源头。我们基于雅尔塔协议尽早把事情处理好，我坚信为了这个原因，你会明白这有多重要。另外，我为什么会给你发出现在这封电报，是因为我坚信你会努力让这件事达成的。

两天之后，我又给罗斯福发了一封电报。

首相致罗斯福总统　　　　　　　　　　　　1945 年 3 月 10 日

很有可能，卢布林的波兰人会用他们常用的诡计，发表异议，说他们的政权自己就能确保“让国内的政治安定在最高级别上”，他们已经是“波兰境内多半民主力量”的标志了，而且他们没办法和离开波兰的叛国者或是和法西斯勾结的人及地主等合作。

目前他们不让我们了解波兰本地的情形，不论是去波兰境内还是采取别的手段。由于俄国人以及他们的木偶能够从从容容地对他们讨厌的人进行清剿，所以拖得时间长了，对俄国人非常有好处。我们现在要是大致按照克里米亚协议的宗旨和意向，主张说让彼此之间有着深仇大恨的波兰各党暂时停止政治斗争，这种清剿工作就会持续发生，不仅如此，可能也代表着我上次在电报中跟你说的那些清楚的需求也得放开。所以这个政治上暂时停战的主张，我很难接受。

我以前跟你说过我们这儿反响热烈，已经有四个部长放弃了投票，还有两个部长离职了。因此，我上次发给你的那份电报，我希望你能仔细想想。

总统在 3 月 11 日对我担保，说我们目的相同都是阻止卢布林波兰人和他们政治对手的互相伤害。他说，策略是我们仅有的一个分歧。

我希望依照原本的意思直接和俄国政府说，但他的意思却是要求一个整体的在政治上的停战可以让我更有可能成功。在雅尔塔时，斯大林着重指出伦敦波兰政府的地下军反对红军和卢布林的波兰人的恐怖活动。究竟有无其事不是问题的所在，但这正是苏联政府所坚持的。我们如果仅仅要求它迫使卢布林的波兰人单独停止迫害他们的政敌，斯大林肯定会拒绝。我们也有可能被指责为蓄意阻挠土地改革，而卢布林的波兰人却自命唯有他们才能保卫农民反对地主。

罗斯福先生答应派调查员去，不过按照他的意思，要等我们的使臣先跟莫洛托夫提议，然后，我们两人，或者是他，或者是我，再亲自和斯大林沟通，才最为合适。在电报里，他说："我们两个，最好在所有别的让俄国政府妥协的办法都尝试完之后，再出去干预。因此，我尤其希望，这个时间，你别给'约大叔'写信，更重要的原因是，我觉得你电文里的一些地方或许会起到反作用。自然，这件事上我们必须亲密沟通。"

按照我得到的消息，莫斯科那边，事情已经僵持住了。我仅仅是对总统的意愿做了妥协，不过除非美国帮忙，否则我们什么也做不了，而且我们的步伐要是不一样，波兰就必定会厄运临身。自从雅尔塔会议完结，已经过了一个月的时间，什么发展都没有。时间只对卢布林那边有好处。不用问，为了建立自己的威信，并让它达到坚不可摧的程度，他们十分辛勤。

于是，我在3月13日答应先不直接写信给斯大林。不过我对罗斯福先生说，我在电报中说的那些条款，得让我们的使臣说出来。我坚信要想不让我们在雅尔塔的所有努力付诸东流，这些基础性工作步骤必须要让俄国人答应。

雅尔塔会议结束，我们在莫斯科举行磋商的时候，目的简单明确，只有一个，即要让波兰内部和别的地方可以作为代表的波兰人聚集一堂，一起磋商，进而建立一个新政府——要我们都认可的，且在重建之后可以完全代表全波兰。事情发展了没有，看看米科莱齐柯和他的三两个伙伴是不是接到了邀请就知道了。为了和俄国人形成好的互动，他们已经从伦敦波兰政府离职了。

罗斯福先生对他的使臣下达的命令，只有一个鲜明的主张，即让波兰各个政党在政治上暂时休战，所以我怕那些命令对事情的发展起不了什么作用，就算有用，也不值一提。如此一来，我们两方都会被放到十分糟糕的位置上去。俄国人几乎马上就能说，卢布林一派的敌对势力正在败坏停战，所以卢布林不需要负责。我相信伦敦波兰政权的一些拥趸，特别是极右倾的秘密组织，也就是所说的波兰右倾秘密部队，可能会让俄国人和卢布林那边得到这种辩论的由头。我们既然不被允许到波兰境内去探查真相，那就只能由着他们说了。关于停战的磋商进行了差不多两周，在那之后，我们的身份将和雅尔塔之前相差甚远，那个时候，我和总统都相信不管怎么样，米科莱齐柯是一定要请来参会的。

这点我在一封个人电报里解释过，还下了下面的论断：

首相致罗斯福总统　　　　1945 年 3 月 13 日

俄国人在边境线上的主张，我们在雅尔塔已经接受了，波兰已经丢了边境，现在它还要丢掉自由吗？这里，不管是议会，还是民众，都坚信这是一定要争到最后的，这一点无可置疑。我不想将英国政府和美国政府的矛盾袒露出来，不过我一定要说清楚，我们会输得很惨，雅尔塔磋商的事一件没成。但是我们英国人没有能力让这件事继续发展，这样说，我们已经到了无计可施的程度。在波兰人磋商建立新政权的全部进程中，我们输给了莫洛托夫，当他看到这个，他会以为无论什么事我们都能忍。另外，在我看来，若是我们能一起施压，坚持一定要按照我们始终认可的政策，以及我主张的给斯大林的电稿里的方案施行，我们或许还有成功的可能。

这份电文的回文争论激烈，毫无疑问，这个回复是3月8日我的长篇电文发到华盛顿后，国务院制定的回答。

罗斯福总统致首相　　　　　　　　　　1945年3月16日

你在13日发来的电文中的言论，让我无法不去注意。你说我们两个国家的政府在波兰会谈这件事上有矛盾，我不知道你说的矛盾是什么。我们这边一点政治矛盾的痕迹都没有。我们始终都在商谈什么方法最有用，你说雅尔塔议案即将在我们眼前失败，我不觉得，除非莫斯科会谈的障碍我们已经尽力清除过了。你说我们对哈里曼使臣下达的指令，只有一个鲜明的主张，就是波兰境内政治停战，我也很难接受。那些指令你是有拓本的，除了阐明我们如何界定雅尔塔协议，还直接说明：组委会自己不应拒绝被请来参加磋商的波兰人，而且重组的政权包括的那三个组织，没有任何一个有权指定其他两个组织中谁能够被请到莫斯科。

我们的主要目标仍然是：在没有作出让步的情况下，促使谈判继续进行，并且要首先解决谈判业已陷于停顿的问题。我敦促你同意立即给我们的大使们发出指示，以便恢复谈判，这件事的极端重要性是怎么强调也不过分的。基于这种见解，我已经考虑过你3月8日来电中拟向斯大林提出的各点，并提出意见如下：

第一条说任何事华沙政权都不该彻底享有领先磋商的权利，这点我们同意，我们给哈里曼的指令中也有这点。

在我看来，第二条中的主张：任何波兰人，只有组委会三方成员全部反对，才不能被邀请参会，莫洛托夫是不会答应的。不仅如此，我也认为现在不是提出这个要求的时机。因为按照我的想法，我们差不多一定会因此闹僵，只有卢布林波兰人才会受益。在会谈现在的当口，要求自由活动和沟通，我看来也一样会引发非必需的争执。

对于第三条，我们接受波兰被邀请来参与磋商的人应该自己商讨政府组织的事，让组委会尽量以正义的裁决者的角色进行主办。这样的指令哈里曼已经收到了，不过我和他都认为，第三条相关需求看起来以后再争持也行。

你说的第四条（叫停所有在波兰的大变革），我在前一封电文中已经包含进去了，我原本觉得不管我们采用什么样的程序，最好都先考虑到怎么做才能达成我们的想要的结局，我仍旧这样以为。

第五条（派调查员的事），你大概没忘，对于这件事当初莫洛托夫是答应了的，不过当克拉克·科尔表示计划派遣过去的特派团成员数量很多的时候，他很吃惊。你在第五条主张中所有的言论我想把它放在给艾夫里尔的指令里。

请你马上跟我们说，按照上面这些顾虑，你愿意让我们的使臣们根据给他们的指令行动吗……

我对这个的回复是：

首相致罗斯福总统　　　　1945 年 3 月 16 日

你认为我们之间在本质上没什么矛盾，这让我非常安心，你认为我们只是手段上有些差异，这我也认同。我坚信你清楚和你合拍就是我们的宏愿，另外我们也知道，要是别人发觉我们并不十分合拍，波兰的前途会变得多渺茫……哈利法克斯会和你详细解说我们对每个条令的见解，截至目前，我仍旧认为这些款项应该被包括进去。我希望第一点〔就是华沙政权没必要每件事都有先行商谈的权利〕能得到你的同意。而第二点〔就是让波兰人一起讨论〕，若是莫洛托夫拒绝了我们所有的提议，该如何处理？另外，被请去的人若是无法自由活动和沟通，还有什么意义呢？事实上，我们不清楚，开始我们跟莫洛托夫要求这条时，他曾拒绝过，但米科莱齐柯却将其当作自己去莫斯科的一个条件，再者，我非常担心，要是我们不能对他作出某些明确的承诺，他会不同意离开伦敦。一样的，那些我们想要请来的，对卢布林一派不认同的波兰人，我们应该跟他们担保，对于会谈的本质和组委会的裁判角色〔我的第三条〕我非常想与莫洛托夫达成共识。要是你坚决认为现在不是提出总统权利问题的时机，我一定妥协，尽管这确实是件非常严重的事，不能不让波兰人参与磋商。第四点〔让俄国政府不准华沙政府在波兰再做一切重大变革〕，你说政治停战方案能达成所愿，我很难认同。波兰政权在波兰或者在这儿的拥趸，他们某些言论或者行为，我们要怎么做才可以确保俄国人不把它们放大到毁坏停战的程度？我害怕我们会被政治停战方案拖到长时间搁置的死路中，并因此产生的指控，少说也要有一些被扯到伦敦波兰政权那里，在我们看来，那会让险情马上加大，所以你停战的主张,我很难接受。我再次以最大的真诚请求你的拒绝（一个改正意见,不让波兰发生大变革)。我们在调查员工作上(第五条)将因此有些依据,知道我们在第五条上达成了共识,我们非常开心。

现在我们那些代表们已经彻底被堵死了进波兰的可能。一条无法穿越的幕墙竖在当场。就连我们那些为了帮忙将被救战俘带回来的英、美联系员，他们都想一样看待。按照我获得的消息，已经抵达卢布林的工作人员，英国的也好，美国的也罢，都收到了离开国境的要求。我内心清楚波兰出现的情况俄国人担心我们看见。或许被他们暴力处置的，不仅有波兰人，还有德国人。因为什么都好，反正我们不能看。这种情况，我们如何能够争辩。

虽然我还不知道总统的身体情况到底如何，但我感觉到：我们收到的这些电文，只有偶然出现的勇气和明智是总统自己写的。于是我以个人的名义给他发了一封电文，让他放松一些，不用像办公的时候那样耗费心力。

首相致罗斯福总统　　　　　　　　　　　　1945 年 3 月 18 日

1．由于难题和麻烦太多，我只能给你发了这么多电文，我希望你不会被它们烦到。我们的友情是基石，除非我不再是建造者中的一员，否则我们就可以在它上面建立未来世界。我常常记起那些天地变色的时候。例如，你拟定租借案，我们相会于阿根夏，在我诚挚地支持下，你决定向非洲进逼。再比如，送了 300 辆“谢尔曼”坦克（之后在阿拉曼之战中声名远播）以慰藉我因为图卜鲁格所遭受的损伤。我没有忘记，我们的私交对整个世界的工作的影响，现在这一工作的首个军事目的正在靠近。

2．现在我得在自己的国家留守，因为为了这个或者那个项目，我正将我多半的同事派去华盛顿、旧金山。你早就同意过来考察，我一直盼着呢。科莱美供职于红十字会，她受“约大叔”（或许我们能够胆大妄为地这样叫他）的邀约，将在下周做一次长途旅游，最远可到乌拉尔一带，不过她会按时回来迎接你和艾利诺的。我无时无刻不在想着你们。

3．以我们的要求来说，德国和日本的勾结会对我们（假使我还管着这块）的安定产生一定影响。就像我前一次评价的那样，在高个子的战争结束，就轮到矮个子的战争了。这个千疮百孔、衣食无着的世界正等着我们帮它再获生机，你我二人提议的措施，不知道“约大叔”和他的后继者是怎么想的。前几天我们说的党派政策的事，让我感到高兴和放松。这就和炼完铁再当木匠似的。还好，这份电文抛去当初我和罗森曼谈的我们的生活那部分，这是有好处的，和我们自己的工作一点也不沾边。

祝你万事如意！

温斯顿

这封电文无疑让总统高兴起来，因为过了两天我收到了下面这封电文，是他发给我的，他清楚他的这封电文也会得到我的喜爱：

罗斯福总统致首相　　1945年3月20日

要是及早接见伯纳德·巴鲁克不会让你觉得麻烦，我会非常感动的。由于他将你看成他最年长的一个朋友，期盼着先征得你的认同再出发，所以你要是能给他发份电文，我一样会感动。

首相致罗斯福总统　　1945年3月21日

我正热切地盼望着和伯纳德的会面，他是我最年长的朋友中的一个。我正准备给他发电报，告诉他如果他能来，我会非常开心。我想知道他会在哪天过来。

巴鲁克拥有与美国政治及战争时期产生的非常广博的学识和阅历，却没有彻底运用，从前这常常让我觉得怪异。

巴鲁克先生按照安排过来了。我们密切地商谈了很长时间，我和总统因为这个得以志趣相投地深入互换建议。我这一最紧要的同僚和袍泽，我当初盼着能和他在信件和交流上有新关联。谁知道没过多长时间，我们竟然就永别了！

首相致罗斯福总统　　1945年3月30日

今天早上我收到了很多你的来信，从里面我知道你已经回到华盛顿，并且精神那样旺盛，这让我非常开心。我在昨天已经和伯纳德见过了，他还将在今晚过来与我一起度过周末。他看上去很精神。就像你了解的，在我看来，他这个人非常睿智。怀南特会在明天过来，科莱美正在飞往莫斯科的路上，她在俄国的各个地方少说要飞一个月的时间，所有的这些都让我心里生出了疑问。

罗斯福总统致首相　　1945年4月1日

你那让人非常兴奋的电文我已经收到了。

伯纳德是个拥有大量阅历的智者，我们两个都会因为他的智谋得到极大的帮扶。

科莱美在俄国长时间的飞行考察，我们盼望她：第一一路顺风，第二战果斐然，我认为必然会如此。按照我们的意愿，战争现在看起来非常顺遂，当下我们还能期盼希特勒主义比我们原本预想的更早垮塌。

* * *

英国和美国的战略最终达到统一。与此同时，就像我们在伦敦的时候估计的那样，莫斯科还在僵持着。俄国的策略越来越明白，他们肆无忌惮地、无形地掌控着波兰，并且每天都比前一天更直白。他们提出只有卢布林政权才能在旧金山做波兰代言人。一旦西方国家不接受这种行为，俄国就让莫洛托夫缺席。这种做法让旧金山的每件事都受到了限制，甚至连会谈都无法展开。3月19日交流的电文、3月23日进行的磋商，我们的使臣全都认同了，可莫洛托夫在其回复中，对里面说到的所有条款，都提了众多坚决反对的主张，剩下的那些条款就全然不顾。现在的政府只是俄国手中的提线木偶，他坚信雅尔塔公告仅仅表示可以在里面加若干波兰人，至于加谁，得先问问这些木偶的意思。米科莱齐柯和别的我们也许会举荐的波兰人，他坚信自己有权反对，还托词我们之前说的那些备选，因为材料不够，他没法知道。我们提议组委会应当在波兰人自己磋商的时候，出任组织会谈的裁判，他却没说到这个。我们说的另一个主张：任何行动，只要会左右波兰国未来，任何行为，只要有打乱社会安定的可能，不管是反对某人还是某组织，都应该尽量避开，他也没说。莫洛托夫自己曾说过的调查员的事，他理也不理，只让我们自己去找华沙的木偶们说。他的办法显然就是拖，卢布林组委会就去加强他们的政治权力。关于波兰的事，我们的使臣们展开的磋商想得到诚挚的对待是无望的。那些磋商只意味着一件事，我们的通告文书被放在了一边，却花时间去找些对处理重大事件没有帮助的提案。

等到3月27日，我认为这件事我们非重新磋商不可了。

首相致罗斯福总统　　　　1945年3月27日

……如同你了解的那样，波兰问题，要是我们找到好的处理办法的可能性一点儿没有，那事实上，我们就是被俄国人骗了。艾登和我必然要将这个真相告诉给下议院。我在下议院曾经告诫对雅尔塔协议进行抨击的人说，大家得相信斯大林。要是我只能将真相向下议院公开汇报，那整个世界都会断言，那个告诫的不正确。特别是我们在波兰的失利，结局是，那里又来了一个以罗马尼亚这个新模板组建的机构。换种说法，被解放的欧洲公告所限定的条款看起来没把东欧包含在内，而且不管是你们，还是我们，对这一地区的所有作用都会被驱除干净。

我们一定不能被别人控制着，成了将俄国版本的民主强加到波兰（除了波兰还有东欧不少国家）身上的一分子。只要我们还没彻底败落，看上去就只能行一条路，即坚守我们对雅尔塔公告的看法。不过我坚信，就算再如何与莫洛托夫争辩此事，也不会有什么效果。我们两个针对波兰问题一起给斯大林发电报的时机，或许现在已经成熟了。我会在下份电报里就这个问题跟你说一下我的整体建议，希望你不会拒绝。

我认为已经没什么办法能带来好的结果了。假设我们被否决，再把俄国人别的背弃雅尔塔宗旨的活动——比如，在“纵横字谜”那件事上，莫洛托夫对我们的解释做出了无礼的指控；我们放走德国战俘，他的处理手段让人不快；罗马尼亚事变；俄国人不愿意施行获救的欧洲声明，还有欧洲问询组委会的任何发展，俄国人都要妨碍；……都放在一起去看，那个征兆非常糟糕。

对于莫洛托夫离开旧金山大会，你又是怎么看的呢？对于这件事，我感觉非常糟糕。这代表了什么？是俄国人想要撤走，还是他们想敲我们的竹杠？按我们两人的看法，敦巴顿橡树林议案很快会成为旧金山大会商讨的基石，它的基础就是大国间的团结协作。要是这种团结协作在波兰的事（先不说刚刚提到的别的事，它总是战争结束要处理的一个要紧事）上没有，那我们这样问合情合理：新的国际机构完满的未来是什么样的呢？这种情形，我们很明显要把国际将来安宁的全部架构都建立在沙地上。

所以我认为，要想让旧金山会谈在损伤较小的情况下获得成功，我们两个非立即就波兰问题向斯大林发出尽量激烈的要求不可，另外，要是有需要，别的会对克里米亚祥和统一的事，也能一块说出来。要想让国际机构组建于我们各个国家言论支持的道路上，非要如此，才有可能。确实，莫洛托夫缺席旧金山会谈会带来恶果这件事，我没办法肯定地说，现在就是该和斯大林说的时机。

当晚迟一些，我又增加了一个乐观的提议。

首相致罗斯福总统　　　　　　　　　　1945 年 3 月 27 日

1. 我们两个，要不要跟他〔斯大林〕坦承，因为对雅尔塔协议的说明立场各异，结果波兰组委会的事停下来了，这让我们感到困扰。在那些决定里有大家都认可的追求：卢布林和波兰别的民主志士在磋商后，构建一个新的全国性的政府，而且这个政府要被我们两方面的政府认可。那些受我们举荐的波兰人，说是因为不为人所知，根本没收到回复，但我们当初已经给过他完善的资料了。一个国家将所有举荐全都推翻，这绝对不该。我们为什么会举荐那些候选者？是因为在我们看来他们符合各盟国彼此信任的宗旨，而让卢布林那边来阻碍他们的事，自然是没有的。不管他们举荐的人是谁，我们都会认可，因为我们认为亲近纳粹的或者不支持民主的波兰人，俄国政府是绝对不会推荐的。新政府组建的事该让聚集到一起的波兰人自己探讨。组委会应该充当组织会谈的裁判，监视他们公平公正地做事。莫洛托夫提出要先跟卢布林的人商议，这种条令公告中可没有。不过，先过去看看他们，这我们是同意的。但给我们的代言人如此做的权限，我们做不到，因为在我们看来，这背离了公告的主旨。另外，前一段时间，莫洛托夫曾建议说，我们或许愿意派调查员去波兰，现在却把这个建议收走了，这既让我们吃惊，也让我们失望。是真的，他竟然装成就像是从没说过的模样，还让我们跟当下的华沙政府申报。斯大林必然清楚，制造一个我们全部认可的波兰政权是雅尔塔协议的全部关键点，很明显，我们是无法跟现在的政府沟通的。我们坚信，派调查员的承诺，他一定不会玷污，而且对于他在华沙的友人，他是有这般强大作用的，就算他们表现出了不情愿，他也能轻易解决。

2. 另外，斯大林必然该知道，现在三大同盟国正计划组建一个全国性的新政权，当下波兰的掌权者，也不应该妨碍它的发展。我们已向俄国政府提出让他们去左右他们在那儿临时主政的友人们。我们认为斯大林会把它当作标靶，采取行动。

3. 斯大林将会看见，所有的这些，在我们使臣们的电文里，已经用最合情理的言辞进行说明了。他会抽时间看看，分析一下我们的主张到底和雅尔塔协定的宗旨是不是完全不符，这些主张我们的同盟国是不是应该完全遵从，好让雅尔塔协议不再延误，达成处理波兰问题的目的：组建一个英国和美国都认可的代表制政权。

总统的回复是，他自克里米亚会谈之后，就一直“带着焦急和关心关注着苏联在姿态上的进展”，他叙述了他的主张好让我们的使臣们做深入会谈，在最后，他说：“但是你认为，我们该针对俄国的姿态（尤其是波兰方面的）直接和斯大林沟通意见，现在是时候了，这我认同，所以我主张的致电的全部内容，会包含在下封电文里。你的反馈，我希望你能快些让我了解。”

因为我们总算认可直接和斯大林沟通了，所以我自然非常安心。我始终认为，不如此，是无法得到切实的结论的。3 月 30 日，我致电总统说：“你认可时间已到，我们两个该直接和斯大林沟通，这让我觉得开心。你的电文虽然还无法彻底说明我们的意思，但严正且有价值，我们必定诚心诚意地表示认可。我会在给斯大林发的那份一样的电文里，同样表明我彻底同意。”

4 月 1 日我给斯大林发电。

首相致斯大林元帅　　　　　　　　　　1945 年 4 月 1 日

1. 美国总统的电文，我希望此时你已经收到了，因为他的美意，在电文发出之前，他先给我看了。现在我肩负的任务是，以英国政府的名义向你严正申明，我们的战时内阁让我告诉你：总统的这份电文，我们诚意支持，对于这件事我们的看法全部相同。

2. 有两到三点建议，我需要着重说明。第一，在我们看来莫斯科磋商没有遵循雅尔塔的宗旨，且某些地方确实不曾依照其言辞行事。我们三方以这般强大的好意派遣的组委会，竟然无法本着彼此妥协的宗旨快速、平顺地完成工作，这是我们以前从未考虑过的。是的，按照我们原本的想法，到了当下，一个“新的”、“经过重组的”波兰政府，应该已经组建完成，且被全联合国认可了。如此才能告诉整个世界，我们有能力，也有信心可以为了世界的将来进行合作。想要达成这一目标，现在还来得及。

3. 不管怎么样，经过重组的新政权还未建立起来之前，组委会应该先答应将波兰国内以及国外，可以作为代表的波兰人聚到一处，他们未必非得进政府，但要能参与自由和坦诚的磋商。当下这最基本的步骤都办不成，因为只要俄国或是卢布林政府不愿意，就以为所有人的举荐，就是光参与商谈，也有否定的权利。这种否定权，我们三个国家，不管是哪个国家，我们都不能答应它有。在米科莱齐柯先生的事上，这种否定权竟然达到了顶峰。不管是英国还是美国都广泛相信，在外国的波兰人里，最优秀的就是他。

4．莫洛托夫以前自己说能让调查员或者代表组去波兰，现在竟然把这样的话收回去了，这既让我们吃惊，也让我们失望。伦敦波兰政府差不多天天都送来大量让人心痛的信息，可是我们亲自检验这些信息的办法却被清除了。波兰的戏台为什么要拉上一道守密的幕布，我们怎么也不明白。俄国政府要是让代表组或者某个人来我们军队占据的地方，不管是哪里，我们都给了最充足的方便。俄国人曾经多次接受这样的邀约，还做了实地考察，我们两方面都觉得合意。在这些事上，我们希望所有人都能遵循有来有往的规则，这对我们长期协作关系的构建是很好的根基。

5．你和总统对莫洛托夫缺席旧金山会谈这件事进行沟通的电报，总统也给我看了。在雅尔塔那欢快且充满曙光的友好氛围之后，我们期望三国外交部长的参会能够去除我们在一次暴风雨里再遇的众多难题，但是苏联的那些公事很要紧，把莫洛托夫扣住了，这样的理由我们是相信的。

6．我们希望波兰的事能形成共识，要是我们的辛苦必定要白费，那等复活节结束，议会重开时，这一真相我只能向会议坦陈了。没谁会像我当初那么积极、信心满满地为苏联的工作争辩。1941 年 6 月 22 日，我是最先摇旗呐喊的那个。将寇松一线作为俄国的边界，国际震动，自我向国际宣称它是正义的到现在，都一年多了，无论是英国国会，还是美国总统现在都认可了这条边境线。作为苏联的一个真挚的友人，我以个人的名义，向你以及你的同僚们提出请求，希望在波兰的事情上，你们能和西方的民主国家达成谅解，别打掉我们以引导世界未来为目的伸出的友爱之手。

一周之后，斯大林回应了我们两个。他指控英国和美国的使臣将“波兰问题带去了一条死路”。在雅尔塔的时候，我们曾答应以卢布林政权为中心进行重组，建立新的波兰政权。对立的是，我们的使臣们想的却是，去掉它，建一个全新的政权。雅尔塔的时候，我们还答应让五个波兰境内的波兰人和三个从伦敦过去的波兰人进行磋商。结果我们的使臣们当下的意见却是莫斯科组委会的所有成员都能请不计其数的波兰人过来，无论是波兰境内的，还是波兰境外的，对此俄国政府自然无法答应。组委会在判定请谁的时候应该是全体一致的，那些受邀的人也只能局限在认可雅尔塔协议、认可寇松线的波兰人里，他们也一定要真的想让波兰和俄国继续友善下去才行。他是这样写的：“苏联政府坚持这样主张，是因为苏联士兵为了解放波兰而流了不少血，并且由于过去的三十年间，敌人曾经两次利用波兰领土来侵犯俄国。”然后，斯大林总结出我们走出死胡同应采取的步骤。卢布林政府是一定要重组的，但绝不是被销毁，只要从外边选几个新人进入当前的政府里就行；参与磋商的波兰人请八个就好，其中波兰境内的五个，伦敦的三个，这些人必须全部认可雅尔塔协定，亲近俄国政府；要先跟卢布林政府磋商，这一方面是因为它在波兰的权威“非常大”，另一方面是因为波兰民众有可能将别的一切手段都当成对自己的羞辱，觉得我们没问过他们的意思就强行弄个政府来压制他们。最后，他谈道：“在我看来，若是前面提的建议能被接纳，那波兰的问题用不了多长时间就能形成共识。”

下面这封电文是斯大林以个人名义发给我的。

斯大林元帅致首相　　　　1945 年 4 月 7 日

1. 英国和美国出任莫斯科组委会成员的使臣们非要请这些人

参与磋商，既不理会波兰临时政府的意愿，也不会顾及一些波兰人对俄国的看法，对克里米亚会谈中波兰决议的看法。比如，他们态度强硬非请米科莱齐柯到莫斯科参与磋商，提出的手法是下最后通告。克里米亚会谈关于波兰事项的决议，米科莱齐柯实际上已经公开否定了，他们在这样的事上却根本不顾这一情况。即使这样，但要是你觉得有需要，我会去左右波兰临时政权，让他们把反对邀请米科莱齐柯的意愿收回去，不过有个前提，米科莱齐柯得公开声明，他要认可克里米亚会谈中针对波兰事项的决议，并支持让波兰和俄国建立友善的来往这一提议。

2. 在军事活动区的波兰为什么要藏在神秘莫测里，这让你感到怪异。实际上，这哪有什么神秘莫测。是你们不顾真相：若英国或别的国外的调查员被派到了波兰，波兰人会觉得民族尊严受到了羞辱，在他们看来，英国政府现下对波兰临时政权并不友善，这件事还存在于他们心里。临时政府对派去波兰的外国调查员摆出了反抗的姿态，俄国不能置之不理。另外，你也清楚，对自有着其他看法的别国代表，波兰临时政府并没有不让他们来波兰，完全没有阻碍。比如，捷克政府、南斯拉夫政府，以及别的政府的代表，就是如此对他们的。

3. 我和丘吉尔夫人的会谈十分尽兴，给我留下了非常深的印象。你托她给我的礼物，我收到了，对此，我得表达我真心的谢意。

这些经过深思熟虑的文稿，总算为事情的进一步发展带来了可能。我马上和米科莱齐柯与别的波兰代表进行困难重重的磋商，希望他们能完全认可雅尔塔协议。

4 月 11 日，总统发电报说：“对于斯大林姿态的深意以及我们接下来的行动，我们会非常谨慎地考虑。当然，不论是说什么，还是做什么，我都会和你讨论的，我清楚，你也会如此。”

第七章　俄国的疑问

无条件投降和武装上投降——卡尔·沃尔夫将军在3月8日于瑞士和艾伦·杜勒斯先生会晤——3月19日二次会晤——莫洛托夫的羞辱 ——艾森豪威尔的怒火——我在3月25日给艾登的记事簿——斯大林在4月3日致电总统 ——罗斯福先生在4月5日的指控——我在4月6日致电斯大林——他在4月7日的回复——看上去的认错——4月12日罗斯福先生的电文

苏联违背雅尔塔宗旨带来的所有烦闷，成了上一章说的长期信件沟通的主旨，就在这个时候，英国和美国两国政府与俄国又进行了一个比这个锋利得多的重大谈判。对于这些事，我们采用按章阐述的方法有好处，但也不能忘了，每章所说的事都是上下关联，彼此严重干涉的。

纳粹在二月过半时已经感觉到他们马上就要失败了。俄军的进逼、亚历山大在意大利取胜、德军在阿登反抗的失利，以及艾森豪威尔朝莱茵河逼近……除了希特勒和他最私密的亲信，所有人都认为投降很快就会发生，无可避免。关键是跟谁认输？德国已无法再双向作战。和苏联进行和平谈判明显没有希望。德国的领袖对于极权主义的压迫，再清楚不过，怎么会把它从东方引进来。如此一来，就只能是西方的联盟国家了。他们讨论着是不是可以和英国、美国展开会谈。若是可以在西边的战线上签订停战协议，他们就能集结军事力量抵挡苏联部队的前进了。只剩下希特勒还在执迷不悟。第三帝国完了，他想和它一起死。但是他的几个亲信却想私下和讲英文的同盟国联系。我们当然把一切这样的提议都回绝了。我们的条件是一切战场上的无条件投降。与此同时，我们素来赋予战区统帅接受与其为敌的纳粹军武装投降的一切权利。就在我们在莱茵河战斗的时候，一个想要做这种部署的努力引发了俄国人和总统间的一次重大对决，而我，拥护的是总统。

卡尔·沃尔夫将军——纳粹党驻意大利守护军的统领——在2月的时候，通过意大利代理，与美国驻瑞士的情报机构取得联系。为了验证相关人士的身份凭证，当时议定以“纵横字谜”为联络暗号。沃尔夫将军在3月8日亲至苏黎世和美国部门责任人艾伦·杜勒斯先生见面。那时杜勒斯坦诚地和沃尔夫说，算不得会谈，想要继续，只有在无条件投降的基础上才行。没多久，意大利联盟指挥部和美国、英国、俄国的政府就得到了这一消息。英美两国在卡塞塔的指挥官艾雷将军和兰尼兹尔将军于3月15日乔装改扮去了瑞士。过了四天，即3月19日，他们和沃尔夫将军举行了探索性的二次会晤。

我马上想到苏联政府会怀疑南面自己进行了武装投降，这会让我方的进攻遇到较少的抵挡，直逼维也纳和更远的地方，甚至有可能直抵易北河或者柏林。再者，既然我们在德国边上的各条战线都是联盟军队征战的一员，那么不管哪条战线发生了什么事，都会自然而然地牵涉到俄国人。所以只要和敌军联系，不管是不是正式的，都该尽早告诉他们。我们严谨地遵守了这一准则。于是英国驻莫斯科大使就在3月12日把和德国秘密使者联络这件事告诉了俄国政府，还表示除非俄国政府回应，否则不会进行会谈。从前，不管什么时间段，什么事，都没和俄国人隐藏过。俄国政府要是同意让人过去，那时同盟国在瑞士的代表甚至想着不管用什么方法都要偷着带个俄国将领去参会。不过，试图让俄国代表参加在伯尔尼召开的探索性短暂会谈的部署最后失败了。所以，3月13日就告诉俄国人说，只要这次沟通意义重大，就期待他们的使者来亚历山大的指挥部。过了三天，莫洛托夫先生对驻莫斯科的英国使者说，在俄国政府看来，英国政府“不愿意为苏联派使者来伯尔尼提供便利，这种态度完全出人意料，也根本没办法理解”，给美国大使也发了一封差不多的通告。

我们驻莫斯科的使者在3月21日再次受命知会苏联政府，表示这些会谈只有一个目的——弄清楚德国人是否有进行武装投降的谈判的权利，并预备请俄国使者来卡塞塔的同盟军指挥部。他照做了。莫洛托夫第二天给了他一份文件作答，里面有下面的话：

> 苏联处在征战德国的最前沿，可是两方面的代表——一方是德军司令部，一方是英军、美军司令部——却在没告诉它的情况下，已经在伯尔尼磋商长达两周的时间。

阿齐博尔德·克拉克·科尔爵士自然解释过了，他说此事是苏联误解了，这些“会谈”只是想探查一下沃尔夫将军的资历和权限。但莫洛托夫的评论却莽撞又粗暴。他在文件中回应说：“在俄国政府看来，这件事不是什么误解，比误解糟糕得多。”对于美国人，他也一样进行了严苛的指责。

在我看来，面对这种让人惊讶的指控，相比于抢着责骂，沉默要更好一些。所以3月24日，我给了艾登先生一个备忘录：

> 首相致外交大臣　　1945年3月24日
>
> 这些会谈现在已经停了，或许今天再次举办的地方比意大利还要紧要。在那里，军事上的事和政治上的事，会缠在一起。俄国人可能会感到惊慌，这是自然的，他们会觉得我们为了把他们挡在遥远的东部战线上，而用西面战线进行一项交易。总体来说，我们最好先和华盛顿商量好，再回复（莫洛托夫）。俄国发来的电文，你应该给华盛顿抄一份。

* * *

与此同时，还得警示我们在西线的军事指挥官们。于是，我将莫洛托夫那封带有羞辱性的信给蒙哥马利和艾森豪威尔两人看了，那时我正和他们一块看横渡莱茵河的战斗行动。

艾森豪威尔将军十分震惊，他觉得，我们的善心得到了最不公正，最没有道理的指控，对此火冒三丈。他说他是个军事指挥官，在战场上，不管敌人的哪个队伍要求无条件投降，他都会答应，一个连也行，整个集团军也可以。他觉得这件事完全是军事上的，这样的投降，他完全有权接受，谁都不用去询问。不过，要是政治上的事，他会马上向各个国家的政府咨询。他怕像是凯塞林军队投降这样的事，原本他一个小时就能做完，但和俄国人讨论，得延长三四周才能做完，这会给我们的队伍带来很大的损害。他说得很明白，他一定会把那些降兵所在的队伍全部缴械，让他们呆在原地，安静地等着接下来的指示，如此一来，他们就不会被调离德国本土，去抗击俄国人了。他同时还会借着这些投降队伍，尽可能快地朝东边的战线逼进。

从我自己的想法来说，这些事他自己拿主意就行。除非是政治上的问题，否则各个国家的政府没必要干涉。我不知道，就算我们因为西线的敌人大量投降，而比斯大林先到易北河或者更远的地方，有什么值得难过的。乔克·科尔维尔提示我，说那晚我曾经跟他说过，“除非我不再质疑俄国的意愿，否则肢解德国的事，我十分不愿去想。”

3 月 25 日，我给艾登先生一张备忘录：

首相致外交大臣　　　　　　　　　　　　　　1945 年 3 月 25 日

经过仔细考虑，我认为我们不应去理会莫洛托夫那封粗鲁的信。我猜这封信你已经给国务院复制一份了，并表示，之所以让亚历山大完全从军事方面来解决这件事，正是因为他们非常不想让俄国人来瑞士，且没有责备的口气。在我看来，当下对的策略的是和美国达成共识，这应该不难。与此同时，让莫洛托夫和他的主人等着去吧。

你觉得旧金山会谈的问题根本没解决，我也是这样看的。让格罗米克取代莫洛托夫，只是特意装相让别人看。对此，我猜总统必定非常厌恶。

我们过了莱茵河，所有人一起开心地过了一天。明天，我们会去河那边的苏格兰十五师。在我看来，德军西边的全部战线就快溃散是有可能的，和平时一样，这股锋利不可抵挡的态势，出自我们构成的左侧的中枢。

那天又继续写：

首相致外交大臣　　　　　　　　　　　　　　1945 年 3 月 25 日

……我们有一点要问问美国，他们计划用什么样的姿态，当下，他们愿不愿意让总统跟我致电斯大林。第二，是不是应该像你说的那样，在这封电文里写些别的问题，比如进出波兰的事，处理我们的战俘的事（在伯尔尼那件事上，我们的善心被诽谤了），还有罗马尼亚的事，……

莫洛托夫不同意去旧金山，自然代表了俄国的不快。我们必须和罗斯福说明，去旧金山谈判的全部事项，在这一情形下，已经遇到了否决。所以这种会谈要想出现有意义的产物，英国和美国现在就必须坚决一致对抗背弃雅尔塔协议的举动。

但是我一定要指出，在我们坚决反对俄国的主张上，一定要在和美国协同合作的区间内。旧金山会谈的所有主张，但凡遇到破坏，他们都会和我们站在一起，再没有什么事，比这个更能使他们和我们一起了。你能不能按照上面的主张，写一份草案给我。我拿到之后，会在明天的这个时间拿一份以我私人名义写给总统的电文给你。再有，不管俄国来信说什么，都一定不能回，就算耽误时间对我们不好，也一样。只要回应，我们两国就必须步调一致。在复活节前，这些事都还青涩，不适合进行讨论。

在这儿的一天过得非常开心，我希望它意义远大。艾森豪威尔约我明天过去，我会赴约。由于会谈的地方明显会换到他战斗区域的可能，所以莫洛托夫蛮横的信，我拿给蒙哥马利看了。俄国人的忧心我很清楚，他们生怕我们在西边的战线或南边的战线认可一次武装投降后，我方进军遇到的抵挡少了，甚至没有，就抵达易北河，甚至先于大熊到柏林。和意大利战线不同，它不是次级重要的战线，所以这一战线要是出现军事上的会谈，就没办法把战局和政局分开。我觉得最初就应该让俄国人来参与，而我们的行为，应该按照我们的责任、我们显著的优势和我们合理的权限来。他们想要所有的事都遵从他们意愿，自己却不帮别人任何忙，只知道加大军事压迫。就算是军事压迫，也只是对他们有好处的时候，他们才会用。得让他们意识到我们自己不是没有主张的。我认为会谈中要是在军事上出现了矛盾，无论任何协定，都要先和自己的政府询问过再达成。

现在我的夫人为了她“援助俄国”的经费正准备去俄国考察，不过考虑到俄国人对伯尔尼会议有着这样重的疑虑，我都想让她暂时推迟出行日期了。

首相致外交大臣　　　　　　　　　　1945 年 3 月 25 日

和我刚刚发的备忘录紧密相连。在我看来，基于此种情况，科莱美出发一点问题都没有。你是怎么看的,给我些不带偏见的意见，你觉得晚几天或者晚上几周，会不会更好，或许这么做会被当成一种来自私人的善意。我觉得她按照原本的方案出发比较好。

事实上，她仍旧离开了，并得到了最友好的接待。与此同时，为了保证俄国不会受到不公的排挤，我也认真地关注着会谈的进度。

首相致外交大臣　　　　　　　　　　1945 年 3 月 30 日

这件事我们不是已经和苏联人说过了吗？就是我们在瑞士和他们联络只有一个目的——部署在意大利我们的指挥部举行会谈的事；俄国人要是不反对，他们就派个使者过来参会，一起商量军事上的事；会上无论什么时间段，只要牵扯到政治，就只能将全部事项拿给三国政府询问了。瑞士的谈话看起来可能要超出这一范畴，虽然其实现在还没超出。我们已经下定决心不理会莫洛托夫那封蛮横的电文了。不过这并不表示，一切关系到和平会谈的事，我们都不顾我们是盟国的工作。

请想想这件事，告诉我，你是不是需要一切别的消息。

* * *

总统和斯大林沟通的电报，我在 4 月 5 日拿到了，内容让人震惊，下面是电报：

斯大林元帅致罗斯福总统　　　　　　1945 年 4 月 3 日

您就伯尔尼会谈的事发来的电文，我已经收到了。你说得很对，即：英国司令官、美国司令官跟德国司令官在伯尔尼的某个地方或者别的地方举行会谈的事“已经产生了某种应该让人失望的氛围：惶恐和质疑”。

不过，你非要说到现在还没磋商过。

或者能说你得到的消息还不充足，而我的军事同僚们，按照他们手里的资料，他们确信会谈已经举行了，而且会谈结束的时候，还跟德国人签了协定。按照这一协定，德军西面战线的指挥官凯塞林元帅已经答应，将战线打开，好让英国和美国的队伍朝东挺进，作为交易，英国和美国那边也同意将德国的求和条款放得松一些。

在我看来，我的同僚们离真相并不远。否则，英国和美国不让俄国指挥部派使者去伯尔尼参加和德国的会谈这一真相，大家就很难明白了。

英国人默不吭声也让我觉得不明白，既然他们答应你就这件让人心烦的事和我交流，自己为什么不吭声呢？就算大家清楚，整个伯尔尼会谈是英国人挑起的。

由于英国和美国的队伍差不多完全不受德军反抗就能到德国内地，所以我知道伯尔尼或者别的什么地方的独立会谈的结论，必然对英国和美国的部队有利。但是，苏联人是你们的同盟者，这件事有对它隐瞒，不让他知晓的需要吗？

由于这次谈判的成果，现在西面战线的德国部队其实已经不再与英国、美国交战了，但这个时候，德国却仍在和英美两国的盟友俄国交战。不用说也知道，对于继续强化我们国家间的信赖，这种情况一点有利的地方都没有。

上一封电文，我虽然已经告诉过你，但我觉得在这儿，我还得再强调一次，即那个时候，要是换成我跟我的同僚们，这种涉险的程序是一定不会用的，因为我们清楚就算一段时间内从里面得了什么好处，但要是和继续并强化同盟国间的信赖这一大优点相比，这样的好处就无足轻重了。

总统对这种指控十分恼火。他没有力气自己回信。马歇尔将军起草了如下的回复，罗斯福认可了。这一回应自然是有力的。

罗斯福总统致斯大林元帅　　　　　　　　　　　　1945 年 4 月 5 日

你在 4 月 3 日发来的电文我收到了，我觉得惊异。你说陆军统帅亚历山大和凯塞林两方面已于伯尔尼部署“让英国和美国的部队朝东进发，作为交易，英国和美国也同意将德国求和的条款放松”。

我在给你的上份电文中，说想努力在伯尔尼布置一个会谈，对意大利德国投降的事进行讨论的时候，已经跟你说了：第一，没在伯尔尼进行过会谈；第二，会谈事项无关一切政治问题；第三，敌军在意大利部队的一切投降都得遵循我们议定的无条件投降的规条；第四，一切商讨投降事项的会谈，都愿意让俄国军人参与。

我们合作进攻德军的斗争，现在已经有了让德军及早溃败的可能，我们必须像从前一样，仍旧假设你深深地相信着我的诚挚可信，就像我始终深信着你一样，好让这种斗争获益。

在艾森豪威尔将军一部，横渡莱茵河的可能上，你勇敢的部队对其所起到的影响，以及以后我们一起攻打德国时，你的队伍对德方最后崩溃的影响，我完全看重。

对于艾森豪威尔将军，我丝毫不怀疑，我坚信他要是和德国人签订合约，不管是什么合约，他都会先告诉我。他接到了指示，会要求和他对战、有可能会输的敌军无条件投降，他必定会这么做。我们在西边战线的推进是因为军事上的行为，为什么推进得这么快，主要是因为我们的空军进攻得凶狠而精准，毁掉了德军的运输线，还有德军还在莱茵河西岸的时候，艾森豪威尔就把他们多半的主要力量摧毁了，这也是一大原因。

我敢说不管是什么时间，伯尔尼都没展开过会谈，所以，在我看来，那样的消息你必定是从德国那边得到的，为了让自己在一定的水准上不受战争的责罚，他们在竭尽全力地离间我们。要是这就是沃尔夫去伯尔尼的目标，那你的电文刚好证明他已经有些得偿所愿了。

由于我觉得，在你看来我是稳妥的，我认为你相信我会和你一起打到纳粹无条件投降，所以，俄国政府看上去认为，在你没彻底答应的时候，我就已经和敌人签订合约了，让我觉得惊异。

在最后，我得说一句：在这一即将取胜的时候，在我们的性命、物质、财产都承受了严重的损害之后，要是我们全部的工作还会因为这种质疑，这种不够信赖而蒙受损失，那就真的会成为历史上的一个巨大的惨剧了。

坦白地讲，你的那些线人，不管是谁，如此卑鄙地诽谤我或者我信赖的同事的举动，无法不让我觉得万分厌恶。

我把最后这句加上了重点号，因为它深深地打动了我。我认为虽然罗斯福先生没有草拟电稿的全文，但或许最后这句来自他的手笔。这一句似乎是额外添上去的，换个说法，是个总结，且和正发怒的罗斯福一样。

我当即给总统写信：

首相致罗斯福总统　　　　1945 年 4 月 5 日

斯大林竟会发这样一封羞辱美国和英国名誉的电文给你，这让我觉得震惊。英国政府真诚地支持你的回应，战时内阁已经让我给斯大林发了下面的电文……

第二天我自己给斯大林写了一封信。

首相致斯大林元帅　　　　1945 年 4 月 6 日

1. 你和总统的通信他已经给我看过了，里面说一个名为沃尔夫的德国将领与陆军统帅亚历山大指挥部的一个英国军官和美国军官在瑞士会面，牵涉到意大利北部的凯塞林军或许会投降的事。所以我觉得应该和你详细说一下英国国王陛下的政府进行的活动。这些互动的消息，我们一知道就马上(3 月 12 日)告诉俄国政府了，并且，任何事情，我们以及美国政府始终都诚恳地和你说了。瑞士那里，不管是用了什么方法谈论的，或者牵扯到的事情都只有一件，即评判那个德国的秘密代表的资质，以及努力让凯塞林派来的人和亚历山大元帅在亚历山大元帅的指挥部或者意大利北边的什么适合的地方见面。在瑞士的时候，即使是凯塞林军武装投降的事都没有做过会谈。你给总统发电指控的政治军事诡计我们想都没想过，我们的精神也永远不是你以为的那样龌龊。

2. 我们准备在意大利开会，就马上请你派使者来参会。要是那个时候，会谈得以启动了，你的使者也到了，那他们就可以听见会议里所有的话。

3. 在我们看来，在意大利战场上和陆军统帅亚历山大对战的那二十五个德国师，他们的投降，亚历山大元帅完全有权接受，还可以和有权讨论投降条款的德国秘密代表探讨这样的事情。但是这样的会谈要是举办，我们仍旧会非常注重，请你派使者到他的指挥部，来参与这个完全军事上的会议。然而我们在瑞士的交互其实什么结论都没得到。我们的军士返回时，还没完成帮凯塞林的秘密代表在意大利部署好会谈的工作。陆军元帅亚历山大或阿齐博尔德·克拉克·科尔爵士已经把所有这些，逐步把所有的情形都跟俄国政府说了。与此同时，也借美国的关系向你们转达了。我再说一次，瑞士那里，任何会谈，不管是不是正规的，都没有举办过，甚至没接触过。

4. 不过德国将领沃尔夫要求会谈的整件事或许是敌人想要离间同盟国信任的诡计中的一个。3 月 11 日，陆军元帅亚历山大在电文中就说过这件事，在电文中他是这么写的：“请留心一些，重点有两个人，他们是希姆莱的手下，都是纳粹党卫军的成员，对于这事，我觉得非常可疑。”3月12日，这封电文又一次发给了英国驻莫斯科大使，让他告诉俄国政府。要是德国人的目的是离间我们，那他们现在这样做，真的已达成所愿了。

我在引用了莫洛托夫发来的电文中某些特别羞辱人的句子后，接着又写：

5. 面对这样随意的羞辱和没有半点凭证的指控，英国政府为了不影响和俄国的关系，决定完全不做回应。你在给总统的电文中说“英国人默不作声”，它的原因就是这个。在我们看来，面对莫洛托夫发给我们这种电文，不回应比回应好。然而，和你说实话，这封电文不仅让我们惊骇莫名，我们还因为莫洛托夫竟然将这样的举动强行放到我们身上，而觉得受到了羞辱。但是我们完全不受左右，仍旧要求亚历山大元帅一定要将所有的事都告诉你们。

6. 你告诉总统，此事全是由英国人挑起的，这一言论并不符实。事实上，是美国的某个机关送信给亚历山大元帅，说德国的沃尔夫将军想在瑞士碰面。

德军在西边战线的全线溃散与我们之间的所有来往都全无干系，不管是在伯尔尼的，还是在别的地方的。实际上，他们的战斗非常强劲。我们在2月开始进攻，直到3月28日结束，我们和美国的部队因为他们，受伤、死亡的人数超过了八万七千。但因为敌人地面上军队的数量没有我们多，空军在天上的情况又不如英国和美国的好，只说3月那一个月，德国被英国和美国空军扔下的炸弹，就超过了二十万吨，西面战线的德军因为这个才遭遇了关键性的破坏。至于他们在西边战场军队的数量，为什么和我们相差那么大，这就是俄军的大进攻和强压迫的功劳了。

7. 4月3日，在发给总统的那封电文里，你的指控也污蔑了英国政府，总统回文中最后那句，我和我的同事们都表示支持。

对于总统的指控，斯大林在4月7日作了回应。

斯大林元帅致罗斯福总统　　　　　　1945年 4月 7日

4月5日的电文收到了。

1. 我在4月3日的电文里谈论的并非诚恳与可信的事。对于你的诚恳和可信，我从没疑惑过，丘吉尔先生，我也从没怀疑过。我想说的是，我们在和同盟国相处的时候，对于什么事能做，什么事不能做，从我们来往的信件中，就能看出我们的看法是不一样的。在我们苏联人眼里，从现在各个战场的情况上看，在敌军已经免不了就要投降时，要是某个同盟国的使者要和德国人见面，对投降的事进行磋商，那这样的会谈，其他同盟国的代表也该有机会参与。不管怎样，要是谈论的这个同盟国有了这样的需要，这一定是必须的。但英美两国的人并不这样想，他们觉得苏联人的看法不对。所以俄国人在瑞士和德国人见面的权限被否定了。我已经写信给你们说过，我觉得非要再说一次才行，苏联人要是遇到这样的情形，一定不会剥夺英国人和美国人的权限，不让他们参与这样的会谈的。由于俄国的看法能除去彼此质疑的所有可能，还能让对手无法实现挑拨我们的目的，所以我仍旧觉得，只有这个看法是对的。

2. 在西边的战场上，德国人之所以不反抗，仅仅是因为他们已经被打败了，对于这种说法，很难让人认同。在东边的战场上，德国人的师有一百四十七个。从东边调十五到二十个师去支援他们西面的战场，并不会减弱他们的力量，但他们却没这样去做，就是现在，他们也没有。为了捷克斯洛伐克的一个渺小的曾利恩尼察火车站，他们仍旧疯了一样和苏联人打。这个火车站对他们毫无影响，就像是尸体上的加热片，可是像奥斯纳布吕克、曼海姆和卡塞尔这样位于德国中央的重大城镇，他们却毫不反抗就不管了。德国人的这种做法，不只是怪异、没道理，我觉得这样的说法，你是认同的。

3. 而我的线人，我可以严肃地跟你说，他们都非常忠厚和谦虚。他们自动自发地忠于职守，没有特意想触犯谁。对于他们我们经常会做一些切实的考察。你可以亲自评判。前一次，2 月的时候，在马歇尔将军给俄国指挥部的某些重大汇报里，他按照自己手里的资料对俄国人示警，说德国人在 3 月会在东边的战场启动两次强攻——分别是从波美拉尼亚朝托伦，和从莫拉夫斯卡·奥斯特拉朝罗兹逼近。事实上，那个时候，前面说的地方并不是德国人正预备发起重要攻击的地方，而是位于布达佩斯西南边，靠近巴拉顿湖的地方，和它们完全不同。现下，所有人都清楚这个地方德国人曾经集结的军队有三十五个师，里面还有十一个师是坦克部队。由于聚集启用了大量的坦克部队，所以这次进攻，在全部战斗中，成了攻击最猛烈的地点之一。多尔布亨元帅为什么能避开这次灾难，还能在后来猛烈地攻击德国人，除别的原因之外，还因为我们的线人获悉了德国人的作战方案，并马上朝多尔布亨元帅示警，虽然稍微有点晚。这也让我自己再次了解到俄国的情报工作者有多严谨，他们的信息有多畅通……

他将这份电文的拓本也给了我，跟这份电文一起的还有以下这篇他自己写的电文：

斯大林元帅致首相　　1945 年 4 月 7 日

现在我把我在 4 月 7 日发给总统的电文，也给你发一份。你信里说的关于瑞士会谈的所有基础点，我都回答了。而你在信里说的别的事，我觉得有解释的必要，以下：

1. 不管是我，还是莫洛托夫，都没想过要“诽谤”谁。这件事不在于想要“诽谤”哪个人，而在于对同盟国的权限和职责这件事上，我们有了分歧。在我给总统的电文里，你会注意到，对于这个，俄国人的想法是对的，因为它能确保所有同盟国的权益，还能让对手离间我们的企图化为泡影。

2. 我的电文属于私人，且守密严苛。这种做法可以让我们各抒己见，坦诚相对。这是进行秘密沟通的优势。然而你要是将我所有坦诚的话都视为侵犯，那这样的沟通形式要维系下去就非常困难了。我可以跟你担保，不管是以前还是当下，我都没想过要惹怒谁。

我将这份电文发给了罗斯福，还加了下面的评论：

首相致罗斯福总统　　　　　　　　　　1945 年 4 月 11 日

在我看来，我们能在他们手里拿到的，差不多也就这样了。确实，他们能做的赔礼，也几乎就是这般。但是，我希望不管英国政府如何回应，你一定要先把你对这件事的处置方案告诉我，好让我们双方保有相同的节奏。

总统第二天发电报过来说，他会发以下电文给斯大林：

你能就俄国对伯尔尼一事的看法，进行直白的说明，我很感激。现在这件事看起来已经成了痕迹，没起到过什么作用。不管怎么样，我们都不该质疑彼此，以后这样的小误解也不适合出现。我坚信我们两方的军队在德国汇合，一起发动攻击的时候，就是纳粹部队崩溃的日子。

之后他再一次发电报过来：

罗斯福总统致首相　　　　　　　　　　　　1945年4月12日

由于苏联问题具有普遍性，要么以这样的模式，要么以那样的模式，差不多每天都要出现，所以我希望能尽可能将其变小。不过多半都和伯尔尼会谈一般被处理了。

然而我们必须坚决。截至目前，我们并没有走错路。

第八章　西方在战略上的分歧

战斗与政治 ——一个毁灭性的断层——俄国的企图——若干实际问题 ——艾森豪威尔的策略——他发给斯大林的电文——我在 3 月 31 日给参谋长委员会的备忘录——美国的反对——我在 3 月 31 日发给艾森豪威尔的电文——发给总统的电文——艾森豪威尔的回复——和艾森豪威尔又一次进行信件来往——挽救荷兰

当协同战斗即将完结的时候，各种政治上的问题就开始慢慢变得重要了。尤其是华盛顿那里，高屋建瓴的观点会居于优势。确实，在美国人眼里，占领土地至少不是件吸引人的事。然而就算不喜爱羊肉，作为放羊的人，当周围有狼的时候，也一定会守护他的羊群。美国的参谋长们好像觉得此时的一切争论都不是非常要紧。发生的这些争论，民众自然感觉不到，也不明白是什么事情。没多长时间，一切都被取胜的潮水席卷了,人们短时间也想不起这件事。但是,今天没人会反对：这些事掌控着欧洲的轨迹，完全可以夺走我们所有人一直抗争想要获得的长期的安宁。当下我们可以看到，从罗斯福总统能量逐渐减弱到杜鲁门总统逐渐弄清、掌控国际大事，在这之间有一个毁灭性的断层。这个空白让人难过，一个总统无法发挥作用，另一个总统却对情形还不明白。军事将领也好，国务院也罢，都得不到该有的指令。前者将他们自己困在本职工作中，后者也弄不明白扯进来的事情。在最要紧的时候，竟然少了最不能少的政治引导。美国站在赢家的戏台上掌控着世界轨迹，却没有一个实际的贯穿始终的宏伟计划。尽管英国仍旧非常强悍，却无法独自决然地行事。在这个时候，我所能做的也只是示警和申诉罢了。于是这一大得无边无际的战果即将到达顶点的时候，在我看来，却是一个非常烦闷的时刻。我走在喝彩的群众中，坐在放着联盟各地发来的贺电、祝词的桌子边，心里却觉得难过，脑海中满是糟糕的征兆。

德国军队的崩溃已经在本质上改变了共产俄国和西方民主国家的关系。他们已经失去了维系双方关系的几乎是仅有的桥梁——两方相同的对手。至此，俄国的信仰，无论是帝国主义，还是共产主义，都用不着去控制他们的进程以及最终的领土了。这样的情形过了两年多，他们才再次找到一个旗鼓相当的控制力来和自己对抗。要不是我在所有的事都处于晦暗不明的状态中的时候，在显赫的成功仅在人类事业内部引发黑暗的时候，就已经知道，已经有了感悟，那等到现在所有的事都昭然若揭，这件事，我就不会说了。对此，读者只能自己评判。

下面是这章要探讨的,对某些策略、政策起到关键作用的实际问题：

一、对自由世界来说，俄国已经是一种毁灭性的危害了。

二、为了阻碍其朝前进逼，一定要马上组建一条新战线。

三、为了这条新战线，欧洲得尽量向东挺进。

四、对英国和美国的部队来说，柏林是最重要的切实的标靶。

五、解放捷克斯洛伐克和美军占领布拉格，意义深远。

六、维也纳和全奥地利都得在西方强国的控制之下，它们的身份至少也要和俄国相同。

七、一定要控制铁托元帅对意大利的攻击性条件。

最后一个，也是最要紧的一个：欧洲东方和西方的国家间必须对所有重要问题形成一个处理方法，然后民主国家的部队才能遣散，西方的同盟国才能将其占领或者（就像过不了多长时间就要说起的）在极权主义掌控下解救出来的随便哪块德国土地，给出去。

关于希特勒来日计划的各式传闻甚嚣尘上，不过其中只有非常少的一部分在我们得到的汇报中得到了验证。我得到消息说艾森豪威尔的大本营对于这些传言非常看重，所以我觉得出于谨慎，应该认真调查这些传言。确实，德国政府机关从柏林向南迁移的举动是能看出来的。

首相致伊斯梅将军，呈参谋长委员会　　　　1945 年 3 月 17 日

我希望信息组委会可以对这件事进行分析，即希特勒丢掉了柏林和德国的北面，是不是会为了将战斗变长，退到德国南边的山地和丛林里。不管是他在布达佩斯那令人惊异的反抗，还是当下仍在巴拉顿湖进行的反抗，或者他将凯塞林军放在意大利那样长的时间，看起来都和这样的企图相合。然而，他在每件事上都那么蠢笨倔强，这些行为的后边或许一样没什么深意，不过这些可能都得验证一番。

尽管还不能确定，但我们的参谋长委员会得出的整个论断是：就算德国人在山地展开长时间的战斗，甚至是打游击，也不会有多大的范围。因此这样的可能我们就不必放在心上了，就像真实情况所验证的那样，确实是如此。我以此为基础，问了问联盟军基地对英国和美国部队进军的策略是怎样预估的。这是我得到的回答：

艾森豪威尔将军致首相　　　　1945 年 3 月 30 日

我的意思是，在美国的第一集团军和第九集团军汇合，敌人被困在鲁尔区无法继续攻击的时候，朝东挺进和苏联人汇合，或者加入整个易北河战场。由于卡塞尔—莱比锡这个坐标轴，能够确保攻占那一要紧的工业基地，也就是在我们看来，德国的长官们正往里迁徙的地方，所以苏联人要是不反对，那里就最适合攻击。如此，几乎能将德军一分为二，不仅如此，还能让我们不用过易北河。这个方案，是想分割、摧毁西面敌军余孽的主要战斗力。

这就是我的重点攻击，不仅如此，按照我的预期，只要局势

没有明确表示我们不必将所有军力都聚集到这儿，为了确保成功，我都会把所有的兵力全放进去。这一总攻会在布雷德利的战斗区展开，准备由第三集团军、第一集团军和第九集团军执行，另外，第十五集团军也由其调度，在后方找机会清除残余敌军。右方，由蒙哥马利率领汉诺威—维滕贝格全线北方的英军以及加拿大各个集团军护卫；左方，由德弗斯率领第七集团军和法国第一集团军进行护卫。

我建议，只要总攻取胜十拿九稳，就马上展开清剿北边港口的活动，其中，基尔一类的，就得强行渡过易北河了。这一职责由蒙哥马利来完成。另外，要是有需要，我的意思是给他增兵。

再有，要是以上这些条件都完成了，为了防止德军在南边聚集兵力，以及预备和多瑙河一域的俄军汇合，第六集团军还得准备好，沿着纽伦堡－雷肯斯堡中心线朝东南进逼。

我认为，我目前的方案可以借着这个附加消息说明白。自然，这些方案并不是死的，为了配合那些未被预料到的情势，它们随时都可以改。

与此同时，我们还收到了一个消息，3 月 28 日，艾森豪威尔都没跟他的下级，空军上将特德，或是联合参谋长委员会说过，就将他的计划直接发电，告诉了斯大林元帅。我们大家都觉得作为欧洲战场职位最高的领导者，他的这种做法，在从前人们明白的范围外。不过，艾森豪威尔将军认为，斯大林是红军最高统领，所以他直接和俄国领导人沟通这样的做法，没什么问题。不过美国总统也是三军统领，他却没有收到他的直接来信，而是由马歇尔将军接收的。

艾森豪威尔在这份电文中说，等鲁尔被围困，他建议顺着埃尔富特－莱比锡－德累斯顿中心线展开重点进攻，一路往前推进。如此在和俄军汇合后，剩下的德军就会被斩成两块。从雷肯斯堡到林茨展开次级进攻，为了阻止“德军的反抗能力在南德的碉堡中得到加强”，他希望在那儿也能和俄军汇合。斯大林很高兴地认可了。他说这一主张“和俄国最高指挥机构的方案正好一样”。还说“俄国最高指挥机构想在柏林那边放置次级力量,因为柏林在战略意义已经不像以前那么重要了”。这一论调在将来被证明并不符实。

新方案的优缺点和艾森豪威尔不征求军事、法律上最高统领意见这种僭越的做法让英国的指挥官组委会感到忧心。他们给自己在华盛顿的同事写了一封很长的电文，我在这份电文送出去之后，才见到它的草稿。在两方面的参谋们进行讨论的时候，这样的事十分平常。原则上,我们完全支持我们的指挥官的意思,我也是这样想的。就算这样,我仍旧觉得，在电文里他们加了一些无用的东西进去，没能以最佳的缘由和美国的指挥官们进行讨论。于是我把一下备忘录给了他们。

首相致伊斯梅将军，转呈指挥官组委会　　　1945 年 3 月 31 日

你们的电文我已经想过了，在我看来，把战争观点提交联合指挥官组委会无疑是件好事。但是我觉得我们需要意识到，我们在攻打德国的部队里，只占四分之一，而时局在 1944 年 6 月开始已经发生了明显的改变……

3．我觉得艾森豪威尔新方案需要指摘的地方主要是在，它将朝柏林展开的主要攻势的中心线迁移到了莱比锡到德累斯顿方向，如此一来，就出现了一个问题：第二十一集团军是否会因为这个将战线延长，造成失去攻击力，尤其是它的美国第九集团军被调走之后。因为这样，我们在北边的军队或许会沦落到扮演近乎瘫痪的戏份，事实上这会妨碍我们过易北河，直到战争到达尾声；英国人和美国人所有一同进柏林的希望也都被剪灭了。

4．敌军反抗的强度决定这种指责是不是恰当。要是反抗几乎都要被瓦解了，那说主力军和第二十一集团军进攻线不该比现在宽，又有什么道理呢？对于这点，应该看最高将领最终怎样抉择。

5．对于这点，艾森豪威尔将军觉得柏林的政治军事地位已经

大不如前，或许也不对。就算大多数德国政府机构都搬去了南边，但在德国人心里，柏林沦陷仍旧比所有事情都重要，这是毋庸置疑的，不该轻视。我相信这种主张——将柏林扔到一边，让俄国人以后占领，不对。德国人的反抗会因为柏林仍旧在被隔离的残害中抵达（这并不是难以做到的事）而受到鼓励，而柏林沦陷却有让差不多全部德国人失去希望的可能。

6. 要是要求我们该转去丹麦、挪威和波罗的海岸边归置情况，我们自己请求在汉诺威—柏林沿线和波罗的海中间增兵的论调就减弱了。

7. 总而言之，在我看来，美国参谋长联席会议从我们的电报中得到了几个可以作为辩论的证据，让他们能够抓到它对我们展开敏锐有力的驳斥。一定要记得，在他们面前，艾森豪威尔威信非常高。他们或许会说，他们截至目前已经把敌军反抗的军力精准地计算出来了，而且已经借助军事行为完成了：(一）靠近（即抵达）莱茵河整个河岸；(二）有两路一起前进的军力，不用将所有的兵力都放在向北进逼上……艾森豪威尔将军的权力和威望因为这些事以及美军持续支援已经极大地提高了，在美国人看来，他是取胜的最高统领，有权利，事实上，也非常需要努力去查明俄国人对东方和西方在什么地方汇合最合适的看法。

8. 最后，一个新的事情是，海军部因为攻占但泽和随后发生的毁掉德国三个重点潜艇基地中的一个而得到了慰藉。现在德国显然已经无法按照他们预计的那样再次开启那种范围的潜艇战……因此要是第二十一集团军向前进发的速度和力量会因为军力分开而减弱，那我认为任何事都不会要紧到让我们为了清剿波罗的海各个口岸而朝左调兵。

附笔——以上内容是我口头表述的，当时我还没见到美国指挥官联合大会的驳斥。

“驳斥”现在已经来了。美国指挥官联合组委会的回复主旨大概是这样，在他们看来，从工作上来说，艾森豪威尔和俄国人进行信件往来的程序是有需要的。并且不管是什么变动，都只能让他去做，他们是不行的。而他在方案里简述的行动线路看起来和议定的策略以及他下达的指令是吻合的。他们说，为了过莱茵河，艾森豪威尔正将他能调用的最大军力放在北边。南边，次一级的争取正在收获伟大的成功，并且正在努力加大供应物资准许的范畴。在他们看来，和英国人重点说明的计划相比，依照最高将领的主张去攻打英国人所说的港口和别的全部，要更迅速，也更有可能。

他们说，德国之战进行到现在这个时段，已经能够让战斗的指挥来看情况安排了。敌人的失误故意不去利用，看起来不恰当。目的只有一个，就是迅速和完全成功。虽然美国指挥官联合大会意识到某些原因和最高将领不直接相关，但觉得他的战策观完善，应该受到彻底赞同，并且他也该保持和俄国的最高将领顺畅地通信。

不过美国指挥官联合组委会也提出，艾森豪威尔将军给斯大林元帅发电，得把电报仔细解说，然后给他们一份，并要求他说，若是以后莫斯科再向他要我们的消息，他得晚些答复，先问问联合指挥官组委会。

* * *

我跟我的军事同僚们意见完全一致，就把我的备忘录中的大意给艾森豪威尔将军重述一遍。

首相致艾森豪威尔将军　　　　　　　　1945 年 3 月 11 日

1.非常感谢。按照我自己的意思，要是对方的反抗还未被摧毁，就将进攻的中线南移，并把美国第九集团军从第二十一集团军群里调走,那会拓宽蒙哥马利的战线,而使得他攻击的作用慢慢消失。我不明白，不渡过易北河会有什么好处。你显然是算着敌军反抗的力量会变弱，要是真的如此，那这确实有很大的机会变成现实，为什么我们不能渡过易北河，尽可能向东进发？这里有着重大的政治价值，因为南边的俄军看起来必定会进维也纳，走遍奥地利；当下再出现一个，我们要恭顺地把柏林让给别人（就算它就被我们控制了），那，这样的事的不单一性，或许会让俄国人比以前更加相信所有的贡献都是他们的。

2. 另外，在我们看来，柏林的军事价值仍旧存在，自然，它的政治价值也没丢。柏林沦陷会在心理上对全德所有地方的反抗造成影响。众多德国人在柏林还在继续的时候，会觉得他们有责任坚持战斗。我并不赞同这种观点：占领德累斯顿，和俄国人在那儿汇合很有利。德国政府各部门已经朝南迁移的下属组织，能够迅速地再次南迁。不过,我以为,柏林要是仍在德国的大旗下面，它就一定是德国最关键、最有价值的一个地方。

3. 因此，那个支持我们过莱茵河的方案：即美国第九集团军应跟第二十一集团军群一起朝易北河进发并且穿过柏林，我极愿意坚持。这和你因为你方在鲁尔南面取得了伟大的胜利，而对崇高的中心突破性进攻进行了这样正确的扩展，没什么矛盾。这只是将一个集团军的力量移去了北边而已。

我又将这种情形简单地在给总统的一份电文里说了一下。

首相致罗斯福总统　　1945 年 4 月 1 日

1. 英国指挥官们和他们与美国同行的通信，你一定看过了。我觉得两边都有点误解，我极希望马上消除它们。

2. 美国指挥官联合组委会的来电，我们非常感谢，它让两方面的指挥官组委会之间有恰当沟通的时间。

3. 不过我见到某些人竟然觉得：对于艾森豪威尔将军和苏联战区统帅越来越重要的来往中，我们有一点诽谤、降低对其评价的意思。这让我觉得难受。艾森豪威尔将军想对联合指挥官组委会之前在马耳他议定的方案——这个方案我们两个已经准许了——做一些大的改动，可是我们需要的只是花些时间以对这些事加以考量。对于那种完全不过问英国政府意愿，却明显决定了英国陆军（虽然它的数量只有你们的三成，但至少也超过一百万）轨迹的行为，英国指挥官委员会当然会觉得忧心。对于艾森豪威尔将军电文的真意他们也没有彻底明白。从这点来说，我们也许能被谅解，因为迪恩将军也一样觉得困惑，而且为了查明背景，他将艾森豪威尔将军的电报拿给斯大林的时候，已经推迟了一整天。在这样的例子里，你们指挥官联合组委会提议的程序，我一点意见都没有，对不起，我们都没想到这个。

4. 讲到这儿，我可以明明白白地说，英国政府完全相信艾森豪威尔将军，我们军队的战斗能在他的调度下完成，我们觉得开心，不仅如此，我们也非常佩服他在应对联盟指挥机构所有难题时展现出的崇高和不凡的品格特性。另外，我还得和总统先生你说，就像在战场上我已经对艾森豪威尔将军口述过的，对于最近美国中路各个集团军在进攻和强渡莱茵河之战中取得的辉煌成功和进度，我表示真心的恭贺……

5. 在联盟军中始终一起战斗的忠实的朋友和袍泽，在他们之间的误解已经处理，相信也已经消除了之后，我希望针对艾森豪威尔将军当下对我们原本议定好的方案作出改动的优缺点，失礼地和你提出若干我自己的想法。我觉得矛盾不大，就像从前一般，问题是在侧重点上，和原则无关。很明显，要是能去除所有阻碍，避开所有军力疏散，北路和中路的联盟军当下应该能够按照最快的速度向易北河挺进。截至目前，战斗的中心线是朝着柏林的。为了穿过莱比锡，或者是更远到南边的德累斯顿，艾森豪威尔将军按照对敌军反抗能力的预估（我最看重的就是这个），现在想将中线微微向南移动。他在北路集团军群中调出美国第九集团军，使得前者的战线朝南伸长。要是英国第二十一集团军群攻击的力量和趋势竟能被敌军的反抗挡住，导致他们一到易北河就陷入了瘫痪的境地，那我会觉得非常可惜。我坦言道，柏林的战略价值仍旧非常大。再没有什么事，会像柏林陷落那样左右德国的所有反抗，让其生出一种无望的心思。对德国人来说，这会是最高层次的失败征兆。反过来说，它要是在残骸中挡住了苏联人的包围，除非德国的大旗不再在那里飘荡，否则，所有有武器装备的德国人都会因为它的鼓励而做出反抗。

6．再有一件事我们也得想清楚。毫无疑问，俄军会走过整个奥地利去维也纳。要是他们再占领柏林，他们的头脑中是不是会产生这样一种错误的感觉：即对我们一致的成果，他们占有首功；这是否会让他们生出一种为以后增加重大且可怖难题的情感？因此我觉得以政治主张来说，我们得尽可能朝东进入德国深处。柏林要是进入了我们的控制区，那我们自然应该占领它。这在军事上，也是自然而然的事。

7．总而言之，看起来我们的提议，即我们从前议定的方案，和艾森豪威尔新的方案之间，或许存在的矛盾就是下边这点：侧重的地方到底应该在哪儿？是朝着柏林的中心线上，还是朝着莱比锡和德累斯顿的中心线上？类似这样的问题，在和苏联人做最终决议时，自然得先让两方面的指挥官组委会沉着镇静地商量一下。

8．我差不多用不着说清楚，这封电文虽然是我以个人的名义发给你，而不是给指挥部的，但我非常渴望你可以将其拿给马歇尔将军瞧一瞧。

事实上，因为总统的身体状况已经十分虚弱，在那儿对这些重要情况进行处置的正是马歇尔将军。仅仅是那个时候我还没注意到这个情况。

艾森豪威尔马上对我3月31日的电文进行了回复。

艾森豪威尔将军致首相　　　　　　　　1945年4月1日

您昨天发来的电文我看过了，我清楚，对于我准备做的事，你仍然有些误解。首先，让我再做一次解释，无论是什么方案我都没有改动过。这一队伍被我分作若干团体。为了将鲁尔隔离，并将守护在那儿的德国兵力分割、围困或剿灭掉，我特意将主要进攻放到了北部。这个队伍，得到了我的准许，它的战略目的就是如此。很明显，我们在西边的德军手里得到了这样的成功，他们的工业在受到了我们这样的攻击后，一定会生出新的局面。这些事必定都得经过调查分析，之后才能准确地制定出下次战斗的大概计划。

当前的发展趋势与我这一年多的时间在指挥人员面前的提议，是吻合的，它是我们努力想要达成的目标。也就是说，我们得将军力聚集到一起，从韦塞尔和法兰克福双线过莱茵河，在一个差不多是以卡塞尔一域为顶点的庞大的三角形里面。在那儿继续向前，要面临的问题就是，为了最大限度摧毁剩余的德军和德国的反抗势力，从哪个方向展开攻击最合适。朝最北边的海岸线进逼有多要紧，我一直不曾轻视，不过你在电文里跟我说了一种全新的论调：及早抵达一些地点有很大的政治价值。在这件事上，你的提议我非常明白。在我的方案和你的提议间，只有一个分歧，即时间部署……我先要将兵力聚集到中路以得到我想要的驻地，从而确保我安排的所有在战斗上的争取，都能取得胜利。按照我当下的想法，接下来得让蒙哥马利过易北河，如果有需要，还得让美军进行援助，少说也得抵达吕贝克湾一域，吕贝克湾河岸也在其中。要是德国的反抗从现在开始慢慢地，也一定会被瓦解，你就会知道从时间上来说，得到中路驻地和过易北河之间只有一点点差别。反之，要是出现强硬反抗的走向，我也会注意集结军力渐渐完成工作的需要，为了让我能集中精力，全部这些方案就不能一起执行了。

非常合理的，要是什么时候敌军突然全盘崩毁，我们会朝前冲锋，我们的重大目标里，吕贝克和柏林全都会有。

我马上做出下面的回复：

首相致艾森豪威尔将军　　　　1945 年 4 月 2 日

1. 对于您友好的来函，请允许我再次表示感谢……因为你从莫斯科得到的回应的第三条里说，“柏林的战略意义已经不像原来那么大了”，这让我更觉得占领柏林是要紧的，并且这座城市对我们来说，也极有可能并不是封闭的。这个得从我说的政治价值上去感悟。在我们看来，我们与苏联人牵手的位置，最好在更远的东边，越远越好，这是一件非常要紧的事……

2. 我们的指挥人员在拿到你对局势的进一步解说后，放心了很多，并且他们已经依照这一思路给他们华盛顿的同级官员发了电报。我觉得，你必定能明白这点：在我们见到你发给斯大林的电文之前，正式的也好，从我们的二级指挥那儿得到的也罢，对于此事，我们都没得到一点消息，他们曾经因为那封电文，觉得曾经出现了特别大的变动。

3. 在我看来，这件事虽然我们两方面的指挥官组委会还需要一些信件来往，但已经让人非常确信地慢慢恢复了平静。

4. 对于这个辉煌的进步，请允许我再次恭贺。西方的情势在斯大林发动全面进攻那天之前，还会有很多改变。

在我看来，我有责任对这种友人间信件的来往作结。

首相致罗斯福总统　　　　　　　　　　　　　1945年4月5日

无论是我们的指挥官组委会，还是我们的次级统帅[①]空军上将特德，或者是我们的总指挥蒙哥马利元帅，艾森豪威尔在给斯大林发电报的时候，谁都没有告知，这仍旧让我觉得失望。从目前看，相比于我们当初预计的，全盘方案中并没有那么多变动。在私下里，我和艾森豪威尔将军的关系好得不能再好。我结束了这件事。我借用我学到的仅有的若干成语中的一个：Amantiumirce amoris integratio est.（爱人间的争执，正是爱情的再生）来证明我的真挚。

*　*　*

当然，我们在军事上的进程并没有受到这些争论的影响，解救欧洲的某个有关注价值的程序，差不多就是在这个时间达成的。以前我们收到过很多让人惊惧的汇报谈及“荷兰工事”中的荷兰人的惨状，所以为了解救他们，就派了加拿大第一集团军过去。就这样加拿大第一集团军第二军将敌军从威廉半岛和荷兰东北面赶走了，而其第一军则占领了阿纳姆，并换了个方向朝阿姆斯特丹挺进。之后进攻在须德海的南面被阻断了。德国军队的指挥官绝不会在别的德军仍在战斗的情况下带军投降。要是我们将所有这些一部分被淹的洼地变为战斗场所，那民众的苦难会被加至无法承受的程度。我亲自跟总统提出请求：

首相致罗斯福总统　　　　　　　　　　　　　1945年4月10日

1. 荷兰被敌军占领的地区，那里居民的惨状已经到了末路。二三百万的人吃不上饭。在我们看来，每一天都有大量的人濒危，并且事实上，德国与荷兰间的通路已经断了，这种情势必定会立

① 次级统帅：说的是空军上将特德，他在艾森豪威尔的总部里面。——原注

即变糟。我担心没多长时间我们就会见到一个惨剧了。

2．艾森豪威尔已经将方案部署好了，荷兰西边一脱困，就开始救济那里的民众。发挥这一作用的物资已经在临近合适的位置储存好了。不过要是我们非得等到荷兰脱困之后，这样的救援怕是已经太晚了。救援活动一定要马上展开，并且在范围上，远远大于瑞典救援方案包含的。

3．因此我希望我们两个能一起借作为中立国的瑞士政府告知德国政府，下面是基本意思：目前仍旧在德国控制区域内的荷兰人民，德国政府有维持他们生活的职责。既然这一职责德国政府不做，那我们预备让世界红十字协会帮忙将食物和药送进去分给那儿的民众。已经从瑞典开始运送物资，数量有限，我们预备再加一些。要是必需的准行证能够沟通弄好，我们还预备将救援物资再从海路或者被联盟国武装占领的地区运进去。为了能让这件事达成，我们请求德国政府行个方便。

4．基于当前的局势，我认为德国政府有很大的机会会同意这一请求。他们要是万一否决了，我提议，这个时候我们得对在荷兰的德国军事指挥官和他指挥的所有军队进行警示，他们阻拦我们想办法对这一区域的民众进行救援，就相当于他们当着全世界民众的面表明自己刽子手的身份。我们得让他们用自己的生命来承担降临在荷兰民众身上的生命轨迹。这个警示得广泛传播，好让所有驻扎在荷兰的德国军队都知道。

5．如果我们能够做到的话，我们一定要避免这个悲剧。如果我们不能做到的话，我们至少应该使世人明白谁应负这一责任。

6．现在借由中立国发给德国政府的公文正在草拟言辞，明天会给你发过去。现在我希望原则上你会支持这件事。

这件事基本上已经获得了认可，下一步要开始的是和纳粹高官赛斯·英夸特进行磋商。经过协定，我们需要停下向西的进军。他那边将不再继续注水，不再对民众进行任何压迫活动，并对往里运送救援物资提供帮助。那些救援物资我们已经储存了很多，并采用了所有办法将它们从海、陆、空送进去。我们能做到的最出色的部署自然也就是这个了。自此以后，对于我们在他们顽强地承受着苦难时，提供帮助——我们自己也十分自豪——荷兰人民始终用非常热切的言辞和行动表示感谢。

第九章　高潮：罗斯福去世

在战争的顶点，罗斯福总统离世——整个世界的悼念——在议会里我发表的悼词 ——我控制自己不去参与葬礼——在圣保罗教堂进行的追悼会 ——跟杜鲁门总统首次通信——哈利法克斯伯爵来信，帮助很大——我在4月14日致电斯大林——艾登于4月15日、16日从华盛顿发来电文

4月12日，星期四，在佐治亚温泉，罗斯福总统忽然离世，终年六十三岁。那天下午，他正让人画像，忽然就倒下了，从那个时候，他就开始昏迷不醒，过了几个小时便离世了。

前面几章我曾经说过各种因为即将出现的成功而引发的问题，它们是那样的复杂，就是和战争期间最大的危机相比也毫不逊色。确实，罗斯福离世的时候，可谓是战争发展到顶点，而且美国的政治策略正最需要他的威信进行指引。13日，星期五，当我在早上收到这个消息的时候，仿佛一个重锤打到身上。这个伟大的人，从前我和他的关系在我们一起做事的长期且满是风险的时光里，发挥的作用非常大。这些关系目前已经结束了。我被一种沉重、再也无法追回的遗失感压垮了。我去了下议院，原本打算在十一点开会的，我说了很短的几句话作为提议：我主张马上停会，好纪念我们伟大的友人。所有的议员都认可了这种以前从未采用的因为一个国外领导人离世的行为，他们的会议只进行了八分钟，就按顺序慢慢地离开了会议室。

每个国家都以自己的方式来纪念罗斯福。莫斯科升起了一面又一面带有黑边的旗子。在苏维埃最高会议开会时，他们起身志哀。对于失了领导人的美国人，日本首相表示“深重的怜悯”，他说“美国人能有现在的良好地位”是因为这个领导人的功劳。德国无线电的播音正好反过来，“在历史上，罗斯福会是什么样的人呢？会是一个这样的人，现在的战斗就是因为他的鼓动才变成了第二次世界大战；他是一个这样的总统：最终让他的敌人——布尔什维克苏联占据了上风。”

在发给罗斯福夫人的电文里，我是这样说的：

> 请允许我对你的令人悲痛的失去，致以最深情的问候，望你接受。这对英国和整个世界的独立事业来说，都是一种损失。从我自己来讲，我失去了某种珍稀的历经战火淬炼的友情。我坚信，在他崇高的成绩和荣耀的名声里，你会获得慰藉。

哈利·霍普金斯以前在很多地方当过我珍贵的联络员。我发了下面的电报给他：

> 你的心绪有多悲伤，我是清楚的。我和你都意识到我们失去了我们最崇高的友人，他是为我们一致工作拼搏奋战的斗士。我感觉到的那种失去，不仅仅是将我们紧密相连在公务活动上的，还有一种自身痛彻心扉的感受。对于富兰克林，我的情感是诚挚的。

4 月 17 日，星期二，议会开始的时候，我提出将议会沉痛的悼念和对罗斯福夫人，美国政府、民众深切的同情，上奏给英国国王。按照旧例，这样的提案应该由各个党派的领导人表明赞同。不过那时候一种无法克制的激动情绪在我心里奔涌，我觉得我需要自己替下议院讲话。那件痛苦的事所产生的情绪，当我身处其中，我所说的话，现在也找不到比它更恰当的。

我说："因为这场战争，我和这个伟大的人产生了友情，并成熟起来的。现在，让我们向他致敬。当上一场战争告结之后，我和他曾经见过面，不过只是几分钟的时间。1939 年 9 月，我才进入海军单位，他就发电报给我，说只要我认为必要，海军的事或者别的事，我可以在任何时间，直接跟他沟通。在获得了首相的同意后，我便这般行事了。因为知道罗斯福总统非常喜欢海战，所以我给他提供了一个又一个关于我们海军活动以及各类战斗活动的信息，特别是普拉特河口一战，也在其中，这一活动为战争中首个黑暗的冬天带来了光亮。

"等我做了首相，但战斗在让人极为惊惧的剧烈状态发动的时候，当我们自己还不知生死的时候，我已经可以和总统在最密切、最快乐的友谊中通信了。这个状况在整个世界战争的全部起伏中，始终持续，直至上周四，他给我发来了最后一份电文才结束。这些电报告诉我们，在处置难题上，他一直具有的精准的主张和生机，并没有减弱。这种信件（当然，在美国加入战斗后迅速增加），我们来往的电文也包含在内，我可以说总数超过了一千七百封。里面有很多很长的电文，多半是对那些在别的阶层无法完满处置，只能让政府的当权阶层来磋商的较为棘手的事进行处置。在这些信件之外，还有我们的九大会议——阿根夏一次，华盛顿三次，卡萨布兰卡一次，德黑兰一次，魁北克两次，在雅尔塔的最后那次也得算上。总共差不多一百二十天密切的私人交流，其中我和他多部分时间在白宫住，或者在他在海德公园的家里，或者在他位于蓝山城中的别墅里——他管那儿叫香格里拉。

"他作为一个政治家、实干家和军事统帅，让我佩服。他耿直、动人的品质和理念让我非常信任，对他，我还有一种当下没法用言语叙述的私人的敬重——我需要用友谊来称呼它。这些，他热爱他的国家，敬重这个国家的法令，他引导变幻莫测的言论走向的能力，是大家都见到的。在此之外，还得将他那颗激荡着的宽广的心算在其中，这颗心常常会因为看到各样的强国对弱国的侵犯压榨的情况而恼怒起来，并化为行动。现在这颗心再也不会跳了，这确实是一种失去，是一种让人类哀痛的失去。

“罗斯福总统重病缠身。在这么多年的动荡里，他竟然可以忍受住身体上的疾病，这着实是个奇迹。在成千上万的人里，和他一样饱受病痛折磨并致残的人，没有一个会想到要把自己放到那样的生活里，即无论是头脑还是身体都处于紧绷、艰难状态的政治斗争。成千上万的人中，敢试试看的一个都没有，就算谁尝试了，能获得成功的，一代人中也找不到一个。他不但加入了这一范围，还在其中表现活跃，并成为了那一领域中无可置疑的主宰。他在这种不同凡俗的努力中——用精神打败肉身，用心力打败身体残缺——得到了那个高贵的女人，他忠实的爱人的支持和鼓励，她伟大的理想与他的理想一致。今天下议院完全把对她深深的同情和尊重倾吐出来了。

“毫无疑问，在战争爆发之前包围着世界的重大危机，总统已经预先看到了，他比大西洋两边大部分消息敏锐的人都有远见。他竭尽所能以让美国在安定期间的言论能够接受预防性的军事准备。当争端开始显露，他把怜惜放在哪边，完全没有疑问。他因为法国沦陷以及除了本岛之外大部分人相信的英国会沦陷的这件事，而觉得非常难过，尽管他一直相信我们。他为什么会因为这些事难过，不光是因为欧洲，也因为只要我们被打垮或在德国的压迫中苟活，美国自己也会袒露在重大的危机中。在我们处于孤立无援的危急时刻，英国承受的苦难让他和他同国的人对我们国家的民众满是最浓烈的情感。希特勒在 1940 年到 1941 年的那个严酷的冬天决定用空军以激烈的雷电般的战斗将我们的城镇铲平，他和他本国的民众和我们所有人一样，有着切身的感受，由于艰难在想象中往往比现实中更激烈，所以有可能感触更深。相比于我们受到的大型火灾，美国人心里因为英国人，特别是伦敦人承受的苦难而烧起的愤怒之火，要更难扑灭。此外，尽管韦维尔将军在那个时候取胜了（真的是因为我国派兵援助他的原因），不过美国却普遍有着这样一种担心——觉得德国经过 1941 年春天的充足的准备，必然会进犯我们。总统在一月的时候，派了现在已经离世的温德尔·威尔基先生到访英国。虽然温德尔·威尔基先生是在野党的候选者，是总统的政治对手，但他和总统在很多重大事项上都有同样的主张。罗斯福总统自己写了一封信让威尔基先生带来了，在信里有几行有名的诗，是朗费罗的所作：

> 国家之船，扬起帆，向前进发吧！
> 扬起帆，向前进发，强大的邦国！
> 愁绪中的人，
> 正聚精会神地把他们以后所有的期望，
> 依傍于你生命的桅杆。

“他差不多就在那段时间，想了一种特别的救援办法，称为租借法案。自古以来，无论是哪个国家的财政法令，都不能像它这样无私大方。因为它的影响，英国的作战能力变强了，它作用于一切作战努力，让我们的人数似乎变多了，力气变大了。我和总统在那一年的秋天，首次在战斗中于纽芬兰的阿根夏见面，我们一起拟定了之后被叫作《大西洋宪章》的声明。我认为它会在很长一段时间里成为我们两个国家的民众以及其他世界各地民众的导引。

“在所有的这一个时间段里，日本人在不为人知的极致私密中隐藏着，为他们的背信和贪心的勾当做着准备。等我们再次在华盛顿见面，日本、德国和意大利已经跟美国开战了，而我们两个国家也已经开始一同战斗。自从那个时候开始，尽管我们历经艰辛磨难和沮丧，但成果一直在变大，在陆地上和海上向前挺进。在这，我用不着对发生在西半球的一连串大规模战争进行过多的说明，正在地球另一面开展的其他大规模战争就更不用说了。我们和我们崇高的同盟国俄国在德黑兰拟定的方案，现在已经全都施行了，所以我也不用谈及。

“不过在雅尔塔的时候，我发现了总统的病症。虽然他打动人心的笑容，愉悦、洒脱的气度还在，但他的脸色极为灰白，体型外貌瘦弱，眼神常常给人一种若有所失的感觉。当我在亚历山大港和他道别的时候，我得说，我已经模模糊糊有了一种焦虑的感觉，我意识到他的健康和精力正减退着。不过所有事都无法让他顽强的责任心发生变化。他直至弥留之际，还半步不退地对着不计其数的工作……当死神忽然来临，他已经做完了自己的工作。他这辈子应该尽的使命已经完成了。就像人们经常说的那样，他因公殉职，并且我们本可以说得更贴切一些，说他就如同那些和我们的士兵一同在世界的各个地区一起作战，将使命彻底完成的他的战士、水兵和空军在战场上牺牲一般。他的离世确实让人敬仰！他的国家已经被他从最重大的危机、最深沉的苦痛中解救出来。他的坚韧的光辉，成功地普洒大地。

“安定时期，他曾将美国的生活和凝聚的基石拓展加固了。战斗中，他将崇高的共和国的力量、威势和名誉上升到了史上所有国家都没到达过的高度。美国以左手带领取胜的联盟军队进军德国腹地，以右手在另一个半球势不可挡地将日本势力绞碎，并且在所有的这段时间里，始终将船、军备、给养和各类食物大量地提供给它的小同盟国作为救援……

“不过，他要是没将一辈子这样多的心力投入到人民独立与社会公义的工作中，让它更加了一层华光……而让大家永远知道它的话，那所有的这些，最多也只是人世的权柄和威势而已。他背后为美国战斗的机制里不计其数相互联系的每个单位，留下了众多果决有能力的人来管理它们。他留有一个继承者，为了达成原本的目标，这个人承担责任的时候步调稳健、信心十足。我们能够说的，只有这样：在富兰克林 · 罗斯福身上，我们失去的，是以前从来没有的最崇高的美国友人，是最崇高的守护自由的斗士，他将支援和慰藉从新世界带进了旧世界。”

* * *

尽管罗斯福离世的消息让人觉得惊讶、突然，但之前我已经说了，自从雅尔塔会谈，我们在亚历山大港分手的时候，我就觉得他的精力在减弱了。我们之间来去的公务文件因为苏联摆出了敌对姿态出现了严重的政策矛盾，我曾经在我个人的电文里努力让这种紧绷得到缓解，不过总统的健康状况到底严重到了什么地步，我并不是非常清楚。我了解他没有自己写公务电文的习惯，所以我无法从自己收到的那些电文里，看出有什么格调上的变化。3 月 29 日，奥利弗 · 利特尔顿见到了他，30 日发电文过来说："我被他的容貌神色吓了一大跳。"我开始不由自主地希望可以坐飞机去参加他的葬礼，并且我已经吩咐过给我预备好飞机了。哈利法克斯伯爵发电报过来，说我或许会去的提议极大地触动了霍普金斯和斯退丁纽斯，而且他们都十分赞同我关于到那里去会受益颇多的观点。之后杜鲁门又托他告诉我，对于和我见面的机会，他本人有多么看重，在他看来，我要是愿意去，祭奠这个时机对访问来说是非常合理且便利的。按照杜鲁门先生的观点，我在葬礼完成后，能够和他进行一个为期两到三天的洽谈。

不过我最后还是没能实现朋友们的期望，因为我身上担负了非常多的忙乱的公事，导致我无法在这一最危险、最艰难的时候离开自己的国家。

我给总统发的电文如下：

非常可惜，今天早上内阁和英国的国王陛下批准了我的行动方案，现在我没办法改动了。这些方案将所有事都布置好了，预备在下周的会谈中展开磋商，里面有我在周二向已经离世的总统发表悼词，还有在圣保罗大教堂和英国国王一起开追悼会等等事情。我真挚期盼能够及早与你见面。同时，我们共同事业的所有情况，外交大臣都了解。

后来我回想这件事的时候，都为当时没能接受新总统的提议而感到遗憾。以前我没有看到过他。在我看来，很多事，要是能和他面对面地商讨会很有价值，特别是分几天，从容、大方地谈。让我尤为惊异的是，罗斯福在最后的那几个月里，没有让他的副总统以及或许会成为继承者的人对事情的所有步骤彻底了解，也没能让他参与到正施行的议案之中。对我们的工作来说，这看上去非常糟糕。对于掌握情况来说，亲身参与、自己做一件事和事情发生了一段时间之后凭借翻阅档案文书是无法比拟的。比如，所有的事，我的同事艾登先生都知道，所以无论是什么时候，他都能接手我的一切统领任务，虽然当下我身体非常健康，精神也非常充足。不过，美国的副总统的位置，却是从原本了解得非常有限，权力相对不大，一下子掌控了顶级的权限。在战争处于顶峰的时候，对于关乎生死的问题，杜鲁门先生如何掌握、估计呢？我们以后了解的他所有事都告诉我们，他是一个果敢且无畏的人，可以采用最大的决定。不过在最开始那几个月的时间里，他所处的环境是极为艰难的，这让他无法将其卓绝的才华彻底展现出来。

*　　*　　*

对于我的首次官方吊祭、致意的电文，新任总统发来的回复电文十分友善。

我是这样写的：

1945 年 4 月 13 日

你和美国民众，因为我们最优秀的友人的离世而遭受损失，希望我私人的致意能够被接受。我们所有人在为大家共同事业努力时，所形成的密切的战友情，期望我有权和你一同回想。这种战友情是我和总统在那段艰苦的时期共同享有的。在你在联合国得胜者之列，并出任重要职务的时候，请允许我向你致以最诚挚的尊敬和祝贺。

杜鲁门先生对我承诺说，罗斯福总统倾身奉献的工作，他会竭尽所能让其得到发展，罗斯福总统和我为两国建造的密切稳固的关系，他也会对其进行维护，并促其发展。他想要和我会面，与此同时，他还同意给我发一封关于斯大林发给他的有关波兰问题的电文。[①]

* * *

过了几天，我们的使者给我发了一份非常有帮助的电报。

哈利法克斯伯爵致首相　　　　1945 年 4 月 16 日

今天早上，我和安东尼看见了哈利·霍普金斯。我们都认为他看上去非常衰弱、瘦削……对于总统的离世，他多少有点感觉，还说，幸好他和威尔逊不一样，没有中风，一败涂地。他早就发现总统的身体已经十分虚弱，只能做一点事了。

在他看来，总统离世导致了一个完全不同的局势。因为这种局势，我们只能完全重来。能确定的一件事是，从今往后，参议院决议对于政策会有更大的影响。不过，还没法预料这件事会如何展开。这很大程度上取决于对于他那些需要应付的人，他自己是如何看待的。

哈利觉得，从全局上看，你确定现在不过来反而是好办法。给杜鲁门几星期的时间单独行事是很有益的。与此同时，你可以以个人的名义和他进行信件往来，让他慢慢熟悉你。安东尼也觉

① 本书第六章。——原注

得这样相对好一些，尤其是以后随着时局的变化，要是有希望，杜鲁门来检阅美军的时候，最好能让他中间来一趟伦敦，站一站。按照通常的原因，我们也希望他来，并且以前罗斯福也同意要这么做的。哈利支持这一提议……

而杜鲁门自己，他已经让哈利将与外交政策、国际政策有关事项的概要拿给他了，哈利正做这一工作，不过，哈利可能没法继续当下的职务了。杜鲁门或许不会用他，而哈利，他不管怎么样也都不会再做这份工作了。杜鲁门的办法和罗斯福的相差巨大：自己的工作，他愿意自己完成。所以哈利擅长的事失去了施展的地方。他们在昨天谈过一次，曾经说起以后，不过，仅仅是说，他们必定会在哈利身体好转之后，再谈一谈……

杜鲁门喜欢分析军事战术的历史，传闻他看了不少这类书籍。或许这是件有意思的事情。有天晚上，他在这里展现出了他对于汉尼拔一战毫无疑问的让人吃惊的了解。对于马歇尔，他非常看重。

* * *

我给斯大林写了一封信，说：

首相致斯大林元帅　　　　　　　　　　1945 年 4 月 14 日

你在 4 月 7 日发来的电报，我已经收到了。多谢你在电文里再次说明承诺所用的语气。我认为现在已经可以理解为终结了“纵横字谜”的误解。

对于罗斯福总统的离世，我觉得非常难过，在最近的五年半的时间里，我和他的私人关系非常密切。

经过了这件痛苦的事情，将我们两个人连到一起的不少让人高兴的礼尚往来和回忆，如同我们已经征服了的所有危机和困苦一样，让我觉得分外珍贵。

借此机会，我们要向你和莫洛托夫表示感谢，多谢你们在我的夫人到访莫斯科的时候，周到热情的款待，和她在俄国旅行时给予的所有关照。为了让勇敢的红军伤兵所遭受的剧痛得到一些缓解，她做了一些事情，并因此得到了劳动红旗勋章[①]，我们觉得这是非常荣耀的事。她筹到的钱或许并不多，但这种奉献是出于爱，有钱人出了，穷苦人也出了，并且主要是他们出的为数不多的钱，每个星期，他们捐献一些小钱，这让他们感到骄傲。在我们两国民众的友谊里，在两个国家政府的相互体谅里，在我们两个国家军队的相互敬重里，寄予了世界将来的曙光。

斯大林元帅致首相　　　　1945 年 4 月 15 日

你因为罗斯福总统离世发过来的电文，我已经收到了。

富兰克林·罗斯福总统，在苏联民众的眼里是一个杰出的政治家和一个努力让三个国家紧密协作的坚毅的[②]斗士。

苏联民众将永远记得罗斯福总统对苏联友善的姿态，并给予其最高的评判。我自身也分外觉得失去这个崇高的伟人，让人心情压抑，他是我们共同的友人。

这个时候，艾登正在华盛顿，他发电过来说：

外交大臣（在华盛顿）致首相　　　　1945 年 4 月 15 日

1. 我在今天早上到达这里之后，和大使与斯退丁纽斯进行了一次会谈。斯退丁纽斯表示，对于总统的离世，斯大林和莫洛托夫都感到非常难过。斯大林曾经向哈里曼询问过，他是否可以在

① 劳动红旗勋章：因为列宁的提议在 1920 年 12 月 28 日设立的，给那些在社会主义建设中显示出非凡忘我精神、爱劳动和具有很强的组织观念的个人或者劳动集体的奖励。——译注

② 在我看来“坚定不移”是更准确的译法。——丘吉尔

这样的一个时间，为伟大同盟国间凝聚的进一步加强提供某些帮助。斯退丁纽斯说，多亏哈里曼没当即以“波兰”作答，不过曾经提出“莫洛托夫要是可以到旧金山参会,会是一件好事”的提议。斯退丁纽斯没让这一机会溜走,他发电报过去敦促,说除了旧金山，莫洛托夫还应该先去华盛顿参与磋商。一个小时之前，斯退丁纽斯已经打电话告诉我，俄国人已经同意这么做了，且莫洛托夫就快来了，他已经坐上了去接他的美国飞机。因此，我估计他将在周二到这儿。到了那个时候，按照我的计划，我们得开始跟他说波兰的事了。

2. 虽然这绝对是个好消息，但我们也不必期望太高，因为还得看莫洛托夫过来之后抱有的姿态。不管怎么样，有对事情进行全力讨论的机会真让人高兴……

3. 斯退丁纽斯在今天下午又一次和我谈起了下议院在这周对波兰问题的争论，他还说，想让你说明，事情因为三国外交部长的会谈，已经有了新的机会。我答应了，不过我跟他说，按照我的想法，让俄国人知道这一点并没有什么坏处，即莫斯科组委会到现在还不能按照雅尔塔协议得到成绩，让我们非常在意。我有一种强烈的感觉：我们非继续向俄国人施加强压不可。现下还没道理可以乐观，而在这儿，一切谈判想要获得成功，最有可能的就是让俄国人清楚地明白，要是会谈失败，我们所有人都要迎来惨重的结局。

第二天，他再次发来电报说道：

外交大臣（在华盛顿）致首相　　1945 年 4 月 16 日

我和爱德华今天早上第一次拜见总统。他给我们的感觉不错。我对他说，他初次发给你的电报，你收到了，觉得十分开心、感动。我多次谈起，你难过于不能在离世总统举办葬礼的时候亲自过来华盛顿，不过，我说你想早些和他相见。总统表示，对于这些情感，他非常感怀。我们应该明白，他承袭了沉重繁杂的工作。广泛领域中各式各样的问题，他都要清楚了解。但他的目标是将已辞世总统的外交策略，丝毫不变地接着施行下去……

之后，我又将谈话的主题变到你和总统见面的事上，总统可能会想起当初罗斯福总统计划尽早到欧洲考察，并将伦敦当作首个到访地。我清楚，要是杜鲁门总统认为这个方案可以施行，你、英王陛下和全英国政府都会非常开心的。总统表示要是能如此，他会很开心的，不过我们得想到，他现在在这儿有一些紧要的工作要做。他不得不处理一些国内的要紧事。他还得自己将已离世总统在很多事项上的策略弄清楚。所以，当下他没办法做出确切的回复。不管怎么样，他给我的感觉是，他是希望来的，尽管来的时间和罗斯福总统原本预计的相比，可能要晚一点……

你针对米科莱齐柯的电文，以及米科莱齐柯说的原件，我都给总统了。他让我感谢你，还说他好像认为米科莱齐柯评断“非常有理”。我清楚，对于这样的进程，国务院非常满意……

我拜见总统，他给我的感觉是：新任总统诚挚友善。他清楚自己新工作的艰难，但并未被吓住。说到你的时候，他真的是激动不已。

我认为他会成为我们的忠实伙伴。首次会谈让我备受鼓励。

以下是我的回答：

首相致艾登先生（华盛顿） 1945 年 4 月 24 日

尽管我希望能亲自和总统相见，不过在以后的六十天里，我并不想去美国。大选有很大的可能会在那个时间段之前展开。这件事我们无法明确表态，得等我们可以把眼下的军事终结看得更明白。我觉得英王陛下和英国政府一定会给总统送上最诚挚的请帖。在我看来，从现在开始算，九十天之后的时间，由于那个时候，选举要么已经展开，要么推到了十月，所以应该没什么麻烦了。现在还无法将这个问题定下来。

就这样，我们在所有人都深觉遭受一致损失的情形下，再次开始走向艰难的征程。

第十章　与苏联的争端持续增加

杜鲁门总统提议一起署名给斯大林发电——我的回答——米科莱齐柯在4月16日的重大宣言——他对于寇松线的额外说明——和莫洛托夫在华盛顿的谈判，完全没有成果——苏联和在华沙的波兰人签协议——我于4月24日致电斯大林以及他的回复——苏联的安全和西方的指示——一个追忆——我在4月29日给斯大林的倡议书——一个黑暗的将来——波兰的十六名领导者被骗受捕 ——斯大林在5月5日令人惊惧的回复——欧洲的晦暗的情景 ——三国大会急需开启

杜鲁门总统采取的首个和我们相关的政治活动，就是动手处置仅四十八小时前罗斯福总统离世时的波兰的事。他提议我们两个一起对斯大林发一个共同宣言。自然，在新总统就职的时候，国务院早就将这份文件的内容预备好了。不管怎么样，他能如此迅速地在任职大典和上一任葬礼中将这件事扛起来是很出色的。

对于斯大林的立场，他同意希望不大，不过认为我们应该“再试一次”，所以他提议跟斯大林说，我们在莫斯科的使臣确实已经答应请三个华沙政府的领导人到莫斯科开会，并给他许诺，对于他们会在新的全国一统的临时政权中担任重责这件事，我们没拒绝过。我们的使臣也没有提出过这样的要求:要在波兰国内、国外请不计其数的波兰人。对于来参会的备选人员，华沙政府是不是拥有否决权是确实的问题所在。按照我们的意思，雅尔塔协议并不曾将这种权限赋予他们。

因此，杜鲁门先生提议让斯大林认可下面的计划：

（1）贝鲁特、奥索布卡·莫拉斯基、罗拉·吉米耶斯基、萨皮伊哈主教（斯大林举荐的一个和当前华沙政府没有关系，但有示范性的波兰领导者），以及伦敦那边的米科莱齐柯、格腊伯斯基和斯坦齐科，都应该马上请到莫斯科来。

（2）一旦邀请函发出去了，华沙的代表们要是有需要，能够先过来。

（3）波兰的领导者们应当紧接着提出波兰国内、国外别的能够受邀来参与磋商的人，如此，才能让所有的重要集团都有参与磋商的代表。

（4）在波兰领导者们没被请来参与磋商之前，全国一统的新的临时政权，对于其成分，我们什么保证都不做，而且觉得南斯拉夫这一事例也不适合波兰。

对于这一重大提议，我当即作出了以下回复：

首相致杜鲁门总统　　　　1945 年 4 月 15 日

1. 很高兴，你的一号电文我收到了，里面谈到的友谊与战友情，深深地打动了我。我非常诚挚地回以你相同的情谊。

2. 你提议我们应当联合署名给斯大林发电的初拟文稿，我刚刚已经读过了。里面的条目，原则上，我全部认可，不过有一个重点，艾登先生会跟你提，而且，既然你和他能一起斟酌整个文件，我觉得所有细枝末节都能推敲改正。要是最终的拟定稿能在周一送到我这儿，我预备那时再和内阁商量。由于我非常赞同你的看法，我们的回复不容耽搁，所以我想那天我们两个就能将联合署名的电文发出去。另外，在开始的时候，就表明我们意见相同，行动也相同也是非常要紧的。

3. 与此同时，艾登一定会告诉你莫斯科和华沙的实情与我们的感受。按照我的印象，卢布林政权现在感受到了波兰人民激烈的情感，波兰民众虽然并不喜欢俄国，但他们强烈地希望能够独立，而且对作为苏联的提线木偶的波兰临时政权，越发不满。卢布林政权正在争取依照苏联政府的意思，用加一些他们已经掌控的波兰人（维托斯可能也在其中）的方法，来组建一个比当前政府基础更广泛的政府。这一步的行进方向是对的，不过还达不到我们的需要或者克里米亚大会的协议。

4. 在出发之前，艾登和米科莱齐柯见过面，且米科莱齐柯表示可以按照斯大林于 4 月 7 日发给我的个人电报中提出的那般发布宣言，我已经将那份电文转呈给罗斯福总统了……我想今天下午就能看见这份宣言说了什么，他预备下周四将这些内容登在他个人在波兰的报纸上。要是我们对这份宣言没有异议，周一就给斯大林发过去，要不然跟我们联合署名的电文一起发过去，再不然当作联合署名电文的部分内容发过去，要是有什么地方觉得不妥，我会继续努力让他一直弄到妥当，之后我再原样给你转过去。

那个时候艾登先生在华盛顿，他第二天发电报跟我说，他不认可我们给总统提出的第一条建议里请波兰领导人们去莫斯科磋商那段。关键点在于波兰境内的代表得将那些能够切实发挥效用，能够为波兰各个党派代言的人包含在内。我们拥有在波兰境内选人的权利，不能将这个选拔的权利彻底留给俄国人。要想让米科莱齐柯和他的友人们一定去参与这种磋商，就必须保证从波兰境内选的波兰人确实能够做代表。

联合署名的电文在格式上稍稍做了些改动，之后，在 15 日那天发出去了。与此同时，我在米科莱齐柯那里（我在契克斯和他见了一面）获得了以下声明：

1945 年 4 月 16 日

1. 在我看来，波兰未来政策的重点在于在联合国更宽广的领域里，和俄国继续密切、长久的友情。

2. 对于我的姿态，为了消除与其有关的所有疑虑，我愿意表明，我同意与波兰未来相关的克里米亚协定，波兰享有独立的主权且建立一个代表全国一统的临时政权。

3. 我支持克里米亚制定的协议，要召开一个波兰领袖参加的会议，以便建立这样一个政府：全国一统的，尽量能广泛公正地为波兰人代言的，让三个大国都认可。

收到这一声明之后，斯大林回复我说：

1945 年 4 月 17 日

自然，米科莱齐柯的宣言代表了一个巨大的进步，不过米科莱齐柯没有明确表态，对于克里米亚决议中，关于波兰东面疆界那部分，他是不是认可。我希望，第一能拿到米科莱齐柯宣言的全部内容。第二能收到他对于是否认可克里米亚协议里关于东部边界那部分条令的说明。

于是，米科莱齐柯先生的那份公开宣言，我在 22 号给他发了过去。这份宣言曾经在其自己的报纸上发表过。在电文里，我说："无疑，你问我的事他在最后一句已经回答了，即他认可寇松线，将利沃夫割给苏联也在其中。我希望这能合你的意。"

以下是米科莱齐柯的宣言：

按照俄国的意思，三大国已经表示支持将波兰东边的边界依照寇松线划分，不过或许还有一点小的改动。我个人的意思是，最低利沃夫和产油的地方得给波兰留下。不过，考量到两点，首先，苏联在这部分有完全的需要；其次，这一款项的施行情况决定了我们两个国家的交界，我们波兰人只得问自己，是不是要为了我们名义上的国家完整而预备不去接受它，而让我们国家的整体权益受到威胁。“不”，必定是这个问题的回答。

因为这件事我并未收到回复，所以可以假设短时间内这个专制者是觉得合意的。别的点仍然没有解决。艾登先生在华盛顿发电过来说，他和斯退丁纽斯都觉得，我们得再次提出要让调查员去波兰，并且，我们得再一次让苏联停下与卢布林波兰人签订协议的磋商。不过这件事才定下来没多长时间，就有协议已经签署的消息传过来了。

*　*　*

第二天，4 月 23 日，针对波兰问题，斯退丁纽斯先生、艾登和莫洛托夫辩论了一小时零十五分钟。他们什么成果都没得到。

斯退丁纽斯率先开头，问他们是先谈旧金山的事，还是先说波兰的事。莫洛托夫马上表示要先说旧金山的事。艾登先生说，一定要先说波兰的，因为波兰问题的发展进程决定了旧金山的。这一提议被认可了。艾登继续说，总统和首相曾经在 4 月 15 日给斯大林发了一份联合署名的电文。莫洛托夫是不是能说说对于这份电文，他的政府是怎么看的。莫洛托夫说，这份电文他虽然知道，却没见到整个文件，俄国使臣说这份电报苏联大使馆没收到。这要是真的，那就表示对于这件事斯大林多半没什么好意。于是，有人将这份电文给莫洛托夫念了一遍。他表示需要时间思考。

他接着谈起苏联政府跟华沙政府签署的协议。艾登表示，这个协定签署的时间是在组建波兰新的全国一统的临时政府这个问题取得进展之前。莫洛托夫说，他愿意做一统或许能做的事，不过，新政府不管是谁，必须将现存的政府作为根基，且一定要和苏联关系友善。他说这个协定竟然会让人不满意，这让他觉得诧异。以为这仅仅是苏联一个为了增强波兰与苏联友好关系的想法。对于不列颠或者美国和法国或是比利时签订的协议，不管是什么协议，苏联人都没阻碍过。

艾登说法国和比利时的政府是我们三个国家都认可的，但波兰，它的政府有两个，美国、我们，以及世上多半的国家认可的是一个，波兰认可的是另一个。这与我们和美国不认可的华沙政府签协议，根本是两件事，而且这会让大家觉得，对于当前这种波兰政府，苏联政府觉得合适。对此，斯退丁纽斯表示赞同。

莫洛托夫驳斥道，美国和不列颠不是波兰的邻国，所以推迟决议没什么影响，但俄国为了有利于一起攻打德国，必须立刻与其签订协议。

在电文中，艾登说："我认为今天晚上和莫洛托夫的会谈非常不好。你和总统联合署名的电报，在我看来，没有半点受到重视的痕迹。所以明天看上去也没什么发展的可能。另外，和在华沙的波兰人订立协议这件事，苏联政府一点悔意都没有。……给我的感觉是，苏联政府仍旧保持着高傲的姿态，形势有多严重，不深刻地接触到真相，它是不会认可的。当下我们应对的办法只有一个，即将为了能让我们在华盛顿接着努力分析波兰问题，将大会开始的时间掩后几天。旧金山大会的基础——三大强国的团结，要是俄国人不想跟我们和美国人以雅尔塔协定为基石展开合作，就没有了。"

24 日，我回应他说："我一直追求俄国民众的长久友情，坚信他们对英国和美国的力量的认可，是这件事的基石。我断言苏联吓不住新总统。"

*　*　*

当天我给斯大林发了电报：

首相致斯大林元帅　　1945年4月24日

总统让莫洛托夫先生转呈给你的那封和波兰有关的电文，我已经看见了。因为其特别重要，我已经和战时内阁商量过了。现在我有义务跟你说，我们都同意总统上面的电文。这些重大矛盾我十分渴望可以找到解决办法，要不然它们持续下去，会使得成功的时候罩上阴云。

事实上，斯大林的回文说的是，我们没将波兰临时政府当成波兰全国统一之后政权的中心，仅仅把它当成若干团体中的一个，和波兰人一切其他团体，没什么不同。他觉得我们在雅尔塔订立的协议和这个不一样。他说："我们三个人，罗斯福总统也在其中，在那儿商讨的时候，都觉得多半的波兰民众对于当下正在波兰实际行权的波兰临时政府，是支持和信赖的，应该作为全国统一的新建政权的中心——换个说法，要做它的主体。

"这样说明这一问题，你们明显不认可。你们因为不想认可南斯拉夫能够成为波兰的先例，所以坚持以后全国统一的政府，不能以波兰临时政府做基石和中心。"

斯大林还争论说，波兰与大不列颠和美国不一样，它与苏联有个共同的边界。对苏联来说，它的安危非常要紧，就如同对大不列颠来说，比利时和希腊的安危那么要紧。苏联努力想要波兰有一个亲善政府，苏联有这个权利，且永远也不会认可一个存有敌意的政府。他写道："对于这个，先不说任何别的事，我们用来作保的是苏联民众的血，为了解放波兰，他们的鲜血大量地滴落在波兰的战场上。希腊是不是建起了一个真的具有表率作用的政府，或者比利时是不是真的民主？我并不清楚。”在它们被组建成立的时候，苏联并没有参与磋商，也没有提出参与权限，“因为它清楚，对大不列颠的安危来说，比利时和希腊的作用非常大。”美国和大不列颠先商量好，为和苏联关系最密切的波兰做出一种安排，这是把苏联置于一个无法相容的地位。

对于我将米科莱齐柯针对波兰东边疆界发表的宣言发给他这件事，他表示感谢，且同意去劝说波兰临时政府答应请米科莱齐柯来参与磋商。

在最后，斯大林说：“总而言之，现在得将南斯拉夫的例子当作波兰的样板。”

这算不得一个回答。我们为什么要去雅尔塔，是因为我们想将伦敦波兰政府和卢布林波兰政府都撤掉，在怀有好意的波兰人里成立一个新政府。贝鲁特政府的人在他们里面，能够获得突出的位置，可是这个计划，斯大林却不认可，所以我们和美国人答应不把贝鲁特政府撤掉，不过它得变成一个“新的”政府，“在一个更宽广的民主的基础上进行重组，好将波兰国内国外的民主领导人都包在里面。”莫洛托夫和两个大使之所以在莫斯科协商，为了这一目的，是想借着和当下临时政府的人以及别的波兰境内境外的民主领导人展开的磋商，建一个这样的政府。

之后让他们选来参与磋商的波兰人。每次我们都想找些能够作为代表的人，且将谨慎地去除那些在我们眼里对俄国非常不友善的人。我们在伦敦波兰政府里选了三个适合的人：米科莱齐柯、斯坦齐科和格腊伯斯基，我和斯大林共同认可的东边的疆界，他们都同意了。

而波兰国里别的人，则由美国人和我们以相同的对事情有帮助的宗旨选择，不过，莫斯科组委会花了九周的时间进行讨论，也不一定能得到成果。对于我们推荐的波兰人，莫洛托夫一直不发表意见，所以他们之中，被允许参与准备性圆桌会谈的，甚至连一个都没有。

*　*　*

4 月 29 日，我同斯大林说起了全部的事情。

首相致斯大林元帅　　1945 年 4 月 29 日

……你竟然觉得我们会同意，建立一个对苏联怀有敌意的波兰政府，这让我们所有人都觉得吃惊。这和我们的政策刚好相对。1939 年，英国人会对德宣战，就是因为波兰。在纳粹处理波兰的行动里，我们看出了希特勒无耻邪恶的征服欲和压迫欲。他闯进波兰是让地雷烧起来的火苗。有时候，有人觉得，英国人参战是为了某些目的，事实上并不是这样，而是因为情感。近年，英国民众越来越觉得，对于我国以及我们在欧洲看重的自由，希特勒所有的侵犯都是一种危害。所以当他在慕尼黑后来那么无耻地背叛了与捷克斯洛伐克有关的誓言时，就连极崇尚和平的张伯伦都对波兰承诺要一起防范希特勒。等到德国进犯波兰要用到那一承诺的时候，虽然当时我们还没准备好，但我们全国人民都加入了与希特勒的战斗。人民心中烧起了烈火，就像你们的民众对着德国人背诺粗野且看上去曾具有绝对优势的攻击，庄严地起来守护国家时胸膛中满是烧起来的烈火一样。这样的烈火，到现在英国人还在这座岛屿和它的各个自治领各个阶层各个政党之间烧着，而且，除非波兰在对俄亲善的基础上，其主权、独立以及自由得到公正的对待，被充足认可了，否则他们一直会认为这场战斗的结局不公。在我看来，在雅尔塔，我们认可的就是这个。

一方面，我们对波兰的权利抱有这种激烈的情感，在我们看来，这种情感在全美的激烈程度，至少也是一样的。另一方面，在全部说英文的国家，还出现了一种非常剧烈、热切的意愿，希望能和强悍的苏联在对等、荣耀的基础上做朋友。虽然我们的想法和政体不同，但我们仍旧能跟你们为了全世界在明亮漫长的时间里展开协作，只有我们三个大国能将这个世界连结起来。既然在我们负有重责的日子里，我已经为了这种凝聚而尽忠职守，我自然要竭尽所能继续如此。我尤其要跟你承诺的是，在大不列颠，我们不会想要，也不会忍受一个对俄国怀有敌意的波兰政府。同样的，要是哪个波兰政府，和我们雅尔塔共同声明里定好的并不真的相符——像我们西方国家对这些事情理解的那般，适宜地敬重人权，这样的波兰政府，我们也不能认可。

而对于你提及的希腊和比利时的事，我得说，你对我的意思曾经重视过。为了压制希腊民族解放阵线——人民民族解放军对雅典政府腹地发动的攻击，那个时候我们只能调遣大量的兵力进行干预。我们也曾经一度发布命令，说你们在罗马尼亚和保加利亚的利益是重点，应该认可。但是不应该将我们彻底隔在外边，你们的下属官员在两个国家中，应对我们的方法让我们不快。我们的高级官员得到的待遇，通常和你们得到的优待截然不同。我们对希腊唯一的要求就是天长地久的友情，所盼望的，也仅仅是它可以独立、无缺。然而，我们没想去决断它该是一个帝国，或是一个共和国。在那儿，我们只有一个方针，即让形势及早恢复正常，而且以后四五个月之内，我希望选举可以公平、自由地举办起来。政治制度将由这些选举裁决，之后是宪法。在自由、普选基础上显示出来的民意必须占优势，我们的基本主旨就是这个。若共和国是希腊人的结论，我们和他们之间的关系也不会受到干扰。我们会用我们对希腊政府的政治影响，请俄国的代表来希腊，自由地对希腊的实情进行调查、而且我们也希望，俄国、美国和英国的委员，在大选的时候能随意地在这个国家的各个地方调查，参与竞选的各个党派间是否真的没有威逼，或是阻止民众自由选择的情况存在。自此，我们希腊的任务就能说是圆满结束了。

我们对比利时没什么要求，尽管……我们想有，不论他们的民众选择的政治体系是怎样的，他们都会参加抵抗德军向西进攻的总的防御组织。和波兰一样，比利时也是一个战场、交通要道，所以所有人都得承认，这些成分被放到考量之内的重要性，如果不这样，就算兵力大行动也无法展开。确实，我们曾和美国人针对波兰议定了一个精确的活动策略。我们之所以会这样，是因为我们非常自然地就对这件事有了相同的看法，并且两个国家都衷心觉得，我们自克里米亚会谈开始，受到的对待就非常不公平……毫无疑问，要是将看法调过来，这些问题看上去就不一样了。不过我们肯定都觉得，我们曾经承诺得有一个自主、自由和独立的波兰，它的政府得是一个这样的政府：可以充分、恰当地为波兰人里所有的民主人士代言。对我们而言，这一承诺关乎名誉与责任。在我看来，我们两个国家的看法，完全不可能更改，并且，我们既然已经全都认可了，就非这么做不可。你提出的波兰俄国的边界——以寇松线作为边界，将利沃夫分割给俄国也包括在其中，1944 年年初，归根到底是因为我主动提议的，我们跟你共同宣布了。在我看来在那个方针的另外半个上，你应该让我们获得满足，另外那半个方针，你一样也跟我们共同宣告过，即波兰的自主、独立、自由，只要波兰对俄国友善……

另外，当前会遇到难题，是因为从波兰传来的各种信息。这些信息议会里的很多议员都听得很仔细，而且任何时候都有在议会、报纸上进行激烈提问的可能，尽管这种作为我并不支持。尽管我们针对这些信息，多次和莫洛托夫先生要求过，但他完全不跟我们说，任何情况都不提供。比如，有种说法，有十五个波兰人在四周之前曾经拜会过俄国政府，展开了磋商，关于维托斯先生，也有相似的流言，不过时间更近；在此之外，还有别的不少关于将某些人赶出国境的传言，等等。[1]某些这样的指控，既然你们

① 着重号是我加的。——原注

什么情况都不提供给我，又不管什么都不让我或是美国人派去调查事情的真实情况，我又如何能够驳斥呢？你可以随意地派代表团去我们的占领或者解放的任何地方。为什么你们不让英国代表团去你们解放的别的国家去做相似的考察，完全无法理解。

你们、受你们统御的国家，以及别的很多国家中的共产党全都聚集在一起，而几个说英文的国家和他们的朋友或者自治领的国家集结在另一面，这样的将来，让人无法感到多少欣慰。很明显，两方面的争执会把世界弄得分崩离析，而我们两方面全部领袖要是跟这些争执有一点联系，都会在历史前面被嘲笑。就算仅仅是长时间的互相猜疑、辱骂和执行对抗策略，也会变成一种祸患，阻碍广大民众想要的兴旺的大力发展。想要获得这些发展，只能靠我们三个国家的团结凝聚。在这篇坦诚的会话里，我希望没有在我没注意到的情况下冒犯你。要是有，请你告诉我。不过斯大林，我的友人，请别小看在一些事情上开始显露出来的矛盾，这些事，你可能觉得，对我们来说不大，但它们却代表着对于生活、对于说英文的民主国家的态度。

* * *

现在得把我在电文里说起的波兰人失踪的事记下来，虽然这个记录比普通的说法好像追究得稍微靠前一些。俄国秘密警察在 1945 年 3 月月初的时候请波兰的地下工作人员派代表团去莫斯科商讨按照雅尔塔协议制定的政策建立一个统一的波兰政权。请人的时候，还加了一个书面担保书，是关于人身安全的，而且有个谅解，即要是磋商成功，能让这边的当事人去伦敦和波兰流亡政府磋商。3 月 27 日，利昂伯德 · 奥库里茨基将军，取代了博尔 · 科莫罗夫斯基将军统领地下部队，和两个别的领导人以及一个翻译，在华沙市的郊区和一个苏联代表见面。第二天，又来了十一个代表波兰各个主要政党的领导人，成了他们的一员。另外，还有一个已经被俄国人掌控了的波兰领导人。所有这些人都不曾从约好的会面地回来。4 月 6 日，伦敦，波兰流亡政府发布了一个宣言，概述了这个狡诈插曲的大致情况。波兰地下工作人员里那些最为人敬仰的代表已经失踪，不知去了哪里，虽然俄国的官员已经给他们发了官方准行证。议会中有人发问，之后又都说有消息称，当下红军占领区发生了击毙波兰本地领导人的事情，尤其是波兰东边的谢德尔茨，这种说法更多。莫洛托夫一直到 5 月 4 日才在旧金山承认，说俄国正拘禁着这些人，第二天俄国的一个国有新闻机构说，他们正等着审讯，因为"在红军的后面进行牵制性破坏活动"的案子。

5 月 18 日，斯大林公开表态，说没请这些被抓的波兰领导者到访过莫斯科，还坚称他们只是"牵制性破坏行动的成员"，要用"某种和英国守护领地法案相似的法规"处置。这种态度苏联政府不肯变更。自此以后，直到 6 月 18 日，开始对这些上当被俘的受骗者的案子进行审理，就再也没有与他们相关的消息了。审讯所用的模式是遵照共产党经常使用的进行的。罪犯被控的罪名有颠覆、搞恐怖活动和间谍……那些被控的罪名，所有被告人要么全都认可，要么认可了一部分，只有一个人例外。被宣判的有十三个人，分别被判处了四个月到十年的有期徒刑，被释放的有三个。事实上，这是借法律为工具剿灭了曾和希特勒展开过那么勇猛战斗的波兰地下部队的领袖。而那些士兵则早就埋身于华沙的残骸里了。

* * *

我写信给杜鲁门总统说：

1945 年 5 月 5 日

由于莫洛托夫在旧金山的时候曾经跟斯退丁纽斯说，波兰的那十五个代表已经被红军抓捕了，所以我对他们的命运非常紧张。

因为这样，我觉得我们得就这件事非常谨慎地一起讨论。要是这些波兰人因为被骗而被俄国人抓到，现下已经不在人世，那这样的犯罪行为对以后会有多大的影响，让人都不知道说什么好了。艾登的主张和举措，我全部赞同。我希望他在很快到来的回国的路上，可以路过华盛顿，也希望你可以跟他彻底地商量一下。

我在4月29日发出了那篇冗长的倡议书，现在我收到了斯大林的回复，让人非常失望。

斯大林元帅致首相　　　　　　　　　　1945年5月5日

你在4月29日发来的关于波兰事项的电文，我已经收到了。

我只能说，对于你以支持自身态度而提出的辩论佐证我不能认可。

1. 在你看来，对我们说好的组建一个全国统一的波兰政权步骤来说，提议波兰借鉴南斯拉夫的先例是一种背叛，这个观点我觉得不对。南斯拉夫的先例为什么要紧，因为它对如何在那儿组建一个新的完整的政府这件事提供了一个最有用也最实用的办法……

2. 在发来的电文里，你对于希腊的事提议说要让三个大国对选举进行监察，关于这一点，我也不同意。对同盟国家的民众进行这种监察，只能被视为是对这个国家民众的羞辱和对其国家内部事务无礼的干预。就算是那些曾经是附属国后来才加入对德战争，且加入联盟阵营的国家，这样的监督也无必要。比如芬兰大选的经历就验证了这点。在没有外界干扰的情况下，那里举办了大选，而且已经出现了积极的成果。

你的这个看法：比利时和波兰都是战场、交通通路区域，这一点都不合理。恰恰是因为波兰是苏联的邻国，这个与众不同的身份，波兰政府以后才一定要主动争取波兰与苏联之间关系友善。

这对所有崇尚和平的国家来说，也一样符合他们的权益。以南斯拉夫为先例的论调所需的深入探讨的问题就是这个。波兰和苏联之间稳固长久的友情，同盟各国是在意的。未来建立波兰政府的人员的事，要是像你说的那样，只要“不彻底反对苏联”就可以参与，或是按照你的看法，将那些“对俄极不友善”的人排除在外，不许参与，我们却是不能同意的。这两个准则我们都觉得不合适。不管是现在还是以后，我们都坚持，能受邀参与波兰未来政府事项的人只能是那些一直主动对苏联表达善意的人，那些诚挚地准备和苏联协作的人。

3. 电文里的〔另外一〕点，我必须做一下特别的说明，你曾经提及因为十五个波兰人被抓、被赶出国境……的传闻引发的难题。

对于这点，我可以跟你说，你说的那群波兰人是十六个，而不是十五个，声名赫赫的奥库里茨基将军是领头人。因为他的品行格外糟糕，所以对于这个和别的十五个传说失踪的波兰人一样“失踪”了的波兰将领，英国的情报机构慎重地避开他，不去谈论。不过对于这个问题，我们却没准备沉默。这群人，以奥库里茨基将军作为首领，共十六个，他们被军事当局抓获的地方是苏联战场，现下正在莫斯科受审。奥库里茨基将军那群人，特别是将军自己，被指控在红军身后谋划、施行牵制性破坏运动，导致红军失去超过百名的士兵。他们受到的指控还有不顾律法限制，在我方身后建立非法的无线电播报台。按照审判结果，这群人，部分或者全部都要被送交法院判决。为了守护自己的部队和后方不受牵制性破坏运动成员和治安破坏者的毁坏，红军一定要用这种办法。

英国情报机构现在正传播流言，说谢德尔茨一域在刺杀或是击毙波兰人。这些信息全都是英国情报机构编造的，且提供的人明显受了阿尔齐谢夫斯基[1]的委托。

---

① 阿尔齐谢夫斯基：波兰流亡政府的总理。——原注

4. 在你的电文里能够看出，你不想以波兰临时政权为根基建立未来的全国一统的政府，也不愿意让其在那一政权中占据它本该拥有的位置。我一定要直言告诉你，这种姿态消除了共同认可处理波兰事项的机会。

我将这封盛气凌人的电文配上了下面的说明，转呈给杜鲁门总统：

在我看来，通过信件沟通的方式将事情发展下去是没有希望了，看来还得举办三国领导人的会谈。与此同时，我们的部队应该在南斯拉夫、奥地利、捷克斯洛伐克，在美军重点中心战场和英国战场上，一直到吕贝克（丹麦也在其中）已经得到的或即将得到的驻地上固守。未来的几天里，两个国家的部队将因为收留战俘而非常繁忙，与此同时，我们认为国内民众的思绪也会凝聚在庆贺欧洲取胜的行动上。因此，我认为必须极为慎重地去思考对于苏联我们抱有的姿态，应告诉他们，我们可以给予的量，以及我们无法同意的量。

不过，斯大林已经给总统发了一份抄件。

* * *

就在旧金山会谈正欢快地筹划一个自由、文明和有凝聚力的未来世界的基础的时候，就在伟大联盟各个国家的民众对战胜了希特勒和纳粹专横的统治而高兴的时候，我心里却因为快速呈现在自己眼前的全新、更巨大的危机而忧心忡忡。第二，还有对普选的担心，不管它的结果如何，都一定会引发全国的分崩离析而使其在这段时间中的看法被减弱。那时，我们或许会丢掉我们所有的在这场正义之战中得到的东西。看上去最要紧的是，我、斯大林和杜鲁门应该毫无延迟地尽早见面。5月4日，我将自己眼前的欧洲的情况给艾登描述了一下，当时他正在参加旧金山会谈，每天都和斯退丁纽斯、莫洛托夫碰面，且很快就会到华盛顿，和总统再次见面。

1. 在我看来，先要想解决波兰的对峙局面，只能靠三国领导人会谈，会谈举办地，若是能找到，应该是德国某个没被毁坏的城市。会谈举办的时间，最迟也应该在7月初以前。我的意思是致电杜鲁门总统，提议他到这里来考察并举办这一不可或缺的三大国会谈。

2. 要是将波兰的事情和现在众多非常危险且需要尽快和俄国人处置的重点事项连接起来，处置起来可能会简单一点。等到俄军朝德国进发到易北河的时候，我怕事情已经发生了。在协议里，美军要退到我们在魁北克会谈中美俄商量好的占领区之内，即我们在那儿分析地图时标成了黄线的那个地方，那代表着，俄国掌控的力量会在那条三四百英里的战线上，往前扩张一百二十英里那么远。这件事要是变成现实，会成为史上最惨的事情中的一项。此事一完，俄国占领了这个地方以后，波兰会彻底被包裹起来且被深深地藏在俄国的占领区里。实际上，俄国的边疆从以挪威北面凸起为起点，顺着芬兰－瑞典的疆界，从波罗的海到达吕贝克正东方向上的一个点跨过，再顺着现下议定的占领区边界，之后，顺着巴伐利亚到捷克斯洛伐克之间的疆界一直到奥地利疆界。奥地利虽有被四个国家占领的虚名，但俄国人从这个国家的半壁江山通过抵达伊松措河，在这条河的身后的铁托与俄国会对伊松措河以东的所有地区有需求。如此，波罗的海一域到占领区疆界截止的全德，整个捷克斯洛伐克，奥地利大半地区还有南斯拉夫、匈牙利、罗马尼亚，以及整个保加利亚，直至现下正岌岌可危的希腊，都在俄国掌控之中。欧洲的每一个大都市柏林、维也纳、布达佩斯、贝尔格莱德、布加勒斯特和索非亚等都将被包在它里面。

土耳其和君士坦丁堡的位置必定会马上加入争论。

3. 这就成就了欧洲历史上一件举世无双的事，这样的事是联盟在他们漫长且危机重重的战斗中不曾遇到过的。对于德国，俄国人提出的条件，仅赔款一项，就能将其占领的时间增加到没有期限，最少也能统治很多年。在那段时间，波兰及很多别的国家将被淹没于苏联掌控的欧洲的大面积地域中，就算经济上未必苏维埃化，不过，一定会被警方掌控。

4. 现在正是在重要大国间对这些难题展开调查的时候。我们这边有几个重量级筹码可以用来讲价，要是能用起来，或者能缔结和平条约。首先，除非那些国家——波兰、俄国暂时掌控的德国，以及多瑙河流域中向俄国转化的或被俄国占领的国家，尤其是奥地利、捷克斯洛伐克和巴尔干各国——本该有的情况，已经能让我们满意，否则联盟不该在他们当下的战场退到控区疆界。[①]其次，我们要是能将黑海和波罗的海的出路当成整个处置计划的一部分，他们或许能觉得满意。要想解决掉所有的事，除非欧洲的美军军力尚未被削弱。要是美军撤出欧洲之前，以及西方世界将他们战斗的武器收起来之前，事情还没能解决，我觉得就没机会能够完美解决了，并且有很大的可能无法阻止第三次世界大战的发生。目前我们一定要将我们的看法及早向俄国挑明，以及将问题摆平。与此同时，在波兰的事情上，我坚持对俄的要求在所有方面都要保持。在我看来，我们应当坚守总统和我的电文中的态度。

我在第二天补充道：“要想将我们从那个庞大的灾祸中拉出来，只有一个办法：尽快开会坦陈一切，会议地点在英美掌控的德国某地，要有能够提供适宜休息的设施。”

---

① 重点号是作者加的。——原注

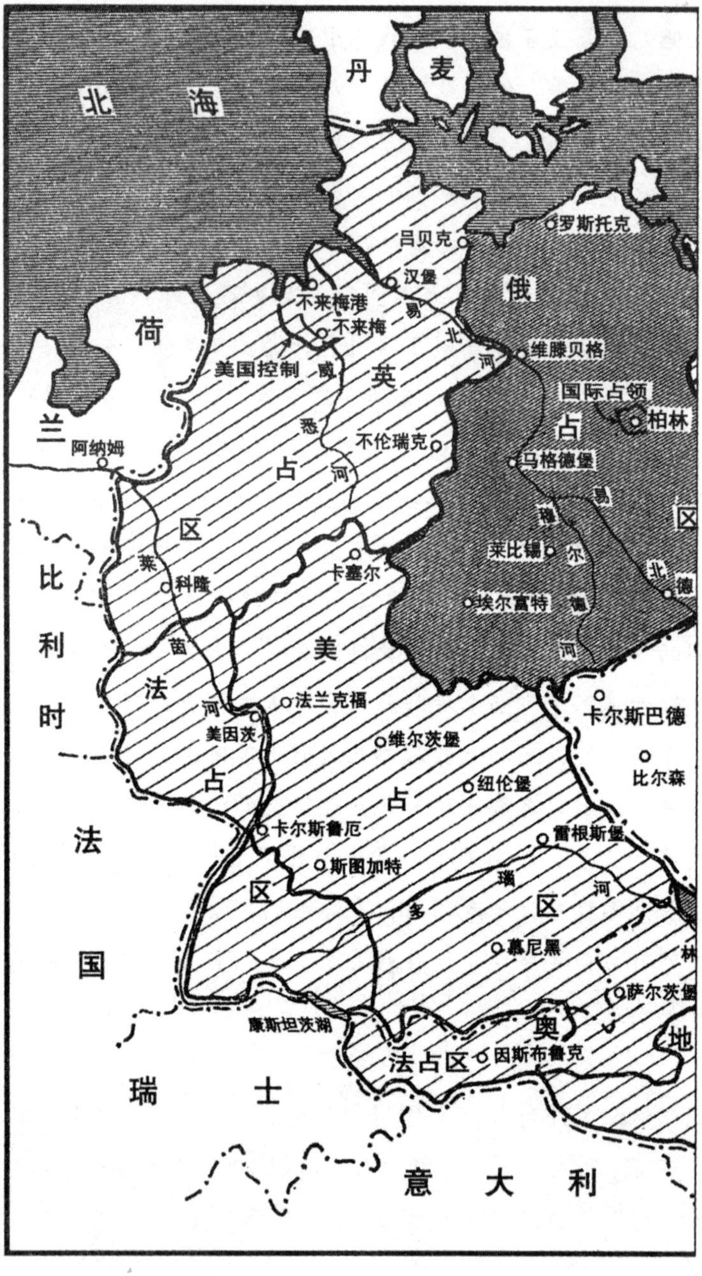

1944年9月魁北克会议上一致同意的在德国划分的占领区

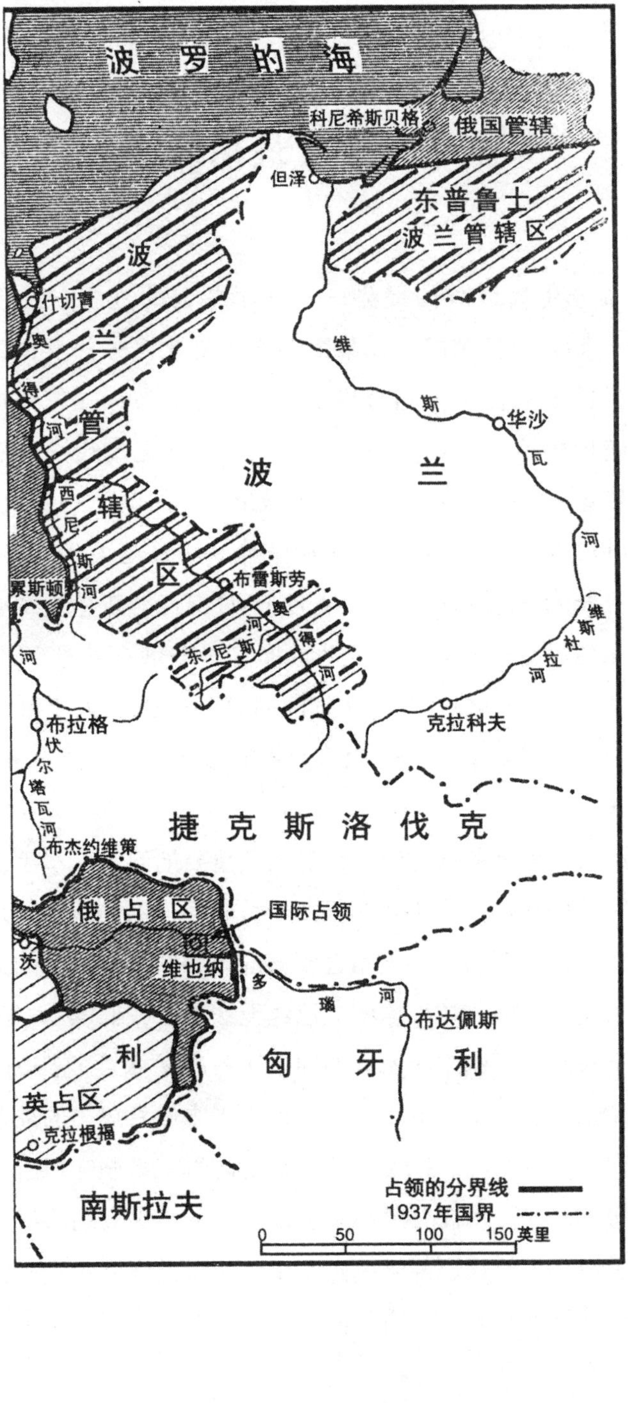
波罗的海
科尼希斯贝格
俄国管辖
但泽
东普鲁士
波兰管辖区
波兰管辖区
什切青
奥得河
维斯瓦河
华沙
波兰
西尼斯河
布雷斯劳
奥得河
累斯顿
东尼斯河
河
（维斯杜拉河）
克拉科夫
布拉格
伏尔塔瓦河
捷克斯洛伐克
布杰约维策
俄占区
国际占领
维也纳
多瑙河
布达佩斯
匈牙利
利
英占区
克拉根福
南斯拉夫
占领的分界线
1937年国界
0 50 100 150 英里

第十一章　最后的进攻

罗斯福先生离世时的局势——红军冬天的进攻——维也纳沦陷——4月12日美国第九集团军横渡易北河——美国第一集团军与俄国人汇合——布拉格于5月9日沦陷——一个追忆——占领德国的前期方案——1944年9月魁北克条约——雅尔塔后来的转变——与斯大林磋商前不撤出协定的地区——我在4月5日发电报给罗斯福总统让他多加谨慎——我在4月7日交给参谋长委员会的备忘录——我在4月18日亲自给新总统发电报——柏林和吕贝克——杜鲁门先生的回复——我在4月27日给斯大林发的电文——他在5月2日的回答——俄国人于维也纳的阻碍——三条战线交汇——攻占丹麦的急行军——尾声将至

罗斯福总统离世的时候，正赶上最重要的政治、军事目标在各个方面展开的争斗难分高下的时候。希特勒西面的防线已经垮了。艾森豪威尔已经过了莱茵河，一路直驱德国与中欧。他前面的敌军，虽然某些地方还在负隅顽抗，但明显已经无法阻止我们胜利之师猛烈的进攻，看上去已经无法阻止西方的同盟军占领柏林了。东边的俄国人距离这个城市仅有三十五英里，可是他们尚未做好攻击的准备。奥得河横在他们与柏林中间。德军在河前借着防御工事坚守，所以红军得经过一场激战，才能横渡及继续前进。由于亚历山大的队伍在援助法国在南边上岸那个时候已经被调走不少，所以没到八月我们就放弃先俄国人一步从意大利朝这个古老的都城进军的计划了。而布拉格却是我们的力量可以达到的。

为了弄清楚这种战局产生的原因，我们必须回忆一下几周之前的事。俄国人在冬天发动的进攻将他们带过德国东部的边界线，进了西里西亚（一个重要性只比鲁尔稍差的产业区）和波美拉尼亚。他们在之后两个月的时间里，抵达了奥得河的下游——什切青至格沃戈夫这段，而且继续朝南，在过河之后，建立了坚固的防区。德国被困在奥伯林、波森和施奈德米尔等地的防守部队已经被击垮，3 月末，但泽被占。柯尼希斯贝戈现代化的要塞真的非常坚固，历经了四天的激战，一直到 4 月 9 日才被攻克。在俄国部队后方坚守的只剩下布雷斯劳和远在库尔兰德的大量德军。布达佩斯在多瑙河战场的厮杀，到 2 月 15 日的时候就已结束。可巴拉顿湖两岸德军激烈的反攻，一直到 3 月份又持续了很长时间。俄国人在这些反攻被打下去后，进入奥地利。他们从东路和南路朝维也纳进军，到 4 月 13 日，彻底攻占了这个城市，且逆多瑙河向上，直取林茨。

斯大林曾经跟艾森豪威尔说，“差不多将会是 5 月下旬”，他的重要攻势会展开，可他却能够往前提一个月。西方部队快速靠近易北河可能跟这个有点关联。

等过了莱茵河和围住了鲁尔，艾森豪威尔将美国第一集团军和第九集团军侧翼的各个军队留下以克制守在那里的军队。布雷德利的第十二集团军群，也就是第九、第一和第三集团军朝马格德堡、莱比锡和拜罗伊特进发。遭遇了零散的抵挡，不过之前的两个城市以及在哈尔茨山地中却遇到了强烈的抵挡，但到了 4 月 19 日，这三个地方全部被占领了，第三集团军先遣队已经进入捷克斯洛伐克。第九集团军的动作确实极为迅捷，因此，4 月 12 日在靠近马格德堡的地方，他们已经过了易北河，离柏林大概六十英里。

4 月 16 日，在奥得河畔——距离这一都城三十五英里的地方，手握重兵的俄军顺着一条宽为二百英里的战线展开了进攻，4 月 25 日，柏林被围。当天，来自莱比锡的美国第一集团军的先锋军与俄军在易北河边的托尔高附近会合。德国已经被分割成了两个部分，第九集团军和第一集团军停在原地，在易北河与穆尔德河河畔，和俄军隔着河对峙。在我们的眼前，德国的军队正在崩溃。4月的前三周，被抓的战俘超过了一百万人，不过艾森豪威尔认为狂暴的纳粹党徒想藏身于巴伐利亚和西奥地利的山地里，所以下令让美国第三集团军朝南掉头。其右翼朝多瑙河下游进发，5月5日到达林茨，之后与维也纳过来的俄国人汇合。其左翼朝内挺进，到了捷克斯洛伐克的布杰约维采、比尔森和卡尔斯巴德。要是武装上可行，什么协定都无法让他们不去攻占布拉格。

所以我对总统建议：

首相致杜鲁门总统　　　　　　　　　　1945年4月30日

无疑，捷克斯洛伐克西边的土地要是能由你们的部队尽可能多地解放出来，那这个国家在战争之后的情况，会彻底改变，与之临近各个国家的战后情况也有被极大影响的机会。相反，要是在解放捷克斯洛伐克这件事上，西方同盟国没发挥什么大作用，那这个国家会和南斯拉夫走上一样的路。

艾森豪威尔对德的重要战斗活动自然不能受到这类行为的影响，不过，我认为他应该看到我之前说的十分要紧的，在政治上的思虑。

杜鲁门总统在5月1日跟我说，现在艾森豪威尔将军在捷克斯洛伐克的作战方案如下：

苏联总参谋部当下正在谋划进军伏尔塔瓦河流域的作战活动。我的意思是，一旦现在的作战活动可行就继续朝前进发，以消灭所有剩余的有组织的德军。

到时，要是觉得该进捷克斯洛伐克，且那里的情形也支持，我们符合逻辑的前期行为将朝比尔森和卡尔斯巴德进发。对于那些我认为不妥的军事活动，我是不会去做的。

总统又说：“我同意了这一方案。”看上去这已经定下来了。可是那个问题在一周之后，我又回电了。

首相致艾森豪威尔将军　　　　　　　　　　1945 年 5 月 7 日

要是你军力充足，又没有太早和俄国人汇合的话，我希望你的方案不会阻碍你进攻布拉格。要是那里军力充足，那个国家又什么都没有，那我相信你不会绑住自己的手脚的。

不用发电回答我了，等下次我们见面的时候再跟我说就行。

不过，艾森豪威尔的方案的主体是，到易北河河岸以西，且顺着捷克斯洛伐克在 1937 年的疆界就不再前进了。想让他过河到达以卡尔斯巴德 —比尔森 —布杰约维采为主那条疆界，得形势允许才行。对于这个，俄国人并不反对，所以就这般进行。可对于美国第三集团军继续向前进军到伏尔塔瓦河的新提议，因为伏尔塔瓦河流经布拉格，俄军在 5 月 4 日做出了激烈的回应。这种行为与他们的脾胃完全不合。于是，美国人“不再向前进军，而红军则将伏尔塔瓦河东岸与西岸全部剿灭，还攻占了布拉格”。 5 月 9 日，也就是总降书在兰斯签署之后的两天，那一城市沦陷了。

*　　*　　*

此事有进行回溯的需要。对于由重要同盟国占领德国这件事曾经分析了很久。1943 年夏，我建立的一个内阁组委会，领袖是艾德礼先生，经过参谋长委员会的许可，提议：为了保证消灭德国的军力的效果，要占领全德；盟国的部队分布在基本相同的三个重点地区，英国的军队在西面的地区，美国的军队在南面和西南地区，俄军所在的地区则是东面；柏林要成为一个独立的共同统治区，三个重要的同盟国各自占一块。这些提议被认可，且送去了欧洲问询组委会，那个时候，苏联大使古刹夫、美国大使怀南特，以及外交部的威廉·斯特朗爵士都是这个组委会成员。

那时，对这一问题进行磋商，看上去完全是些空话。战争什么时候可以完结、如何完结，谁都预估不到。俄国的欧洲区域，德国还占领着很大的地方；过了一年，英国和美国的部队才将脚伸到西欧；差不多是两年之后，才进到德国内部。那个时候，欧洲问询组委会的提议被视为不紧急，也不够现实，还不到可以提交战时内阁的程度。在战斗进行得热火朝天的时候，它们被放到了一边，就像众多别的立足将来，值得表扬的活动那样。在那段时间，对于俄国的一个一致的观点是，自身的疆界一被收复，它就不会再接着进攻了，西方国家到了那个时刻，有很大可能，还得努力劝它别放松。所以俄国在德国的占领地这件事上，不管是在我们的想法里，还是在英国、美国的商谈中，占的位置都不高，在德黑兰会谈的领导人里，这一问题也没有谁提到过。

1943 年 11 月，美国的参谋长联席会议曾提出过，在我们返回的路上聚集在开罗开会的时候，曾经提出过这个问题。俄国在德国的控制区，在其还是一个空泛的理论的时候，好像被认为：那样美好的事怎么会出现呢？不过有人跟我说，罗斯福总统希望能将英国的控制区和美国的控制区互换。他想把全部美军在德国的交通线路都不用途经法国就和海港相连。这件事涉及到很多精细的技术争论，且关系到“霸王”战斗行动方案的不少问题。在开罗，没有产生任何协议，不过之后造成了我和总统多次的信件沟通。在英国参谋部看来，原本的方案更合适，而且要是方案更改会造成很多麻烦和动荡。在我的感觉中，这种观点，他们在美国的同事也非常认可。1944 年 9 月，我们在魁北克会谈中成就了一个支持条约。

军队那边的意见明显说服了总统，他在膝头摊开了一张大地图。

某天，他在多半联合参谋长委员会成员的面前，口头认可了我不改变当前部署的提议，不过，美国得在相邻地区得到一条路，穿过英国占领区，可以直接通向大海。不来梅以及它的隶属港不来梅港，看上去符合美国的需求，于是，我们认可了他们在这一区域的掌控权。当时这一协议应该已经在随带的地图上标出来了。我们所有人都认为，还远不到在德国设立法国占区的时候，而俄国，连说起的人都没有。

1945 年 2 月，在雅尔塔，这个魁北克方案，我们在没有深入考量的情况下就接受了，还将其当作引路的基石对德国未来东部边疆的事展开了多次磋商，都没有结论。因此，这个问题留给了和平协议大会去处置。苏联军队就在这个时候大量涌过战争之前的疆界，我们则祝愿他们获得彻底的成功。我们提出了一个协议，是和奥利地占区相关的。经过说服，斯大林认可了我的激烈的提议，即应该将美英的占区给法国分出一块，而且还得在联盟军队管理组委会里给他们一个位置。所有人都清楚地知道，协商出来的战区不能对部队的战斗行为造成阻碍。柏林、布拉格和维也纳，先到的人先攻打。我们在克里米亚分手的时候，除了是同盟国，还是友人。在一致而强悍的敌人面前，所有的部队都在，都在激烈而不间断地战斗着。

自那之后的两个月里，我们看到了让人震惊、扬眉吐气的改变。希特勒德国几乎已经完结，他自己也将被消灭。俄国人正在柏林战斗。他们掌控了大部分维也纳和奥地利地区。俄国与西方同盟国的全部关联正在发生变化。我们中间所有与未来相关的事都没有定论。雅尔塔的协定与谅解，原来是那个样子，当下已经获胜的克里姆林宫已经将其撕开扔到了边上。新危机，可能跟我们已经征服的危机同样怕人，已经静静地出现，还盯着支离破碎受苦受难的世界。

就算是在总统离世之前，我也曾经将自己对这些不祥进展怀有的担忧进行过明确的表述。我认为他自己也感到忧心和烦闷。他因莫洛托夫针对伯尔尼一事的指控而感到愤怒这件事，前面已经说过了。虽然艾森豪威尔的军队成功进军，但 4 月下半个月，杜鲁门总统仍旧意识到自己前面有个怕人的危险。我在之前的一段时期曾全力想让美国政府留有这样的感觉，即不管是在军事上，还是政治上，都正发生着巨变。当东方同盟军和西方盟军前方战线彼此靠近，对德军进行夹击的时候，我们西方国家的部队用不了多长时间将穿过占区边界很远的距离。

以下的电文证明，在别的协定也受到尊敬的情况下，我是绝对不会提议放弃我们关于占区的诺言的。但是，真相让我慢慢坚信，除非我们的部队停下来或者更进一步——撤走，否则我们是无法和斯大林见面磋商，真正形成一个关于全部的协定的。要是我们一丝不苟地遵循所有协定，苏联人却完全不考虑他们身上的责任，将所有能掌控的东西都掌控住，那势必会造成一场灾难。

*　　*　　*

早在 4 月 5 日，我就给罗斯福写过信，郑重地请他多加小心。

……我心里非常清楚，对于同盟军在西边急速进军、差不多将我们这条战线的所有敌人全都消灭了的这件事，苏联的所有领导人都觉得震惊、无措。特别是因为他们曾经表示，在 5 月半之前，他们都没办法展开关键性的攻击。在全部这些之中看上去尤为要紧的是，我们与俄军汇合的地方应尽量朝东，要是视乎允许，就进柏林。

要我提醒一下吗？在奥地利的短期控制区，我们曾经提议过，且相信六周之前我们已经商量妥当了。不过自雅尔塔到现在，俄国人尚未发出关于这些占区的许可批文。既然他们现在已经要攻占维也纳，且有很大的可能会占领全部的奥地利。出于谨慎，我们应该尽可能多地在北边占领一些地区。

俄国人电文里无礼的姿态，是不是他们正预备展开些政策大变革的征兆，我们得时常注意。从整体情形上看，我相信这只是他们因为恼怒、嫉恨而出现的正常反应。正因为这个原因，我觉得这个时候极为要紧的是，我们两个国家应该抱着坚实、坦率的态度，将氛围弄干净，让他们知道，对于羞辱，我们不会无限度地容忍下去。在我看来，拯救未来，当下这是最佳的时机。要是他们始终觉得我们惧怕他们，他们吓一吓我们就会妥协，那对我们和他们以后的关系还有别的很多事，我真的要死心了。

艾森豪威尔将军曾经提议说，既然，东方军队与西方军队该脱离分割线的束缚向前进军，那双方军队不管在哪儿相遇，一方都该可以坦率地要求对方退回其占区内部。集团军群的总司令应该享有决计提出需求、下令后退的决定权。这个时候后退应该马上展开，除去战斗需要的。这一提议我觉得说得太早了，眼下的军事需求还达不到。所以，为了让参谋长委员会和他们在美国的对手们探讨到艾森豪威尔将军的提议时，能有一个宗旨可以进行引导，我将下面的备忘录给他们发了过去。

首相致伊斯梅将军，转呈参谋长委员会　　　　1945 年 4 月 7 日

在两方面的队伍遇到的时候，只要不是临近的现实军事活动需要他们配合行动，在最初的寒暄过后，他们就该互相对应着停在自己的阵营中。如此，要是我们过了易北河并进军到柏林，或是在柏林和波罗的海中间的某条线上（那全都在俄国的领地里），我们就不能把它当作军事问题将其抛开。这件事与国家相关联，得在三国政府间进行考量，还得和俄国人在南边的行为关联到一起去想，在那边，他们将攻占除了维也纳，还有全部的奥地利。我们不该太着急，连询问华盛顿、伦敦政府的那几天时间都没有，就匆匆离开一切已经到手的地区。对于这件事我非常紧张，不主张将这类提议交托给参谋级别〔来裁夺〕。一定要问过总统跟我。

我非常高兴见到，参谋长委员会来电里关于拖时间那一行为的提议。那和我的主张分毫不差。事情就按着那样进行了。

* * *

罗斯福总统4月12日的离世，让我不得不让参谋长委员会答应，将全部关于占区的提议再次跟他的继承人提出。

首相致伊斯梅将军，转呈参谋长委员会　　1945年4月14日

以下是我跟你们提出的策略：

“在我们看来，英国、美国的队伍不应该急着撤离他们从敌军手里抢来的超过原本商议好的占区区域，应该让三个国家的政府领袖要先对到时候会产生影响的政治争执进行磋商——要特别注意的是，要从全局的角度进行分析，要将视线放在苏联、美国、英国三个国家政府间的关联上。这些政府得先弄清楚他们之前商量好的关于占区的协定，现实中是不是已经友善、公平地执行了。基于这些原因，我们觉得前方指挥官完全是军事上裁定权的领域，无法将这样的事包括进去。”

4月18日我又将这一问题直接跟新总统提了。自然，杜鲁门先生此时才婉转地知晓我们面临的所有的纷争，所以他只能对参谋们多加倚重，因此彻底的军事上的看法占有的比重超过了它本该拥有的分量。

首相致杜鲁门总统　　1945年4月18日

用不了多长时间，你们和我们的部队就要和苏联的部队汇合了。应该尽快通过联合参谋长委员会将行动方案呈给最高领袖。

我心里的地域分为两种：

1．(1) 战策区。在这一区域，除非双方答应为了应付敌军持续的抵挡，想要一种更合适的作战安排，否则我们的部队非停留在自己已经抵达的那条线上不可。这些部署应该让最高领袖通过我们在莫斯科的军事代表进行，或者防线两边在战区就地处置。联合参谋长委员会已经就相关的这些指令进行分析、发送了。

(2) 占区。对于这一区域，我和罗斯福总统都认可了联合参谋长委员会的提议。我认为这一区域自欧洲取胜那天开始，不管这天是什么时间宣布开始的，应该掌控一段时间。因为我们同盟军英勇强悍的行为获得的大片区域，我们要离开，必须以保持尊严为前提。

2．我确实想遵照占区的协议，不过，我不想让我们的同盟军或者你们美军，不管是什么地方，只是因为那里某个俄国将军无礼的话就被赶走。为了让艾森豪威尔更有以自己不凡的方法当即处置的信心，这样的事一定要通过政府间的协定进行防范。

3．1944 年 9 月，占区在魁北克议定的时候非常急迫。那个时候，没预料到艾森豪威尔将军的队伍会以这般庞大的阵容攻进德国。想改变这些占区，非要和俄国人形成共识不可。当欧洲得胜的时候一来，我们就该努力在柏林建一个同盟国管理委员会，还应该态度坚决地提出，德国出产的粮食要在德国的各个地方平分。按照现时的状况，相比起来，俄国占区人口最少，但产量最多。美国人占区里粮食产量和人口数量的比例让人极为不满，可我们稀缺的英国人将要接管的地方却是全部残破不堪的鲁尔区和大面积的产业区。那些地方跟我们没什么不同，平常就得往里投入粮食。我的意思是，要等同盟国管理委员会将棘手的问题处理好之后，才可以离开我们现在已经得到的战策阵线。俄国人想将德国粮食产区里众多的粮食运回去自己吃，这相当正常，不过我要争论的是：

提供给德国人的粮食一定要当作一个整体，一切能够到手的物资都必须在占区内依照比例划分。

4. 你若是能将你对这些事情的看法跟我谈谈，我会非常感谢的。以我通过众多渠道获得的消息来说，这些事不仅非常急迫，影响也非常大。

现在艾登正在华盛顿，对于我在给他发送的电报里的观点，他完全认可。

首相致艾登先生（华盛顿） 1945年4月19日

这封电报的观看者仅限于你。现在西方同盟国看上去还没有强占柏林的可能。在攻打这一城市的阵营里，现在俄国人那边队伍的人数是二百五十万。美国人那里仅是他们的先锋军，即只有二十五个师而已。他们要关注的战线极长，且在很多地方都正和德国人打着……

在我们看来，最要紧的事是，蒙哥马利得尽快攻占吕贝克，且他要是有需求，美国可以提供一个军的兵力作为援助。若是我们能赶在俄国友人从什切青跑过来之前，先一步抵达吕贝克，那就可以少说很多话。丹麦是一个等着被解救，等着恢复行使主权的国度，俄国人有什么道理该占有那儿呢？要是我们可以拿下吕贝克，对于此事，我们在那里的身份会起到关键的效用。

我相信以后最合适的是朝林茨进发，并在那儿和俄国人汇合（这块儿的活动已经和前面的一起展开），且借助美国围困活动拿下斯图加特南部区域。在这一地区有和德国原子分析相关的重要装置，最好我们可以拿到这些装置，以得到与这方面相关的尤其秘密的资料。

艾登先生作了以下回复：

外交大臣（于华盛顿）致首相　　　　　　　　1945 年 4 月 21 日

对于蒙哥马利该取得吕贝克这件事我完全认可。要是丹麦被俄国人占据了，会让我们遇到很多麻烦。在斯堪的纳维亚国家会更加惊恐，并且我好像记着，1940 年俄国人对特加特的统治提了一些要求，是导致俄国人与德国人在最开始的蜜月期出现矛盾的一个原因。

我觉得布拉格必定还在你的心里。要是美国可以拿下捷克斯洛伐克的都城，俄国人可能受益不小。到那时，他们一定会请苏联使臣和美国还有我们一起参与，这会与俄国人是如何看待我们的形成一个对比……

然而杜鲁门先生的回答对全局并没有什么好处。他主张联盟军队应该在军事情况允许的时候，撤回之前商议好的在德国和奥地利的占区里。为了这个目标，他草拟了一份电报稿给斯大林，并将其发过来询问我的看法。

对于他的电文，我作了下面的回应：

首相致杜鲁门总统　　　　　　　　　　　　1945 年 4 月 24 日

对于你发给我的回文，我表示感谢。你前边的简述我是认可的，不过后边的各个环节，仅仅听凭俄国人依照他们的裁定的地方下令给我们，让我们撤回占区内，却不和各条战线的整体情况联系起来考量。如此，以后受伤最重的就是你们的队伍。在中间，你们将会被朝后推差不多一百二十英里，将大面积土地送到正所向披靡朝前进发的俄军手中。与此同时，在维也纳，我们的控制区域，或者在柏林，三个国家的占领区等事，还没能处理。

4 月 27 日，跟总统商议过后，我将这份电文给斯大林发了过去：

首相致斯大林元帅　　　　　　　　　　　1945 年 4 月 27 日

1．英国、美国的队伍很快会和苏联的队伍在德国汇合。德国的反抗将要终结，所以美国、英国、苏联三个国家将会在德国和奥地利的占区里对他们的队伍进行掌控，对于这一环节，应该制定出一个有序的步骤。

2．完全将德军击溃是我们最紧急的工作。三个同盟国队伍间的边线在此期间必须由前方指挥官进行裁决，且该由战斗方面的需求和顾虑决定。在这个时段，我们的队伍会注意到自己占有的地方比最终占区的边界远，这种情形避无可避。

3．在柏林、维也纳组建联盟管理委员会，为了让同盟军可以接手管理自己的占区，对其进行重新布置，是战斗结束之后的下一个工作。德国占区的边线早就定好了，现在我们要做的是尽早在你提议举办的维也纳会谈中，就奥地利占区形成共识。

4．就当下而言，是不会有即刻署名的降表了。若当真如此，各个联盟国的政府应该裁决建立联盟管理委员会，并给予它们制定细致方法的权限，好让各国部队能够退回他们商议好的占区中。

5．为了满足上面第二条里说的情况的需求，即专门为战区制定的临时、危急处置措施，我们已经给艾森豪威尔将军下了指令。以下即为这些指令：

（1）为了防止两方的军队发生骚乱，以及一方进到另一方占区内部，两方要在一切碰面的地方将军队停下。不过双方指挥官为了抵御一切剩余的反抗而在后部、双翼进行的必需的区域调动都不该被妨碍到。

（2）对于某个地方战争结束之后军队的调动，你方的部队不用顾虑占区边界，应该依照军事需要进行部署。你方的重要调动（不同于为了作战上和行政上的理由所做的局部调整），若是情况的紧急程度尚在许可之内，该先得到联合参谋长委员会的许可。

6. 请你也给你们前方的指挥官发相似的命令。

7. 现在我将这份电文，向杜鲁门总统和你同时发过去。

回复十分谨慎。

斯大林元帅致首相　　　　　　　　　　1945 年 5 月 2 日

你 4 月 27 日发来的针对红军和英国、美国军事力量攻占德国、奥地利步骤事项的电文，我已经收到了。

我得和你说，从我们这边讲，苏联最高指挥部已下达命令，即在苏联部队和联盟军队汇合时候，联系上苏联军队的指挥部该和美军指挥部或英军指挥部，一起磋商：

(1) 划分一条暂时的策略分割线。

(2) 想办法将它们临时分割线内部的德军的所有抵抗压制住。

*　　*　　*

俄国占区的味道，我们在俄军抵达维也纳不长时间就已经初步体味到了。他们宣称已经有个奥地利临时政府建成了，也不让我们的使者团坐飞机去奥地利。这让我产生一种忧虑，他们是特意在我们抵达之前，借着先抵达那里的时机，“建立”了那个国家，所以，4 月 30 日，我发了下面的电文给杜鲁门先生：

我相信，在将奥地利从纳粹手里解救出来的那段时间里，要是我们不想对其产生作用，我们现在就必须一起采用毫不妥协的态度。你愿意和我共同以下边的说辞给斯大林发电吗？

“在莫斯科的我们代办说，你虽然曾在 4 月 13 日邀请过哈里曼先生，但苏联政府眼下却不让同盟的使者团去维也纳，非要等欧洲咨询委员会对维也纳的各个占区以及临时管理部门形成共识。

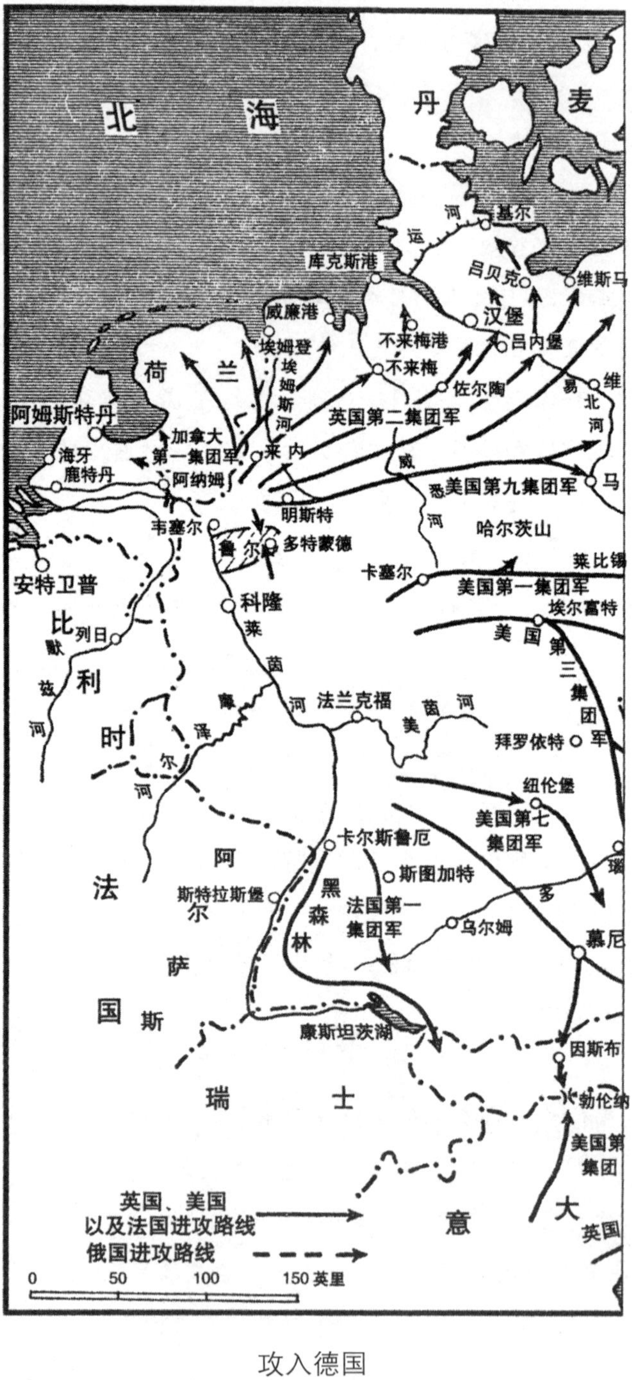
北海
丹麦
基尔
运河
库克斯港
吕贝克
维斯马
威廉港
汉堡
埃姆登
不来梅港
吕内堡
荷兰
不来梅
埃姆斯河
佐尔陶
易北河
阿姆斯特丹
英国第二集团军
加拿大第一集团军
海牙
来内
鹿特丹
阿纳姆
威悉河
美国第九集团军
明斯特
韦塞尔
鲁尔
多特蒙德
哈尔茨山
安特卫普
卡塞尔
莱比锡
美国第一集团军
科隆
比利时
列日
埃尔富特
默兹河
莱茵河
美国第三集团军
摩泽尔河
法兰克福
美茵河
拜罗依特
纽伦堡
美国第七集团军
卡尔斯鲁厄
阿尔萨斯
斯图加特
法国
斯特拉斯堡
黑森林
法国第一集团军
乌尔姆
多
慕尼
康斯坦茨湖
因斯布
瑞士
勃伦纳
美国第集团
意大
英国
英国、美国以及法国进攻路线
俄国进攻路线
0
50
100
150 英里

攻入德国

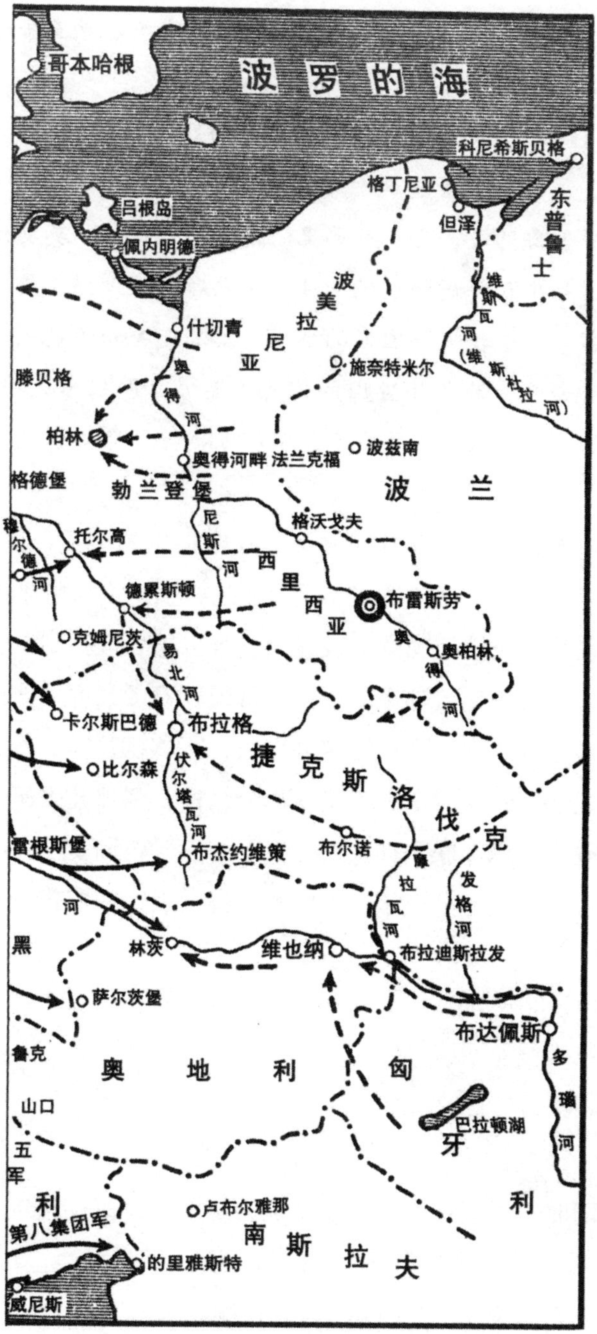
波罗的海
哥本哈根
科尼希斯贝格
格丁尼亚
但泽
东普鲁士
吕根岛
佩内明德
波美拉尼亚
维斯瓦河（维斯杜拉河）
什切青
奥得河
施奈特米尔
滕贝格
柏林
奥得河畔法兰克福
波兹南
格德堡
勃兰登堡
波兰
尼斯河
格沃戈夫
托尔高
穆尔德河
西里西亚
德累斯顿
布雷斯劳
克姆尼茨
奥柏林
易北河
卡尔斯巴德
布拉格
捷克斯洛伐克
比尔森
伏尔塔瓦河
布尔诺
雷根斯堡
布杰约维策
摩拉瓦河
发格河
河
黑
林茨
维也纳
布拉迪斯拉发
萨尔茨堡
布达佩斯
多瑙河
鲁克
奥地利
匈牙利
山口
巴拉顿湖
五
军
利
卢布尔雅那
第八集团军
南斯拉夫
的里雅斯特
威尼斯

攻入德国

我们非常重视。此外一个让我们觉得不满又震惊的事情是，将我们需要时间考虑的要求弃之不顾，你们就在维也纳宣告已经建立了一个临时的奥地利政府。

“我们的谅解始终是，奥地利问题的处置，应该和处置德国问题一样，该是夺取管理这两个国家的四个大国，一直关注的事。我们觉得重要的是，为了对那里的情形进行报告，英美法三国的代表应当马上获得进维也纳的许可，之后，欧洲咨询委员会才能够针对占领、管控那一国家的事项，尤其是关于维也纳自身的事做出最终裁决。为了让盟国的代表团能够立即从意大利飞过去，我们想让你向多尔布亨元帅下达必需的命令。”

杜鲁门总统在 5 月 3 日回复说，我电报里的事项，他绝对认可，还说他本身也在向苏联政府表示反对。这一反对会警醒俄国人：斯大林曾经提议让美英法三国的代表马上去维也纳处理控制区的事。现在已经制定好了代表们去那里的方案，俄国政府却又说，他们不能在欧洲咨询委员会针对占区形成协定之前去，“不合适”。为什么咨询委员会无法形成协定？缺少信息正是一部分缘由。到那儿去研究那件事是仅有的措施，所以苏联不许我们过去，妨碍了咨询委员会的任务。杜鲁门先生电文的结尾处表示，苏联政府得马上让联盟代表坐飞机去维也纳。

这些抗议非常强劲。

* * *

与此同时，联盟在兵力不断增加的趋势下继续朝前进发。4 月 30 日，德弗斯将军集团军群里的美国第七军路经慕尼黑，5 月 3 日，他们到达了因斯布鲁克。法国第一军先是顺着康斯坦茨湖北面湖岸进发，之后向南改道，且也穿过了奥地利的边界线。某支队伍从因斯布鲁克被调去了伯伦纳山口，并和美国第五军的先锋队（这支美军是结束了亚历山大那场胜仗后从意大利过来的）在 5 月 4 日于朝南几英里的地区汇合。于是，曾经分隔几千英里远的西、东、南全部三条线，终于聚到一处消灭了德军。蒙哥马利的队伍在北边将他们的这一包围圈建成了。4 月 19 日，英国第二军冲在最前边的第八军团先锋队抵达易北河上游，那里距汉堡三十英里。他们左侧的第十二军遭遇了一支由临近军事学校抽出的临时组编的队伍的强力反击，不过，还是在 4 月 18 日夺取了佐尔陶，并朝汉堡进发。在朝不来梅进发的路上，第三十军也遇到了一些剧烈的攻击。由于要将敌人毁坏的横跨众多水路的上百座桥修好，所有英国军队的进发都被耽误了。4 月 26 日才夺得不来梅。4 月 29 日，第八军过了易北河，它的左边是第十二军团，右边起到防护作用的是美国第十八空降队。为了进入丹麦国的大门，他们朝着波罗的海那边前进。第十一装甲师于 5 月 2 日到达吕贝克，而丹麦在被我们的队伍解放后，陷入了欢庆之中。我们的第六空降师在维斯马与俄国人汇合。第十二军在第二天进了汉堡。他们从易北河北边——那里到处是大批大批的灾民以及崩溃的部队，从俄国人那里逃出，向西方同盟国投降。战争就要落幕。

第十二章　亚历山大于意大利取胜

我们的攻击推到春天——同盟军的空袭——希特勒禁止撤军——德国战线的缺陷——4月21日夺取波伦亚——同盟军赶过波河——海军那边的情形——德军新和约——4月29日发生在意大利的无条件投降——墨索里尼遇刺——我向相关各方面恭贺胜利——一场精彩战争的终结

我们在地中海的各场战斗最后都取得了璀璨的成功。12月，亚历山大取代威尔逊成了最高将领，与此同时，马克·克拉克被任命为第十五集团军群的总司令。在秋天紧迫的战争之后，我们在意大利的队伍为了恢复战斗力，需要暂时停止攻击，整顿一番。

在各个战线上，我们和美国人因为德国人持久、顽强和出乎意料的抵抗损耗过巨，而极大地感觉到大炮和军火的不足，另外，我们在意大利冬天战斗的惨痛历程强迫我们将总攻推到了春季。可是联盟空军——原属于埃克将军统领，后来又归坎农将军统领——凭借其三十比一的优势，对维系德军物资供应的线路展开了强大的攻击。从维罗纳到伯伦纳的山道那条线最要紧，伯伦纳的山道是当初希特勒和墨索里尼运气好时经常见面的地方。几乎全部三月份这条线很多地方的运输都断了。别的山道常常一次就要关上几周，因为这样，预备调去俄国战场的两个师差不多被耽搁了两个月那么久。

敌军武器、物资充足，不过缺少燃料。虽然希特勒在莱茵河和奥得河那里战败了，但他们的队伍通常不缺人手，且还很有战斗力。他

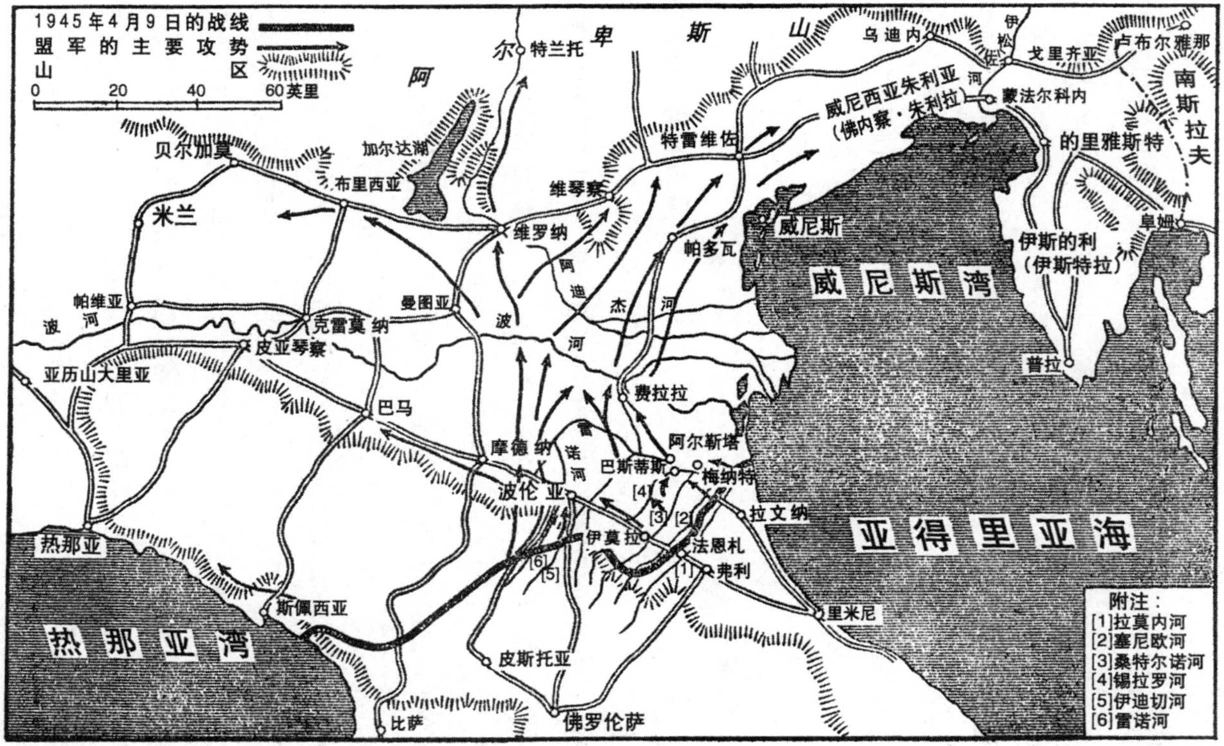
1945年4月9日的战线
盟军的主要攻势
山区
0 20 40 60英里
阿尔卑斯山
特兰托
乌迪内
伊松佐河
戈里齐亚
卢布尔雅那
南斯拉夫
的里雅斯特
蒙法尔科内
威尼西亚朱利亚
(佛内察·朱利拉)
伊斯的利
(伊斯特拉)
阜姆
普拉
贝尔加莫
加尔达湖
布里西亚
米兰
维罗纳
维琴察
特雷维佐
帕多瓦
威尼斯
威尼斯湾
阿迪杰河
帕维亚
波河
克雷莫纳
曼图亚
皮亚琴察
亚历山大里亚
巴马
费拉拉
摩德纳
雷诺河
阿尔斯塔
巴斯蒂斯
梅纳特
波伦亚
伊莫拉
法恩札
弗利
拉文纳
里米尼
亚得里亚海
热那亚
斯佩西亚
热那亚湾
皮斯托亚
佛罗伦萨
比萨
附注：
[1]拉莫内河
[2]塞尼欧河
[3]桑特尔诺河
[4]锡拉罗河
[5]伊迪切河
[6]雷诺河

波河战役

们在意大利北边有二十七个师，里面有意大利的四个。我们的军力差不多是二十三个师，全都是从大不列颠、美国、波兰、巴西和意大利[①]调来的。要不是因为我方空军占据了绝对优势（真实情况是我们可以自己把握，能够随便去一切地点攻击敌军），德国最高指挥部又自己做了背靠波河建立广阔阵地进行防御这一错误的选择，他们原本是不用慌张的。就他们而言，原本撤离意大利北部，退至坚固的阿迪杰河的防线上，才是更合适的方法。在那儿他们根本用不着这么大的军力，就能将我们的大部队绑住，还能分散兵力将被更多军力压制的地方解救出来。或是在蒂罗尔山里的“人民要塞”之南建一条坚固的壁垒也行。可能在希特勒的计划里，“最终的防御线”就是那儿。

不过波河南边的失利告诉他们大难将至。这件事凯塞林必定清楚，之前一章[②]所说的磋商的原因，它毫无疑问也是其中一个。希特勒自然做了阻挡这件事的挡路石，所以，在菲廷霍夫——凯塞林的继承人，提出进行战术退军时，曾经被否决过：当下和以前并无不同，“继续以极致的坚持把你当下的工作完成是领袖想要的，你要守护你依命统御的意大利区的所有地域”。

* * *

如此，我们的问题就好办了。要是我们能冲破亚得里亚海边上的部队，快速到达波河，就能将整个德国部队切开，使其不得不投降。所以亚历山大和克拉克在终极之战到来的时候，就将他们的力气用在了这里。在我们的秋季方案里，夺取波伦亚看上去曾经非常要紧，不过当下已经不再是重点对象了。当下的方案是让麦克里里将军统御的第八集团军将从巴斯蒂亚到阿尔金塔的那段路打开，那条路不但狭窄，

① 四个意大利“战斗队”，每一个的力量差不多是一个师，已经建成且确实地加入了战斗。——原注

② 见第七章《俄国的疑问》。——原注

还守卫森严，且两边有肆虐的洪水，不过它能够通向那边更广阔的地域。特拉斯科特将军的第五集团军，会在这个步骤已经发展得非常顺利之后，从拥有很多山的中间战线发兵，穿过波伦亚西部，和第八集团军在波河岸边汇合，然后一起发兵赶赴阿迪杰河。同盟国的海军要让敌军坚信，在东海岸和西海岸的两侧登岸已经刻不容缓。

4 月 9 日晚，在全天大范围空袭与炮火的轰炸之后，第八集团军由第五军和波兰军团作为先锋从塞尼欧河打了过去。他们在 11 日到了下一条河，即桑特尔诺河。在梅纳特，敌军后边三英里的地方，第五十六师冲在最前方的一个旅和先锋队出乎预料地上了岸，将他们从水里送过去的是一种新型两栖送兵坦克，名叫“水牛”（这些车是从亚得里亚海的一个驻地通过海上运输过来的）。14 号那天，整个第八集团军的战线都收到了这个好消息。波兰人夺取了伊莫拉。新西兰师过了希拉洛河。第七十八师在朝南进军的过程中，夺得了巴斯蒂亚的大桥，之后和第五十六师共同朝阿尔金塔大路冲锋。已经到了紧要关头，德国人很清楚这点，所以战斗时拼尽了全力。

同天，第五集团军开始在波伦亚公路西边的皮斯托亚展开了中路进攻。在同盟空军的竭力帮助下，历经一周激烈的战斗，他们从山地中冲了出去，越过波伦亚西边的公路朝北进发。等到 20 号，菲廷霍夫将希特勒的指示扔到一边，让手下撤军。他的报告很有技巧，说他已“下定决心不再使用严阵以待的策略，而要用移动作战的模式”。不过，那个时候已经来不及了。我方已经得到了阿尔金塔，英军第六装甲师也正朝着费拉拉延伸进发。波伦亚东边有波兰人，南边有美国的第三十四师，面临着被严密围困的危险。它在 4 月 21 日被攻占，就是在那儿，著名的德国伞兵第一师被波兰人剿灭了。第五集团军朝波河进发，战术空军那个时候顺着前方的公路作破坏。23 日，这个集团军的美国第十山地师过了河，而其右翼，南非第六师则和第八集团军的左翼汇合了。他们后方有数千德国人被抓，由于被割断了后路，他们被带去了战俘营，或者走着去了后边。这次进攻是空军、陆军不错的合作范例。战术空军和战略空军在战斗中都加入了所有兵力。敌军的大炮、坦克和军队被作战轰炸机炸了，给养线路受到了轻型轰炸机和中型轰炸机的攻击，其后方设备也遭受了我军重型轰炸机的全天候攻击。

* * *

在一条广阔的作战线路上，我们跟在敌军身后渡过了波河。敌人因为我方毁了所有不朽的大桥，还有船只、暂时使用的浮桥也一样，而变得混乱不堪。结果，勉强过河的剩余力量将所有的重型装备都扔在了身后，到了另一岸已经无法重新组队了。同盟军追着他们到了阿迪杰河。意大利游击支队已经对山地以及他们身后的敌军持续骚扰了很长时间。4 月 25 日全线进攻的号令一发，他们就展开了大范围的攻击。他们攻占并掌控了很多城镇，比如闻名遐迩的米兰、威尼斯。发生在意大利西北地区的投降也发生了变化，变成了一批一批的。一个英国联络长官和游击支队接受了热那亚四千防御军队的投降。第八军于 27 日过了阿迪杰河，朝帕多瓦、特雷维佐和威尼斯进发，而第五军已经到了维罗纳，朝着维琴察和特兰托进发，其左翼则延伸到了布里西亚和亚历山大里亚。

虽然海军的战斗相对范围没那么大，但一样没什么麻烦。斯布里特和扎达尔口岸一月已经被游击支队攻占，而这些驻地的海军干扰了达尔马提亚海岸，且为铁托坚实的进逼做出了贡献。光四月份的海战少说就有十场，导致敌人重创失去战斗力，而英国的舰队却未被破坏。

在终极战役中，海军曾两线开战。英美法三国的海军在西海岸持续行动，轰炸、持续骚扰敌军，将敌军以轻型战舰和蚊式潜艇展开的持续袭扰击退，且扫除被解放口岸里的水雷。这些行动做了地中海最终的驱逐舰战斗的先锋。3 月 13 日晚，从前原是南斯拉夫的，在战斗前期让意大利人夺走的驱逐舰“普雷穆达”,外加两艘意大利驱逐舰(当下都配有德国人),离开了热那亚,预备去截击从马赛开去里窝那的一支英国护航队。英国“瞭望台”号和“流星”号驱逐舰,在科西嘉北面巡航的时候,接到预警,当即发动进攻。将那两艘意大利舰艇全都打沉了,英军这边未曾遭遇损失和伤害。事实上,等我方陆军抵达阿迪杰时,海上的战役已经完成了。

*　*　*

与此同时,希姆莱或许已经听说了三月份的停战会谈。他确实曾经把沃尔夫将军——驻意大利的重要代表,也是纳粹党卫军的高级将领——叫去仔细盘问。这样的阶段,除非德国人已经被现实逼迫着,不再保持犹豫观望的姿态了,否则,是必然要有的。可等到 4 月 24 日,沃尔夫又借着菲廷霍夫全权大使的身份再次在瑞士出现。我当即知会了俄国人。

首相致斯大林元帅　　　　　　　　　　1945 年 4 月 26 日

这个情报是关于“纵横字谜”的。前几天,我们已经完全不去沟通的德国代表们现下又到了卢塞恩湖。他们说自己已经得到了所有权限,可以让在意大利的部队投降。因此,亚历山大元帅已经接到通知,他被授予了让这些代表来意大利地中海战区同盟军总部的权利。他们可以先去法国,我们的飞机之后会把他们送去意大利,如此行事非常方便。请你马上派俄国使者去亚历山大元帅的总部。

1. 对于亚历山大元帅战线上的大量敌军,他们的无条件投降,他有权利接受,不过所有的政治事项的裁决,该留给三国政府。

2. 你会发现,我因为希姆莱想在西方、北方投降,而在若干小时之前，发给你的电文里，并没有说起意大利投降的事。[①]由于我们曾在意大利流了很多血，所以在不列颠人民心里，在阿尔卑斯山南面抓获众多德军的事，是一件稀有的来自战争的礼物。美国和英国在此事上一起承受过苦难。

3. 之前说的所有的事都是给你自己的情报。为了让英美联合指挥官组委会给亚历山大元帅发的电报含义相同，告诉他借由在莫斯科的英美军事使者团将所有的细节都跟你们的最高指挥部说清楚，我们的指挥部已经给美国的指挥部发了电报。

亚历山大的总部被带来了两个全责使者。他们于4月29日在英国、美国、苏联三个国家的高级将领前面签署了无条件投降的降书。

我当即知会莫斯科。

首相致斯大林元帅　　1945年4月29日

刚才我收到了一份来自亚历山大元帅的电文，据说我们开出的无条件投降的相关条例，德国的使者在参加了一个你方将领也在其中的会谈后，已经同意了，现在正将降书的主要条款转呈给菲廷霍夫将军，让他裁定施行停战的日期与时间。如此看来，阿尔卑斯山脉南边的所有德军似乎要马上投降了。

差不多有一百万的德国人在5月2日投降成了战俘，意大利之战至此完结。

* * *

墨索里尼的终结也即将到来，和希特勒一样，他看上去也始终抱

① 见第十三章《德国投降》。——原注

有期望，差不多直至最后一分钟。他在 3 月末最后一次去拜访了他的德国友人。他在加尔达湖畔的总部，当他回去那里的时候，还满心以为还能凭借那个秘密武器取胜。可是盟军自亚平宁山而来的快速进军让这些期盼化为了泡影。那个时候敌军将在意大利和瑞士交汇的山地里展开最后反击的说法甚嚣尘上。可争战的意愿在意大利社会主义共和国里已经消失了。

4 月 25 日，墨索里尼下定决心散去其剩余的武装力量。他邀请米兰的红衣主教和意大利全国解放运动的地区军事组委会布置了一个谈判。那天下午，会谈在大主教的府邸启动，不过最后墨索里尼以骄傲姿态，火冒三丈地离开了会谈地点。他的汽车当晚开去科莫县政府那里。跟在后边是由三十辆汽车形成的车队，大多数活下来的意大利法西斯领袖都在其中。墨索里尼根本连一个整体方案都拿不出来。既然磋商没有用，那就只能自己做自己的了。他和他少量的支持者一起，在某个德国微型护卫车队的带领下朝瑞士边界线进发。统领这个车队的人不想和意大利的游击支队产生纠纷。所以劝这个领导人换上德国的大衣，再戴上头盔。可游击队的巡视队还是将这个小队的人截住了，墨索里尼被指认出来后，马上被俘。别的人，包括他的情人贝塔西女士，都一块被抓了。按照共产党的指令，次日，那个领导人和他的情人就被同一辆车带走，拉去枪毙了。他们俩的尸体以及别人的都被送去了米兰洛雷托广场一个加油站，用吊肉的钩子在那里吊了起来。不久之前，一群意大利游击队的队员就是在这个广场被公开枪毙的。

这就是意大利霸权人物的结局。

我收到了最后这幅画面的照片，不由得吓了一跳。

首相致亚历山大元帅（在意大利）　　　　1945 年 5 月 10 日

那张相片我已经看见了。

枪毙墨索里尼的那个人曾经写了一篇独白发表在《每日快报》上，他趾高气扬地陈述了他用的那些恶毒、卑鄙的手法。特别是他说，他枪决了墨索里尼的情人。她是战犯名单里的人？谁准许他枪决这个女人的？对于这些事，我以为英国部队中整顿纪律的部门应该进行调查。

不过，世界上至少能够少一个意大利纽伦堡了。

* * *

我向取胜的指挥官们以及他们的士兵们道贺。

首相致亚历山大元帅　　　　　　　　　　1945年4月29日

第十五集团军群在卓绝方案的带领下展开了璀璨的战斗，战斗正以将阿尔卑斯山以南的全部敌人歼灭、俘获作结。为此，我感到非常高兴。在为援助西边战线提供了几个集团军的军力之后，你和马克·克拉克将军竟仍能以少胜多，夺得如此大且起到关键作用的成果，这确实再次证实了你们在战斗上的天赋才能，也证实了不列颠和英联邦各个国家军队和美军间兄弟般的亲密关系。在我看来，如此多的国家在一条战线上进军、作战能获得这样的胜利，是以前从未有过的。由英国人、美国人、新西兰人、南非洲人、英国－印度人、波兰人、犹太人、巴西人，以及已经被解救出来的意大利人共同构成的强大的队伍，依照着为了获胜和解放人类的士兵应有的团结和高尚的友情，一起朝前迈进。在意大利展开的这场崇高的终结之战，必定会作为第二次世界大战中最有名的战斗中的一例，而名留青史。我诚挚地祝贺，希望你能将其转达给你手下的所有司令员和各个军种的重要将领们，特别要转告给被他们这样英明战术统帅着的勇敢、热忱的战士们。

首相致克拉克将军　　　　　　　　　　1945年5月3日

对你和你英勇的属下为了这一崇高的胜利所付出的所有努力，请允许我献上我衷心的谢意。

以下是我发给杜鲁门总统的电文：

首相致杜鲁门总统　　　　　　　　　　1945年5月3日

总统先生，您的电文我已经收到并了解了。您对亚历山大元帅和他统领的同盟军的盛赞，我已经按照电报的嘱托转呈给元帅了，并请他亲自向您表示感谢。你说的浓烈的情感，我坚信他以及每个参与这场战斗的不列颠联邦国都会一起深深珍爱的。对于马克·克拉克将军在献计献策和统领战斗方面做出的最高功绩，现在请允许我作为英国人的代表做出恭贺。这个将军带领着美国各个精英师进行战斗，他自己和亚历山大元帅达成的，同时也让这个包含了多个国家和多个民族的大军得益的战斗情谊，一定会在我们两国人民的心里长存并名留青史。

我给波诺米先生也发了份电文。

首相致波诺米先生　　　　　　　　　　1945年5月3日

1．意大利的德国军队投降了，借着这个时机，我谨代表联合帝国的英国国王陛下政府，向阁下致以热切的恭贺，恭贺意大利的土地从我们一致的对手的掌控下完全解放出来，特别要恭贺的是意大利正规军和后边的爱国部队所起的作用。

2．我坚信当意大利民众明白到在这一前所未有的胜利中他们发挥了作用，且真的让他们的土地收复的速度加快了之后，一定会在未来一样紧迫的时日中，将这种明白变成他们的能量之源……

3．对于当下意大利政府和民众眼前的崇高的重建工作，我谨代表英国政府向阁下送上美好的祝愿。

4. 既然意大利能够让自己的队伍在战斗中和联盟国家的队伍合作战斗，那我期望在很快到来的未来，它在构建和平安定这一更具成效的工作中，也能和联合国一起协作。

如此，我们在意大利20个月的战斗完成了。我们虽然损失巨大，但敌军的损失比我们的惨重多了，就算是末尾投降之前也是。以前我方军队的重要工作是尽量牵扯最多数目的德国军队，并诱惑他们离开重点战区。这项工作完成得很好。敌人的人数，只有1944年夏天的一段不长的时间比我们少，除此之外，始终多过我们。那年8月，他们正处于危急存亡的时刻，可安排在地中海各条战线上的德军仍旧不低于五十五个师。不仅这样，我方原本接到的命令只是将那里的大量敌人牵扯住，可结局却是达成了将其消灭的大功绩。这般至高无上的战斗，比它还要出色的，历史上也不多见。

第十三章　德国投降

4月22日希特勒决定于柏林展开最后的抗争——4月29日希特勒在地下防弹屋中自杀身亡——希姆莱提出和解——4月25日我和杜鲁门总统通电话——来自斯大林的亲密电文——希姆莱之死——德国人于5月4日向陆军元帅蒙哥马利投降——5月7日于兰斯签署总降书——德国空军消亡——戈林在蒂罗尔被捕——德国潜艇投降——德国海上舰队的命运——同盟国开赴俄国的护卫运输队——杜鲁门总统的来电及我的回应——丘吉尔夫人在莫斯科——斯大林的电文——我在成功声里的示警

等到4月中旬，希特勒的德国用不了多久就会被完全击溃这件事已经非常明显了。攻击的队伍势不可挡，互相分隔的距离每天都在减少。希特勒曾考虑找个做最后抗争的地方。晚到4月20日，他还考虑离开柏林，去位于巴伐利亚的阿尔卑斯山区的“南部要塞”。那天他将重要的纳粹领袖召集到一起开了一个会。在德国的东线和西线面临着要被联盟先锋军的进逼一分为二的危险的时候，他答应设立两个分割开的指挥部。北方的军务和政事将由海军上将邓尼茨掌管，将东边差不多两百万的灾民带回德国的土地上是他要处理的一个重要工作。南边剩余的德国武装力量将由凯塞林将军掌控。只要柏林一沦陷，这些举措就马上施行。

过了两天，4月22日，希特勒下定最终的决然的决心，要留在柏林，一直到最后那天。没过多长时间，这个都城就被俄国人彻底围困了，元首没有掌控情况的所有能力。留给他处置的事只剩下一件：在危急的城市里，怎么部署自己死亡的方式。他告诉自己身旁的纳粹领袖，他要死于柏林。自 20 号的会谈结束，戈林和希姆莱就都走了，满心想的都是和平谈判如何展开。戈林已经去到南方，他觉得既然希特勒决定不离开柏林，事实上就是已经辞职了，于是要求对其正式行使继任元首的权限进行证明，但所得的回应是当即取消其所有职位。

* * *

其他书对希特勒总部中最后的情形有详尽的刻画。他政治团队的首脑中，始终跟着他的仅有戈培尔和博尔曼。那时俄国部队正在柏林展开街战。希特勒在 4 月 29 日清晨立了遗嘱。那天的开始仍旧是和往常一样在总理衙门下边的地下避弹屋中举行常规公务。墨索里尼死亡的消息传到，竟然是种残酷的碰巧。30 日，希特勒平静地和他的随从共进午餐，饭后，他和在那里的人员握手，之后，回到了自己的卧室歇息。三点半，一声枪响传过来，他的随员冲进他的屋子，看见他在沙发上躺着，一支左轮手枪摆在身边。他朝着自己的嘴开的枪。在他的身边埃娃 · 布劳恩也死了。他们两个在最后的这些天里，秘密结婚了。她吃下毒药死的。他们两个的尸体就火化在院子里。希特勒的尸骨堆，随着俄国人越来越响的枪炮声，构成了第三帝国惨淡的结局。

剩下的头领举行了最后的会谈，他们把和俄国人磋商的努力进行到了最后一刻，可朱可夫提出要无条件投降。博尔曼想从俄国人战线中冲出去，至此失去了踪影，不知道去了哪里。戈培尔毒杀了自己的六个子女，之后向纳粹党冲锋队的警卫下令朝自己和夫人开枪。希特勒总部中的别的成员被俄国人抓住了。

当晚，在霍尔施泰因的总部，海军上将邓尼茨接到一份电文：

帝国海军上将先生，元首下令你取代前任帝国元帅戈林做他的继任者。书面的委任状现在正在路上。你应当按照情况所需马上采取所有举措。

博尔曼

动乱开始了。邓尼茨曾和希姆莱沟通过，他原本以为若是柏林沦陷，被委任为希特勒继承者的会是希姆莱，可是现在顶级的任务在没有预兆的情形下，忽然砸在了他的肩上，如此，安排投降的工作就要摆在他的面前了。

* * *

数个月里，希姆莱曾经被催着自动和西方联盟做私人沟通，想要磋商出一个各自投降的结局。纳粹党警卫队里一个叫舍伦贝格的将领曾经跟他提议说，可以请贝尔奈多特伯爵做中人，贝尔奈多特伯爵作为瑞典红十字会会长时常有到访柏林的机会。开始是2月，之后是4月，贝尔奈多特到了德国首都，他和希姆莱曾经私下见过面。可是这个纳粹领袖因为感到没办法放弃对希特勒的忠诚，所以什么都做不成。直至元首在4月22日宣称将在柏林坚守到最后，他从那时才开始有所行动。

4月25日清晨，英国驻瑞典大使维克托·马利特爵士给伦敦发了一份电报。电报里说，4月24日晚十一时，他和他的美国同事赫谢尔·约翰逊先生受邀，和瑞典外交部长博希曼先生见了一面。这次见面的目的是会见贝尔奈多特伯爵，后者担负着一个要紧的任务。

贝尔奈多特跟他们说，现下希姆莱在东边的战线上，想和他马上在北德见一面。贝尔奈多特提议在吕贝克见，如此，他们在前一晚就见过了。尽管希姆莱疲惫，也认可德国已经完了，但仍旧沉稳有章法。他说，希特勒已经没救了，或者已经死了，就算没有，用不了几天性命也会终结。希姆莱还说，他现在的建议，元首活着的时候，他没法做，但既然希特勒已经不行了，他就有全部的行动权了。所以他问瑞典政府愿不愿意帮他布置，和艾森豪威尔将军见一面，谈谈全部西线的有条件投降。贝尔奈多特表示不必如此，希姆莱完全可以对他的部队下令直接投降；而且要是投降不把挪威和丹麦算在其中，他是不管怎样都不想转述这个要求的。要是能做到这点，那或者还有见面的需要，因为或许得部署有关德国人该向谁投降，如何投降的事。希姆莱马上说，他预备对在丹麦和挪威的德军下令，朝英军、美军或瑞典军队投降。他被问及，要是西方同盟国不同意他的要求，他有什么打算的时候，他回复说，他会管理东线的战斗，捐躯沙场。希姆莱说，为了解救普通百姓，相比于俄国，他更希望先进入梅克伦堡的是西方同盟国。最后，贝尔奈多特伯爵表示，舍伦贝格将军眼下正在丹麦边界周边的弗伦斯堡，热切地等待消息。且有能力将所有消息马上告诉希姆莱。两个公使评判说，希姆莱不愿意在东边的战线投降，看样子最后还想在西方同盟国和俄国中间制造矛盾。纳粹明显该同一时刻向所有同盟国投降。瑞典部长认可这种可能，不过，他表示对于每个同盟国——包括俄国而言，要是德国在全部西边的战线，在挪威和丹麦的队伍缴械，会很有好处，且会造成相对早一些的全部投降。他觉得不管怎样都该将贝尔奈多特的消息，告诉英国政府和美国政府。而他自己国家的政府，由于瑞典人绝不愿意，也不希望被人以为想造成盟国之间的矛盾，所以有绝对的自由和苏联人说。瑞典政府之所以无法直接告诉苏联人，原因只有一个，即希姆莱曾经表示过他的消息只能告诉西方国家。[①]

① 关于这一插曲，伯尔纳多特伯爵写的《闭幕》中第54页下面的描述和这里有点差异。——原注

*　*　*

4 月 25 日早上，我得到这个情报后，马上召开了战时内阁会议。我们的回应，在我给杜鲁门总统发的电报里可以看见：

几小时之前，你们的大使从斯德哥尔摩发来的有关贝尔奈多特－希姆莱磋商的汇报，你一定已经收到了。我当即召开了战时内阁会议，他们同意我们马上发以下的电报给斯大林元帅，并按照平时的路径给你抄一份。我们想让你考虑一下，能按照一样的内涵给斯大林元帅和我们各发一份。尽管希姆莱像所有人可以做的那样，明显是替德国说话，但回应应该借瑞典政府之手给他。由于我们三个国家里的随便哪个都没有权利单独和他谈，所以原则上，这件事是三个大国一起的事。但部分地区的投降，如果出现了这类事情的话，并不能因为这个就剥夺艾森豪威尔将军或是亚历山大元帅接受它的权限。

考虑到德国人提出和解这件事的重要性以及俄国人曾经因为“纵横字谜”[①]那件事对我们产生过疑虑的经历，我觉得应该将我们的反应进行仔细的记述。

当晚我和总统通过电话进行了沟通，之后，将以下的备忘录口头传述出来，以备下一次的内阁会议使用：

1. 我和总统在晚上八点零十分进行了通话。在我提出通话需要时，他竟然对发生在斯德哥尔摩的事全不知情，只问我发生了什么事。所以我把来自斯德哥尔摩的重大信息跟他说了。由于那

① 见第七章《俄国的疑问》。——原注

里的美国大使什么汇报都还没发给他，所以我将马利特发来的电文给他通读了一遍。我还跟他说，我坚持投降非无条件不可，且得向三个大国一起提出。对此，他表示绝对认可。之后，我又将按照内阁的决断发给斯大林的电文读给他听，他也非常支持。他让我再读一次，我按照他的要求做了，如此，他就能马上给俄国人一份相似的电文了。除此之外，我还跟他说，我们想在给斯大林电文之前，附加一小段文字，并将它的重要内容告诉了他。在这次通话前一个半小时，我已将给斯大林的电文和附加在上面的一小段文字都分别给他发一份了，因此，这两份资料到了此时，他应该已经拿到了。

2. 他又跟我说，他希望能快些与我见面。我回复他说，我们很快会通过电报跟他说对于见面的看法，在这里就最好不说了。我还跟他说，对于他在波兰事项上的领头作用，我们强烈支持。这些再加上一些寒暄就是我们通话的全部内容。

丘吉尔 1945 年 4 月 25 日

* * *

这是附加在发给斯大林电文前边的小段文字：

首相致斯大林元帅　　　　1945 年 4 月 25 日

这个信息，美国总统也已经收到了。英国政府认为一定要向我们三个国家一起无条件投降才行，这是毋庸置疑的。我们觉得，应该和希姆莱说，德军，不管是单个人还是团体，都得在各个地方向盟军或者盟军在那里的大使投降。若是做不到这点，盟军只要再遇到反抗，不管是哪个层面、哪个战场，都会进行彻底攻击……

在他发给我的所有电文中，这封回函是最温和的。

斯大林元帅致首相　　　　　　　　　　　　　1945 年 4 月 27 日

对于希姆莱想在西边战线投降这件事，你发来的电文，我表示感谢。

在我看来，你对希姆莱提出的条件：无条件投降应当建立在包括苏联战线在内的所有战线上展开，只有这个是对的。你这个人我是知道的，我对你没有一点疑虑，你确实会这么做。[①]我请求你遵照你提议的主旨去行动，为了我们一致的使命，红军会继续围困、攻击柏林，跟你说，我已经将相似的回应发给了杜鲁门总统，他问了我一样的问题。

下面是我的回复：

首相致斯大林元帅　　　　　　　　　　　　　1945 年 4 月 27 日

我对于你们伟大的国家和你本人将要采取，未来也将一直采取的行动，你表示完全信任，知道这个消息，我觉得非常开心。在这件事情上，我和英国人都坚信，美国人在行事时也会依照你认可的宗旨去做，而且我们三个在信息交流上，都要彼此保持足够的坦诚。

贝尔奈多特伯爵将我们的条件告诉了希姆莱。这个纳粹领导人，直至 5 月 21 日，被不来梅福尔特的一个英国盘查站抓住，就再没收到过什么消息。虽然他的乔装改扮没被发现，但哨兵对他的证件产生了怀疑，所以将他带去了第二军司令部边上的一个军营中。此时他对司令官坦诚了他的身份。他们对其进行了武力监控，将他的衣服扒了下来，交给医生检查有没有毒药。在审讯的末尾，他将一个装了氰化物的小

① 作者加的重点号。——原注

瓶咬破，很明显，那个小瓶已经在他嘴里藏了几个小时了。他差不多马上就死了，当时是5月23日，周三，晚十一点才过。

* * *

西北那边，大戏落幕就不那么动人心弦了。意大利投降的消息是5月2日收到的。当天，我们的队伍抵达位于波罗的海沿岸的吕贝克。不但在那里和俄国人会合，还将德国在丹麦、挪威的所有后路都斩断了。3号，守军无条件投降，我们没遭遇阻挡就进了汉堡。一个德国使者团来到了蒙哥马利在吕讷堡荒野中的指挥部。海军上将弗里德堡，邓尼茨的秘密大使，是这个使者团的领袖。他祈求一个降表议案，将北部和俄军对抗的德军在内。由于这件事超出了一个集团军群指挥官的权力范围，他能处置的事只能是自己战线内部的，所以这件事被否决了。弗里德堡在次日收到他上司的新命令之后，签署了在德国西北部、荷兰、岛区、施勒斯维希－霍尔施泰因和丹麦的整个德国军队的降书。

我在5月5日给艾登先生发了一份电报，表示：

艾森豪威尔在北部用了一个非常精妙的办法，调了美军的一个军去辅助蒙哥马利朝吕贝克进发。让其比原本预计的早了12个小时到那里。在英国驻斯德哥尔摩大使馆的一个海军武将汇报说，按照瑞典的消息，俄国人曾经在哥本哈根南面若干英里的地方投过伞兵，并且已经有共产党在那里行动了。我们正进行验证。目前来看，那时的伞兵只有两个。现在我们用飞机送一支中等规模的队伍去哥本哈根，作为牵制。而丹麦别的地区，由此开始，我们的装甲部队急速行军，快速攻占。因此，将丹麦人兴奋的感觉、德国人灰心丧气的妥协，还有德国士兵在投降之后的名为派性的东西，全都算在里面，我觉我们的苏联友人在这方面和我们相比，也是棋差一招。

此时，你肯定听到了这个重大新闻：整个德国西北地区、荷兰，还有丹麦，人也好，船也好，全都跟蒙哥马利投降了。光说人。也肯定超过了一百万。因此，在连续三天的时间里，向我们英国指挥官投降的德国人已经有二百五十万了。这件事在我们军队的历史中也是件值得称道的事。艾克一直很高傲，我们一定要跟他比一比，可不能认输。

弗里德堡然后去了艾森豪威尔在兰斯的总部。约德尔将军在5月6日也去了那儿，和他一块儿。他们这么做，是想多些时间，好让尽可能多的战士和灾民能够脱离俄国人，来西方同盟国这边，单和西边的战线投降。艾森豪威尔划定了限制时间，且要求必须签署总降书。约德尔跟邓尼茨汇报，说："艾森豪威尔将军让我们今天必须签名，要不然，盟国的所有战线都会对那些单独的投降者关闭。我觉得只能这样了，要不签字，就会发生大动乱。我希望你能马上以无线电认可我签署降书的一切权力。"

5月7日上午二点四十一，比德尔·史密斯中将和约德尔将军在全部无条件投降的降书上签了字，那个时候，法国和俄国的将领在现场做了见证。所以5月8日凌晨一切战斗都停了下来。5月9日清晨，在俄国人的部署下，德国最高指挥部事后的确认典礼在柏林举办。空军上将特德——代表艾森豪威尔，元帅朱可夫——代表俄国，陆军元帅凯特尔——代表德国，各自签名。

* * *

德国陆军的最终崩溃已经说过了，还得说说希特勒别的武装类别的结局。德国空军因为优异的架构曾经在上个秋天为了极大地增加战斗机的量，而缩减了远程轰炸机的出产。对我们的战略性轰击只能处在防守的状态，七成的战斗机得用在守卫自己的土地上。我们对他们的炼油装置进行的攻击——阻止这件事也是他们的重要工作——在很大程度上导致了他们燃料的缺乏，所以尽管他们战斗机的数目多，但成果却非常糟。有段时间，我们因为德国优秀的喷气式战斗机而备受干扰，不过，这个危机因为我们对其制造中心和机场的猛烈攻击而得到了缓解。我方的轰炸机在全部的1月和2月中一直在进行攻击，并在稍后的月份中对德累斯顿——德国东部战线那时的运输中心——展开了大力的轰击。敌方的空军慢慢地变得稀稀落落。德国空军的机场在我方队伍朝前进逼的过程中，被压进了一个越发狭小的地域，成了我们最好的击打标靶。

我认为现在是时候对炮轰产业区的策略进行再次审视了。胜利即将到来，我们一定要先考虑好。4月1日，我写道："要是我们将去管制的是个彻底的残骸，那我们和我们同盟国的支出必定会感到极大的不足。我们一定要意识到，我方的攻击，不应该让我们自己也受损，应该只打击敌人的直接战斗工作。"希特勒却不这样想，他想毁掉所有的工厂和各类公共设备，可优秀的施佩尔和德国将领们没有遵从他的指令。我们的参谋长委员会在4月6日对轰炸机指挥部下令："想在战斗完结之前，不能想着在对剩余的产业中心的攻击中收获大量的或者附加的好处，因为这么做起不到足够的效用。"在我们队伍前方接着轰击，以后免不了会让俄国人遇到危险，不过，英国和美国的飞机却做了很多别的良性工作。朝前进发的队伍得到了空军的支援；荷兰不必遭受灾荒；我们获释的俘虏和伤兵能够被送回故乡。

在评估战略空军势力对于成功的帮助时，不能忘记，这是它在战斗首次被足够运用，且展现了自己的作用。我们一定要从历尽艰辛得到的阅历里学习。先要取胜，就得在众多的信息中做正确的推测。至于这些消息，通常有着针对性和不低的技术性，牵涉到敌军人民生活的每个层面，里面很多东西一定要在安定的时候采集。我们以前确实小看了德国工业的巨大潜能，以及它在欧洲夺取的地区上得到的众多物力。因为有组织得相当良好的救援工作、严密的警卫行动以及原有的组织性和英勇，德国人坚持的时间比我们以为可以达到的要长。尽管开始几年的成果和我们想要的目标还有距离，但我们总算逼得敌军必须建立一个费尽心机、持续增加，但终究还是能量不够的空中防御系统，而他们所有的战斗努力则被这种系统造成了不小的损耗。在战斗结束之前,我们和美国开拓的攻击力这样厉害，对于德国经济的垮塌，它们产生了重要的效用。英国同盟的兄弟国，特别是加拿大，曾经在国家的培训方案里做了不小的努力，培训的飞行员总计二十万，且不列颠轰炸机指挥部在 1945 年参战的驾驶员里差不多半数来自外国。

俄国人自 4 月 16 日起发动的最终攻击，引发了德国空军最终破釜沉舟的行为，可是几天之后，巨大的柏林机场以及很多完好的飞机已经被苏联掌控了,所以就像它的陆军一样,德国的空军被割成了两部分。分裂瓦解的情形迅速扩散。它因为没有复原能力而垮了。它总部里的一些人逃出柏林，去了南方，并且有些天还想在离慕尼黑不远的一个精神病院那里展开活动。他们又从那儿各自离开，逃去奥地利。差不多有一百个级别较高的将领，戈林本人也在其中，在蒂罗尔的一个荒僻的村落中，被美国人抓获。报应总算到了。

* * *

海上毫不逊色的成功容易被地上和天上的巨大成功遮住。英国和美国这边在全欧洲的战斗中，依靠着渡过大西洋的护卫舰队运动。所以我们能够始终讲述德国潜艇的情形，直到它告终。虽然遭遇的损失已经到了让人震惊的程度，但他们仍在攻击，可他们的收获越来越小，而我们的航行却畅通无阻。到了 1944 年秋天之后，他们甚至已经被逼着离开了斯开湾的基地，可是他们没有放弃希望。当下服役潜艇在水底潜行给电池充电的时候，通过配有的通气管道透气，这种潜艇只是依照邓尼茨预备用在海上作战的新式潜艇里的一种。当时他希望出现的这种新式潜艇正在大量打造。里面的第一只已经在试航了。德国将真正的胜利希望放在了它们能够及早大量投入使用身上。它们潜行的高速度，给了我们一个新问题，这个问题具有危险性，并且就像邓尼茨曾经说过的那样，将导致德国潜艇之战的完全改变。他的方案没能成功，首要原因就是制造这些潜艇要用的材料非常缺乏，所以它们的设计只能时常变化。可是一般的潜艇配件仍旧在全德的各个地方各自制造，之后在某些口岸的防弹掩体中组装起来，虽然联盟国家的轰炸机一直在激烈轰击，德国人在 1944 年 11 月建造的潜艇也远超过战斗中随便哪个月份的量。在让人震惊的努力下，虽然遭受了全部的那些损害，差不多仍有六七十艘潜艇在行动，且几乎坚持到了最终。它们的成果虽小，但却能让海战抱有对峙局势的希望。在第二次世界大战里，这种新型潜艇一直没能派上用场。原本打算在 1945 年以内打造三百五十艘，可投降前只有几艘被用上了。苏联人控制了这种兵器，会成为未来危险中的一个。

我们攻击的末尾是在德国沿海的水中，以及波罗的海的出海口，所以同盟空军对基尔、威廉港和汉堡展开的攻击，毁掉了很多停在港口的潜艇。但当邓尼茨下令潜艇投降时，海上的潜艇少说还有四十九艘。另外，在港口内部投降的潜艇还有一百余艘。此外，差不多二百二十艘潜艇被其船员砸沉或者损毁。德国坚韧的战斗以及潜艇士兵宁死不屈的精神就是这样。

在这里，让我们来追忆一下，上一册记述了在全部战斗中，德国潜艇受到的所有损失。德国的潜艇在六十八个月的战斗里，共计失去了七百八十一艘。在这一时段中，敌军占有主动的时间有一多半。1942 年之后，时局扭转，德国被毁的潜艇数增多，我们失去的减少。按照最终统计，同盟国在海上打沉的六百三十二艘潜艇里，已经知道的，被英国或者英国统领的海军毁掉的，是五百艘。

在第一次世界大战里，单是被德国潜艇打沉的船就有一千一百万吨，而第二次大战是一千四百五十万吨。要是我们将因为其他理由导致的损失也算上去，他们两个的总和是一千二百七十五万吨和两

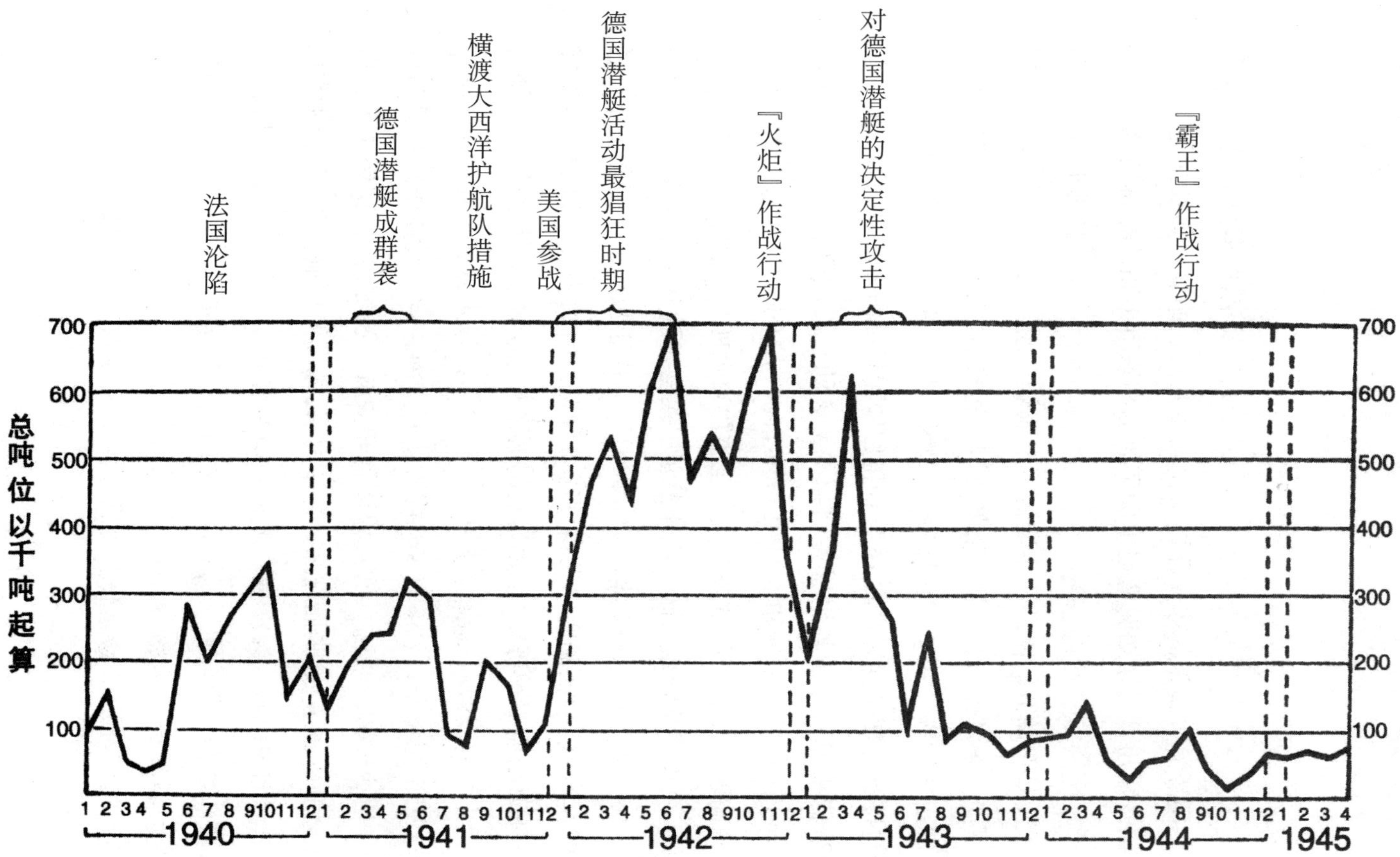

1940 年 1 月至 1945 年 4 月商船遭德国潜艇袭击所造成的损失（总吨位）统计

千一百五十万吨。其中第一次大战里，英国占的比例超过六成，而在第二次大战里则超过了一半。

德国海上船队的命运更惨。大型船早就被圈禁在波罗的海里面。在格丁尼亚，作战巡洋舰“歌奈森诺”现在已经成了一艘破烂船，被俄国人控制着。3 月 30 日，美国轰炸机在在威廉港炸沉了“科隆”，4 月 9 日，英国轰炸机在基尔港内炸沉了“舍尔”，4 月 16 日，又在斯维讷明德，击沉她的姊妹舰“鲁佐夫”。“施勒斯维希 – 霍尔施泰因”和“史雷锡恩”，这两艘大龄战舰是被凿沉的。坚持到战斗最后一刻的只有沿海小型船、小潜艇，还有潜艇。5 月 3 日，等英国人进入基尔时，那个巨大的军事口岸中，差不多所有的建筑物都被炸过了。巡洋舰“希佩尔”和“埃姆登”被炮弹伤得很严重，孤独凄惨地停在那儿。飘在水上的仅有若干艘扫雷艇和小型商用船。德国船队的全部残留，就只有横陈于丹麦的海港中的巡洋舰“欧根亲王”、“纽伦堡”和“莱比锡”，和差不多十五艘驱逐舰，再算上十二艘鱼雷艇了。

同盟国对俄国的帮助应该记录下来不该被忘记。护卫运输舰队开始的时候受损很大，不过在 1944 年和 1945 年的时候，因为护卫运输舰出行的时间只是阴沉沉的冬天，所以受损相对不大。在全部战斗里，在北极航行线路中被打沉的商用船有 91 艘，占开去海外货船数的 7.8%，而在返航的船里，占 3.8%。这些船里，受护卫舰队保护的仅有 55 艘。在这个艰苦的任务里，武备商队失去了 829 条人命，而皇家海军付出了更高昂的代价。两艘巡洋舰和十七艘别的战舰被打沉，有 1840 名将士牺牲。

去往俄国的 40 个运输舰队押运的东西数额庞大，总价值有四亿二千八百万英镑，其中还有五千辆坦克和七千余架飞机是从英国运过去的。以下为大概记述的数目：

年份	从联合王国或美国发送出去的货物的约计数量	在路上损失的货物的约计数量
1941	300 000 吨	10 000 吨
1942	1 350 000 吨	270 000 吨
1943	450 000 吨	——吨
1944	1 250 000 吨	10 000 吨
1945	650 000 吨	10 000 吨
合计	4 000 000 吨	300 000 吨

就是如此，虽然苏联领袖对我们说了很多激烈的话，对我们的救援人员无礼，但我们还是践行了自己的承诺。

* * *

在胜利掩盖了所有的时候，我却非常明白前路的艰难与危险，但这之中总算能有片刻的欢愉。总统发了封祝贺的电文过来，且热切地表述了他的政府有多么珍惜我们对成功所付出的努力。

下面是我的回应：

首相致杜鲁门总统　　　　1945 年 5 月 9 日

你发来的电文，全英国的人民都会珍惜的，而且会被英王陛下下属的各个地方、各个民族的所有军事力量当成一种作战名誉。艾森豪威尔将军指挥的，在法国和德国，还有陆军元帅亚历山大指挥的，在意大利共同战斗的所有军队，更加这样认为。我们两国的人，在一切战场上都是袍泽。不管是空中、海上，还是在海里，都是如此。我们曾在我们在欧洲全部得胜的队伍中，像一支队伍那般战斗。不管是谁，看见艾森豪威尔将军和亚历山大元帅的指挥部，都会觉得他们属于相同国家的机构，自然，也是有着相同伟大目标的人。不管是在我们上一年6月荣耀的登陆作战里，还是在它参与的任何一次作战中，关键性战斗的转折点也好，护卫北边侧翼的战斗也罢，或者是朝北进发的顶峰，蒙哥马利元帅的第二十一集团军群和英勇的加拿大集团军展示了自己的用处。所有人都万众一心地共同作战。

数天之前，你给亚历山大元帅发电，而归他统领的，在意大利率领这个集团军在前方战斗的，就有你们的英勇的马克·克拉克将军。

请允许我把艾森豪威尔将军对我们的意义告诉你。我们从他身上找到了一个这样的人，能够把各个盟国队伍的团结，放到所有的种族思想之上。在他的总部里，团结和战策掌控一切。团结到了如此的程度：在战场上英美的队伍能够融为一体，且能将大量队伍毫无难度地从一个指挥部调去另一个指挥部。联盟的准则，在崇高的民族间，从未被执行、维系到这种程度。对于艾森豪威尔将军坚韧、远见卓识、胸怀坦荡的个性和品格，我代表英国和共和国致上我们的敬意。

我也一定要将英国人抱有的情感，对于美国在罗斯福总统带领下的一切勇猛和豪爽行动的情感，表述出来不可。自他在战斗中离世，又有总统先生你一如既往百折不挠地执行着。它们将始终触动着世界每个角落的不列颠人的心。我深信，我们凭借着和睦高尚的思想一起历经的两次世界大战产生的情感和联系，以后会更紧密。

我的夫人此时正在莫斯科，所以我让她在那儿将我的电报送过去。

首相致（在莫斯科的）丘吉尔夫人　　　　1945年5月8日

明天是周三，要是你给俄国民众广播——只要克里姆林宫没觉得不妥——会是一件不错的事情。要是如此，你就能将我以下的电文读给他们听，当然，我们的大使馆得先去获得他们的许可：

“首相致斯大林元帅、致红军和俄国人民。你们赢得了将入侵者赶出国境并将纳粹独裁者瓦解的光辉成绩。对于这些，我以英国民众的名义向你们献上最诚挚的恭贺。我深信英国和俄国民众间的情谊和彼此相知牵系着人类的将来。今天我们在我们岛上的故乡这儿，常常挂念你们所有人，且发自内心地希望你们能美满兴旺。并且，在我们共同走过承受所有失去和艰难的深渊之后，我们也该可以凭借忠诚的袍泽之谊和彼此的怜悯，一起踏上胜利的、宁静的、满是阳光的大路上。我让我的夫人将这种友善和佩服的意愿转告给大家。”

请将你之后是如何做的告诉我。非常想你。温。

在这种广泛的亲善气氛中斯大林作了答复。

斯大林元帅致首相　　　　　　　　1945 年 5 月 10 日

苏联民众给大不列颠军事力量和民众的祝贺电文

勇敢的不列颠军事力量和不列颠全民，请允许我代表自己向你们致以恭贺，对于你们打败了德国帝国主义这个我们相同的敌人获得的辉煌的成功，我表示真心祝贺。这个具有历史价值的成功是苏联、英国和美国的部队为了解放欧洲，协作战斗赢得的。

我相信我们两个国家在战斗之时建立的良好关系，在战争结束之后，会获得深入平顺而让人愉悦的发展。

对于我们取得的胜利，我已经让我们驻伦敦的使者将我的祝贺向你们所有人转述，并献上最美好的祝福。

*　*　*

在人类的历史上，我们对手的无条件投降绽放出的愉快的标记是最大的。第二次世界大战确实曾经在欧洲拼到了最后。眼下，不管是战败的还是取胜的，都一样感觉到无以言表的放松。可是，从独自作战的第一天到最后那天，为了最后的结局，拿我们的生命作最后一击，对我们在不列颠及大英帝国的人而言，其中的含义，就算是我们最强最勇敢的同盟国也无法全部了解。累、疲惫、困苦，但一往无前，现在赢了，我们拥有了这样的一个时刻：肃穆又伟大。我们感谢上帝，它将最圣洁的恩赐赋予我们，我们履行了自己职责就是它的真谛。

在这些热烈喧嚣庆贺的时日中，我在自己受邀向全国演讲的时候，已经在我们这个岛屿之国身负重责差不多整五个年头了，可是，好像没什么人能跟我一般，深沉地扛着很多忧愁。在回忆了我们多变的命运之后，我的心情非常沉重，说了一些压抑的话，写在这里也没什么。我说："我希望，我今晚能告诉大家，我们所有的困难和忧愁都过去了，那样我就能快乐地终结我五年来的效力了，并且，要是你们觉得我不再被需要，我该被罢免，我自然会愉快地遵从。可是，正相反，我要对大家发出警告，就像我从前接下这五年的工作的时候那样——那时谁也没想到会用这么长时间——我们要做的事还非常多，并且，你们要是不想重回曾经那种懒散、没有方向、没有大志向的状况中，你们就一定要预备好，要为了崇高的工作，在身体和内心上要继续努力，继续奉献。你们该保有神智和警醒，不管怎么样，都不能有一点懈怠。虽然对人的精神来说，节日庆祝是不可缺少的，但该让所有男人、女人都能用快速复原的力量，更强的干劲，投入他们该做的工作中，且一如既往地保有对公共事业的关心。

"在欧洲大地上，在取胜之后的时间里，我们仍要将我们参加战争的纯粹而荣耀的目的保持下去，不能轻视放弃它们，并且'自由'、'民主'和'解放'这些词汇不能被曲解，失了我们了解的真意。要是施行管理的不是律法和公义，而是以独裁政府和警察当权者来替代德国入侵者，那对希特勒那伙人犯罪行为的惩罚还有多少价值呢？我们可以不为个人谋划。但我们一定要保证在和平会谈中，那些我们努力争取的建议能够真的，能在文字上获得认可。特别要紧的是，我一定要努力让联合国在旧金山建立的世界机构不会变得徒有其名，不会变成强权的挡箭牌和对弱者的讽刺。获胜的人在欢天喜地的时候应该反躬自省，还得让自身崇高的行动对他们有的这样大的队伍无愧于心。

“我们一定不能忘了除了上述种种之外，还潜伏着一个日本，尽管日见衰败，但仍是一个有着上亿人口的民族，他们的战士是不怕死的。今天晚上我还不能告诉你们，要经过多少时间和费多少力气才能迫使日本人从他们可憎的背逆和暴行中改邪归正。我们，像中国一样地坚持这么长久而无所畏惧，我们本身曾受到他们的可怕伤害，而且由于我们和美国有着光荣的盟谊和兄弟般的忠诚关系，我们必须在世界的另一边不畏缩、不失误地站在他们一边打这一场大战。我们要记住，澳大利亚和新西兰以及加拿大过去和现在都直接处在这个凶恶国家的威胁之下。在我们的黑暗时期里，这些自治领都曾援助过我们，我们绝不可使有关他们的安全和前途的任何任务半途而废。我在五年前，一开始就对你们说了一些艰苦的事情，你们不曾退缩。如果我不仍旧高呼着：前进，不畏缩，不动摇，不屈不挠，直到全部任务完成，全世界都变得安全和干净，我将不配接受你们的信任和宽容。”

第十四章　令人不安的一段时间

铁托的军队到达的里雅斯特——与杜鲁门总统的信函——德国驻军投降于弗赖伯格将军——我给陆军元帅亚历山大下达指示——美国总统于5月12日发来的一份电报，有力而受欢迎——我极力建议下令让驻欧美军坚守阵地——华盛顿的举棋不定——在的里雅斯特面临更多的困境——总统和我联名向艾森豪威尔和亚历山大下达指令——斯大林于6月21日的来电以及我的回电——地中海东岸国家的危难——我于2月27日在下院的演说——在贝鲁特、阿勒颇和大马士革的战乱——英军总司令在5月31日恢复了秩序——跟法国在阿尔卑斯滨海省发生的矛盾 ——杜鲁门先生的愤怒以及戴高乐将军的答复

铁托的军队希望占领他们在意大利东北部地区内所要求的土地，特别是想在英美军队到来之前夺取的里雅斯特，因此，他们等德军从意大利撤退后，迅速向意大利边境内的东北部前进。我们和美国，不但要坚决避免在签署和约之前，用这种方式来解决边境问题，而且为了将来给我们在奥地利占领的地区提供必要的物资供应点，我们准备将的里雅斯特还有它重要的港口一同占领。我们很清楚这些问题，既然2月期间，亚历山大将军在贝尔格莱德拜访过铁托，为稳定那里的局势，就授权让他去采取必要的行动吧。

我向杜鲁门总统提出的里雅斯特问题的时候，德军还没有投降。4月27日我曾说："我认为，要是我们按照提议的便捷方式，并且冒着这种政治和军事行动上必不可少的危险而占领的里雅斯特的话，这才是最主要的。已故总统一直极为看重的里雅斯特，他认为应该把它打造成一个国际港的出口，使多瑙河流域各个地区能通往亚得里亚海。对于这个问题，很多事情还有待考虑，不过，南方是否应该有个出口，关系到众多相关国家的贸易利益。的里雅斯特的真正作用可以等以后安定下来再解决，现在主要的事情是，在铁托的游击队占领以前，争分夺秒地赶到那里……如果你能亲自参与这件事，我将感激万分。”

杜鲁门先生在30日答复说，他赞成在征求俄国人意见前先采取军事行动。亚历山大在进入维尼奇利亚之前，曾向铁托说明了他的目的，他还明确表示，南斯拉夫的任何部队，只要在那个地区，就要归他领导。如果南斯拉夫不答应，他指示亚历山大应该通过信函与联合参谋长委员会商量如何采取下一步行动。总统不希望用美国人打南斯拉夫，也不想让他们参与巴尔干战斗，因此他认为这样很重要。

亚历山大在5月1日告诉我说，他对第八集团军部队发出的命令是，让他们在二十四小时内到达的里雅斯特，将那里占领，并夺取普拉的停泊码头，还有意大利和奥地利之间的交通线。为避免与南斯那夫之间产生武力纠纷，与他们来往的时候一定要慎重。

与此同时，亚历山大以电文的形式将自己的计划发送给铁托。他说：“我们在贝尔格莱德讨论的东西，基本都写进这份计划中……近日，我们在贝尔格莱德探讨时，你提议你的任何部队安置在我的军事行动地区内，就应该听我指挥。我认为，你现在就可以按照这个建议发布命令。”

他在回复中说：

1945年5月1日

铁托的部队已经将伊斯的利亚的大部分地区占领，现在他们正在的里亚斯特作战。我敢毫不犹豫地说，如果命令他的部队撤离，没有俄国人的同意，他是不会服从的。

如果在必要时刻，联合参谋长委员会命令我占领整个维尼奇利亚，并且要动用武力，我一定会承担起与南斯拉夫军队战斗的职责，因为起码俄国人在道义上是支持他们的。我认为，我们还是先想一想我们自己的部队如何看待这件事，然后我才能承担这样的职责。在让他们停止对付共同的敌人转而攻打一个盟国之前，我们必须小心谨慎，因为他们十分敬佩铁托的游击部队，而且十分理解他们为自由而战斗的心情。当然，你对国内人民的反应应该更为熟悉，因此我不便擅自揣摩。

*　　*　　*

实际上，4 月 30 日，铁托的部队就抵达了的里雅斯特，他们希望将那个城市及其周边地区占领，还希望七千名德国驻防军归顺于他们，并上缴全部装备。南斯拉夫的军队与新西兰第二师的先头部队，在蒙法尔科内以西的地方接头，已经是到第二天下午了。5 月 2 日，弗赖伯格将军和他的新西兰部队进入的里雅斯特，他们接受了已投降的德国驻防军，并将船坞地区占领。

5 月 5 日，亚历山大来电称：

铁托……想用赢到手的赌资来换取现金了，因为相比以前我在贝尔格莱德时，他对自己军事地位的预期远远没有现在稳定。当初，他说如果我不离开的里亚斯特，他就不走进去，而现在，他不但要占领那里，而且只给我那里的使用权。

自从上次我们见面之后，他曾经去过莫斯科，我们别忘了这点。如果我能向他保证我军在奥地利时，不再使用的里亚斯特作为基地，并让他将此地并入他的新南斯拉夫里去，我确信他不会违背我们之前的协议的。

看到亚历山大电文的最后一句，我认为必须向他明确我们的政治主张。

5月6日我答复说："你与铁托的全部交流，我都感到满意。你们已经进入的里雅斯特、戈里齐亚和蒙法尔科内，并进入得如此及时，这让我很欣慰。铁托之所以积极挺进，是因为有俄国的支持，但我认为，以你们目前的状态，他们不敢向你们发动攻击。如果你和铁托之间有什么矛盾，必须由相关政府来处理，否则你们就要就工作安排一事，商量出满意的结果。你必须让他知道，你和他商定的协议，即将伊斯的利亚或战前意大利的任何部分归入他的'新南斯拉夫'去，是不能成立的。这一地区属于世界，关于它的命运应该留到和平会议上解决。"[①]我又加了下面一段话：

最好在这个地区驻扎一支装备齐全，在现代武器上优势突出的军队，在不妨碍你向维也纳进军的前提下，经常派空军示威，这样才能使铁托或南斯拉夫指挥官消除他们的不良居心。我想你现在应该正在全力逼近。

我猜想，不久，你就可以将一定数量的强大海军安置在的里雅斯特入口处，因为你已将那里的障碍物清除。安全与和平要通过实力来保证。

我们在维也纳受到俄国人不公平待遇的电报，想必你已经看到。显然，你们有权尽快，并且尽量深入地进入到以前敌人的领土内，与俄国或南斯拉夫的军队相互来往，直到那时，你们就能采取友好态度来证明你们的成功。

① 后来用的着重体。（指原书。——译注）——原注

*　*　*

一周之后，也就是5月12日，杜鲁门总统继西战场出现了一些重大事件之后，发来了一份电报，这份电报强而有力，十分受欢迎。他说，他越来越关注铁托在维尼奇利亚的行动，铁托似乎没有放弃那个地区的倾向，而且这个问题已经拖了很长时间，他不想将全部问题拿到战后再做解决。总统说，我们现在必须确定我们的基本原则，即反对利用武力、恐吓或讹诈的手段来捍卫领土，这个问题应该通过正规手续来解决。如果随了铁托的心愿，他可能还会要求得到南奥地利、匈牙利和希腊的一部分地区。现在的问题不是意大利和南斯拉夫之间的有了争执后，我们应该偏向哪一方，也与卷入巴尔干的政治问题无关，尽管这样做可能会为意大利的稳定和它与俄国的关系带来影响，但更重要的是英国和美国必须决定，对于它们的盟国毫无纪律地，或是运用一种令人难忘的希特勒和日本曾使用过的方式来霸占土地的行为，是否持宽容态度。当前所涉及的领土问题，远远比不上南斯拉夫占领的里雅斯特带来的后果严重。他极力向我们提议，为确保亚历山大元帅通过戈里齐亚和蒙法尔科内的交通线，以及对东边很大的一块地区进行得当的管理，就应继续授权给他，让他完全或独立控制的里雅斯特和普拉。杜鲁门先生说，为促使铁托撤兵，我们应为思考所需的任何方式做好准备。

他又附上一份电文，我们的大使会将它送到贝尔格莱德。

他们提议，我们应按照雅尔塔协议将我们的计划告知斯大林。他们在结尾处还说了下面几句话："如果我们像在波兰所做的那样，坚定不移地对待这个问题，那么我们就有可能消除大量诸如此类的侵占行为。"

毫无疑问，我从我的新伙伴那里得到如此难能可贵的支持，心里确实踏实了。

首相致杜鲁门总统　　1945 年 5 月 12 日

你所说的每一句话，我都赞同，而且我还要按照你提议的那样去做，并尽我的全部力量……如果我们能紧紧把握住局势，避免力量分散，也许可以让欧洲远离另一次大屠杀。否则，我们的所有的胜利将会前功尽弃，而世界组织的两个目标——防止领土侵略和未来战争，将一个也无法实现。

美国陆、空军正从欧洲转移（到远东），我希望你能向它们下达一道指令，命令它们停止移动，不管怎样，也要先停止几周。复员方面的问题，我们也这样解决。即使人们听说了这个停止移动的指令，也是有益而无害的……

根据你的提议，我正给我们驻贝尔格莱德的大使发送指令，让他照你的建议与铁托商谈，而且，不管是口头上，还是递交相同或类似文件，或是联合文件，都要在每个阶段跟随你们大使的步调。

我赶快把这个好消息告诉亚历山大。

首相致陆军元帅亚历山大　　1945 年 5 月 12 日

就铁托问题，总统给我发来一份坚定而又令人振作的电报，这你很快就会看到。我已向他保证，我们会支持他的政策，而且还会指示贝尔格莱德的史蒂文森，与那里的美国大使保持一致步调。我认为，你有望调遣相关的十八个师。六个英国和英印师是服从帝国命令的。我想，那个巴西师会跟那七个美国师一起行动，据我推测，那两个波兰人的（波兰师），一定会特别愿意做这件事。对于英美在行动上保持一致这一事实，所有部队都应透彻地理解。

看到我们诸多伟大的盟国和这位新总统全力帮助我们，你一定非常高兴。如果坚持这种行动，就可大大防止再次爆发世界大战。

当然，我能意识到它会给每个战区带来影响，我相信杜鲁门总统同样会意识到。

* * *

自从新总统给我发来魄力十足的电报以后，华盛顿内部似乎反应强烈。有一种观点是“别把我们与欧洲捆绑在一起”，一直以来令人畏惧。第二次世界大战，无疑是因为美国退出，从而破坏了国际联盟导致的。那种观点对于目前难以预料的前景来说，同样具有致命作用。这时，想在远东方面集中一切可用或适用的力量来消灭日本，是我们的另一个愿望。而这种愿望得到权力派的支持，因为这些人从开始，就将远东放在了欧洲前边。各国总统们，似乎就我主张下达“停止前进”或“坚守阵地”命令的建议，已经展开了争论，因为相比以前关于的里雅斯特的电报，这次他的回复在措辞方面有了微妙的变化。

他在5月14日指出，他宁愿先观察一下事态的变化，然后再考虑西方盟国是否应坚持占领德国的苏占区，即使是暂时占领，也应这样做。杜鲁门先生说，如果我们的军队被南斯拉夫人攻击，我们也应该等贝尔格莱德发来情报，然后再决定派兵的事。如果铁托不发动攻击，美国人不可能会卷入另外一场战争中去。两天之后，他又再次强调，如果南斯拉夫人不攻击我们，他不能也不想让他的国家卷入这样一场战争中去。基于那种情况，为防止再次发生任何侵略，我们终于有理由用盟国军队将他们击退到更远地方。

这时，的里雅斯特周围的部分局势变得紧张起来。开始的时候，虽然我们非常希望铁托的作战部队和后勤部队全部撤离，但亚历山大认为，如果铁托同意让盟军司令部指挥他的这些部队，或起码在我们行动的范围内答应这个条件，就可以了。不过，我们的行动被南斯拉夫的守军和哨兵限制住。他们在奥地利和威尼求里亚的行为，为英美两个盟军留下了不好的印象。然而，对于这种有失正义感的行为，我们的人只能看着，却无权干涉，因此觉得自己让违法者逍遥法外。亚历山大来电说，“结果是，现在南斯拉夫受到强烈反对，并且这种情绪日益高涨。现在我们已证实，与南斯拉夫军队或游击队共占一个地区，或者允许南斯拉夫的行政机构行使权力，都无法真正解决问题。”

我于 5 月 19 日给总统复电如下：

首相致杜鲁门总统　　　　　　　　　　1945 年 5 月 19 日

我带着尊敬的心，请你深入思考关于“对南斯拉夫的战争”以及“攻击我们”这些言辞，望你不要介意。我不希望跟南斯拉夫之间展开一场战争，并且抛去战争不说，我认为，在这种紧要的关头，我们的大使应该留在那里，而不应该撤出。与此同时，铁托已经给予完全否定的答复，我们必须立刻采取行动，绝不能让事情就这样发展，否则，将显得我们只会虚张声势，遇上实际情况就没胆量了。

我认为，我们应该遵循盟军司令的指示，不该表面显得和平，而实际上却粗鲁地对待我们的前线军队，而且在规模上对我军现在所处的位置造成危害。就好比说，如果他们占领了某个英国或美国部队周围的阵地，从而控制了那个部队的命运，那么，我们就该等着他们向我们进攻，而不事先要求他们退到你所指定的，适当的范围之外吗？我相信你不是这个意思，但是这种事情也并非没有发生的可能。

在我看来，亚历山大采取的行动，只为保证他的军政府正常发挥职能，并不能构成“对南斯拉夫的战争”。但是我仍然认为，要想使他们撤离的里雅斯特和普拉，回到划定的界线中去，就应该向他们施加压力，而且这种压力的性质应属于边境事件，而非重要的外交决定。我认为，不能因为我们规定自己的军队在任何情况下都不能开火，就让他们挨打受虐，并且是在我们双方公认的有占领权的地区内。今天，有许多南斯拉夫人正在从伊松佐穿越回国，而且他们也没以前那么凶神恶煞了。你5月12日发给我的电报，让我找到依靠。

杜鲁门先生在5月21日表示，他同样认为应该拒绝铁托的回复，立即加强我们的兵力，使南斯拉夫人彻底弄清我们的目的，我们不能对这件事袖手旁观。他提议，在我们拒绝铁托的同时，让艾森豪威尔和亚历山大在陆地上和空中展示一下我们的实力。总统认为，铁托可能会从一次强大的示威中认识到错误。不过，他不敢确定，如果发生冲突是否可视为边境事件。

因此，他将他给亚历山大和艾森豪威尔下达指示的文本发给我一份。但是在电报最后，他又说了一句："我会避免任何阻碍美军向太平洋方面调动的事情。"

首相致杜鲁门总统　　1945年5月21日

1．对于你发给亚历山大和艾森豪威尔的电报，我完全没有异议，而且为使联合参谋长委员会发出必要指示，我们的参谋长委员会将以此为依据，向你们的参谋长联席会议发出通知。我不想浪费时间，就向陆军元帅亚历山大秘密发出了通知。

2．我想，如果我们有不发动战争就将问题解决的愿望，也许就能避免展开令人畏惧的阵势。我相信，我们对这件事情的坚定立场，有利于我们跟斯大林的商讨。依我之见，我们三人尽快见面很有必要。在6月间，这里或将举行大选，但既然各党在外交政策上达成一致，就没有必要推迟这次竞选活动。对于适合的日期和地点，你有什么意见请告诉我，然后我们再分别向斯大林提出要求。只要他不拖延时间，等到我们军队解散的时候，他可以留下来称霸欧洲……

陆军中将摩根，亚历山大的参谋长，最终在一条环顾的里雅斯特的分界线上，与南斯拉夫人达成一致意见。

*　*　*

由于与苏联和铁托的纠纷不断增加，导致斯大林跟我谈论南斯拉夫的问题推迟了一个月。

斯大林元帅致首相　　1945 年 6 月 21 日

由于南斯拉夫人最根本的愿望得不到地中海盟军司令部代表们的关注，因此虽然美、英政府就伊斯特利亚－的里雅斯特区域提出的建议，已经被南斯拉夫政府接受，但是的里雅斯特的会谈似乎还是陷入困境。南斯拉夫人也是有功劳的，因为这个地区是他们从德国侵略者手中抢过来的，而且这个地区的绝大多数人口都是南斯拉夫人。盟国对这种局面表示不满。一直以来，我之所以没有写信告诉你让你留意陆军元帅亚历山大的行为，是因为我不想使事情发展得更严重。但是现在，我必须指出，陆军元帅亚历山大在这些会议中谈到南斯拉夫人的时候，语气傲慢，使我无法接受。我特别不能容忍的是，在一份正式公开的电函中，陆军元帅亚历山大竟然毫无道理可言，就将铁托元帅比喻成希特勒和墨索里尼，这对南斯拉夫是一种耻辱。

6 月 2 日，英、美代表递交南斯拉夫政府的照会中，下达最后通牒的语调也让苏联政府颇感意外。切实而有利的效果，岂是用这种办法得到的？

因为这些，我必须请你注意已经产生的这种局面。我还像以前一样，希望解决的里雅斯特－伊斯特利亚问题，并且，因为南斯拉夫人已经在重大问题上向盟国妥协，所以应满足南斯拉夫的合法权益。

我是这样回答的：

首相致斯大林元帅　　　　　　　　　　　　　　1945年6月23日

1. 我对你6月21日的来电表示感谢。10月期间，我们在克里姆林宫中达成一致意见，即俄国和英国应该用均衡的势力来处理南斯拉夫的事情。但现在，实际情况似乎是百分之九十比十，即便我们只有可悲的百分之十，铁托元帅还是给我们施加了巨大压力。美国和英王陛下政府不得不调动好几十万军队，来对抗这种巨大压力，以免受到铁托元帅的攻击。

2. 南斯拉夫人对世界这些地方的，特别是的里雅斯特和阜姆的意大利人非常不友好。他们的轻装部队已经侵入这些地区，大体说来，他们表现出一种想利用这些部队来霸占那里全部土地的倾向。这些轻装部队之所以有这些进展，凭借的是你们一方从东方和北方发动的进军，范围大且受人欢迎，以及陆军元帅亚历山大将敌军的二十七个师控制在意大利战线上，最终迫使他们投降导致。在我看来，这里整个地区不能说是铁托元帅占领的，这个地区之所以被占领导致德国人战略性地从巴尔干撤退，是因为来自东西两方面更强大的军事行动。

3. 不管怎么说，我们已经达成了一致意见，希望能加以实施。我们的意见是，一切关于领土永久变更的问题，应该由和平会议来解决，因此，只要和平会议没有召开，即使铁托元帅接受了我们所提出的当前分界线的协定，我们也会保证他免受任何损伤。在此期间，如果有什么事情，我们可以在柏林共同探讨。

4. 实际上，陆军元帅亚历山大将美国总统原稿中的大多数语句用于他的电报中。我们不知道，为何我们到处受人攻击，特别是这些人曾经还接受过我们的帮助。在你们能和他们往来之前，这些人就已经接受了我们的帮助。因此，我认为，虽然我不知道陆军元帅亚历山大要用你所提及的方式来拟定电文，但这也不能成为为他开脱的理由。

5. 俄国化的边界从吕贝克经由艾森纳赫和的里雅斯特，往下直达阿尔巴尼亚而连接在一起，依我之见，这件事需要在好朋友之间好好探讨一下。

6. 很快，我们就要召开会议，以便共同商议这些事情。

在之后的几页中，我们先暂不提及铁托和的里雅斯特的问题。

* * *

在德国投降和柏林三国会议召开之间的那段时间里，令人感到不安，这是因为戴高乐将军既要决心维护法国在叙利亚的地位，又要保证其在意大利的地位。就前者来说，他违背了我们一直追求的叙利亚独立的政策，而对于后者来说，他冒犯了美国。

早在2月27日，我就在下院就我们的政策用清晰的语句发表了声明。

我必须将英王陛下政府对叙利亚和黎巴嫩，以及对同法兰西盟国的关系的立场，简单明了地讲清楚。由于1941年所做的声明中，英法两国曾明确宣布地中海东岸的这些国家独立，这导致我们的立场受到制约。在那时和那时之后，英王陛下政府一贯表示，他们绝不会用英国势力代替地中海东岸的法国势力，我们也会坚持尊重这些国家的独立。因为很久以前，法国和叙利亚就在文化和历史上建立了众多联系，因此我们会尽一切努力为法国保留一个特殊地位，而且这也是我们所希望的。我们确信，这些国家得到世界组织的认可后，会发展得更稳定，与此同时，法国的权利也会得到认可。

不过，我必须表明，我们不能单凭武力来保证叙利亚或黎巴嫩的独立，或是法国的权利。我们不认为它们之间是相互抵触的，我们追求二者共存，因此，不要让英国承担过多的责任。我们应该注意到，俄国和美国已经认可和同意叙利亚和黎巴嫩的独立，但不同意这些国家占有任何特殊地位。

地中海东岸国家因法国的解放而引发严重的危机。经过一段时间可以看出，法国在这个地区的权利需要一个新的条约来规定。我从雅尔塔回国途中，路经开罗，并在那里见到了叙利亚总统。我尽全力劝他和平解决与法国之间的问题。在我的劝说下，本来不愿谈判的地中海东岸国家同意谈判，于是会谈开始了。叙利亚整个国家都带着激动不安的心情等待着，因为法国代表贝奈将军回巴黎请示方案去了。由于方案送来的时间延后了，立即有消息称法国援军已经上路了。为表明我们对地中海东岸国家没有任何野心，我于5月4日给戴高乐发去一份电报并友好地说，新的条约一旦签订并实施，我们将立即从叙利亚和黎巴嫩撤出所有部队。不过我也提出，他们不得干扰会妨碍我们在整个中东地区的战时交通。我向他说明，即使派去那里的援军没有多少，也定会被看成一种压制手段，很可能引发严重的后果。他们没有接受这份劝告。5月 17日，法国军队在贝鲁特登陆了。

接着，不愉快的情绪爆发了。叙利亚和黎巴嫩政府称盟国是时候撤出所有外国部队了，因为现在战争已经结束，而且他们之间的谈判已无法进行下去。一些罢工和示威爆发，将矛头指向法国人。在阿勒颇有八人被杀，二十五人受伤。叙利亚下议院发出征兵指令。5月26日，我们的外交部发表了对法国增援失败的声明后，巴黎方面于第二天给予了答复。他们说骚乱是人为引起的，而且英国在没有征得法国人的同意下，就调遣更多他们的部队进入，而叙利亚人和黎巴嫩人并没有对此提出抗议。实际上，我们在5月25日就呼吁叙利亚政府控制住他们的局势，但是28日，他们跟我们说，他们不能承担控制国内秩序的责任，因此局势严重到无法控制。法国人已经在霍姆斯和哈马发动攻击，法国装甲车正在大马士革和阿勒颇的街道上巡逻；法国飞机正在进行祈祷的伊斯兰教寺院屋顶上低空盘旋，而且机关枪架在建筑的顶部。

5月29日晚，大概七点钟左右，法国军队和叙利亚人在大马士革持续了好几个小时的激烈战斗。法国炮队的炮火，导致多人死亡，财产遭受损失，法国军队将叙利亚议会的房屋占领。炮火断断续续地发出，一直到深夜。截止到5月31日早晨，约有两千人伤亡。

英国第九集团军受霍姆斯省长的请求，进行休战期间的调解工作。我们现在不能置身事外，于是在5月31日，我们通知中东总司令伯纳德·帕吉特将军恢复秩序。法国司令接收到他传达的要求后，得到巴黎宣布“停火”的指令。我向戴高乐将军发去下列电文：

首相致戴高乐将军（巴黎） 1945年5月31日

为了保证整个中东地区的安全，避免影响对日作战的交通线，也为了防止流更多的血，我们已经下令让中东总司令介入贵国军队和地中海东岸国家之间所出现的严重局势，以及激烈的争端，对此我深表惋惜。我们请求你立刻下令，让法军停火并退回兵营，以便防止英法两军发生冲突。

我们打算在伦敦召开一个三方会议，但要以实现停火和恢复秩序为前提。

在送到这位将军手中的四十五分钟之前，艾登先生已经在下院当众公开了这份电报。这并非是故意无礼，而是因为传达错误造成的。于是，这位将军被迫于6月1日在巴黎当众发表答复，意思大致是，叙利亚人向法军发动攻击，不过现在各处均已被控制住了，法国政府已经在5月31日自动下达“停火”命令。

尽管叙利亚共和国总统向我发来一份十分激动的抗议，但是事实证明，我们采取的行动是起作用的。我不想将法国人激怒，但是特殊情况除外。戴高乐对他的事业抱有强烈的情感，他的想法和心境我都能理解，不过，他发出的论调中，也显示出政治家的风度。他说：“对于英国人，法国和我本人不但没有一丁点怨恨和愤怒，反而对他们怀有崇高的敬意和真挚的感情。但是，有了利害关系，就必须加以调解。

我期盼这一切带来的结果，不要带来长远的影响，因为我们之间有太多与我们密不可分的共同利益。我们必须维护和平。”

我赞同这种观点，因此，我在6月5日，在下院宣布这些令人遗憾的事情时，告诉他们这件事情要“少说为妙”。

首相致帕吉特将军 1945年6月3日

待你控制局势之后，要充分表达对法国人的尊重。我们与法国，在欧洲是密不可分的，而营造一种没有仇恨的和平，才是你的最大胜利。哪怕你遇到一点困难，我都会立即给你建议，军事行动除外。

据报道说，有法国士兵被杀，请你尽全力保护他们。

在我看来，叙利亚总统是一个通情达理的人，且有很强的办事能力，我给他发去电报：

1945年6月3日

既然我们已经帮了你们的忙，我希望你们就别再说愤怒和过激的话，因为这会为我们的工作增加困扰。你们得到公平对待，而法国人也应该像你们一样得到公平对待。我们英国人只希望你们能对我们不求回报的付出，回报良好的态度，并给与协助，而绝不是贪图你们拥有的任何东西。

6月3日，驻大马士革的法军撤回到城外的营地，英国军舰“阿拉秀莰”号在驶来的同一天，于贝鲁特登岸的一支英国分遣队，也进入了叙利亚的首都。可见我们的介入效果立竿见影。6月 4日，我发出的电报由我们驻大马士革的公使肖恩先生递交到叙利亚总统手中，他愉快地接受了，并做出如下答复：

> 我在5月31日给您写电文的时候，叙利亚正处于炮火的强烈轰击之下，人民遭受苦难，因而我心情激动难耐。对于这种言辞，我保证绝没有过激之意。此后，您一定已经收到我6月1日表达叙利亚人民对英国政府介入感激的电报，并且，我和我的政府已经向英王陛下的公使和总司令保证：在英国当局恢复叙利亚秩序与安全工作中与他们合作，才是我们仅存的愿望。请您相信，我们与英国当局的合作，很快就可以见效。

肖恩先生说："5月31日，总统正是在卧病在床的情形下发送的电报。现在他已经起来，看起来没有一丝慌乱。他与你想的一样，而且深表感谢。对于平等对待法国人一事，他表示自从这次事件以后，不管是叙利亚政府、议会还是民众，都绝不会再授予法国人在这个国家中行使任何特权，不过可以保证他们的学校（在叙利亚人想进那些学校的前提下）以及商业的利益。"

帕吉特将军能特别谨慎地应对这种局势，才使一切都很顺利，因此叙利亚终于可以告别这段困难而不幸的时期。

* * *

戴高乐和杜鲁门总统之间发生了冲突，这倒不算什么大事，但引起的烦恼不小。

位于阿尔卑斯山的法国第一集团军部队，在战争即将结束的这段时间，从边境到达意大利西北部，进入库内奥省内的地区。这些法国部队因为有其政府的授权，对艾森豪威尔将军发出的要求他们立即撤退的命令，置之不理。

多瓦杨将军——阿尔卑斯山法军的指挥官，给在意大利西北部的美国第四军司令科里顿博格少将送的一封信上说，准备在库内奥省内设置盟军军政府。信的结尾处有下面一段话：“对于改变阿尔卑斯滨海省的现状一事，法国认为这与它的意愿背道而驰，因此表示反对。这对法国的荣耀与安全是一种破坏。我占领和管理这个地区，是奉法兰西共和国临时政府之命，这件事与在同一地区内设置盟军军事管理机构一事会相互抵触。因此在我看来，必须要提出抗议了。只有不友好，或是带有敌意的人才会坚持做出任何这种行动，并且还可能带来严重后果。”①

科里顿博格在6月2日又收到一封来自多瓦杨将军的信：

> 我受戴高乐将军的指示，要尽可能清楚地向盟军说明：如果盟军在我军占领和归我国管辖的地区内建立军政府，我会奉命不计回报地采取一切必要手段进行阻止。

这种言词，无论在何种情况下，都会令人惊恐。当亚历山大汇报这些事情后，我写信给总统说：“戴高乐将军能在解放后的法国恢复政权，是我们美国人和英国人牺牲鲜血和财富换来的。我们对法国实施友好政策，而他却对我们这样说话，这真是令人感到气愤。”

杜鲁门先生很生气，他发电报给戴高乐说，这些信件有威胁意味，简直让人难以置信，这就相当于法国军队手里拿着美国武器，却要攻打美国和盟国的士兵一样，而法国最近被成功解放，正是因为这些士兵的付出与牺牲。总统说，不再为法军提供装备和军火，直到威胁消失为止。

如此一来，效果立刻出现。戴高乐通过他的外交部长写了以下一封信：

① 作者后来用的着重体。(指原书——译注)——原注

显然，不管是法国政府，还是指挥阿尔卑斯山陆军分遣部队的多瓦杨将军，从未在命令中表现出这种企图，即虽然位于1939年法、意边界以东的一小块地区被法军占领，但是我们并不打算用武力抵制留在那里的美军。不但如此，现在美军和法军在这些地区相处得如同在别的地方一样，关系十分友好……明天早晨，朱安将军将到陆军元帅亚历山大的总部去讨论这件事，他会秉承极为友好的宗旨，使这件事得到解决。

这件事情虽然弄得不愉快，但至少没有再次引起争端就结束了。英国大众已经不再关注世界大事，他们将注意力转移到大选上去，这些事情就不在我们关心的范围之内了。

第十五章　分歧的开端

苏联的胁迫——华盛顿的多方面压力与政策——与斯大林一同开会很有必要——我于 5 月 12 日发来的关于“铁幕”的电报——我想办法维持西方民主国家的军事实力——史末兹发来的电报——约瑟夫·戴维斯先生于 5 月 26 日前来拜访——“结成帮派”——我于 5 月 27 日的备忘录和总统的友好回复——斯大林提议在柏林会面——哈利·霍普金斯前往莫斯科——他的努力使波兰打破僵局——7 月 5 日英美两国认可了一个新的波兰临时政府

当我走在伦敦，穿过欢呼的人群时，看到饱受战乱担忧的人们沉浸在快乐之中，而这快乐又来得如此不易时，我的心里则被对将来的诸多忧愁与困扰充斥着。对于大多数人来说，希特勒的危害以及紧随其来的艰难考验，似乎已经在光辉的火焰中消失。五年以来，与他们曾经斗争过的强大敌人，已经无条件投降了。三个强大的战胜国的任务只剩下建立一个世界机构，用来确保正义而持久的和平，遣送士兵回家，与他们分别已久的亲人团圆，从此，一个兴盛与发展的黄金时代到来了。这些国家的人民，想到的确实是这些，不多不少。

不过，这幅画面还有它的反面。我们还没征服日本，还没制造出原子弹，世界还没有恢复秩序。伟大的盟国曾经团结在一起，是因为有了共同危险这一条重要的纽带，但是，在一夜之间，这条纽带就消失不见了。我认为，纳粹敌人的威胁已经被苏联的威胁替代，然而我们还未找到能对抗它的合作伙伴。在国内，战时内阁所依靠的，全国齐心协力、坚定不移的基础，也已经逝去。我们的力量曾经在多少次战乱中收获凯旋，而在和平年代却消失不见了。这样，我们又如何才能最终解决问题，而使它在这场艰辛苦痛的斗争中得到弥补呢？我无法排除恐惧的心情，即使民主国家的获胜军队解散在即，我们还会面临真正的残酷考验，我过去见识过这一切。我记得大约在三十年前的一天，我与我的妻子开车从军需部穿过人群到唐宁街向首相祝贺。那天是欢乐的一天，人群像今天一样热情欢呼，那时候，我像现在一样，对整个世界的局势有一种理解。不过那时候，最起码没有军队能强大到让我们感到恐惧的。

* * *

三大国召开的会议是我考虑的重点，我希望杜鲁门总统在赴会途中可以先到伦敦来一下。以后我们就会看到，华盛顿各个有势力的一方，会向新总统提出很多各种不同的意见。我们所关注的观点和情绪，以前在雅尔塔就一直没有消退。有人提议美国必须注意，以免自己卷入到任何反苏的行动中去，因为这种反苏行动将会令英国萌发野心，从而为欧洲带来新的边界问题。另外，正确的步骤应该是，为促使英国和俄国之间就波兰或奥地利问题达成一致，美国应该以一名友好的协调者或是仲裁者的身份出现，这样才能解决问题，实现安定和幸福的和平，从而使美国能集中力量对抗日本。杜鲁门一定从这些意见中感受到巨大压力，不过从他在历史上有名的行动表现来看，他本能的反应却大有不同。当然，我无法衡量哪些力量能对我们最亲密的同盟者的神经中枢造成影响，不过没多长时间，我就有所了解了。我只感觉，苏维埃和俄国帝国主义正声势浩大地向着这些国家席卷开来，而这些国家却无以应对。

与斯大林一同开会，显然是一个最重要的目标。我在德国投降三天内，发了一封电报给总统：

首相致杜鲁门总统　　1945 年 5 月 11 日

1. 我认为，7 月期间，我们应该共同或者在同一时间内分别邀请斯大林与我们召开一次三国会议。俄军目前占领的所有地区都不适合会面，我们应选择德国某个未遭破坏并且我们都能接受的城市会面。虽然我们已经两次不辞辛劳地去拜访他，但他们却因为我们所拥有的文明和各种技术器械，还不能信任我们。不过这种不信任会随着军队的解散而大大消除。

2. 我们的大选从什么时候开始，我现在还不清楚，不过我想，你我的行动如果是我们的职责所在的话，就没有理由因此事受到影响。如果 7 月初期，你愿意来这里的话，英王陛下将会热情地邀请你，而且大不列颠民族也会向你表达隆重的欢迎。我本来提议在 6 月中旬举办，要不是由于你所提及贵国财政年度（6 月 30 日）的关系，我不想轻易耽搁一分钟。接下来，我们可以将德国的会见地点确定下来，并就未来世界上会发生的一些重大问题仔细讨论一番。当然，我还要带上我国的两党代表，由于两党在外交事务上密切相关，因此他们会说完全一致的话。因此，我极力希望你能在 7 月的头几天到达这里，接着我们一起到俄国占领区以外去会见约大叔，我们找个最合适的地点，以便吸引他前往。目前的战术战线已经过一致同意，因此我极为希望美国战线不要撤离。①

3. 虽然我想象不出，有什么事情能促使斯大林提出召开一个三国会议，但是我认为，如果他接到邀请是会同意来的。不然，我们又有什么办法？

4. 现在，你仍然支持我们对雅尔塔协议的正确解释，并坚持

① 着重号是作者后来加的。——原注

用你所宣示的立场来面对所有争端问题，这让我感到很欣慰。总统先生，我们将在近两个月内，决定世界上一些最主要的问题。我还想说一句，我已经有了非常大的信心，而这份信心是从我们的通信往来中得来的。

5. 如你所愿，我们正在拟定一份问题一览表，以供我们三人展开探讨，这需要花费一些时间。一旦拟定出来，我会立即呈上。

他的及时答复是，最好让斯大林成为会议发起人，他还希望我们派大使诱导他这样做。杜鲁门先生又说，为避免被人怀疑“结成帮派”，他和我最好不要共同前往出席会议，如果职务许可的话，他会在会议结束后到英国访问。

我很快就看出，这份电报所表达的看法是很不同的，不过我对总统建议的程序表示赞同。

首相致杜鲁门总统　　1945年5月13日

1. F. D. R. [①]曾答应我，在前往法国前——或者说是现在的德国——他先到英国访问。虽然我们会为你无法到我们这儿来而感到失望，但是由于今后几个月情况比较严重，因此，事情的顺序要以轻重缓急为准，不能受到礼节问题的影响。因此，我只希望三国会议能尽快召开，在什么地方都可以。

2. 基于此种情况，在我看来，我们应该想办法在6月期间召开会议，希望它不要因为你们的财政年度而延期。我们殷切盼望此后你能到英国来。

3. 我赞同照此发出指令，让我们的大使们尽量去诱导斯大林，促使他提出开会，但我不敢肯定他会同意。从时间上来看，如果那时我们的力量正在消退，而他正在巩固地位，这对他是有好处的。

① 代表罗斯福姓名的第一个字母。——译注

4. 我希望你能与艾登会见。

我在这几天，又给杜鲁门总统发去一封所谓“铁幕”的电报。我希望人们仅用这一份电报对我做出评判，而不去考虑我所写的一切关于这个问题的其他公开文件。

首相致杜鲁门总统　　1945年5月12日

1. 我得知美国在欧洲一半数量的空军已经开始向太平洋战区移动，而且报纸上全是美军从欧洲大批撤离的消息，因此对欧洲的局势表示十分担忧。根据以前拟定的办法，我们的军队很可能会经历大幅度的裁员。加拿大军队当然要离开。法国人的力量不够雄厚，难以应对。很明显，我们除了在大陆上留下一小部分军队牵制德国外，其他的武装力量将会很快消失。

2. 同时，俄国方面情况怎么样呢？为与俄国建立友好关系，我一直努力着，但是我与你一样深表担忧。由于他们误解了雅尔塔协议，他们对波兰的态度，他们除希腊之外，在巴尔干半岛各国拥有的强大势力，他们在维也纳造成的困境，他们把被他们控制或占领的地区与俄国的实力结合到一起，再配合上他们在很多国家实施的共产党花招，特别在很长时间内，他们能在广大地区保持强大的军事力量。英美的军队在一两年之后已经撤退，法国军队建立起的规模还不是很大，我们也许只有为数不多的几个师，大多数是法国师，而俄国人不经意间就有二三百个现役的师。不知那时将会是什么局面？

3. 他们将会在前方地区安置一道铁幕，但我们不知道铁幕背后有些什么事情。无疑，在吕贝克到的里雅斯特再到科孚一线以东的整个地区，还有美军所攻占的位于艾森纳赫和易北河之间的一大片地区，很快就会全部被他们占领。我认为，美军一从这个地区撤离，俄军在几个星期之内就会占领。艾森豪威尔将军必须做好一切准备，以防俄军大规模地向欧洲中心挺进的同时，又有大量德国人向西逃走。到那时，在大部分地区（即使并非完全）都会安置铁幕，如此一来，俄国占领区的广大地带会有好几百英里宽，隔开了我们与波兰。

4．同时，俄国人会有机可乘，只要他们想进入北海和大西洋海域，不需要多长时间就能进来，这是因为我们的人民把焦点全部放在对已被摧毁并已投降的德国的严厉惩罚上。

5．目前，在我们的军队削减严重，或退到占领区之前，我们确实需要俄国的理解，或是看看我们与它处于什么样的关系。我非常感谢你的建议和忠告，但只有亲自会见，才能做到这些。当然，如果我们把俄国的行为视作合乎情理的话，毫无疑问，这种看法最容易解决问题。总之，我认为，当前最为迫切的事情就是我们要在力量还未消退之前与俄国解决问题。

* * *

从一开始，为维护我们的地位从而避免西方军队解散，我们就在自己能力许可范围内，采取一切实际行动。

首相致艾森豪威尔将军（在法国）　　　　1945年5月9日

听说德国人打算把他们的全部飞机就地销毁，我很是担心，我希望他们不要用这种政策来处理武器和其他形式的装备，因为我们也许在某一天又需要这些东西了。即便是现在，它们也可用于法国，特别是意大利。在我看来在，只要东西值得保存就应该保存下来。这次战争中经常用于多佛高地上的重炮，就是我在上次大战中保存下来的。

我们正在这里热烈庆祝。

艾森豪威尔将军致首相　　1945年5月10日

我们已将德国人不得毁坏飞机这条政策制定到投降条件中去，德国人对所有其他装备的处理也适用于这种政策。如果德国人正在摧毁装备，就违反了投降条件，如果有谁能提供关于这种事情的具体情况，我们表示欢迎并且会严惩违法者。（我们这里）也在热烈庆祝。

首相致艾登先生（在旧金山）　　1945年5月11日

今天报纸上刊登一则消息，即美军从现在起每月会撤离一大批，我们该怎么办？没有多长时间，我们就会因部分复员的要求而感到巨大压力。我们的军队在短时间内必然会分散，而俄国人也许仍然保持几百个师，占领欧洲的一部分，即从吕贝克到的里雅斯特，然后达到亚得里亚海位于希腊的边境。与修订世界宪法相比，这些事情更为重要。也许世界宪法永远都修订不出来了，因为如果等过段时间之后，再爆发一次第三次世界大战，也不用修订宪法了。

14日，艾登按照我的心愿，从华盛顿向马歇尔将军和史汀生先生打探关于美军从欧洲撤退的事情。那位将军所说的话，整体上能够让人安心。在未来几个月中撤离的真实数字是，每月从总数三百万中撤离的人数将不足五万名。艾登接着又谈到以前同意从属于苏联占领的区域内撤出英美军队的问题。我给总统的电报，马歇尔已经阅读，他似乎很理解我的提议。他说，俄国人曾经占领了奥地利的一小块归美国占领的区域，但是他们已经撤离，在他看来，他们故意这样做，是为了便于以后能有理有据地要求我们从我们所占领的俄战区内撤走。

* * *

起码我们能保证英国空军的实力是有效的。

首相致伊斯梅将军，转参谋长委员会　　1945年5月17日

应该停止对轰炸机司令部的裁员。除沿海司令部之外，首都空军的一切削减都应该停止。以上提及的两个方面，如果有需要可以请假，不过，如果没有战时内阁的命令，不得减少中队的组织和数量。

首相致空军大臣和空军参谋长　　1945年5月17日

目前，驻意大利的空军既不能削减也不能复员。

首相致空军参谋长和伊斯梅将军，并转所有有关人员

1945年5月17日

如果没有得到内阁的指令，只要是属于英国控制并且能够用于作战的德国飞机，包括备件在内，德国人或我们自己一律不得加以破坏。

首相致伊斯梅将军转参谋长委员会　　1945年5月20日

从我们下令空军不得再复员、陆军要“妥善进行”复员行动以来，已有一个星期左右了。当然，我确信，参谋长委员会为实施这些必要程序，能制定出更为稳妥的方式。

* * *

我曾将一切情节告知当时正在旧金山的史末兹，他和我的心情一

致，行动上也全部一致。5月14日，他来电表示：

> 一段时间以来在我心中形成的危机意识，通过这封来信得到证实。当时俄国已经对波兰、罗马尼亚、保加利亚、捷克斯洛伐克和奥地利显示了自己的实力，现在南斯拉夫也在上演同样的事情，只是形式更为剧烈。在那里，铁托是受俄国人的指使展开行动的。另外，你给斯大林去了一封友好的信，得到的却是蛮不讲理的答复。照此看来，他似乎要借着消灭德国来寻找机会，或者是如果对付日本需要他的合作，他就无限制地提要求一样。

在我看来，我们没有充足的证据证明有关日本的那些理由，不过我担心国务院一方也许会过多考虑，于是，我给我们的大使发了一封电报：

> 首相致哈利法克斯勋爵（在华盛顿）　　　　1945年5月14日
>
> 苏联能尽快加入对日战争是我们一直盼望的事情。由于他们自己在远东的重要影响，别人不需要去恳求他们，也不应该为了让他们加入而付出一定代价，从而破坏中欧或巴尔干半岛各国自由与正义的统治。

*　*　*

杜鲁门先生一个星期都没有给我回信，我想知道那些重要的情况。后来到了5月22日，他来电说，他认为许多事情最好还是不要通过电报处理，在三国会议之前，他会派戴维斯先生来拜访我。

战前曾任美国驻俄大使的戴维斯，因深刻同情苏联政权而出名。他实际上写过一本描述自己出使莫斯科的书，该书已经拍成电影，影片中有多处为苏维埃制度辩解的地方。当然，我会立刻准备迎接他。

26日，他与我一起在契克斯度过一晚，我与他进行了长时间的谈话。他提出总统和我会面之前，先要去欧洲某地拜访斯大林。这个建议让我很为难，而我确实也感到很吃惊。以前，总统在一份电报中把他与我见面形容为“结成帮派”，这让我很不开心。英美两国的联合来源于我们在原则和多方面政策上的一致，我们两国与苏联，在很多重要问题上都有严重的不同。在罗斯福时代，美国总统和英国首相持相同的态度在一起协商并不少见。“结成帮派”这种措辞有轻视的意思，我们现在不能承受。另外，总统为单独跟苏联国家元首会见，虽然从大不列颠绕过，但显然没有“结成帮派”之意，因为他毕竟是在我们与美国在重要问题上达成一致后，才单独与俄国协商的，因此他不可能那样做。我国自战争当天起，就效忠于自由的事业，不管在什么情况下，我都不能接受对我的国家和我本人的侮辱企图，即使不是故意也不行。有人话中有话地说在不列颠和俄国之间才会发生新的争执，我表示反对。因为美国与我们一样，也对此十分关心并承担着责任。对于这一点，我在谈话中跟戴维斯先生交代得很清楚，而东欧和南欧的所有事务，都在我们谈论的范围之内。为避免误会，我写了一份正式的备忘录交给戴维斯先生，但是在征得返回伦敦的外交大臣的真挚赞同之后写的。

首相关于戴维斯先生所传口信的备忘录

1945年5月27日

1．最重要的是三大国之间尽可能早地举行一次会议。不管什么时间、什么地点开会，只要其他两大国同意，首相都能参加。不过，如果美国和大不列颠认为需要到俄国境内或俄国占领区去开会，则不是他所希望的。我们已经到莫斯科访问了好几次了，最后一次的雅尔塔会议，也是在俄国境内召开的。首相坚持伦敦应为三大国庆祝胜利的聚会地点，因为它是世界上最大的城市，而且在战争中遭受极为严重的破坏，这自然是适合的。不过如果不赞同这一点，英王陛下政府仍愿意就一个最合适的地点问题，与美国和苏联展开探讨。

2．戴维斯先生传消息称，杜鲁门总统在一处约定好的地点与斯大林元帅召开会议，几天之后，他们才会邀请英王陛下政府的代表参加会议。首相不敢相信这样的提议，要知道，令人感到惋惜的是，除非开始的时候，就让英国政府的代表以平等的伙伴身份参加会议，否则任何会议他们都不能参加。首相疑惑的是，说出对不列颠 、不列颠帝国和英联邦如此伤和气的建议，是什么原因。[①]像这种类型的会议，既需制定议事日程，又要留时间让三国首脑之间进行礼节性的交流，因此需要召开两三天的预备会议。基于此种情况，三大国之间可以根据各自的意愿自由来往，也可以随时在约定的时间内来往。

3．首相知道，杜鲁门总统必定喜欢与斯大林元帅来往，因为他以前从未享受过这种乐趣。在这些会议中，政府首脑或外长间会极为自由地相互交流，并且不受任何一个盟国的一丁点限制。首相本人就希望与杜鲁门总统初次见面并相互认识。他十分希望在会议正式开始之前，先和总统私底下谈论几次。不过，在这种会见中，所有的事都是绝对自由的，首脑们想以何种方式会见，在什么时候会见，会见多长时间都可以，并且不论什么问题，只要他们想就可以讨论，当然，这不会为午餐和宴会带来不便。基于这种场合，令三大国团结起来的强大纽带，在愉快的交际的促使下，会更具生命力。而且，这也会经常成为志同道合的人举杯祝贺的谈资。以首相的经验来看，现场实现这些事情很容易。

4．对首相来说，如果三大国会议能在 7 月 5 日之后召开就更好了，因为那时英国的选举投票已经结束。不过，他认为，这种考虑并不重要，而趁着欧洲大部分美军还未解散之前，尽快召开

① 作者后来加上了着重号（用斜体表示）。——原注

会议才是最加重要的。因此，如果斯大林元帅能同意提前到6月15日开会，首相也是愿意的。

5. 需谨记，在这个时候，英国和美国是以相同的意识形态为基础团结在一起的，那就是自由，以及美国宪法中所宣示的，用现代变更了的方式凝练并重新呈现的大西洋宪章中的各项原则。苏联政府则运用共产主义这门不同的哲学，还要充分运用警察统治的手段，而作为他们武力牺牲品的每一个国家，也都被他们施以这种手段。有人认为美国的想法是：英国和苏联彼此实力相当，都属于外国强国，这场战争中的一些争端需要它们来处理，而首相不愿轻易接受这种建议。是与非之间不存在平等关系，只是力量强弱不同罢了。英国和美国为了在伟大事业及其原则上取得胜利，历经艰苦，这不仅仅是棋逢对手的问题，事实上还有拯救世界的问题。

6. 在过去的多年中，首相为求得俄国和大不列颠的人民之间能建立起真正的友情，曾日夜奋斗。并且只要权力允许，他对美国同样是这样。他在付出努力的过程中，克服各种困难，坚持不懈，只要有一种令人满意的解决之道，不但使苏联获得巨大利益，还能使现被红军欺压过的许多国家和民族获得独立的主权和自由的内政，他就绝不放弃。不列颠人民尽管当时没有做好充足的准备，但他们还是为了波兰的自由、独立与主权投入到战斗中。现在，这对已经更好地武装起来的民族和帝国来说，更成为关乎荣耀的问题了。在不列颠人民的心目中，捷克斯洛伐克的权利是十分珍贵的。历经多个世纪以来的艰难困苦，马札尔人终于维持了他们在匈牙利的地位，因此必须永远被看作一个完整的欧洲实体。现在，俄国的洪流将它淹没，未来，它难免或者成为争执的原因，或者出现让每一颗高尚的心都感到畏惧的亡国现象。奥地利和它的文化，还有其历史悠久的首都维也纳，应该成为欧洲的自由中心，便于人们生活和进步。

7. 经过多个世纪的战争，巴尔干国家都没有被摧毁，它们已经建立了属于自己的扎实的文明。目前，南斯拉夫被铁托统治着，他是被共产党训练出来的领袖，但能取得权力，主要归功于英美军队在意大利的进军。罗马尼亚和保加利亚主要因为紧挨着苏俄，而在几次战争中它们又没有站对位置，因此沦陷了。不过，这些国家应该享有生存的权利。而希腊，它们的人民之所以赢得这样的权利，没有遭受阻碍带来的恐惧，就能参与即将开始的选举，而以普选和不记名投票为基础，自由表现他们对政体和政府没有拘束的选择，这都要归功于它们和英国军队的艰难作战。

8. 在首相看来，把所有问题放在一边不谈，只是为了满足苏维埃共产党俄国的帝国主义提出的要求，那是很愚蠢的。尽管首相非常希望能在稳妥、友好与持久的基础上，达成一种协议，以至促使世界组织的建立，并使它多少发挥真实作用。不过他深信以上摘要中提及的一些欧洲关系中的重要事务也应该引起重视。因此，他极力主张：(1) 提早开会；(2) 三大国在接受邀请上应享受平等对待。他着重指出一件事，即任何会议只要具有另一种性质，大不列颠将拒绝参加。当然，由于此事引发了争端，促使他必须去保护英王陛下政府立誓效忠的政策。

总统秉着友好与谅解的态度，接受了这个备忘录，他还在 5 月 29 日答复说，他正在思考适合召开三国会议的日期。并且，我们提出的正义观点，还是引起了我们这位亲爱的朋友的注意。

斯大林在 5 月 27 日提议，“我们三人”应该“尽快于近期”在柏林会面。我回答说，能在这座城市的残余地区见到他和总统，我感到很高兴，并且希望能在 6 月中旬召开这次会议。这时，我又接到一封电报，内容如下：

斯大林元帅致首相　　1945 年 5 月 30 日

霍普金斯先生是在我接到你电报几个小时之后，来拜访我的。我听他说，杜鲁门总统认为 7 月 15 日是最适合召开三国会议的日期。如果你能赞同，我也同意那个日期。

致以我最良好的祝愿！

* * *

大概就在派戴维斯先生来拜访我的同时，杜鲁门总统已经让哈利·霍普金斯以特使的身份，为就波兰问题达成可以实施的一致协议再尝试一把，而前往莫斯科了。霍普金斯尽管健康状况不好，但他还是带上他的新婚妻子，无所畏惧地开启了莫斯科之行。他之所以受到了一次极为友好的迎接，原因是他与俄国是出了名的友好。确实，第一次获得了一些成绩。斯大林赞同，根据我们对雅尔塔协议的解释，邀请伦敦的米科莱齐柯与他的同事二人，前往莫斯科进行商谈。他还同意邀请几个来自波兰国内的重要的波兰人，卢布林派除外。

总统给我发来一份电报，上边说道，在他看来，这在谈判中，是一个积极且令人振作的阶段。显而易见，被捕的大多数波兰领袖，仅仅是因为非法使用无线电发报机而被起诉的。而霍普金斯为使协商会议尽量在和谐的气氛中进行，正在竭力劝说斯大林同意将他们赦免。他希望我能劝说科莱契克，让他接受斯大林的邀请。

当然，对于这些意见，不管它们的真正价值有多大，我们都赞同。

首相致杜鲁门总统　　1945 年 6 月 4 日

……我赞同你的意见，霍普金斯真心诚意的付出已经将僵局打破。当前，如果无法获得更多的成绩，在此基础上，我希望看到非卢布林派的波兰人收到邀请书。对于被捕的十五六名波兰人，他们的问题不能为这些商讨带来阻碍，这点我持赞同意见。不过，我们为他们所付出的努力也不能中途停止。因此,我决心和你并肩，联名也好，分别也好，通过电报告诉斯大林，我们接受霍普金斯可能收获的最好结果。不过，前提是，只要会议重新召开，我们的大使在邀请与会者问题上，仍然可促使你们做出更多改进。

虽然，现在这样做既慎重又适当，并且我相信，你也会认为这些建议只是在打破僵局上有了些进展，并没有比雅尔塔有进步。但是，我们现在应该在雅尔塔会议及其精神的基础上，建立起一个具有代表性的波兰政府。而我们换来的，仅仅是对外国的波兰人宽容一些，让他们能参加预备会议，这样也许会促使卢布林政府作出一些改变。因此，在我看来，这件事只能被我们看作是漫长而又艰苦山路上的一块里程碑而已。我认为，任何报纸通过主观判断，就认为波兰问题已经解决，或是认为西方民主国家与苏联政府之间对于这个问题的争执已经超越了缓和，我们都应该防范。目前，我们还不能纵情欢乐，只能把它看成一种希望……

* * *

我向霍普金斯表示祝贺，第二天他答复说：

我对你亲切的私人来电表示感谢。

我希望你能赞同，只能将释放犯人（十六个波兰犯人）视为一种建议，而不能当作在此地进行商谈的条件。我会竭尽全力想办法释放这些犯人，不过，依我之见，让这些波兰人立即前往莫斯科，才是最首要的事情。

后边的话，强调有些特别：

今天早晨，我准备告别莫斯科到柏林去参观一下，接着就回国。这里的事情也算是基本上获得了令人满意的结果，艾夫里尔和我都觉得希望很大，起码在这些犯人中，有些人会被释放。

我告诉你，对于“特赦”一词的含义，我完全不理解，希望英国内阁别将过多的时间花在辩论这个问题上边。我对斯大林说过，这些波兰人很可怜，只要释放他们出狱就行。假若你能找到“特赦”的专门含义，请你告诉我。

米科莱齐柯被我说服前往莫斯科，致使一个新的波兰临时政府成立了。英美两国按照杜鲁门的要求，在 7 月 5 日认可了这个政府。很容易看出，我们不能做出什么更多的事来了。苏联人在这五个月之间，只要看到土地就要争夺，并用拖延的手段达到目的。在此期间，卢布林政府在贝鲁特的领导之下，能够完全操纵波兰，常常实施驱逐和清洗，因为他们有俄国的军队力量撑腰。虽然他们曾同意我们的观察员进入，但却始终不肯执行。除了波兰政党自己的共产党傀儡外，他们中的所有人在新获认可的波兰临时政府中只占一小部分，并且完全没有希望。我们希望波兰民族通过自由选举来表达他们的意愿，但我们距离一切真正有希望的努力还差很长一段距离。不过，“三大国”会议即将召开，我们可能会从中获得一个真正的解决，这是一种希望，也是唯一的希望。截止到目前，我们在今天波兰民族自由问题上所获得的成果，如同尘土一样，微乎其微，但这也是它带给我们的全部了。

第十六章　联合政府的解散

联合政府的成绩——两个参选的政党组织的实力和弱项——我在1944年 10月 31日在下院的演讲——只要战败德国，需要向全国选民诉诸——6月和 10月间的抉择——我希望大选能推迟到日本投降那时——与艾登先生的信函——我提议联合政府应保持到取得对日胜利之后——这个建议被艾德礼先生拒绝——我于5月 23日向英王请辞——“看守政府”——预定7月26日为投票结果的揭晓日期

除了像决定大选这样的问题以外，不管是国家问题，还是个人问题，我都很少感到难以应对。战时议会似乎已有十年光景，或是说达到了正常任期的一倍。为了它，各党派在1940年5月团结在一起，他们已经完成了最高任务。全国各党派的联合政府，能够抵挡住漫长岁月的灾难、困苦还有因战争中的错误和意外带来的信心不足，因为他们的力量是强大的。任何其他的力量都无法唤起大不列颠的巨大潜力和持久力，只有联合政府。我们现在联合在一起，完成了欧洲的任务，只等着收获果实了。这个过程包含着一连串问题，虽然不算很强烈，但却十分重要，这些问题一定会对我们为之战斗的一切带来影响。假若不拿出战时的干劲处理好这些问题，不但得不出结果，更不用说长久的和平了。

我在工党中拥有忠实而坚定的同僚，从来没有其他首相能够相比。虽然如此，当我们马上就要将德国彻底打败的时候，他们的党派机器开始发挥作用，开展了大规模的且越来越多的活动。当然，他们有这个权利。随着战争的发展，局面越来越不利的时候，保守党中的主要人物，几乎全部加入了战时工作的行列。部队中又吸收了许多比较年轻的人。工党，我们在辩论激烈时也称它为社会党，其当时的重点在工会。那里有许多领导人物肯定想到前线去，不过由于他们需要组织我们生产的整个过程，争取每天都能获得最高成效，因此无法离开。别人在国内战线上做不了的工作，都由他们来承担，与此同时，他们还维护着自己的党派关系，他们还应受到别人的抱怨吗？这些关系在我们排除了致命的危险之后，越发增强了党派色彩。如此一来，这一边的政党彻底杜绝党派活动，而另一边的政党却坚持开展党派活动，不受任何约束。这是事实，而非责备。我们不该降低对党派斗争和党派政府的评价，因为这在国家安全不受威胁的和平时期，代表了议会民主自由的一个条件，迄今，我们还不清楚有什么东西可以永远地取代它。

我深刻领会到，当战争的危险程度日益降低，地平线上露出胜利曙光的时候，保守党方面的政治组织所处的地位却非常不妙。我们突然需要通过大选投票，来诉求全国人民对于宪法的需求，当大选日期日益接近的时候，政府里的成员感觉到他们的志趣开始向着相反的方向发展，而且一整套新的标准也日益明显地呈现出来。我们已经成为权力竞争的对手，而不再是战友了。在不列颠，何为党派分歧？其实主要是相互之间必须争夺全部的有利地位而在某个重点上产生的分歧。成群的男男女女，日夜奔波着游说，就是为了争取别人支持他们的观点和组织。

1944 年 10 月 31 日，当我提议将议会任期延长的时候，就对下院说过：

> 假若我们将对德战争的结束日期假想为 3 月、4 月或是 5 月，如有某一政党或是任何其他政党的部长加入了联合政府，就要从

这个政府中撤回，或是从那时候开始，结束联合政府。如此一来，很多人会认为，无论于公于私，这都是一件让人惋惜的事情。但是，一旦德国溃败，不管是在这个政府里，还是在这个议院中，这样的事情都不会受到我们的责备或是令我们感到可悲……

当我们审视了所有日本问题的时候，单从军事上看，假如我们将彻底摧毁日本人的斗志或是作战能力的时间，定为希特勒溃败之后的十八个月内，这一定是太过大意的，而且，联合参谋长委员会每隔几个月，必须对这段时间进行一次纠正。

根据宪法，将本届议会的任期再延长两年或是三年，是一个非常严重的错误。以现在为例，由于选民登记在战争一开始的时候就结束了，因此没有任何三十岁以前的人参与一次大选投票，甚至没有参与过补缺选举的投票。由此看来，我们决定大选日期，只能以反纳粹战争的结束为依据，除非所有党派决定，让现在的联合政府一直保留到日本战败的时候。[①]这个政府不但在作战方方面获得了前所未有的成功，而且在过去两年内已经制定出或已经实施了一种方案，以便革新以及谋取社会进步。有如此高效的现政府，竟然要拆散，令我感到惋惜。从平时来看，在通常情况下，要做到这些，很可能要霸占整整一届议会长达五六年之久的时间。但事实上，对于这一点，我可以十分坦诚地说，我已经为这个议会服务了四十二年，能让我始终给予如此忠心、信任和不变支持的，只有这一个政府（大笑）。这些由个人的善意、在伟大事业上的战斗友情、还有从这些战友的友情中产生的越来越多的胜利意识结合在一起的力量，一旦分散，我难免会感到失望和惋惜。不过，我主张在德国的危害消除后，对诉求于人民的每一个人，都不能有所责备。我自己确实也清楚地看到，本届议会在对德战争时期就结束了，如果再延续下去，就是错误的[②]……

① 作者后来加入了着重号。——原注
② 作者后来加入了着重号。——原注

如果工党和自由党没有诚挚的表示，我可以向该院保证，我只得在对德战争有效而正式地结束后，请求国王裁定议会解散一事。这种局面从多方面来说，都是前所未有的。我确信，尽管这种局面还不会对我们英国灵活的制度造成影响，但用这个办法处理此局面，却是真诚、公平、符合宪法的。与此同时，我们不得不承认，我们的处境会变得越来越艰难。解散的氛围已经扩大了，各党想着他们即将解散，并且这种心情愈发强烈，因此倾向于彼此在议会两端侧目而视……

议会解散的宣布是现政府结束的象征。保守党在本届议会中占多数，因为他们超过所有其他党派以及无党派人士一百席以上，因此，这次势必要举行的大选，应该由我们来准备。我想，没有一个人希望举行选举的时候，正是十分匆忙的时候，或是我们免于灾难，正在庆祝胜利和感谢上帝拯救了我们的时候。肯定需要间隔一段时间。另外，我们需要特别小心的是，务必让每一个有真实选举权的人，享有参加选举的公平的机会。这条尤其适用于士兵，因为他们中的许多人正在离我国很远的地方服役……

因此，从解散获得国王批准当天起，需要三个月的间隔期，这是确定了的。各个政党和候选人需要在精力充足的情况下，彼此进行较量，因此，这样做对他们是很公平的……最后，只要未到法定任期或法定展延任期的最后一刻，联合政府就需要继续任职，这既与惯例不符，而且采用哪种类型的实例也不是很完备。

* * *

可以想象，去年秋天我自己曾承诺对德战争一结束就举行选举，并且是那样的坚决。回想一下，如果当时我提出将期限比我要求的再推迟一些，就更稳妥了。在当时办这件事并不难。

我没有那样做。从德国投降那时起，公众在举国欢庆的时候，思想已经转移到党派竞选上去了。我们将期限选在6月和10月之间。现在我希望且极力坚持，等到我们将日本打败，签订了和约并且等军队回国之后，我们再分党派。赫伯特·莫里森先生站在政党事务的最前列，他终于建议，工党的部长到10月底之前，都应该留在政府里。我们从德国灾患中获救的感觉逐渐消退，而我们为对日战争重新安置兵力的压力将更加繁重，因此，我们认为从10月15日开始，实行新的选民登记更有利于工党。我们把地方和全国的选举权划分到一起，这样市区的选民团体数量就能增加一倍，他们或许希望在地方选举中胜出，以便给议会斗争奏响令人振奋的前奏。同样，反过来讲这些理由的话，保守党的党务经理们更偏向于6月。在一次保守党主要部长的会议上，我一反常态，要求每个人都在一张纸条上写下自己的意见，所有人都赞成6月，只有两个人除外。当然，这不能被看成结论。首相完全掌握请求国王解散的权利，此外，我的态度表明我不喜欢党派之争，当我的同仁们察觉的时候，立即向我保证，不管我做出怎样的决定，他们都会支持。

6月或是10月，我都不喜欢。六个月以前，当打败德国的问题超越其他所有问题的时候，我很容易以豁然的姿态来谈论以后将要发生的事情。不过现在，我的身上已担负了新的重大问题，这些问题在之前各章中有所描述，因此我迫切希望到对日战争结束之前，全国战友之间要保持友谊并团结一心。我们还需要一年到一年半的联合。我们为整个国家服务得还不错，这样做是否对它要求过高？看来，这的确与国家利益相吻合，但若想让它实现，只有在两党之间获得友好协商。基于我在1944年秋天的发言，虽然我们对任期的延长是有限且合理的，但我认为我们应该要求选民以公民投票或其他方式来承认。自从打败德国的日期越来越近的时候，我们已经被竞选的气氛包围，但不管怎样，到了年底之前，这种气氛势必会散去。也许，我们大家能为了面前需要我们齐心协力的各项重大任务而一同工作。依我之见，在10月进行选举，是我们解决问题的所有办法中最不好的一个。这个时间太短，不能真正缓和政治上的紧张。在之后的四五个月，这种紧张气氛势必每月还会有所增强，而且必然会对我们思考与处理国内外事务造成不利影响。如果一定要在1945年内举行选举的话，那么还是越快举行越好。

以后的结果如何，这谁也不知道。按照上边提到的理由，保守党在组织工作上不如工党做得好。另外，许多人相信，我所掌握的权力也许不会被全国民众收回。至于结果什么样，双方持不同意见，而相反的猜测更胜一筹。我一想到自己从全国领袖降为一个党派的领袖，就为我的前景感到悲伤。我当然希望自己仍有权力能想办法解决欧洲问题，结束对日战争，并让士兵们回家。这并不代表掌控国家大事就比过私人生活更有意思。在这时，我非常疲惫，身体是如此虚弱，在新楼的底层开完内阁会议之后，是海军陆战队的士兵用椅子把我抬上楼的。即便如此，我心中仍然以世界的整体局势为中心，并且我相信自己拥有知识、影响力和权威，这些也许会派上用场。因此，我想我有义务去尝试一下，并且，这也是我的权利。我不相信我这样做会受到阻碍。

我直截了当地将这个6月或10月的问题告诉了身在旧金山的艾登先生。

1945年5月11日

对于6月和10月之间的这种国内政治问题，我还没做出最终论断。但是在这三四天之内我必须做出决定，因为最晚到5月17日就要确定6月28日的选举登记。我们这边，大家一致认为6月对我党更有利，而10月会使现在这种焦躁的竞选氛围拖延下去。基于这种氛围，我们会从党派的角度来思考许多需要解决的问题，这样政府就可能陷入瘫痪。你临走的时候是认同6月的，如有改动，请将意见及时告诉我。如果在16日之前，你和克莱勃恩不能赶回来，那么这件事只能在你们缺席的情况下解决了。

2. 另外，如果我们仍然联合在一起，就能更好地对付俄国，因为他们有巨大的危险。因此我猜想工党将建议10月再竞选。这对他们无疑是有利的。

在回复电报中，他将事情以公平的角度阐释后，给了确切的答案。

外交大臣（在旧金山）致首相　　　　1945年5月12日

1. 我赞同6月举行选举，尽管这会解散联合政府，使我们招致工党的抱怨，并且我相信将它再保留一段时间也是全国所希望的，但对于我党来说，6月可能会比10月好。随着竞选运动的开展，工党从联合政府中可能获得的任何好处，可能也将不见了。

2. 另外，如果必须要将联合政府延期到10月，到时必定要解散，我们肯定会为此难过。基于这种情况，到那个时候，可以让现在的劳工大臣（欧内斯特·贝文先生）继续负责复员计划，从全国的视角来看，这或许是有好处的。

3. 外交方面的问题才更重大。我们无需再强调当前局势的危险。有时候我感觉，我们正在进入一个时期，似乎把第二次巴尔干战争搬上了世界的舞台。显然，我们用全国联合政府来处理外交事务，从地位上来看，我们更占有优势，而今后的几个月中，我们需要用到我们的全部力量。基于这种情况，国际局势到了10月，是否会更缓和一些，或者到那时，我们对联合政府的需求是否会降低？据我判断，所有迹象显示，今天要比10月容易些。如果到10月进行选举，从国际形势的关系来看，或许不如在6月举行更有益处。不过，也只能拖延到10月了。因此，我们需要仔细衡量利弊：在焦虑不安的情况下，把联合政府延长到10月，可能得到的益处不会很多。不过到那时，如果不顾危险进行大选，国际事务会比现在更加繁重，而且社会党获胜的机会也会增加。通过仔细衡量这些矛盾，我仍未改变我以前所发表的主张，即从全国角度来看，在6月举行大选的理由比较充分。

首相致艾登先生（在旧金山） 1945年5月13日

1．你的电报我已收到。你的意见基本上与我的意见相同，并且和我们这里大多数人的意见也相同。我想对你说，你对局势的衡量简直让人敬佩。

2．不过，之后我就收到了总统在5月12日发出的电报，上边内容是关于的里雅斯特的，我已原文转交给你。我有幸读到这封电报，并且不得不将它看作有史以来最有远见、最踏实和最坚定的电报之一。我已经在复电中表示我会全力以赴地支持他。我将在接下来的一封电报中，将我的复电原文发送给你。此外，还有一份电报是关于不要在胜利果实还未摘取时就将军队解散的事，我也已经将抄件发送给你。我相信，你在与总统商谈时，一定能就一切问题恰当地表明我们的态度，特别是关于停止解散我们的军队的态度。

3．所有这些都为选举带来了一个新的条件。这项事业既重要而又有风险，我们绝不能一边要求工党同仁们的支持，一边又随时会解散政府。如果这一类麻烦发生了，又要跟全国交代这件事情的起因，那么我们必定离不开像艾德礼、贝文、莫里森和乔治·霍尔这些人的支持。基于这种情况，我坚决不支持在10月举行选举，因此必须直接指出，我们必须将我们的共同任期延长。终结我们这样一种联盟，不应该由固定的日期决定，而应该由共同的目标决定。不过，在今后的两三天里，不用将这件事放在心上，我走每一步都会小心的。选举很有可能在7月5日举行，这样一来，我们又多出一个星期的时间，可以将所有问题集中思考。

工党正在布莱克普尔开会，他们一致认为莫里森先生是掌控党务策略的领袖。贝文先生不希望联合政府解散，他的理由也许与指导我的那些想法没什么不同。现在，艾德礼先生已经从美国返回，他先到唐宁街来拜访我，然后再去布莱克普尔。我与他谈了很长时间，在谈话中，我极力建议我们应想办法推迟选举，不仅推迟到10月，最好等对日战争结束后再开始。显然，他对我的想法表示同情，这并不代表他是从狭隘的党派观点出发来看待这个问题的。他离开的时候，给我留下了一个印象，我想他会为了使我们联合在一起全力以赴的，因此，我也是这样告诉我的同仁们的。不过，党的情感浪潮实在是太猛烈了。

* * *

我没有收到令人满意的消息，于是就寄了一封信给艾德礼先生，如下：

亲爱的艾德礼： 1945年5月18日

通过与你以及你们工党中的主要人物谈话，我感觉出，工党并不想将德国打败后就离开政府，而是希望将联合政府一直保留到秋天。

对于这个建议，我已经做了最谨慎和最深切的思考，但只能惋惜地说，我认为，就目前的方式来看，它是不符合公众利益的。像当今这种各党联合，应该是大家团结在一起，齐心协力，应该为了达成某种全国性的大目标，而摆脱所有党派之间矛盾的束缚，不能只为了一个规定的日期，就忽视了世界大事。在过去的五六个月中，由于大家以为对德战争结束后，就该大选了，因此我们的各部事务和议会方面的事务受到的影响越来越多。仅从国内事务来看，这样的情况将会对全国的利益造成不良影响。

因此，我的建议如下：我们应该为了另一个目标而共同努力，把我们解散的问题放到这个目标实现后再解决，对此，我极为希望你不要轻易就否决掉。海军大臣（亚历山大先生）已经对在对日战争没结束前就举行大选一事表示担忧，这在他的伦敦演说中得以体现。如果你和你的朋友们决定跟我们一起干下去，直到将日本彻底战败为止，我就会绝对安心了。与此同时，我们已经向议会提交了白皮书，我将尽全力使其中所包含的社会安全和全部就业的方案，付诸实施。基于这种情况，我们的全部精力与战友间的友谊来自于历时已久而光荣的联合，凭借这些我们得以在一起工作。

尽管如此，由于我们的职务需承担很高的责任，因此我明白，要完善我们自己就要依靠全国意志的直接表现。如果你们决定跟我们继续联合，直到日本被迫投降前，大家都齐心协力，那么就让我们就怎样征求全国意见进行讨论，例如为解决本届议会在此情况下是否应该延长任期的问题，可以实行公民投票的方式。

我给阿齐博尔德·辛克莱和欧内斯特·布朗先生发送的信函，语气和这个差不多。

温斯顿·S. 丘吉尔

我收到了艾德礼先生给我的答复，他在信中否决了我对延长联合政府的提议，于是我又给他寄去第二封信，如下：

亲爱的艾德礼：

收到你5月21日的来信，我感到十分遗憾。我提议延长我们的合作，直到打败日本并完成我们的任务为止的提议，遭到你的否决。

你在这封信中告诉我，将现在的联合政府推迟到10月大选为止，是我们仅存的一条路。这就说明，从现在起到10月，我们不管在政府外部还是内部，都要连续为选举作准备。几个月以来，我们已经被这种竞选活动的氛围所影响，我相信，我们的行政效率也会受到该氛围的影响。况且，这个时候，我们需要巩固我们的国家，如果准备选举，国家的地位也许很快就在全世界面前有所下降。

你在信中说“党派间最严重的分歧在于全国经济生活的建设问题”，对此我表示赞同。你说，“我们需要果断的行动。一个政府，只有在原则和政策上齐心协力，才能做出这样的行动。”你所说的，“我的同仁们和我认为，既然全国都注意到我们对选举的期待，我们就不可能忽视政治上的争执”，对此我也表示同意。在我看来，我相信，贸易恢复以及工业生产改变的整个过程，会因长时间的动荡不安和鼓吹而受到破坏。大选即将到来，由于受到它的吸引，对任何国家来说，历经如此长的一段时间，都没有好处，对任何联合政府来说，这也是不可能，像现在世界局势动荡，四处充满危机，这更是绝不可能的……

你竟然说要搞“突然性”的选举，这让我感到遗憾。你应该没忘，由于我们预料到对德战争结束后将会出现的局面，因此我们曾在战时内阁中就整个程序问题展开细致讨论。从解散议会到选举投票，按正常来算应该有十七天的时间，而由于目前的特殊情况，最起码应该外加三个星期的间隔时间，正是你和你的同仁们提出来的。这个提议合乎情理，因此我高兴地接受了，并且，你于1月17日还宣布了内阁的一致决定，当时你在下院宣布，这段时间已经获得了国王的批准，他至少会在三个星期之前，宣布旨意解散议会。

温斯顿·S. 丘吉尔

*　*　*

由于党派之间必然会决裂，我于5月23日向国王递交了辞呈，这大概是英国宪法授予首相的唯一特权。不过，因为它与政府的解散有关，也算是为权力打下非常坚实的根基。当然，我跟国王把所有缘由讲明，他仁慈且愉快地接受了我的辞呈，还问我是否能再另外组织一个政府。我之所以接受了这项任务，是因为保守党在下院中占有的席位，比其他各党加一起的总和还多一百个。在我看来，我着手成立的是一个全国性政府，但事实上，只能算作“看守政府”。我们保守党和自由党的同仁们在这个政府中充当主要骨干和核心，不过，还有那些无党派人士，他们虽不属于任何政治派别，但曾在战时内阁中发挥了非常重要的作用，因此，他们都应该继续留在自己的岗位上，无一例外。这些人有财政大臣约翰·安德森爵士、莱瑟斯勋爵、安德鲁·邓肯爵士、詹姆斯·格里格爵士、格维里姆·劳埃德·乔治先生等。

一个现代式的英国内阁，拥有近八十个人和职务，组织起来是一件很复杂的事情。当我想到格拉德斯通时代，采用私人信函来往或是会谈等细致的方式组织政府时，就感觉我只有到万不得已的时刻使用电话，才是合情合理的。新的政府在四十八小时之内就已经组织起来，人们并未对它的特点或质量有所指责。必要的财政议案和其他议案之所以都能获得通过，是因为这个政府在下院有多数控制权。28 日，前政府的主要部长们参加了我在唐宁街举行的茶会。他们当时的心情很友好，同时也很激动。许多人真心感到难过，是因为我不能与他们共事，而我却因为失去了他们的帮助，而比他们更加悲伤。我们已经共同经历了这么多事情，都把过去的五年看成我们一生中的辉煌时期。这种评价会受到历史认可的。

“看守政府”名单如下：

内　阁

首相兼国防大臣	温斯顿·丘吉尔先生
外交大臣	安东尼·艾登先生
财政大臣	约翰·安德森爵士
枢密院长	伍尔顿勋爵

掌玺大臣	比弗布鲁克勋爵
贸易大臣兼生产大臣	奥利弗·利特尔顿先生
劳工与兵役大臣	R.A. 巴特勒先生
内政大臣	唐纳德·萨默维尔
自治领事务大臣	克兰伯恩勋爵
印度及缅甸事务大臣	L.S. 艾默里先生
殖民地事务大臣	奥利弗·斯坦利先生
海军大臣	布伦丹·布雷肯先生
陆军大臣	詹姆斯·格里格爵士
空军大臣	哈罗德·麦克米伦先生
苏格兰事务大臣	罗斯伯里勋爵
农业与渔业大臣	R.S. 赫德森先生

其他内阁级的大臣

大法官	西蒙子爵
教育大臣	理查德·劳先生
卫生大臣	H.U. 威林克先生
军需部大臣	安德鲁·邓肯爵士
飞机生产大臣	欧内斯特·布朗先生
公共工程大臣	邓肯·桑兹先生
粮食大臣	卢埃林上校
军事运输大臣	莱瑟斯勋爵
燃料和动力大臣	格威利姆·劳埃德·乔治少校
城乡计划大臣	莫里森先生，王室法律顾问
国民保险大臣	莱斯利·霍尔－贝利沙先生
民用航空大臣	斯温顿勋爵
新闻大臣	杰弗里·劳埃德先生

邮政大臣	克鲁克香克上尉
国务大臣	威廉·马贝恩先生
驻中东大臣	爱德华·格里格爵士
驻西非大臣	鲍尔福上尉
兰开斯特公爵郡大臣	阿瑟·索尔特爵士
主计大臣	彻韦尔勋爵
年金大臣	沃尔特·沃默斯利爵士
检察总长	戴维·马克斯韦尔·法伊夫爵士，王室法律顾问
苏格兰检察总长	里德先生，王室法律顾问
副检察总长	沃尔特·蒙克顿爵士，王室法律顾问
苏格兰副检察总长	戴维·金·默里爵士，王室法律顾问

我们已经依次安排了使其他党派都感到很满意的各选举阶段的时间和日期。我已经获得国王批准，宣布从我接受他的新任务起三周之后，他将批准议会解散。于是，6月15日，议会结束了。还有十天时间才到候选人提名，并且还要再经过十天才到7月5日的选举日。我们严格按照平等待遇安排一切，包括把候选人从前线调回国、制服和汽油的定量配给等，这些掌管权力的人没有经受一点责备。由于等选票寄回来之后才能计算士兵的票数，因此，从联合王国内选举，到计算票数，再到宣布结果，又需要二十一天。最后一个阶段定在7月26日。一些内陆国家，对英国政府要保管投票箱长达三个星期之久感到惊奇。他们认为这样做的结果令人起疑。在我们国家里，人们会严格对待板球比赛和其他体育竞赛，而他们对待这件事的态度也是一样的。但愿这种风气能长久保持下去。

第十七章　一个关乎命运的决定

斯大林同意于7月期间在柏林召开三国会议——我试着为尽快召开做准备——我邀请艾德礼先生一起去波茨坦——他接受了——美军即将撤回它自己的占领区——欧洲有必要优先解决——当今的形势——我于6月4日和9日发电报给杜鲁门总统——为他起草的给斯大林的电报稿——我于6月14日答复总统——我在6月15日发电报给斯大林——他的答复——西方盟国军队的撤退——大选的压力——苏联军队将分配给它们的占领区占领——旧金山会议结束——我对一个世界机构组建的认识——与哈利法克斯勋爵通信——在昂代度假

6月1日，我从杜鲁门总统那儿得知，斯大林元帅已经同意在7月15日左右，在柏林召开他所谓的“三人”会议。我即刻回复说，不久我就能带英国代表团到柏林去了，我为此感到非常高兴。不过我想，对于那些我们需要注意的紧急问题来说，杜鲁门建议的7月15日未免太晚了。而且，如果是因为个人或国家的需求，阻碍了会议的提早召开，会使全世界的希望和团结受到不利影响。我在复电中说了这样的话，“虽然我身在激烈的竞选运动中，但我仍然认为我们三人之间的会议比我在这里的事务更重要。如果6月15日不行，7月1日，或2日、3日难道不行吗？”杜鲁门先生回答说，经过仔细考虑之后，7月15日对他来说是最早的了，他还说，他正在照此进行安排。对于这件事，我不好一再坚持，因为斯大林是不会同意提前开会的。

首相致杜鲁门总统　　　　　　　　　　　　　1945 年 6 月 9 日

尽管我在原则上不反对于 7 月 15 日举行柏林三方会议，但是我的建议是，应该为英、美、苏三国代表团各自分配属于他们的完全独立的住所，而且，要有他们自己的警卫，另外，还需要可供我们开会使用的第四个场所，对此希望你能同意。我们无法接受像以前前往雅尔塔时的那种原则，即只被当作苏联政府和军队的客人看待，因为我们商量好的是由我们三个国家或连法国在内的四个国家，以平等的地位出席柏林的会议。所有东西应该由我们自己来准备，而且要在平等的条件下开会。在这方面你有什么意见，我希望得知。

斯大林也认同我的建议，让各代表团依此安排各自的住宿。各个代表团应该有自己的禁区，该用哪种方式来管理则由它的首脑来决定。共同的会场设在波茨坦的德国皇太子的王宫里。附近有一个完善的飞机场。

* * *

我曾经说，我非常强烈地希望，在危机时期，每个政府的首脑都应该有一个能参与所有事情的副手。如果遇到什么意外，他不会因此而中断事务的进展。在战时议会中，大多数人属于保守党，而艾登先生一直被我视作我的继任者，并且王国受召见时，我也是这样禀告国王的。但是现在一个新议会的选举已经开始，并且还未出来结果。因此我认为，为不致使反对党领袖艾德礼先生脱节，波茨坦会议应该邀请他参加，以便使他熟悉一切事务。6 月 15 日，我写信给他：

1945年6月15日

现在，我正式就近期就将举行的三方会议，向你发出邀请，希望你跟我们一起去参加。

自从我向议会公开了这个想法之后，我注意到昨天晚上，工党主席拉斯基教授发表了一份声明说，“当然，艾德礼先生只能以一个观察员的身份出席这次会议，这才是主要的。”

当然，对一切决议负责是英国政府的责任，但我的意思是，你应该以朋友和顾问的身份出席，并且有些问题早已达成一致意见或是通过公开宣言被公认为达成一致意见，你可以在这些问题上对我们提供帮助。事实上，我认为英国代表团应该像在旧金山时那样工作，我已经说过，不同的是，你不需对国王负有任何正式的责任，只需承担枢密顾问的职责。

我想，你是我们党的领袖，如果让你仅以一个沉默的观察员的身份来出席，会损坏你的地位。况且在这种情况下，我没有权力让你承受这种压力。

你是否接受我的邀请？不管怎么样，我都希望得到你明确的答复。

艾德礼先生接受了邀请。他在信中说，他已经与下院中他党派中的主要人物商量过，他们同意艾德礼在信中表明的基础上，接受我的邀请。艾德礼先生补充道，从来没有人提议他只能以一个观察员的身份参加会议。

这次会议代号为“终端”。

*　*　*

美军急于从战争中赢得的界线撤离到占领协议中所指定的区域，

这当然是我一直急着提前开会的重要理由。我在前边一章中已经叙述了占领区协议的来由，以及赞成和反对改变它们的理由。[①]我担心的是，华盛顿在某天会做决定，让出这长达四百英里，最深处达一百二十英里的一大片地区。这里的德国人和捷克斯洛伐克人有好几百万，如果将它放弃，就会为我们与波兰的领土之间设定一条很宽阔的界限，从而使我们没有能力再操控它的命运。俄国改变了对我们的态度；雅尔塔达成的谅解，遭遇经常性的破坏；蒙哥马利的及时行动，有幸挫败俄国向丹麦的逼近；对奥地利的占领；还有铁托元帅在的里亚斯特造成的威胁所带来的压力，所有这些，使我和我的顾问们认为，现在的局势已经与两年前规定占领区时彻底不同。确实，现在应该是时候将这一切问题做全面考虑了。此时，英美两国的陆军和空军，在还没有因为复员和对日作战这种压倒性要求而解散之前，依然是一支强大的武装力量。因此，当前是进行全面解决的最后时刻。

现在虽然还为时不晚，但要提前一个月就更好了。此外，我认为，单独做出断送德国整个中心和心脏，也可以说是欧洲的中心和拱顶石的行动，是一项重大决策，而且没有为将来考虑。如果一定要采取这种方式，它只能算作总体而长远的解决方案的一部分。这次到波茨坦，我们没有什么可以提条件的东西，并且如果不能履行责任，欧洲将来的和平前程可能会无法实现。不过，我不能决定这件事。美国军队有三百万人，而我们只有一百万，因此我们自己撤退到占领区边界以内倒没什么关系。我能做的事情，第一个就是呼吁尽快举行“三方”会议。如果不行，就延缓撤退，直到我们能以平等的身份，面对面地一次性提出我们的全部问题。

八年过后的今天，是什么样的情景？俄国的占领线已经从吕贝克直接延伸到林茨。捷克斯洛伐克已被侵占；波罗的海国家、波兰、罗马尼亚和保加利亚已经被集体主义的共产党统治，成为它的卫星国；

① 参阅第十一章。——原注

奥地利问题完全没有解决；南斯拉夫已经失去了控制；被拯救的仅有希腊。我们的军队已经撤离，假如再集结六十个师去对付俄国军队，也需要用很长一段时间，因为俄国在装甲力量和兵力上都占有很大的优势。这些还不包括远东所发生的所有事情。原子弹在我们面前展示了它凶狠的防御性。第三次世界大战的危险，除了这个可怕的新型武器之外，从最初阶段就在极其恶劣的条件下，为全世界自由国家笼罩了一层暗淡的阴影。因此，这是我们最好，也可能是最终维持世界永远和平的机会，却这样任凭其从容不迫地消失了。6月4日，我把这些不再有人争辩的话，发了份电报给总统：

首相致杜鲁门总统　　1945年6月4日

我相信你一定会理解我急切盼望尽快开会的理由，也就是提前到（7月）3号或4号的理由。苏联的力量已经深入到西欧的中心地带，并且用一道铁幕隔开我们和东边的所有事物，这是由于美军撤退到中部地区我们的占领线内导致的，因此我认为这件事非常令人担忧。如果一定要撤退的话，我希望这次的撤退能和许多重大事务一同解决，因为这些事务会真正为世界和平打下基础。事实上，直到今天，还没有什么真正重要的事情已经得到解决。你和我都要为未来负有重大责任，这是避免不了的。所以，我依旧希望将日期提前。

为强化这些理由，我还提到俄国人在维也纳运用的高压方式。

首相致杜鲁门总统　　1945年6月9日

1．托尔卜金元帅命令我们派去的代表团，在6月10日或11日之前离开维也纳，因为无论看什么事物，只要越过市区界限之外就是不允许的。而且供盟国使用的只有一架飞机。按照协议，这里是奥地利的首都，应该像全国一样分为四个占领区，但是，除了俄国人在那里有权利之外，任何人都没有，甚至连普通外交上的权利也没有。有半个欧洲已经被苏维埃化，如果我们在这件事情上退让，就必须将奥地利看作也包括在这半个欧洲之内。

2. 此外，俄国人要求英美在德国的军队撤离到占领线以内去，这是很长时间之前的规定，情况与现在完全不同，到那时，柏林一定已经彻底被苏维埃化了。

3. 我们拒绝从核心的欧洲战线上撤离，直到奥地利的问题得到解决为止，这样是不是好些？起码关于占领区的所有协议也要同时施展，这样是不是更妥当一些？

4. 我们在维也纳代表团的真实情况，已经通过电报发给国务院。据我猜测，他们会遵从命令在6月10日或11日撤离，但前提是先提出抗议。

艾登先生因为公事留在华盛顿，我在两天之后，交给外交部一份摘要，并在此时，向这个部门作出以下指示：

1945年6月11日

我坚持认为，等“三方”会议召开之后，美军再从中心区撤离到占领线。而且在我看来，如果我们的大规模调动，促使法国接管获允许占领的那一部分占领区，就会激励俄国人占领德国的中心地带的要求。美国人自然在任何时候都有可能顺从俄国人的要求，我们也不能反抗。虽然延缓时间会对军队的重新部署带来一些影响，但到那时，才适合与法国人做出局部安排（关于他们的占领区），在这之前却不行。这个问题十分重要，它关乎到命运，我们不应该决定得那么仓促。与此同时，我们也可以让英国参谋长委员会来思考一下这件事。

*　*　*

总统在6月12日对我6月4日去的电报做出答复。他说，美国部队从苏联占领区撤离一事，不可能为了促进其他问题的解决而受到延误，因为占领德国的三方协议，是罗斯福总统和我“思考了很长时间，并细致探讨”之后才批准的。要等到它们撤离，盟军管制委员会才能开始执行公务，而最初由盟军最高统帅领导的军政府，应该即刻结束，改为由艾森豪威尔和蒙哥马利分别承担责任。他说，有人向他提出意见，如果等7月我们举行会议的时候再做撤退行动，将会破坏我们与苏联的关系，因此，他建议给斯大林发个电报。

以上文件中提到，我们应该即刻命令我们的军队去占领他们各自的占领区。我已经准备命令所有美军自6月21日起，从俄国占领区中撤离。军队指挥官应该做好准备，以便同时占领柏林并便于美军从法兰克福和不来梅的公路、铁路和空中自由进入。在奥地利，划分全境和维也纳占领区的责任由当地的指挥官承担。如果他们遇到的事情自己解决不了，才需分别向他们各自的政府请示，如此安排，可获得更快且更加令人满意的效果。

我心里预感到这件事不太吉利，但是我没有选择的余地，只能顺从。

首相致杜鲁门总统　　　　1945年6月14日

1. 显而易见，我们必须遵从你的决定，并即刻发出必要的指示。

2. 如果是德国占领区的三方协议，是我和罗斯福总统“思考了很长时间，并细致探讨”的问题，是错误的。对于这个问题，总统不愿意事先在信函中提出来讨论，当时在魁北克会议时，只是简单提及，并且说的只是英美两方面安排的问题。后来，联合参谋长委员会对这些意见作出决定，他们曾经确实认为它们是可以接受的。

3. 我认为，当地的指挥官们不应承担解决奥地利没有解决的问题的职责。斯大林元帅在5月18日的电报中明确说明，只有欧洲咨询委员会才有解决奥地利的占领和管制的协议的权利。我相信他不会同意改变，而且，不管怎样，我们的代表团也许已经离开了维也纳。你给斯大林元帅电文中倒数第二段，我建议按照以下方式重新拟定，仅供参考："在我看来，解决奥地利的问题与德国事件一样紧急。应该将军队重新分配到各个占领区，将国家警备部队调进维也纳，还有成立盟军管制委员会管理奥地利等事务，与在德国的相同事务一同进行，这也符合欧洲咨询委员会已经确定的原则。因此，为了便于同时全面安排德奥两国事务，奥地利尚未解决的问题，成为我最为关注的问题。最近美国、英国和法国的代表团去维也纳访问，我希望其结果能使欧洲咨询委员会立即为此目标，做出其他必要的决定。"

4．俄国人在英美军队从德国的俄占区撤离的同时，也应该从他们现在占领的但原属英军占领的地区中撤离，这对我来说，是应受到极大关注的问题。

5．我真挚地希望，你的行动最终会对欧洲长时间的和平带来益处。

对于我建议重新拟定的关于奥地利的那段电文，总统完全接受了，他于6月14日给斯大林发去电报。我也没有什么其他的事情可做了。我回答说，"关于我对奥地利的意见，你能降格屈就，我表示感谢。如同我跟你说过的那样，我们是在顺从你的愿望，而且我也是这样告诉斯大林的。"第二天，我给斯大林发去电报：

杜鲁门总统于6月14日给你的信件抄件，我已查阅，这封信说的是美国部队将按照各相关司令间的协议，自6月21日起将全部撤离到他们自己的占领区去。

我也准备给陆军元帅蒙哥马利发出指令，让他与他的同事们

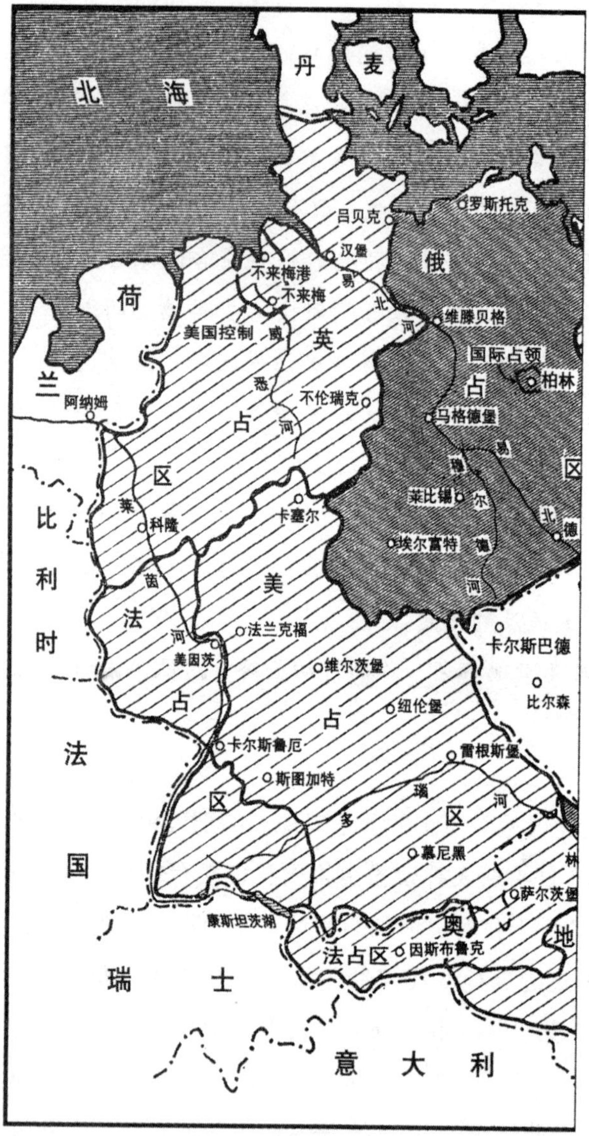

1945 年 7 月西方盟国退出的地带

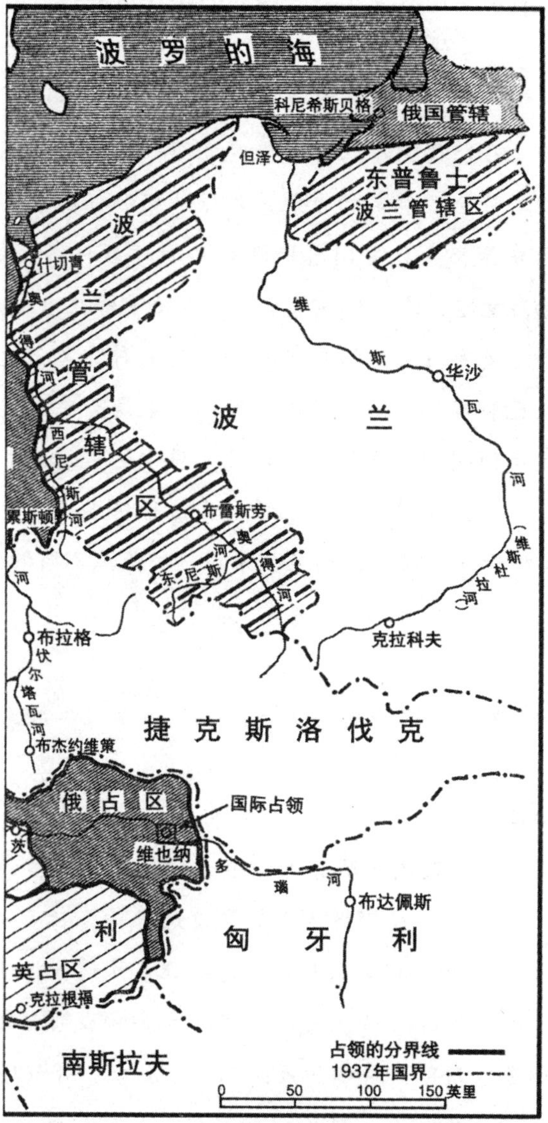

1945 年 7 月西方盟国退出的地带

商量一下，并就以下事务做出必要安排：英国驻德国军队，要同时撤退到它们自己的占领区；各盟国卫戍部队要在同一时间调往大柏林，为英国军队从空中、铁路和公路往返英占区与柏林之间的自由运行提供方便。

杜鲁门总统对奥地利的建议，我完成赞成。特别是我相信你会发出指令，在驻德国军队开始撤离的同一日期，使俄国军队根据欧洲咨询委员会已确定的原则，开始从那部分属于英国占领的奥地利地区中撤离。杜鲁门总统没有参加对当时占领区的划分，也没有与他商量过，这点应该被重视。在他掌管权力没多长时间，是否要改变就成为他所面临的问题——从某种意义上说，对于他杰出的前任已经确定下来的英美政府的政策是否要否定。我敢确定，他的文武顾问们会支持他的行动。对于这个问题，他的责任仅限于作出决定，而情况是否已经发生这种根本性的变化，为避免别人责备他背信弃义，他则应该采用一种截然不同的处理办法。那些事后聪明的人最好不要发表意见。

斯大林的答复，使这些问题得到了结。

斯大林元帅致首相　　　　1945 年 6 月 17 日

你发来的关于盟国军队分别撤退到德、奥各自占领区内去的电报，我已经收到。我不得不带着歉意通知你，让英美军队从 6 月 21 日起撤退到他们的占领区中，还要让军队前往柏林，不是那么容易的。因为自 6 月 19 日起，朱可夫元帅和我们全部其他战地司令官，都受邀到莫斯科参加最高苏维埃会议，并且还要为参加 6 月 24 日的检阅做准备。他们返回柏林的日期要到 6 月 28 到 30 日之间。柏林的地雷清除工作还在继续，可能到 6 月底才能完成，这点也应该考虑。

关于奥地利，我上面提到过将苏联的一些司令官召回莫斯科和他们返回维也纳的日期，我还得再重新说一遍这些话。关于确定奥地利及维也纳占领区的工作，直到今天都没有解决，欧洲咨询委员会必须在近期完成这项工作。

基于上述所有事情，我提议相关部门将开始调动和进入它们各自在德、奥两国占领区的日期延期到7月1日。

现在，德国和奥国最好将法国军队在本国各自的占领区确定下来。

我们会根据以上计划，在德国和奥国采取一切必要的举措。

杜鲁门总统也已经从我的电报中获知了全部情况。

美国和英国的军队在7月1日开始向给他们指定的占领区内撤退，跟着一起走的还有很多难民。从此，苏联植根于欧洲的中心。这是一块里程碑，关系着人类的命运。

* * *

当这一切正在上演的时候，我已经投入到混乱的大选之中。自6月的第一个星期起，这次大选的帷幕正式拉开，这是一个难熬的6月。我坐汽车游遍了英格兰和苏格兰各大城市，感觉很辛苦，既要对着众多看起来很热情的群众在一天之中演讲三四次，还要准备很费力的四次广播，这将我的时间和精力都消耗掉了。我们在欧洲为了许多目标而作长期斗争这段时间里，我一直担心这些目标会悄悄消失，使我们失去尽快实现长期和平的希望。白天，我在群众的喧闹中度过，到了晚上就筋疲力尽，回到我的火车上去。我还要在这个被我当作总部的地方面对许多的人员和大批寄来的电报，继续辛苦地工作多个小时。我脑子里被阴沉灰暗的背景充满，这与党派慷慨激昂的情绪与喧哗的场面是多么不协调，而这种不协调本身又违背了客观事实和平衡感。当投票日最终到来的时候，我高兴极了，而选票则要在投票箱中安全地存放，时间长达三个星期。

* * *

当苏联军队没有发生任何事故，就像潮水一般涌入他们指定的占领区的时候，我们为获得和平，正专心致志地建立一个世界机构的旧金山会议，这项工作也已经接近尾声。艾登先生和艾德礼先生因为选举只好先行离开，但是我在6月26日，向哈利法克斯勋爵、克莱勃恩勋爵，还有我们代表团中的其余所有成员发出贺电，对他们工作的成功以及在极困难的情况下所获得的成果表示祝贺。“联合王国的代表们因为智慧上的深入思考以及真挚的信念，为达成一致意见而做了许多事情。一个世界组织如果意见不能一致，就失去了现实性。你们做出了巨大贡献使未来变得更加有希望。”迄今为止，不幸的是，这些希望大部分没有实现。

一个世界机构的基础应该在地区性组织的基础上去探索，这是我的一贯主张。美国、联合的欧洲、英联邦及帝国、苏联、南美成为我心中出现的大部分重要的地区。从目前来看，其余部分还很难定出界限——与一个或几个亚洲集团，或非洲集团一样——不过，经过研究还是可以确定的。但目前，各局部地区诸多争执严重的问题，在地区会议里经过讨论从而获得解决，接着，由地区会议选出三四个重要人物，作为代表参加最高级的团体组织。这样，包括三四十个世界政治家在内的顶级团体就成立了，其中每个人不仅代表了他们自己的地区，还负责处理全世界的事务，特别是防止战争。凭借我们现在所拥有的措施，还无法有效达到那样一种明显的目的。在平等的立场上，将所有国家都汇集到中心组织上来，不论大小强弱，这就如同组建一支军队，将所有人都邀请到总部里来一样，不分最高司令官、师或是旅的指挥官。当前，只达到一个喧闹的会议场所的水平，要靠熟练的会外活动，以及通过或否决议案来调整。即便如此，我们还是要坚持努力下去。

*　*　*

几天之后，我给哈利法克斯发去一份电报，让他知道一些相关细节，我想总统和他的同僚们一定愿意知道。

首相致哈利法克斯勋爵（在华盛顿）　　1945年7月6日

1. 能与总统会面自然是我十分期盼的事情。英国代表团里的政界成员，为在英国等待候选结果，会在7月25日离开（波茨坦）会议。这样，选举揭晓时的为难局面就可以避免。我有理由相信，得到多数的是政府，但是选举运动中经常出现很多意料之外的事情，这总统也是知道的。除非全国人民对投票结果表现出极端不满，否则，在我看来不管怎样，我被迫卸任的理由绝不会是选举上的失败造成的。我应该等着致词之后下院投信任票的结果，继而接受议会对我的任免。这会促使各党和个人能以投票的方式表示他们的立场。

2. 因此，到了27日，英国代表团才能返回柏林，如果有必要的话，在8月5日或6日之前，我个人都可以待在那里。（8月）1日，议会选举议长并且议员会宣誓。不过要等到8日（星期三），英王才会正式召开会议。要到10日（星期五）之后，起决定作用的分组表决才会举行。我想，在所有的环节中，有些是极为秘密的，总统一定会感兴趣。

3. 听到总统说需要两到三周的时间考虑，我感到很高兴。在我看来，不管英国会发生什么事情，也不能草率地将会议结束，这是非常重要的。在克里米亚的时候，会议就好像缩短了不少。在这里，我们必须尽量去解决那些众多能造成极为严重后果的问题，并且为一个和平会议做好准备。到今年晚些时候或是明年早春，那个会议可能就会召开。

可见他对华盛顿的看法是多么熟悉，以至于第二天，就回复了如下一封电报。

哈利法克斯勋爵（在华盛顿）致首相　　　　　1945 年 7 月 7 日

总统已经出发前往波茨坦，我才接到你的电报，即刻就将电报转送到他的船上。我相信你会感受到，杜鲁门与我们合作的迫切希望。并且，对于我们必须要做的决定，其中所包含的长远的含义和短暂的困难，他都有充分的了解。据我推断，美国人从一开始就对俄国人的合作意愿表示信任，这是他们对付俄国人的策略。我还料想到，美国人在与我们交往的过程中，对我们毫不避讳地谈论极左政府或共产主义扩散的危险，[1]没有对我们按照欧洲各国经济混乱的危险而做出的判断，轻易做出反应。他们略微感到担忧，是因为我们将欧洲描绘（不论事实如何）成思想矛盾之地，苏联与西方势力可能会在这里相互碰撞，相互抵抗。他们还没有打消思想深处的顾虑，即我们指出这些政府和国家只是为了右翼政府或君主国家本身。不过，这绝不能证明，他们在关键时刻也愿意站起来跟我们一起反抗俄国人。他们也许会谨慎行事，并且大多希望扮演，或是起码表现出要在我们和俄国人之间充当一个中间角色。

结果，是英国和西欧在几年之后受到了多方面的监督，从而出来扮演了美国和苏联之间的“中间角色”，这对于命运来说，真是可笑的事情。

① 着重号是作者加上去的。——原注

*　*　*

在大选和波茨坦会议之间，我有一周的假期，我决定要使自己在和煦的阳光中度过。选举投票日之后的两天，也就是 7 月 7 日，我带着丘吉尔夫人和玛丽，一起飞到波尔多去，并舒舒服服地居住在布鲁汀奈尔将军的别墅中。那儿与西班牙边境的昂代离得很近，环境优美还有很棒的沐浴场所。大多数的清晨，我都在床上读一位著名的法国作家描述关于波尔多停战及在奥兰悲惨结局的文字记录。奇特的是，它却让我回忆起五年前的往事，还知道了当时我所不了解的许多事情。甚至到了下午，我突然带着精美的画具走出门去，在尼夫河上及圣昂德鲁兹湾附近，发现了优美的题材。奈恩夫人是英国领事的妻子，我在一年前在马拉喀什与她成为朋友，我发现，她是一位有天赋的绘画伙伴。我努力地让自己不去想政党政治上的事情，只是处理了几封关于即将举行的会议的电文。但是，我必须承认，投票箱和其中的内容是神秘的，它们有一种邪恶的魔幻，敲响我的房间，瞪着我的窗口。每当我打开调色板，手拿画笔的时候，才能很快将这些闯入大脑的不速之客赶走。

巴斯克被德国占领了很长一段时间，当巴斯克人再次能够自由呼吸的时候，感到十分高兴，因此，他们无论在什么地方，都对来客表示热烈欢迎。我的大脑里已经被那么多东西填满，我不必再为哪个会议做准备，这几天日子过得飞快，哪怕能把它摆脱一会儿，也会很快乐。这时，总统正乘坐美国巡洋舰“奥古斯塔”号在海上行驶，这艘船就是 1941 年送罗斯福到我们的大西洋会议去的那条。15 日，我乘汽车穿过森林，到达了波尔多机场，乘坐那儿的“空中霸王”式飞机来到柏林。

第十八章　日本溃败

东南亚的计划和困难——第十四集团军横渡伊洛瓦底江——斯利姆将军在密铁拉战役中获胜——蒋介石将中国的几个师召回——我就撤退美空军运输中队一事致电马歇尔将军——他的答复令人担忧——3月20日占领曼德勒——占领仰光——5月2日的两栖袭击——终止长期作战——我于5月9日致海军上将蒙巴顿的贺电——太平洋战役的最顶端——一个英国舰队抵达澳大利亚——美国向硫磺岛进攻——莱姆斯登将军阵亡——6月22日占领冲绳岛——我祝贺总统——解放东印度群岛——英国向最后袭击日本提供真挚帮助——在更大的牺牲中幸免

我在前面说到过缅甸的冬季战役[①]。1945年2月，起决定性作用的渡过伊洛瓦底江战役开始时，蒙巴顿上将遇到了战略决策上的困难。他接到的命令是解放缅甸，但是他只能靠现有的物资实现这个目标，其他的东西都无法指望；而且接着，他还要奉命占领马来亚和打通马六甲海峡，气候起到决定性作用，占领缅甸中部的平原并攻占仰光是雨季之前的首要任务。到了5月初，进入雨季，他可以集合第十四集团军全部兵力，决战于曼德勒平原，然后迅猛南进，或是分开兵力对仰光采取两栖作战行动，并同时从北部攻克日军的后方。普吉岛位于克拉地峡海岸以外，是向马来亚挺进路上一块有积极作用的铺垫，如

① 见《胜利的浪潮》第十一章，《在缅甸境内挺进》。——原注

果对仰光采用水路两栖进攻，就会因此而延误对普吉岛的占领。有些因素重要但又难以猜测，导致他在选择的时候手足无措。与胜利关系巨大的还有航空补给，飞机在此方面起到重要作用。萨尔敦将军指挥的中美联合部队，一直在腊戍以北与日本的两个师作战，我们也希望，这支部队能与我们一同作战到最后。不过，美国仍然将帮助中国视为头等重要的政策，因此，上将的计划可能会由于他们或许取消对我们的帮助，而遭受破坏。

蒙巴顿面对着愈演愈烈的危机，决定用斯利姆将军指挥的第十四集团军采取一次单独的、有足够支援的作战行动，以便对付曼德勒以西的敌军主力，然后再向仰光逼近。据他推测，到达该地的时间是4月15日。与此同时，他下令让驻若开区的第十五军，扩展若开(阿恰布)和兰里岛上的空军基地，并且扩大沿海的占领地，通过仅有的两个关口，直接到达伊洛瓦底江下游。这个军队在补给品运输飞机大量减少的情况下，仍然完成了任务，还制止了一个师的日本军队去参加东面的一个关键的战役。

* * *

这里的局势变化迅速，伊洛瓦底江对岸，大约在曼德勒北部四十英里的桥头阵地已经被第十九师占领。在整个2月份，他们将一连串的强烈反攻击退。2月12日，第二十师从这个江下游的地方过了江，并到达曼德勒西部。为保住已经占领的阵地，他们连着艰苦奋战了两个星期，最后才和英国第二师会合。这促使日本的最高司令部相信，他们正面临一场起决定性作用的战役，因而派出了大量的援军。他们相信，在侧面不可能遭受严重的攻击，因此他们还不得不往泰国派遣了一个师。然而，这正是斯利姆将军计划等待的一步棋。2月13日，第七师从慕戈具以南渡过了伊洛瓦底江，在桥头建立了一个阵地。敌人认为这种策略是为了声东击西，不过，很快，他们就清醒了。21日，第十七师的两个摩托化旅和一个坦克旅过江之后，从桥头阵地冲出来。28 日，他们到达了日本主力线上的一个重要的后勤中心、交通中心以及好几个飞机场的汇集地——密铁拉。这个地方防守很坚固，敌人很快就派了两个师为守军提供援助。但是，我们在半路上，就将他们拦截了，而它的空降旅和第五师却为我们的第十七师提供了增援。那座城市在一个星期之后，被我们占领，敌人为夺回该地，做出了所有尝试，结果都失败了。日本人承认，他们在这场战役中损失了五千人，受伤的人数也有这么多。他们的总指挥在最后，将这场战役命名为“盟国战略上高超的一击”。

* * *

萨尔敦在遥远的东北方向也有活动。1 月末，他指挥的美国“战神”旅、三个师的中国军队，和英军第三十六师，已经将中国的道路打通，并向南逼近。他们在 3 月中旬的时候，到达了从腊戍到曼德勒的公路。不过，现在蒋介石不让他几个师的中国军队继续前进，强行向他们下达了停止前进的命令。为了在中国组建一支军队，把日本人从产米的地方赶出去，他早就要求将那个美国旅、几个中国师以及支持他们的几个中队的美国空军调回。他提议，占领了曼德勒之后，斯利姆将军应该立即停止前进。而在一个月之前，蒙巴顿将军订计划的时候，就已经考虑到了这些。不过日本人能在这条战线上，从他们的三个师中抽出两个师来攻击我们的十四集团军，就是由于蒋介石一定要让他的地面部队撤离导致的。

现在，就剩下美国飞机了。3 月 30 日，我为让他们留在那里，极力向马歇尔将军求情。

首相致威尔逊元帅（华盛顿） 1945 年 3 月 30 日

请你凭口头或非正式地将我下边的意见转达给马歇尔将军。

马歇尔将军应该没有忘记我们在魁北克的谈话，我们对以后在缅甸丛林里进行大范围的战争坚决反对，而且，我个人还有另外的想法。不过，美国参谋长联席会议非常重视对日本人的这种战役，特别是打通滇缅公路，因此，我们也为了这个战役全力以赴。虽然蒙巴顿没有按照自己的愿望得到那三个英印师是因为对德作战的延长，但是他获得的成功比我们所期待的更大……在交通非常不便的情况下，当前与缅甸的日军主力进行的这场大战，重要的不仅是攻克缅甸，并成为占领仰光的开幕战，而且在全面消耗日本的军事力量，特别是它的空军力量上，也会起到一定作用。另外，我们一旦将仰光占领，那边的强大的部队就可以专心进行1946年的其他战役，或者还能提前参加美国的总攻……因此，为使我们之间做到公平合理，我觉得我们有权利向马歇尔提出呼吁。现在，蒙巴顿正在缅甸进行关键性的战役，为取得当前的胜利，他在空军方面需要一小部分增援。我相信，马歇尔会尽量满足他的要求……

马歇尔将军向我们保证，如果在6月1日之前攻克了仰光，在此之前，飞机不会撤离，但到了6月1日就要撤走，这使事情变得更为紧急。假如在6月1日之前，我们没有占领仰光，到那时，运输机就要削减，第十四集团军在能够从陆地上获得主要的补给之前，必然会撤退很长一段路。这会导致整个战役的失败。

* * *

在整个三月中，曼德勒和密铁拉这两个相连的战役进行得异常激烈。第十九师从桥头阵地冲出去，顺着伊洛瓦底江东岸向下游逼近，到了3月9日进入曼德勒。日本人顽强地抵抗。我们耗费了两天时间，才攻下曼德勒山，因为它比四周的田野高出七百八十英尺。不过杜福林堡垒的墙壁很坚固,一般的炮弹是无法打穿的,最后用两千磅的炸弹,才炸了一个缺口。到了 3 月 20 日，敌人逃脱了。

与此同时，第三十三军的剩余兵力也在向密铁拉进军。尽管第十七师已经从他们自己战线的背后插入，日军总司令还没有表现出撤退的意思,而敌我两军的实力又不相上下,因此他们遭遇了强烈的抵抗。斯利姆将军用六个师和两个装甲旅来对付日本人的大于八个的实力较弱的师和一个师的“印度国民军”[①]。但是，敌人到了月末就放弃了作战，开始顺着通向东吁和仰光的大路后退，经过山区又向东面撤退。战斗了几个星期之后,我们的补给不足,而敌人的情况一定还不如我们。我们的战略空军对敌人的交通和后方设施进行了长时间的袭击，而我们的战术空军也经常去袭击和干扰他们正在撤退的军队，因此导致了敌方的危机局面。

* * *

这对于我方来说也是成败的关键。战役比我们预测的时间延长了不少。现在，萨尔敦将军在腊戌公路上受阻，有两个师的日本军队，曾经和萨尔敦将军交过战，而它们的到来，更加延长了战役。现在，我们对第十四集团军在 4 月中旬到达仰光，是不抱希望了，我们甚至不敢确定他们在雨季以前是否能抵达那里。因此，蒙巴顿终于决定，在这个城市开展水陆两栖作战。相比原计划来说，这个行动的规模肯定要小很多，而且必然会取消对普吉岛的进攻。即使这样，到 5 月第一周之前也没有时间发动进攻，而到了那时，恐怕已经太晚了。

此时，斯利姆将军决定让第四军顺着公路和铁路追击敌人，而第三十三军则全力沿着伊洛瓦底江前进。他不但坚持要抵达仰光，而且要在缅甸南部严密布局将敌人活捉。因此,第七师和第二十师沿江直下,

① 日本人将印度战俘重新装备后为日本作战。——原注

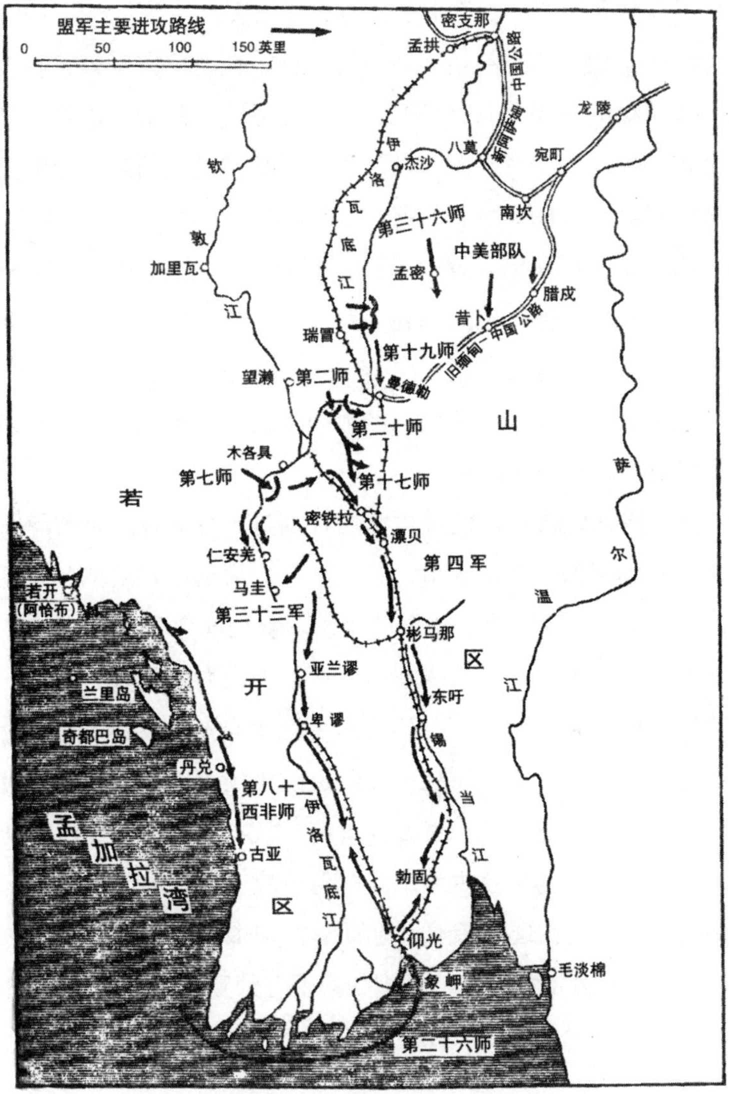

缅甸中部盟军主要进攻路

运用同时冲锋的方法，于 5 月 2 日到达了卑谬。他们与日本的三个师的残余部分，在皮奥贝进行了一场激烈的战斗之后，沿着公路和铁路前进的速度大大快于沿江。为能多带一些汽油，部队只带了半份口粮。一个装甲纵队和第五师、第十七师的机械化旅相互挺进，于 4 月 22 日抵达了东吁。为将航空补给转运到各单位，使皇家空军第二百二十一大队的战斗机的航程延长到仰光，我们正急需这里的飞机场。勃固是下一个目的地。只要将勃固占领，敌人从缅甸逃走的最南边的去路就可以被我们封锁。4 月 29 日，我们的先头部队到达了那里。当天下午，一场瓢泼大雨的到来象征着雨季将会提前来到。前方的速成飞机场不能启用，坦克和其他车辆无法在公路以外的路上行驶。日本人为防守这个城市和江上的桥梁，尽全力集结了一切力量。第十七师在 5 月 2 日，终于冲破了敌人的阵线。他们已经为向最后的几英里路前进做好了准备，为的就是早日到达仰光。

但是，海陆联合攻击的进攻起始日期是 5 月 2 日，而象岬的防御工事由于封锁了仰光河的入口，在前两天，遭到盟军重型轰炸机的袭击。5 月 1 日，为了扫清航路中的水雷，我们向守军那里增加了一个营的伞兵。第二天，在皇家空军第二百二十四大队飞机的掩护下，第二十六师的舰船抵达西口。一架蚊式飞机从仰光的上空飞过，没有看到敌人的行踪。飞行员将飞机停在附近的机场上，步行进城，我们几个战俘向他们表示了欢迎。早在几天前，日本守军就已经前往勃固去防守，因为他们以为不会再有水陆联合进攻。雨季在那天下午，在狂风暴雨中降临，就在这场暴雨之前的几个小时，仰光被攻克了。

很快，这支两栖部队就与勃固的第十七师和卑谬的第二十师会合。他们包围了好几千日本人，在之后的三个月中，大量日本人在向东逃亡的过程中死亡。

* * *

这样，在缅甸的长时间作战就结束了。不过，仅靠陆军作战，起不了多大作用，因此也要对其他军种的帮助表示感谢。毫无疑问，皇家海军已经获得了制海权，他们能做到将陆军安全护送到任何需要的地方去，并且他们确实已经做到了。盟国的空军将日本的飞机彻底摧毁，他们的援助从来没有中断。空运的补给已经建立，并且保持的规模不小。后勤工作，在第十四集团军后勤长官斯奈林将军的指导下，做得有声有色。最后，英美两国的工兵根据当地情况而在诸多工程中创造的奇迹，也同样应该受到重视。比如，他们穿过河流、森林和山脉，埋设了约三千英里的输油管。由于受到斯利姆将军杰出的领导，著名的第十四集团军，骁勇善战，克服了所有困难，完成了看似不可能完成的事业。我于 5 月 9 日向最高司令官发去电报：

首相致海军上将蒙巴顿（东南亚）　　　　1945 年 5 月 9 日

我对你在仰光的缅甸战役中，取得的巨大胜利表示真挚的祝贺。1944 年，我们艰苦奋战在英帕尔和科希马，为之后在广大地区进行光辉的战役奠定了基础，而 1945 年，东南亚战区就是从这些战役中获得了最好的成绩。去年 9 月，当总统和我在魁北克研究这些事情的时候，从联合参谋长委员会的报告里得知，他们和你的司令部想法一致，实际上，当前你和你的英勇部队和盟军已经完成了一些计划，即使要完成比这些计划还要小很多的计划，也需要大概六个英国师和英印师，还有你曾要求的全部力量或更多力量，例如众多运输船、登陆艇等。我们之所以不可能把你需要的英国师和英印师遣送给你，是因为对德战争还在继续，还有很多你所需要的其他部队，也必须要待在起关键作用的欧洲战场。尽管这种力量缺乏，且情况令人失望，但对你发出的指令你的部下都已经做到了，并且还超越了你的要求。全国上下都对缅甸战役的圆满结束表示感谢与敬佩之情，请将国内的这种心情转达给你的部下以及每一个和你联合作战的人。

英王陛下已经下令铸造一种称为“缅甸之星”的特殊勋章，以表彰东南亚战区的丰功伟绩，飞机会尽快连同勋章上的大绶带一并送上。

* * *

与此同时，太平洋战争也迅速地迈向高潮。在魁北克，我们曾同意，只要将德国打败，我们即刻向远东派送兵种完备的英国部队。我回到伦敦后向下院说明，美国已经接受了我们提供的一个舰队。我们要根据航运能力来确定我们为陆地和空中提供的帮助，一切计划以此为依据。

弗雷泽上将乘坐着他的旗舰、战列舰“豪”号，于 1944 年 12 月抵达悉尼。我们的主力舰队首次在太平洋上部署，并在一位美国军官的领导下开展作战行动。补给和保养是我们的核心难题。而美国人在三年的作战中，已经将一个巨大的供应机构和一个岛屿的基地网建立起来。我们不敢奢望与这样的成就相比，但是，我们的舰队在后勤上不应该完全依靠我们的盟国，这才是主要的。

我们在 1944 年这一整年都在这个问题上钻研。为建立一个基地，我们曾在 6 月派了一个代表团去与澳大利亚政府协商，不过，显而易见，许多物资和技术人员必须由联合王国提供，因为澳大利亚的人力已经全部参加了麦克阿瑟将军的战役，并忙着为美军和自己的军队提供后勤补给。悉尼的良港距战场有四千英里。我们需要许多供应燃料和运输补给的舰船、供应舰、修理舰、医疗救护船还有许多其他类型的船只，来为舰队服务，还需从不列颠运送大批的补给品过来。这当然会使军事运输大臣莱瑟斯担心，不过，计划订好了，最主要的东西也得到供应，并且，这些工作在战争结束的时候还在增加。

* * *

弗雷泽上将上任之后，立刻就乘飞机拜访麦克阿瑟将军和尼米兹上将。我们先后热情接待了弗雷泽上将和他的舰队，并且我们之间从一开始，就建立起了一种战友之情，所有困难都因这种情谊而克服，促使各级之间合作得更加紧密。以下是尼米兹上将的电文：

> 我们的进攻力量因英国海军而大大增强，我们反击日本的一致目标也得到体现。美国太平洋舰队对你们表示欢迎。

弗雷泽上将的资历较老，他在军阶上大于尼米兹的直接部下，因此不便在海上指挥。在地中海有杰出战绩的罗林斯中将，被选为负责海上指挥的副司令。1945 年 2 月初，他和包含多数在印度洋执行过任务的舰船在内的主力舰队，抵达澳大利亚。到了 3 月初，舰队和附属的补给舰船，在美国基地里会合，这个基地位于埃德米拉迪群岛的马努斯岛。之后，它们在 18 日出发，在斯普伦斯上将的带领下，首次参加太平洋上的战役。

很多事情正在这里上演。是时候向敌人本土发动进攻了。美国的战斗机可以从小笠原群岛里边的硫磺岛掩护马利亚纳群岛来的轰炸机去袭击本州，因此，斯普伦斯于 2 月 19 日，对那个岛进行了袭击。这场激烈的战斗用了一个多月的时间，不过却获胜了。与此同时，原英国舰队，现改名为第五十七特遣舰队，拥有战列舰“乔治五世”号和“豪”号，四艘航空母舰（集中着二百五十架飞机），五艘巡洋舰，和十一艘驱逐舰。在 3 月 26 日，他们到达了台湾东部的作战地区。当天，他们的轰炸机首次对冲绳岛南部各岛上的机场和设施进行了轰炸。斯普伦斯为给定于 4 月 1 日开始的进攻冲绳的两栖作战奏响前奏，正忙着发动全面的空战。3 月 8 日，敌人靠近日本海岸的基地被他的快速航空母舰舰队群袭击，他们于 3 月 23 日转向冲绳。而阻止敌人利用这个岛南部各岛上和台湾北部的机场，是英国舰队的任务。

这个舰队要在海上添加燃料，为的是从 3 月 26 日到 4 月 20 日一直坚持执行它的任务。但很快，它们因为飞机的消耗和供应的缺乏，必须要暂时退到莱特湾。敌人的抵抗一直以来都不算强烈。4 月 1 日，一架自杀轰炸机将“不倦”号击中，造成伤亡。有一条驱逐舰由于受伤而被迫后退。

* * *

如我之前已经提到的，在一月期间，我们因莱姆斯登中将的牺牲而遭遇巨大损失。 莱姆斯登负责我与麦克阿瑟将军之间的联络，而麦克阿瑟对他没有一点不信任。莱姆斯登拥有辉煌的战绩。我第一次和他接触是在比利时的战场，当他指挥第十二枪骑兵团的时候，帮装甲车重新赢回了应有的名誉，还在以敦刻尔克为终点的战斗中，获得了卓越的战绩。之后，他在沙漠战争中，用好几个月的时间来指挥第一装甲师，我之所以派遣他到麦克阿瑟那儿去工作，就是因为这样的战绩。尽管在远东这场战败日本的战争遥远而残酷，但我能从他写给我的报告中，充分认识到各种有新意的战术。1 月 6 日，他正跟弗雷泽上将站在“新墨西哥”号舰桥上说话,碰巧那位上将走到桥的另一边去。猛然间，一架日本自杀轰炸机盘旋而下，立刻导致莱姆斯登将军和弗雷泽的副官的死亡。而我们的总司令却安然无恙，他纯粹是偶然间信步走过舰桥。

* * *

与此同时，冲绳岛上的战争很激烈，而太平洋战争中范围最大，时间拖得最长的一次水陆联合作战就是攻克冲绳。最先登陆的是四个美国师。这个岛有利于防守，因为它高低不一致。日本不但派了十万以上的守军拼死搏斗，还将海空所有剩余力量都调遣出来。4 月 7 日，为尝试挽救危机局面，他们派出最后一艘现代化战列舰“大和”号，并用巡洋舰和驱逐舰做掩护。不过，斯普伦斯的航空母舰舰队在途中将它们拦截，除了几条驱逐舰外，其余全部被摧毁。

自杀轰炸机袭击的程度令人震惊。到冲绳岛被攻克当天之前，它们袭击的次数不少于一千九百次，从金上将的材料可以看出，有三十四艘驱逐舰和其他小船被击沉，还有约二百艘其他舰船被击中。日本人所发动过的最狂妄的进攻则是这些袭击和几千架次的常规出击。不过，这完全没有用。经过约三个月的战斗后，那个岛在 6 月 22 日被攻克了。尼米兹上将为了这场战役，动用了中太平洋上包括四十五万人的一支陆军在内的所有兵力。我每天都密切关注这些令人振奋的战斗，即使有选举和其他繁忙的事务在身，这使我很快就意识到美国卓越的成就。

首相致杜鲁门总统　　　　　　　　　　　　1945 年 6 月 22 日

对美国陆、海、空三军在冲绳取得的杰出成绩，我向你表示衷心的祝贺。在这项作战任务中，美国人表现出坚定的意志和忠贞不二的精神，它所运用的技术力量，加之敌人的拼死对抗，促使这场战役成为战争史上最猛烈、最著名的战役之一。我对美国人的无畏，以及为坚决获得胜利而不顾一切的牺牲，表示真切的敬佩。你忠实的盟国和国内外阵地上所有的英国将士，都很关心这个值得纪念的胜利，我代表他们向你致以敬意。对于你们进行战斗的全部军队和指挥官，我们也要致以敬意。

*　*　*

5 月 1 日，英国舰队再次从莱特湾开出。我们的机群在 5 月 4 日和 25 日之间，仍然对以前的那个地区进行着攻击，我们的舰船在 5 月 4 日炮轰了宫古岛,而敌人回击的方式则是自杀袭击。航空母舰“敬畏”号和“胜利”号都遭受了重大创伤，并且前者伤亡惨重。不过两舰的航行没有停止，因为它们的装甲甲板使它们从巨大灾难中获救。到了 5 月 25 日，舰船向马努斯岛撤退，这是由于补给品日益不足导致的。它们接到斯普伦斯上将的来电，信心大增，内容如下：

> 作为第五舰队的一支特遣舰队，你们参加作战了两个月，在此之后，我谨向你，你的军官和你的属下，为你们优秀的工作和合作精神表达敬佩之意。第五十七特遣舰队向美国的各个特遣舰队展示了皇家海军的辉煌传统。

*　*　*

解放东印度群岛的战争正在更靠南的地方进行。由于有了美国和澳大利亚海空军的援助，澳大利亚第九师在 5 月 1 日从荷属婆罗洲的塔拉坎登陆。澳大利亚人在 6 月期间，又一次攻占了文莱和沙劳越。后来在荷兰、美国和澳大利亚的海军的援助下，澳大利亚第七师于 7 月 1 日在巴厘巴板登陆。但是，远东战争的最高潮即将到来即或日益逼近，和它一比，这些振奋人心的事件便黯然失色。

我们对军队和飞机到日本本土进攻抱有希望，但是，马来亚、新加坡还有周围的地区还等着我们的解放。我们最多能派三个师对核心进攻进行援助，以后可能还可以派两个师。麦克阿瑟同意，他们会倾力相助，甚至愿意为我们的部队配备美国的武器和装备，并且从美国运送补给品。这大大超越了我们一直以来所期望的，还能缓解我们在海运上的紧张，但这些却没那么容易实施。我们准备为空军建立二十个航空中队，包括一半来自英国，另一半来自太平洋附近的自治领的四百架重型轰炸机。但是，大家都知道，自从雅尔塔会议之后，这支部队必须自力更生，依靠自己获得它的飞机场、设备、码头、道路和输油管，这就又出现了困难。马歇尔将军在冲绳明显快被攻克的时候，立刻表示要让我们在那里建立一个空军发展基地。我对这个声明表示欢迎，因为它有充分的理由说明，我们在对日本的主力攻击中，将会使我们的作用得到发挥。

首相致马歇尔将军（华盛顿） 1945年6月12日

你为我们在冲绳岛提供了一个基地，使我们首批十个空军中队可以从那里加入对日轰炸，这令我感到十分高兴。这说明你们豪爽大气，完全符合美国参谋长联席会议对我们一直予以优待的精神。我们的贡献，在你们用势不可挡的力量摧毁日本的时候，虽不足表达心意，但或也是对大局有好处的。

不过，到了1945年10月，我们只期盼在冲绳能有两个中队，到了1946年初，才能有十个，但是，所有计划都跟不上形势的变化。日本在我们的飞机和士兵抵达之前，已经投降了。因此，在太平洋战役的最后阶段，参与作战的只剩下我们的舰队、澳大利亚和新西兰的联合部队。

美国人本来准备在1945年11月初，将日本最西边的九州岛占领，然后向本州主岛发动进攻。这个岛驻扎了一支日本军队，拥有一百万的兵力，训练精良，配备完善，且抱有极度热情，决心要奋战到最后一个人。其余的日本海空军也这样坚决。本来这两大战役一定会引起激烈的战斗和众多牺牲，但是，极为幸运的是，我们再也不需要再打下去了。

第十九章　波茨坦：原子弹

我第一次会见杜鲁门总统——我视察了柏林一周——同总统共享午餐——关税与基地——同斯大林共进晚餐——他对英国选举的结果进行预测——俄国的出海通道——巴尔干和苏联的政策——欧洲的前景——来自墨西哥沙漠的情报——不靠苏联的协助而快速终止对日战争的前景——使用新武器的决定——与总统探讨——继续向日本猛攻——“无条件投降”——我们在7月26日发出最后通牒——1945年8月6日和9日轰炸广岛和长崎——日本在8月14日投降——对打败日本起决定性作用的是海军的力量

就在同一天，我和杜鲁门总统都抵达柏林。虽然我和这位当权者在某些地方意见不同，但我还是急着见到他，因为我和他在书信往来（附在本册书内）中，已经建立起真挚的关系。到达那儿之后的下午，我就去拜访他，他的神情愉悦，容光焕发，做事认真，还有清晰的决策力，这些都令我印象深刻。

总统和我在7月16日分别巡视了一圈柏林。城里一片狼藉，墙壁都残缺不全。当然，我们事先没有发出通知就进行了访问。街道上也只有普通的行人，不过很多人都聚集在总理官邸前的广场上。当我走下汽车，来到他们中间的时候，所有人都欢呼雀跃，只有一个老年人带着不快的神情摇着头。我的仇恨心，随着他们的投降已经消失，而且，我为他们的表示，他们憔悴的神色和破烂的衣服而深受感动。之后，我们进入了总理府，在残缺的走廊和厅堂里走了好长时间，接着，我们在俄国向导的指引下，来到希特勒的防空地下室里。我走到底层，看到一个房间，那里是他和他的情妇自杀的地方。我们返回上边的时候，在他们的指引下看到希特勒尸体焚烧的地方。那时所收到的关于最后几场情景的最佳一手报道，我们也听说了。

让我们感到省事的是，希特勒采用的办法并不是让我们为之担忧的那个办法。在战争最后几个月的任何时候，他都可以飞到英国去自首，并说，“你们怎样处置我悉听尊便，但不要迁怒于被我引入歧途的人民。”无疑，他与纽伦堡战犯的命运无异。也许，现代文明的道德原则有规定，但凡国家战败，它的领袖应该被战胜者处死。这样等将来再发生战争，势必会使这些人奋战到底，而有多少人做出不必要的牺牲，他们则不会关心。反正他们也没有更多的损失。只有对战争的发动和结束都没有任何发言权的广大群众，才会付出真正的代价。罗马人的原则是相反的，他们将胜利一半归功于他们的勇气，也似乎同样归功于他们的宽容。

* * *

另一次，我对长达四英里的一系列军容浩大的美国装甲队伍以及众多英国部队和坦克进行了检阅。我为第七装甲师的士兵俱乐部举行了开幕式。我在这本书的前几册中，已经略微提到了他们非凡的航海和从开罗远征直接到达获胜地方的事迹。这些人中的三四百人汇聚在一个俱乐部里，他们大家十分友好地唱着“因为他是一个快乐的好朋友”。可能因为他们中的多数人都为我的对手投过票，因为我看出来他们的神情不太自然。

我与总统在 7 月 18 日的中午单独用餐。我们谈论了诸多问题。我谈到大不列颠的悲惨境地；谈到我们独立抗敌时，将一半以上的外国投资都用到了我们的共同事业上，现在已经背负了三十亿英镑的巨额外债，才从战争中支撑过来。因为我们不是用租借的办法向印度、埃及和其他各地购买供应品的，所以欠下了这笔债务。这样，我们每年得不到任何足够的补偿输入，无法充实我们的工资基金，只能从事输出。他带着同情的神情用心倾听，并说英国在开始时守住堡垒，使美国欠下英国一笔巨额人情债。他说，“如果你们像法国那样崩溃了，今天，我们可能会在美国海岸与德国人作战。由此，我们有理由把这些事情视为超越纯财政性质的问题。”我说，我告诉选民们，从很大程度上看，我们的生活要依赖于从美国进口粮食，但我们却付不起钱。不过，不管我们双方有多么亲密的友情，我们都没有指望任何国家养活我们。在我们的复兴上，我们必须要请求别人的帮助，而且，在我们的政府机构恢复正常之前，我们无法为世界的安全，或是对旧金山会议任何伟大目标效力。总统说，他将全力以赴，但是我必然知道，他在自己的国家也许会遇到许多困难。

我在之后提到减少帝国关税的问题，还指出，如果这件事处理不好，可能会导致保守党的分裂。以前，我听说美国正在大大削减关税。总统说已经减了百分之五十，现在为使关税达到战前高度的四分之一，他有权再削减百分之五十。我回答说，这是对我们的自治领，特别是对加拿大和澳大利亚带来很大影响的一件大事。

总统谈到航空和交通问题。在英国领地内，他在飞机场这个问题上遇到很大麻烦，尤其是美国人消耗大量资金，去非洲修建飞机场。他希望我们在这一点上谦让他一下，并为共同使用商定出一个办法。我向他担保，如果这件事由我继续负责，我将亲自与他重新探讨。假若美国人为了基地和航空交通问题而激动，甚至为得到解决不惜付出一切代价，这会大大让人感到遗憾。为了我们共同的利益，我们一定要做出最稳妥的安排。罗斯福总统起初就想，在我们两国之间安排一个世界范围内的礼节性往来，因为他深信我愿意深入探讨关于机场和其他基地的事情。固然，美国的大国地位超越了英国，但英国也能做出许多贡献。一艘美国战列舰停靠在直布罗陀时，为何不能为自己的鱼雷管获取鱼雷，给自己的大炮装上炮弹？我们的防御设施已经遍布全世界，为何我们不能共享？我们能使美国舰队增强百分之五十的机动性。

杜鲁门先生回答说，他的想法也是如此。在某种形式下，一切计划都应该与联合国的政策相互配合。我说，那样不错，只要英美两国能共享所有便利就行了。如果让每一个国家都共享，就什么结果都谈不出来。一个男子可以向一个少女求婚，但是假若那个少女回答说，她永远做他的姐妹，这就没有意思了。我提出的要求是，现在英国共享基地和燃料补给站的战时体制，无论以哪种形式或外表出现，都要坚持下去。

总统似乎完全赞同这个建议，但是要采用一种合适的形式，不至于让人从表面一看就知道，这是“两国之间”的军事联盟。我很明白他的意思，尽管他没说后边这几个字。由于受到这样的鼓励，我继续说出我思考了好久的意思，即联合参谋委员会的组织要保留，起码保留到世界在风浪过后平静下来，有了一个世界机构，并且有真正的实力与能力，让我们能放心将自己托付给它。

对于这一点，总统做出了振奋人心的答复。此时，他的官员打断了我们的谈话，因为他提醒总统应该立即去拜访斯大林元帅了。总统真心实意地说，他多年来吃得最高兴的就今天的午餐，他还说，非常衷心地希望我和罗斯福总统的关系，能够在他和我之间继续下去。他在谈话中说了许多字眼，表示对建立个人之间友情和战友关系的欢迎，我听后十分感动。我觉得面前这个品行和能力卓越的人物，对未来的观点正好与英美关系一直以来的发展路线相吻合，他说话简明扼要，并且是自信而坚决的。

* * *

在 7 月 18 日的晚上，我和斯大林共进晚餐，除了伯尔斯和巴甫洛夫之外，只有我们两人。我们从晚上八点，一直聊到凌晨一点半，任何决定性的问题都没有提及，我们谈得非常愉快。伯尔斯上校记录了一份很长的笔记，我在这里把大概意思讲一下。从身体状况来看，我的主人有些承受不了，但是斯大林的表情平静而友好，使人感到愉悦。关于英国的选举，他说，他从共产党和其他来源获得的情报使他相信，我能够得多数票，约有近八十个席位。他认为工党会获得二百二十到二百三十个席位。由于我不想做某些猜测，我说我不清楚军人那部分是怎么个选法。他说军人最需要一个强大的政府，因此会选保守党。很明显，他的意思可能是希望与我和艾登继续保持联系。

斯大林问起英王没有来柏林的原因。我说他来访问，会为我们带来很多安全问题。他确信，由于英王是整个帝国团结的支柱，因此他比任何国家都需要一个君主制度，只要是英国的朋友，就绝对不会做出任何损坏这个君主国尊严的事情。

我们继续谈下去。我说我的政策是，对俄国成为海上大国表示赞成。我愿意看到俄国的船只在世界的大洋中航行。俄国就像一个巨人，他的鼻孔被波罗的海和黑海两条狭小的出路夹住。接着我指出土耳其和达达尼尔海峡的问题，当然，土耳其人还是迫切希望解决的。斯大林对过去发生的事做了解释。土耳其人曾经和俄国人协商，并签订了一个同盟条约。俄国人回答说，签订这个条约的前提是双方都没有所有权要求。不过，上次大战结束时，卡尔斯和阿尔达汉被分割出去，俄国想要将它们收回。土耳其人说他们不能同意这件事。于是，俄国提出了蒙特勒协议。土耳其说，他们也不愿讨论那个问题，因此俄国答复说，这样的话，就不能讨论同盟条约。

我说，就我个人而言，我同意修订蒙特勒协议，把日本赶出去，以便俄国通到地中海。我再三强调我对俄国在海洋上的出现表示赞许，这不是因为我要感谢俄国做出的任何贡献，而是因为这是我早已决定的政策，因为这个问题不仅与达达尼尔海峡有关，而且也与基尔运河（它应该跟苏伊士运河有同样的制度），以及太平洋的温暖水域有关。

接着，他问我关于德国舰队的问题，他说，舰队在海上遭遇了巨大损失，如果能分到一部分，对俄国会大有好处。意大利投降之后，我们交给他一些船只，对此他表示感谢。不过，他也希望分到几艘德国军舰。我没有提出反对。

他又说到希腊侵占保加利亚和阿尔巴尼亚的问题。他说，有些人在希腊挑起争端。我回答说，希腊人对南斯拉夫和保加利亚感到担忧和惊恐，这是由于混乱的边境局势导致的，不过，我没有听说真的开战。较小的国家通过这次会议，应该清楚了会议的目的，任何国家侵占国界或是发动战争都是不允许的。应该让他们清楚地认识到这一点，让他们知道，只有和平会议才能解决任何边界变更的问题。我建议大国应派观察员到雅典去，因为希腊要举行一次全体公民投票及自由选举。斯大林认为这样做是对希腊人民的诚实不信任的表现。他认为，大国的大使们应该汇报选举情况。

紧接着，他问我对匈牙利有何看法，我说我没有充足的消息来了解当前局势，因此不便发表意见，但是我会向外交大臣询问的。

斯大林说，在所有被红军解放的国家里，看到一个强大的独立自主的国家是俄国的政策。他对那些国家中苏维埃化的国家表示反对。除了法西斯党派之外，他们有自由去选举，其他所有的党派都会参加。

接着我说到南斯拉夫的纠纷，我们在那边只有各占一半的协议，但在物质方面没有野心。现在是九十九比一，而英国就是那个一。斯大林辩解道，英国占百分之九十，南斯拉夫占百分之十，而俄国则完全没有利益。苏联政府常常不知道铁托的意图。

斯大林说，美国人提出改变罗马尼亚和保加利亚政府的要求，他为此感到生气。由于他没有干预希腊的事务，因此，他们是不对的。我说我还没有看到美国的提议。他解释说，他认为，帮助有流亡政府的国家去建立一个本国的政府是很有必要的。由于罗马尼亚和保加利亚的一切都非常安定，因此必然不适用于这个政策。当我问他苏联政府给国王米凯尔一笔奖金的原因是什么时，他说，在他看来，国王在政变的时候，付出了勇敢而睿智的行动。

后来，我说人们很想知道俄国的目的。我从北角到阿尔巴尼亚画了一条线，并指出该线东边被俄国占领的各国首都的名称。看起来，俄国似乎正在向西席卷。斯大林说他没打算这么做，他反而正让军队从西边撤退。在之后的四个月中，会有二百万人复员并被遣送回家。接下来的复员工作，只是为铁路运输提供充分人手的问题，俄国人在战争中的损失，包括死亡和失踪的，总共五百万人。德国人发动了一千八百万人，工业方面的不包括在内，俄国出动了一千二百万人。

我说，我希望在会议结束之前，我们就所有欧洲国家的边界，俄国通往海洋的出口以及德国舰队的分配问题等事项达成一致意见。在会议桌上出现的三大国，是世界上前所未有的强国，维护和平就是他们的任务。虽然我们对德国战败感到欣慰，但这却是一个大悲剧。不过，德国人民却很温和。斯大林又讲到他 1907 年在德国的亲身体验，当时在火车站出口，有二百个德国人，因为他们的车票没人收，所以失去了一次出席共产党集会的机会。[①]之后他带着歉意说，他还没有正式感谢英国在战争中在物资供应上为他们提供的援助。俄国已会表示谢意。

他在回答我的问题时，对集体农庄和国营农场的作用做了解释。我对使俄国和英国都不用为失业而惧怕表示赞同。他说，俄国应经打算跟英国洽谈贸易，我说苏联人民的幸福和福利方面，才是它最好的对外宣传。斯大林还说了苏维埃政策的一致性，如果他出了什么事，任何时候都会有卓越的人物继承他的职位。他想到了三十年之后的事情。

---

① 参阅第二十三章，第 344 页（原著页数。——译注）。——原注

*　*　*

震惊世界的消息在7月17日到来了。下午，我在寓所中接待了前来拜访的史汀生，他在我面前放了一张纸，上边写着“孩子们圆满降生了。”我从他的神情中看出，一定发生了不寻常的事情。他说道：“这意思是说，我们已经在墨西哥沙漠里进行了试验。原子弹已经制造出来了。”尽管我们掌握这项可怕研究的线索，来自他们提供的每个片段的情报，但是不管怎样，我还是不知道这个关键性试验的日期，因为他们事先没有通知我。当原子弹第一次正式爆炸的时候，没有一个负责的科学家敢预测结果会如何。这些原子弹是毫无用处，还是毁灭性的？我们现在知道了。这些“孩子们”已经圆满降临了，但是，这种发明为军事带来的直接影响，以及原子弹的其他的一切事情，没有人能料想得到。

人类历史上发生了一件震惊的事件，史汀生为我发来的报告，详细讲述了这件事，第二天飞机将报告带过来了。我现在根据能回想起的东西，把情况说一说。这个炸弹或者说威力相当的装置，爆炸地点是一个一百英尺高的塔顶上。任何人不得在附近十英里活动。大约十英里外有坚固的遮蔽部和防御物，使用混凝土建成，科学家和工作人员们就蹲伏在那里。爆炸的威力十分恐怖，一股巨大的火焰和烟雾直接向我们可怜的地球表面的大气边缘冲去。方圆一英里之内的东西被彻底摧毁。因此，我们找到了快速终结第二次世界大战的办法，也找到了结束众多其他事情的最简便的办法。

我受到总统的邀请，立刻去跟他商谈，马歇尔将军和莱希上将也和他在一起。到当前为止，我们仅仅准备对日本本土实施可怕的航空轰炸和大规模的军队进攻。我们只想到日本人会拿出武士道的精神，到死都要顽强抵抗。不光对阵作战是这样，在每一个洞穴和每一条壕沟中也是这样。冲绳岛的情景一直留在我心里，那里的好几千名日本人不愿投降，他们等指挥官实行了神圣的切腹礼之后，就排成一排，用手榴弹炸死自己。要是我们一个人一个人地对付日本人的抵抗，一寸土一寸土地征服那个国家，就可能会令一百万美国人和五十万英国人丧生。我们坚决要与美国有难同当，要是我们再运送更多人去那儿，损失则更大。在一两次剧烈震动之后，整个战争结束的景象——似乎真的是光明而美好的，使这个可怕的梦境完全消失。我想起日本人向来以勇敢著称，令我感到敬佩，这种几乎难以想象的武器出现之后，我们也许会从中找到一种借口，不至损坏他们的颜面，使他们从战斗到最后一人的责任中解脱。

另外，我们不需要俄国人了，因为对日本的战争已经结束，我们不再需要俄国的军队为了进行最终的和持久的屠杀，而不断地加入战斗。我们也不需要请求他们的恩泽。我在几天之后写信给艾登先生，我说，“显而易见，美国现在不愿意俄国人加入对日战争了。”因此，我们可以就他们自身的利弊，根据联合国的大原则来解决那一系列的欧洲问题。我们得以减轻东方的屠杀，并在欧洲得到更加美好的前途，感觉这似乎是得到了天赐良机。无疑，我觉得我的美国朋友心里，也是这样想的。不管怎样，对于到底是否应该使用原子弹这个问题，我们从未花过一点时间来探讨。为了避免规模浩大且无休止的屠杀，为了结束这场战争，为了让世界获得和平，为了安慰苦难中的人民，我们不惜为爆炸付出几次代价，以显示这种威力的无以伦比，这不失为一种奇迹，它在我们历经所有磨难与危机之后，使我们的生灵得到拯救。

在开展实验之前，英国已经在 7 月 4 日从原则上同意了这种武器的使用。现在，该由杜鲁门总统做最终决定了，因为他是这个武器的拥有者。不过，对于他会做何种决定，我始终没有怀疑过，事后，也没有怀疑过他这种做法是否正确。从来没有人对是否应该使用原子弹来胁迫日本投降的决定提出异议，这就是事实，它具有历史意义并且永远不变，后代必然会对此作出判断。而当时在会议桌前，大家都同意这种做法，并且是一致的、自发的、完全没有反对。我也从来没听到有人暗示说我们不该这样做，哪怕只是一点点。

很明显，美国空军为对日本的城市和港口进行大范围的袭击，已经做好常规空中轰炸的准备。当然，只用几个星期或几个月的时间，这些城市和港口就可以毁灭，但是有多少民众会遭受生命上的重大损失，这谁也说不清。现在我们运用这种新的方式，虽然不仅仅是将城市摧毁，但却保护了许多朋友和敌人的生命。

总统和我认为，我们在战胜日本这个问题上，不再需要斯大林的帮助了，因此对跟他谈些什么，感到很棘手。斯大林曾经在德黑兰和雅尔塔向我们承诺，一旦将德国军队打败，立即向日本进攻。他们从5月初起，连续通过西伯利亚铁路把俄军调遣到远东，就是为了实现这个承诺。我们的意见是，让他们停止这样做，因此斯大林无法再运用他在雅尔塔对美国人运用的讨价还价的本事，即便非常有效。不过，在对希特勒作战中，他怎么也算是一个伟大的盟友，我们两人都认为，必须让他知道这个决定大局的伟大的新情况，但是，细节还不能告诉他。是通过书面，还是通过口头让他知道这个消息？应该在一个正式而特殊的会议上，还是应该在一个日常会谈中，还是在特殊会议和日常会谈之后？总统决定采用最后一种方式。他说，“我认为，还是在一次会议后告诉他比较好：我们有一种最新型而又非比寻常的炸弹。我们认为它能决定日本人是否会坚持作战。”我对这种做法表示认同。

当时我给内阁发去一个通知，内容如下：

1945年7月18日

我看了总统给我的有关近期实验的电文，他问我该如何告诉俄国人。他只是问问最佳时机在什么时候，而这种做法似乎已经是决定了的。他说他认为会议结束的时候最好。我回答说，如果一定要告诉他的话，最好把重点放在实验上，因为那是一种新事物，他和我们也是刚刚知道的。如果斯大林问：“你们为什么不早点告诉我们？”总统就能更好地应对。总统似乎觉得这个意见不错，他会予以考虑。他建议将这个简单的事实，明明白白地告诉他们，说我们有了这种武器，作为英国政府的代表，我未曾拒绝过。他一再强调，不管怎么样，都不能将详细情况泄露出去……

* * *

此时，海空军仍然在继续对日本开展歼灭性袭击。日本舰队的剩余部分，四处分散并躲藏在内海里边，我们将它们视为重点目标。我们一艘一艘地轰炸大军舰，因此，日本海军到了7月底，实际上已经覆灭了。

日本本土陷入混乱，已经接近崩溃。职业外交家们相信，日本要想避免分崩离析，只有遵照天皇的命令，立即投降。但是有一个军人集团几乎依然大权在握，他们下定决心，宁愿全国集体自杀，也不愿承认失败。这个特权阶级真是疯狂，面临惊心动魄的毁灭也不动声色，并且还坚持声称，他们确信会转危为安，因为会有奇迹帮助他们。

有几次，我单独与总统长谈，有时他的顾问会在场，我说到该如何处理这些事情。斯大林在那一周的开始曾悄悄跟我说，当他的代表团即将离开莫斯科的时候，收到日本大使送给他的一份电报，上边没有抬头称谓。推测一下，给他本人，或是给加里宁主席，或是给苏联政府其他成员的电报，都是日本天皇发送过来的。内中说，日本会对其他条件妥协，但却无法接受“无条件投降”。斯大林说，苏联政府无法采取任何行动，因为电文中缺少确切的提案。我向总统解释说，由于斯大林担心总统认为俄国人会影响他，让他有议和意愿的居心，因此不想直接告诉他。与此同时，我认为，不要让美国觉得我们不想继续对日作战了，只要美国认为打下去没错，我们就不要说这些话。但是我们详细谈论了，在我们决心要使日本人接受“无条件投降”的情况下，美国人生命的重大损失，以及英国人的生命在小范围内的损失。也就是说，总统要思考换一种说法的可能性，不但要极力保障我们将来的和平和安全，而且要使他们所有战胜者必要的保障得到满足后，使一些军事荣誉从外观上得到保留，并且保证他们国家的生存。总统毫不犹豫地回答，在他看来，自从珍珠港事件之后，日本就不在乎军事上的荣誉了。我想说的是，他们为了某种原因，不管怎样，心甘情愿慷慨牺牲，而我们在这方面，重视的程度似乎不如他们。因此，他开始同情他们，还提到史汀生所说的，总统承担着令美国人不断牺牲的责任，这是很可怕的。

我认为，“无条件投降”没必要严格执行，但是那些为世界和平和未来安全，以及惩罚罪恶阴谋的行为所需的事情除外。显然，史汀生先生、马歇尔将军和总统也心中有数，因此，我们等着他们就好了。当然，我们已经知道日本人打算放弃战争中得到的所有东西。

最后，为促使日本军队立刻无条件投降，我决定下达最后通牒。7月26日，我公布了这个文件。

1945年7月26日

1. 我们，美国总统、中华民国国民政府主席和英国首相经过商谈，代表剩下的亿万人民，同意给予日本一个应有的机会，作为这次战争的结束。

2. 由于西方调遣来的军队和空军的援助，美国、英帝国还有庞大的中国陆海空部队已经强大了很多倍，它们将给予日本最后的一击。有了所有盟国的坚定的支持与鼓励，用你们的军事力量与日本作战，直到它们不再抵抗为止。

3. 德国的抵抗既没有效果也没有意义，以致激起世界自由人的力量，它的结果可作为前车之鉴供日本人民参考。

当他们用这种力量对付纳粹的抵抗时，德国所有人民的土地、工业和生活方式不得不被全部摧毁。但现在，相比之下，集中对付日本的力量，则更是巨大，难以衡量。我们的军力，加上我们人民坚定意志的支持，假如予以彻底实施，日本军队必定彻底毁灭，无处可逃，而日本本土也终将消亡殆尽。

4．现在时间已到，日本必须选出一条道路，是坚持不听劝告计算错误，使日本帝国陷入军人控制下的全部毁灭的境地，还是走上一条理智的道路。

5．以下就是我的条件。我绝不会更改，也不会有另外的一种方式。我也绝对不能容忍犹豫不决或是拖延的行为。

6．我们必须彻底清除欺骗及误导日本人民，使他们妄想征服全世界的权威和势力。我一定要将随意发动侵略战争的人从世界上赶出去，否则就不可能出现和平安全和正义的新秩序。

7．直到这种新秩序成立，以及有确凿证据证实日本制造战争的力量已经毁灭时，我们必须占领盟国在日本领土上指定的地点，这样我们在这里所说的基本目标就完成了。

8．我们一定会将开罗宣言上的条件付诸实践，并且日本的主权也定会限制于本州、北海道、九州、四国以及我们所决定的其他小岛范围内。

9．日本军队彻底解散之后，可以返回家乡，并享受和平生活和生产的机会。

10．我们没有奴役日本民族或是将这个国家消灭的意图，但是我们会对战犯，包括欺凌我国战俘的人在内，实施法律上的严格制裁。日本民族有复兴和加强清除所有障碍的趋势，日本政府必须予以制止，还必须建立并重视言论、宗教、思想自由以及基本人权。

11．日本可以保持它的工业，但前提是经济许可并且可以提供实物赔偿。它重新武装的作战工业则可以不在这个范围之内。为了达到这个目的，允许它们获取原料，但要与统制原料区别开来。应当允许日本最后参加国际贸易。

12．一旦上述意愿达成，并且日本人民自由表达意志地成立依赖于和平和敢于担当的政府之后，盟国占领的军队立即撤离。

13．我们告诉日本政府，即刻向全部日本武装部队宣布无条件投降，并适当及充分地保证会真诚地实施这种行动。日本只有这一条出路，否则很快就会全部灭亡。

由于日本军事统治者们不接受这些条件，美国空军准备在广岛和长崎各投一颗原子弹，他们为此制定了计划。

我们赞同给予居民全部准备机会。我们非常细致地拟定出实施的步骤。我们于 7 月 27 日散发传单，让十一个日本城市知道它们将遭遇猛烈的空中轰炸，这样做是为了尽量减少生命的损失。7 月 31 日，我们还警告了其余十二座城市，并在 8 月 1 日对其中四座进行了轰炸。8 月 5 日，我们发出了最后一次警告。据悉到那时，超级空中堡垒每天会散发一百五十万张传单，外加三百万份最后通牒。第一颗原子弹是在 8 月 6 日投下的。

* * *

我离职之后，对日战争才结束，我只简要地将它们记录下来。8 月 9 日，在向广岛投放了一弹之后，第二颗原子弹落在了长崎市。第二天，日本政府表示，只要保留天皇作为一国之首的特权，他们就接受最后通牒。他们已经无法顾及军阀极端分子的叛乱。包括法国在内的盟国政府，给予他们答复，盟军最高统帅部应对天皇实施制约，天皇应授权并确保签署投降书。在波茨坦提出的目标达成之前，盟国的武装部队会一直驻扎在日本。到了 8 月 14 日，日本接受了所有条件。艾德礼先生在午夜就广播了这条消息。

盟国的舰队开入了东京湾，9 月 2 日早上，在美国战列舰“密苏里”号上，正式签署了投降书。在敌人崩溃只有一个星期之前，也就是 8 月 8 日，俄国对日宣战。不过它仍然就交战国的所有权力一事提出要求。

我们不允许任何拖延实施投降条件的行为。敌人还控制着马来亚、香港及荷属东印度的大多数地区，还有一些地方的若干孤军仍然在作战，或许他们不听天皇的命令。因此，现在的首要任务就是占领这些广大的地区。自缅甸战役之后，蒙巴顿将军一直在为马来亚的解放做准备，并且已经做好充足的准备，在靠近瑞天咸港(巴生港)的地方登陆。实行登陆的日期是9月9日。9月初我们占领另外的港口时，没有战事，蒙巴顿将军在新加坡举行受降仪式是在9月12日。

赫卡特——英国军官及海军上将——于8月30日到达香港，正式接受该岛投降是在9月16日。

* * *

在美国，有些人认为，充分利用在中国或西伯利亚基地的空军力量，不用付出太多代价就可以将日本战败。他们认为，不用为进行进攻的序幕战，而从海上做消耗巨大的长途跋涉，只需凭借空军的行动，同样可以将日本的海上交通切断，并将它本土的抵抗力量摧毁。空军中优秀的代表人物，提倡像缅甸、马来亚及东印度群岛这些地区，可以先暂时放弃他们的政治目的，等到空战获取胜利后，这些目标自然就得到了。可是，这些意见遭到美国参谋长联席会议的反对。

认为原子弹是日本命运的决策者，这是不正确的。日本的失败，在第一颗原子弹投放之前就已无法改变，而这种局面是重要的海上力量造就的。凭借这种力量，我们有夺取海洋基地的可能，并在那里进行最后的攻击，让它的京畿军队还没有打仗，就立即投降。开始，它投入战争的船只有五百五十万吨以上，由于船只遭遇摧毁，后来大大增加了俘获和新造的，不过，它的护航制度不完备，护送舰船缺乏实力，而且组织得也欠妥。日本的八百五十万吨船只被击沉，其中潜艇击沉的船只有五百万吨。我们是一个岛上大国，也是靠海洋生存，可以通过这件事吸取经验。如果我们不能对付德国的潜艇，我们自己的命运则不言而喻。

第二十章　波茨坦：波兰边境问题

波兰、德国与苏联——波兰因寇松线所获得的补偿——居民的转移——7月17日波茨坦会议第一次全体大会——7月18日第二次大会——和新闻界的争执——各项和平条约拟定的计划——“德国具有什么意义？”——我为流落在外的波兰人呼吁——对波兰西部边境的探讨——德国的食粮和东部各省——我着重指出急需一个解决方案——我在7月24日与波兰临时政府的人员见面——我倡导自由选举——与贝鲁特在7月25日会谈

我们在波茨坦会议上遇到的问题之中，对日战争的成功不是最难也不是影响最大的问题。由于德国已经崩溃，欧洲必须重新建立，士兵必须回家，难民在条件许可的情况下，也必须回国。特别是，每个国家必须谋求和平，使人们能在和平中共同生活，只要得到自由和安全，就算不舒适也没什么。关于我们对所负责的许多紧急问题提出的详细意见，我不准备在我们的正式会晤和私人谈话中一再重复，因为其中有些问题，到现在还有待解决。英国为了波兰而战斗，但现在波兰没有自由，还很混乱；德国最终分裂了，与俄国的关系紧张。在我们的探讨中，俄国从波兰获取的土地，波兰从德国获取的土地，以及德国和苏联在世界上的地位，都是高于一切的话题。受篇幅限制，我在这里只提及这些问题。

俄国的西部边界应该向波兰境内延伸，但不得超过寇松线，这是我们在雅尔塔说好了的，因此，我们一直认为，波兰大致上应该从德国领土内获得补偿。但是没有达成一致的问题是，获得多少补偿？它应该在德国延伸到哪里？斯大林要把波兰的西部边界从奥得河延伸到与希尼斯河交汇处，而罗斯福、艾登和我坚决认为不得超过东尼斯河。在雅尔塔，三国首脑曾公开商定，要与波兰政府协商这件事情，并等待和平会议做最终决定。我们只能做到这个程度，但也尽力了。但是在 1945 年 7 月期间，我们又遭遇了一种新局面。俄国已经将它的边界延伸到寇松线。这说明，住在这条界线另一边的三四百万波兰人只能向西转移，这是罗斯福和我想到的。相比这些情况，我们现在遇到的事情更糟。波兰政府在苏联的操控下，已经向前推进，他们到达了希尼斯河，而不是东尼斯河。这个地区以德国人占大多数，虽然有几百万已经逃跑，但是留下的也不少。仅迁移三四百万波兰人，事就已经够多了，我们该如何处置德国人？我们是不是还要将八百多万的德国人迁走？即使这样的迁移被看作是可以完成的，余下的德国土地，也不能为他们提供足够生存用的粮食。德国夺取了波兰人的那片土地，才得到了大部分粮食。如果我们得不到这片土地，那么只能将已被破坏的工业地区和因饥饿而增多的人口留给西方盟国。这对于欧洲的未来和平来说，是个大错。这个问题比那个阿尔萨斯－洛林和但泽走廊的问题严重多了。总有一天，波兰人会无法抵挡想要回自己领土的德国人。

* * *

7 月 17 日星期二，下午五点召开了会议的首次全体大会。斯大林建议让总统担任主席，我也是此意，于是杜鲁门先生接受了我们的邀请。我们在会上提及很多不太重要的问题。杜鲁门先生建议意大利加入联合国，还建议英、俄、中、法和美国的外长，应该拟定各项和平条约和欧洲边界的解决方式。这两个建议，还不能让我完全信任。在地中海，我们的海军虽然遭遇了严重的损失，但我们对意大利一直很友好。

俄国要求得到十五艘意大利舰队的军舰，其中有十四艘，是我们给意大利的。不过，我直接提出，英国人民一定会记得，当法国已经无法坚持抵抗，是意大利在英联邦最危急的时刻对它宣战的。而意大利在美国参战之前，在北非与英国长期作战，英国人民也会记得。

对于邀请中国外长参加会议，斯大林也同样表示疑虑。这是一个主要属于欧洲的问题，为什么要它去讨论？况且，设置这个新机构究竟出于何种原因？我们有了欧洲咨询委员会，并且我们在雅尔塔说好要定期召开三国外长会议。另设置一个机构，必然会使事情难以处理，而且和平会议到底什么时候召开？总统仍然认为，既然世界安理会也有中国的一席之地，中国应该就欧洲问题的解决发表意见，他还承认，“三大国”外长会议的讨论范围，会因为新的联合机构而被大大缩小。我想，这一切似乎未免太早。我担心大同盟会解散。一个世界组织会因对所有国家开放，对任何事都宽容而不加限制，就会变得松懈无力。我要提醒我的同事们，我们正在面对波兰自由选举这个十分紧迫而又实际的问题。说到这，会议就结束了。

第二次会议是 7 月 18 日下午 5 点召开的，当时我立刻提出另一个问题，这个问题虽然不属于议事日程之内，但却是十分重要的。新闻记者进入德黑兰的会场，是极为不易的，他们更不可能走入雅尔塔，但是现在，却有一百八十个新闻记者在代表团所在地的外边走来走去地探视，并且带着愤怒的心情。他们带着很厉害的武器，正在世界各地的报纸上叫唤他们的采访受阻，并且毫无顾忌。斯大林问是谁放他们进来的，我解释说，他们大多数在柏林而不是在代表团地区之内。因此，不管怎样，我们都应该保证会议能在安静的环境中进行，并且要进行保密。于是我主动提出去见记者们，并告诉他们不能进入的原因，以及在会议结束之前，消息不能泄露出去的原因。由于新闻记者需要给予安慰，因此我希望杜鲁门先生也能接见他们。况且我想，如果他们得知秘密和安静对开会的人是十分重要的，他们也会表示友好，并甘愿在外边。

斯大林很生气，问新闻记者想知道什么。杜鲁门先生说，我们每个人都有一个代表会跟记者见面。我们已经说好不让他们进来，就任凭事情自然发展吧。我在当时，甚至是现在都认为，向他们公开说明理由会更好，但我还是顺应了多数人的意见。

接着，外长们就各项欧洲和平条约的拟定，拿出了自己准备的计划。这个外长会议，仍然是由总统提出的五大国外长所组成的，不过，只有签署过相关敌国的投降书的国家，才有条件参加会议的拟定。我们对该建议表示赞同，但是却担心美国所提出的将这些条款送到联合国去的建议。我说，如果这意思是，要与每一个联合国的成员都商量一遍，而麻烦地耗费大量时间，我则会反对，对此我表示歉意。博尔纳斯先生说，我们确实受到联合国宣言的制约，不过，他和斯大林都认为，只有五大国之间达成一致之后，提交联合国讨论的建议才能实施。到这里，我们的谈话结束了。

之后就是德国的问题了。管制委员会有哪些真正的权力、各种经济问题是什么、纳粹舰队该如何处置，这些在讨论中都没得到解决。我问，"'德国'有什么含义？"斯大林说，"是指它战后的情况。"杜鲁门先生说，"是 1937 的德国。"斯大林说，说到它必然要联系到战争。那个国家已经不复存在。最后我们接受以 1937 年作为德国的起点，因为那里除了四个占领区外，既没有明确的边界，又没有守卫边界的人，也没有部队。这样一来，这个问题放下了，我们又谈到波兰。

* * *

接着，斯大林指出："但凡股票、财产还有其他所有产业，只要以前属于波兰，并且现在依然掌握在伦敦的波兰政府手中，不论财产的形式是什么样，也不论这种财产被证实目前在哪个地方或是哪些人手中，都应该即刻交给卢布林波兰人。"他还说卢布林波兰人还应拥有包括海军和商船在内的，属于波兰的武装力量。这促使我讲出了下边这段话。

当波兰人的故乡遭到侵略，又被法国赶出来的时候，他们来到我们这个岛国避难，因此这份责任是由英国人承担的。伦敦的波兰政府没有什么有价值的财产。我说，我确信伦敦和加拿大大约存有两千万镑的黄金，但由于这些财产属于波兰中央银行，因此被我们冻结起来。只有走移交的正常程序，才能将这笔存款解冻并移交给波兰的中央银行。他们之所有没有权利提取这笔存款，是因为这笔财产不属于伦敦的波兰政府。只要波兰政府愿意派遣一位大使，且越快越好，伦敦当然会设置波兰大使馆，并且立即让他使用该馆。

如此一说，有人会问，在联合王国的波兰政府，这五年半以来如何开销的。我回答说，依靠英国政府它才得以生存下去。为波兰人维持军队以及在外交上的费用，我们给了他们一亿两千万英镑，还使那些从德国人魔爪下逃出来，祈求得到我们岛国庇护的波兰人也得到他们的照料。当我们接受了新的波兰临时政府，而拒绝了伦敦的波兰政府时，我们就商量好，在所有职工被遣散前，要付给他们三个月的工资。如果他们没有收到这笔钱，就被遣散，那是错误的，但英国人仍然是这笔费用的承担者。

接着，我想指出一件重要的事情，并征求了总统的同意，而这件事由于我们的缘故而显得不一般，波兰部队曾与我们并肩作战，我们该用哪种方式让他们复员，或将他们遣送回国。在法国沦陷时，我们把大约四万五千个愿意来的波兰人全部撤了下来，并且让这些人和从瑞士其他地方来的波兰人成立了一支波兰军队，最终实力可达约五个师。有三万人的波兰部队在德国，有由三个师组成的一个波兰军在意大利，他们虽思想上痛苦难耐，但心里却是十分激动的。从前方到后方，所有波兰军队的人数总共多于十八万，他们在德国，甚至在范围更大的意大利，在良好的纪律下英勇作战。尽管他们在那边遭受了重大损失，但却像任何在意大利前线的部队一样，在阵地上坚于职守。因此，这件事关乎到英国政府的荣耀。当我们训练有素的部队严重不足时，这些军队与我们的军队一同勇敢地战斗，导致很多人牺牲。尽管我们有在议会中保证过，但也希望我们能给予他们尊重。

斯大林说，他对这一点表示赞同。接下来，我说，我们的政策是，虽然我们必然会经过一段时间的困难期，但也要尽力说服军人和前波兰政府的文职人员回到他们自己的国家去。

波兰在过去的两个月期间，进步显著，因此我真挚希望这个新政府获得成功。虽然这个政府不能完全与我们的愿望一致，但由于三大国耐心的工作，它的进步却是很明显的。我曾在下院中提过，如果有与我们并肩战斗过的波兰士兵不愿回国，我们会将他们安置在大不列颠。当然，有多少波兰人返回，取决于波兰的状况，如果波兰政府为他们的自由及前途提供保障，也不会谴责他们过去的效忠问题，那么事情就会好很多。由于苏联军队的勇敢，他们的祖国得以解放，我希望随着波兰国情的日益改善，这些人中的大多数都回到波兰，成为好公民。

斯大林对我们的问题表示理解。波兰过去的执政者在我们这里避难，尽管得到我们优厚的招待，但还是为我们带来很多困扰。不过，伦敦的波兰政府仍然没有解散，他们以报纸和其他方式为手段，继续活动，并且拥有自己的代理人，基于这一点，所有盟国对他们产生了不好的印象。

我说，这就是事实，我们必须接受。从正式意义和外交上看，伦敦的波兰政府已经结束，但是，如果它的某个成员过他的生活，或是与包括新闻记者和以前的同情者在内的人交谈，我们则无法干预。还有，如果不妥善处理当前局势，波兰军队可能会发生哗变，因此我们需要提高警惕。我请斯大林相信英国政府，并给我们一定的时间。另外，应该想尽一切办法，尽全力使波兰人在波兰的鼓励下回国。

杜鲁门先生说，在他看来，我们之间的意见是统一的。我提出给予我们一定的时间，但斯大林怕问题会变得棘手，拒绝了那个提议。让外长们去协商这些问题是最合适的办法，不过，斯大林希望雅尔塔协议能尽早付诸实践。

斯大林因此提议，让外长们去处理全部事情。

我说：“选举也应包括在内。”

斯大林回答：“临时政府一直认可自由选举。”

就这样，第二次会议召开完毕。

* * *

在波茨坦第三次和第四次会议上，我们探讨了各种各样的问题，但没有任何问题做出确切的决定。斯大林要求联合国拒绝与弗朗哥来往，“还要帮西班牙的民主势力”建立一个“西班牙人民满意的”政权。这个建议因我的反对而取消。我们还讨论了德国海军和商船的处置，对意大利的和平条件，还有盟国在维也纳和奥地利的占领问题，但没有得出任何结论。外长们需要就全部问题进行审查并提交报告。我本人的策略是，先把这些问题汇聚在一起，等我们的选举结果出来后，再开始处理。

* * *

直到第五次会议于 7 月 21 日召开，我们才再次谈及波兰问题。苏联代表团提出把什切青划分到波兰这一边，将波兰的西部边界推进到斯维讷明德西边的奥得河，接着，沿着奥得河延伸到它和希尼斯河的交汇处，再从那儿顺着希尼斯河到达捷克斯洛伐克边界处。

杜鲁门想起，按照 1937 年德国的边界，应将它分为四个占领区，这是我们曾经说好了的。英国人和美国人已经将他们的军队撤回到各自的占领区内，但是显而易见的是，苏联政府在未征得我们同意的情况下，就将一个区划分给了波兰。如果德国失去了这个占领区，我们如何解决赔偿问题以及余下的所有德国问题？

1945年7月最后通过的在德国与奥地利划分的各占领区

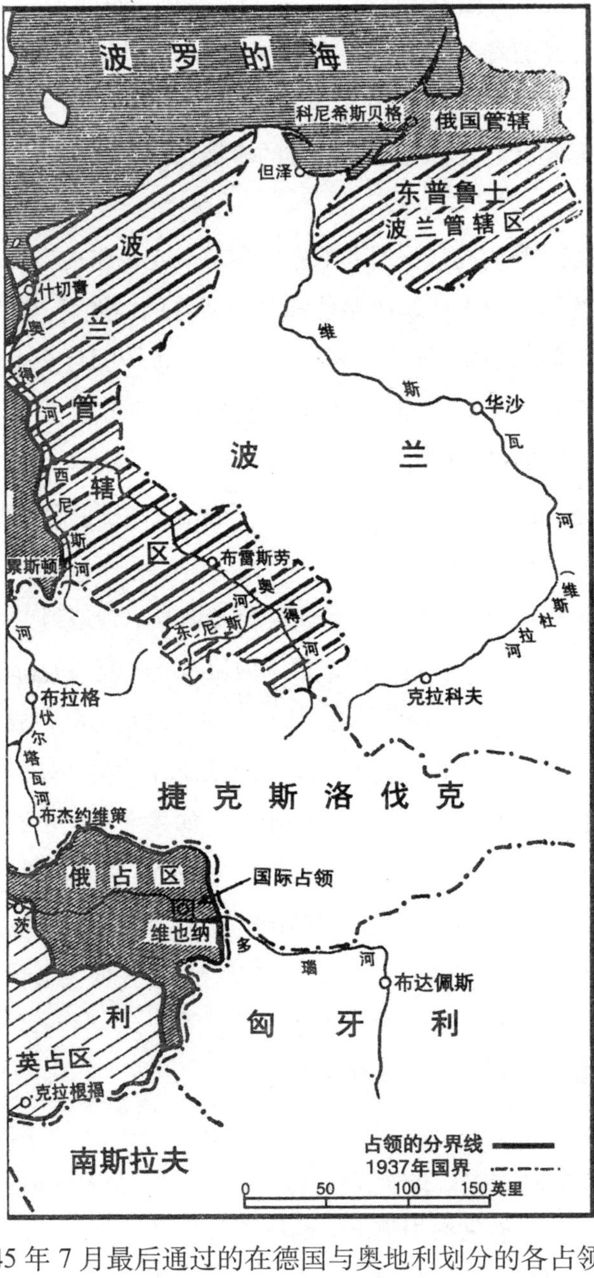

1945 年 7 月最后通过的在德国与奥地利划分的各占领区

斯大林说之所以将自己占领区的一个区划分给了波兰人，是因为苏联政府阻止不了他们，而不是他们自己给的。除了波兰人留在那里，德国居民已经随着苏联的军队一同向西撤退。苏联军队对一边为消除地方上的敌人而作战，一边又建立他们自己的行政机构感到不适应，因此他们需要有人去处理他们后方的事情。那么，为何不让波兰人去做呢?

总统说："我们应该保留我们在雅尔塔确定下来的占领区。如果我们不履行约定，就无法解决赔偿和其他所有的问题。"斯大林说："我们不担心赔偿的事。"杜鲁门先生回答："反正美国什么也得不到，但也尽量避免付出什么。"斯大林说："我们在雅尔塔并未对西部边界问题给出确切结果。""我们谁也不能限制谁。"

这倒是对的。总统说，在他看来，我们现在还不能解决这件事，还须等待和平会议来解决。

斯大林说："要使德国的行政机构得到恢复，会遇到更多困难。"

总统说："你可以在自己的德占区内使用一个波兰的行政机构。"

斯大林回答："那确实不错，既然德国人已经逃跑，成立一个由波兰人掌管且态度友善的行政机构，确实是最自然的解决之道。这样，我们也不会受到任何专门的边界的限制。如果会议无法达成共识，我们将先不予以考虑。"

我插话说："可以吗？这些地区十分重要，因为德国人要靠它生存。"斯大林反对地说："谁去种粮食？我们没有留下任何人去种植田地，只有波兰人。"

我们同时问道："德国人什么情况？"

"他们早就逃跑了。"

在交谈的过程中，我一直倾听，但是现在，我要说话了。

我问道，我们怎么为逃出来的德国人提供粮食？德国四分之一可耕种的土地已经失去，如果波兰得到英国和美国提议的那个地区，就需从寇松线转移过来三四百万左右的波兰人。但是以苏联的计划来看，将有八百万以上的德国人需要挪动。这样，德国的剩余部分是否有接纳他们的地方？斯大林说德国人全部逃跑，我甚至都没有思考他究竟说得正确与否。有人说，留在那儿的德国人还有两百多万。

于是，斯大林反驳了我所提到的数字，说德国人曾征集了很多人去服兵役，这些人都来自这些地区，剩余的人已经逃跑。他提及要给波兰人的那个地区，已经一个德国人都没有了。在奥得河和维斯杜拉河之间的地区，已经没有了德国人。德国人也无法返回，因为波兰人已经在那里耕种了。

总统坚持认为，西部边界问题应留到和平会议上解决，但是我不会改变我的意见。

我说，波兰人应该得到赔偿，因为他们把寇松线移动的领土割让给了俄国，但是现在，它们提出的要求要比它们割让的多。如果寇松线以东的波兰人有三四百万，那么，应该在线以西，为他们预留地方。英国人民为如此大量的移民感到震惊，但是我们找不到理由说明移出的八百二十五万人。大致说来，补偿和损失应该相平衡。让波兰得到如此之多的额外土地，对它没有益处。假若德国人是逃跑的，就应该让他们回去，他们的吃饭问题，不该因波兰人而受阻碍。我们不想让大量没有食粮的德国人留在我们那边。鲁尔属于我们的占领区，如果那里居民的粮食得不到保障，我们将遭遇德国集中营里的那种情形。

斯大林说："德国的粮食一向缺乏，不如让它跟波兰买。"我回答说："东德的领土在战争中遭到践踏,英国政府绝不允许波兰将其占有。"斯大林说："但是，波兰人已经在那里居住，还在那里种植了粮食，我们不能让德国人白白享用他们生产的粮食吧。"

我辩解道，现在是特殊时期。大不列颠在战争时期以来燃料严重不足的时候，波兰人却把西里西亚的煤出售给瑞典。粮食和燃料只要产生于 1937 年德国国界之内，就应该供所有住在这里的德国人使用，而不论他们住在哪个占领区中。斯大林问在那儿产煤的人是谁？在那产煤的不是德国人，而是波兰人。西里西亚煤矿的德国矿主已经逃跑，波兰人看到他们回去，一定会将他们处死。我让斯大林注意，在上一次会议中，他曾提到，我们的政策不应该受到伤感回忆以及报复情绪的影响，并且很多德国人都挤在我们的地区里，他们不得不从波兰人占领的地方获取粮食，我希望他体谅一下我们遭遇的状况。

斯大林说，他之前所说的话，不包括战犯。我回答说：“但是逃跑的八百二十五万人还包含其他人。”因此他说，他指的是西里西亚煤矿的德国矿主。俄国也得从波兰购买煤，因为它本来就缺乏。说到这，我得到杜鲁门先生的支持。他说，波兰已经得到德国的东部，这是无法改变的，但是赔偿和供给的问题却应该放一起看待。他非常乐意探讨波兰的西部边界问题（即便这只能等到和平会议才有结果），但他不希望德国各部分像碎片一样被分割。斯大林一直认为，在那耕种的只能是波兰人。由于俄国的劳动力不足，而那个地区也没有德国人，因此我们只好将生产的任务交给波兰人。俄国人霸占了波兰人一个重要的煤田，因此用西里西亚的煤田作为补偿。我说，一直以来，在西里西亚矿上工作的都是波兰人，因此，我同意他们代表俄国政府去这样做，但是我不同意他们将西里西亚看作似乎已经成为波兰的一部分。斯大林坚持保持现在的局面。德国人自己的劳动力一向不足，当俄国人到了德国的时候，发现那些被迫背井离乡的意大利人、保加利亚人和包括俄国人和乌克兰人在内的其他国籍的人，被雇用到工业上。这些外国劳动力在红军到达之前就已经返回。德国曾动用了大批劳动力，但这些人中的绝大多数不是被打死，就是成了战俘。德国工业如此巨大，自己的工人却不多，只好依赖外国工人，但现在，这些人已经解散了。基于局面的自然发展，这些工厂不是关闭，就是交给波兰人去管理，所有发生的情况，都超乎了经过慎重思考的政策。我们只能将这些情况归咎于德国人。斯大林也认为波兰政府的意见将为德国带来困扰。我插了一句话：“同时，也给英国带来困扰。”但是，斯大林说，政策就是这样，因此他不关注给德国人造成困扰的问题，并且，这会让他们避免再次发动战争。与其困扰波兰人，不如困扰德国人，况且，德国的工业越少，英国的市场越广。

第二天，星期日，也就是 7 月 22 日，我们又一次会面了，相比昨天，那时我们的意见，并没有更加一致。我就英国政府为何不能接受波兰的要求，反复说明并着重指出更主要的理由。我的理由如下：

一、留待和平会议提出所有边界问题的最终结果（斯大林说他对这点没有异议）。

二、让波兰这个民族占据他们现在所要求的那一大片土地，对他们只有坏处。

三、这会使德国的经济统一得到破坏，并且占领西部地区的国家要承受过多的负担，尤其是粮食和燃料的负担。

四、英国人从道德上严重担心对大批移民采取的做法。如果从德国东部转移的德国人，与从波兰东部的寇松线东部转移的波兰人数量相当，我们是能够接受的，例如二三百万人。但是，波兰的要求涉及到八九百万德国人的转移，那么人数就太多了，就不能这样做。

五、在有争议的地区中，所汇报的德国人数是有差别的。苏联政府说他们全部逃跑了，而英国政府相信，有几百万左右这样一个庞大的人口还留在那里。当然，我们不能到当地去核实人数，在找到证据证明错误之前，我们必须相信是这样。

斯大林依旧认为，鲁尔和莱茵地区能为德国提供充足的燃料，还说德国人已经全部离开了波兰人占领的地区。

我们想将所有事情交给外长会议去处理，还花了不少时间来探讨如何交给他们。总统说，他想不通这件事情为何这么着急。不等到和平会议，这件事怕是无法最终解决。我们已经进行了探讨，很有效果也从中得到帮助，将这些问题交给外长们才是最佳办法。我提出抗议，这件事情特别紧急，日后将后患无穷。不管是波兰人自己想占领这块土地，还是别人教他们这样做，他们都把自己当成那里的主人，在那里死死把守。我们应该在这次会议中做出决定，或是起码将我们的立场交代清楚。如果现在三大国不能达成统一意见，那么也没有必要让波兰人到伦敦的外长会议上共同讨论这个问题。与此同时，整个燃料和粮食问题的重担一点没有减轻，由于英国占领区的粮食不足，而人口最多，因此英国人会成为这个负担的承受者。

如果外长会议听取了波兰人的提议后，无法达成协定——他们似乎意见是不统一的——冬天一旦来临，所有困难都会出现，那时要想解决问题，只能再举行一次政府首脑会议了。斯大林在前一天提到那些困难是由军队的行动和事态发展造成的，我急切希望解决这些真实的困难。为了表明这一边是波兰当局代表波兰人临时占领的，并且同意让西边的波兰人代表苏联政府在那里工作，为何不规定一条界线?

对于新波兰的西部边界延伸到所谓的奥得河界线，我是持赞同意见的。我和斯大林二人只是对这条边界将延伸到什么地方没有达成一致。我们在德黑兰曾用过“奥得河线”这几个字，这种说法的含义并不确切，但是外长们可以根据英国代表团那条界线进行细致的思考。我说，我用“奥得河线”这几个字只是简单说明，只有用地图才能合理地解释。我请求我的同事们不要停止讨论。如果外长们将波兰问题放到9月的会议中讨论，但又相持不下，试问到那时，冬天来临，该作何打算?例如一直以来，西里西亚只能为柏林提供部分燃料。

斯大林说：“不，从萨克森。”

我回答说：“它百分之四十的硬煤来自西里西亚。”

这时，杜鲁门先生向我们宣读了雅尔塔宣言中一段至关重要的文字，即：

> 三国政府的首脑认为，根据寇松线，波兰东部边界在一定区域内，应该余下五到八公里的地方，这样对波兰有好处。他们承认：波兰必须在广大的北方或西方获得一些领土。至于这些领土的范围，他们认为应在适当的时机，征求全国统一的新波兰临时政府的意见，并且认为，将波兰西部边界的最后决定，交由和平会议解决。

他说，这是罗斯福总统、斯大林和我决定的，他自己也没有任何异议。现在，德国正在被五个国家而不是四个国家占领。本来，为波兰划分一个占领区应该很容易得到认同，但波兰人在占领这个地区之前，没有跟“三大国”商量，这种做法让他感到厌恶。他对斯大林的困难表示理解，也知晓我的困难。最重要的是如何处理这件事。

斯大林说：“没错，在雅尔塔我们曾说好要与波兰政府协商，我们已经做到了这点。我们可以认同他们的提议，或是让他们参加会议，听听他们的意见。这件事情应该在当地得到解决，不过，我们既然没有达成一致意见，不如就在外长会议上解决吧。”

他指出，在德黑兰，罗斯福和我同意将边界沿着奥得河直达该河和东尼斯河交汇的地方，但他一定要达到希尼斯河那条线上。另外，罗斯福先生和我准备把什切青和布雷斯劳保留在德国边界以内。这个问题是应该得到解决，还是先放在一边？

他又说道：“如果总统认为应该指责某些人，那么，不如指责俄国人和真实局面，而不要指责波兰人。”

杜鲁门先生说：“我明白你的意思，我也正是这么想的。”

与此同时，我也对这些问题思考了一番，当时我就说，我们应即刻邀请波兰人来参加会议。斯大林和总统都赞同，我们做了发出邀请书的决定。

* * *

因此，7 月 24 日，波兰临时政府的代表们在贝鲁特总统的带领下，于下午三点十五分的时候来到我位于环行街的住所里。艾登先生和我们驻莫斯科的大使阿齐博尔德 · 克拉克 · 科尔爵士，还有亚历山大元帅都和我一起会见了他们。

开始的时候，我就提醒他们，要不是为了波兰免受侵犯，英国是不会参战的。我们向来十分关心波兰，但是现在很明显，波兰所接受的边界正是它自己想要得到的，也就是说，德国在 1937 年所拥有的可耕面积的四分之一都将失去。有大量的移民迁出，大约有八九百万德国人，这不仅使西方民主国家感到震惊，而且也使在德占区的英国直接遭遇危机。我们只有吃饭用的嘴巴和生火用的工具，但粮食和燃料却都在波兰人和俄国人手中，而我们还被迫维持那里需要庇护的难民的生活。对这样的划分，我们不能同意，并且，波兰人一度向东延伸得太远，遇到了危险，我们相信他们向西延伸得太远之后，也是一样的。

我告诉他们令我们担心的还有其他的事情。如果要使英国舆论对波兰问题免除疑虑，那么选举不应该受到约束，而是做到真正的自由，任何重要的民主党派都应该有充分参与的机会，并且公布他们的施政纲要。什么是民主党派？难道只有共产党人是民主主义者？我不相信。要把每一位非共产党人称作法西斯野兽并不难，但是在这两个极端之间，有着许多顽强的力量，他们不属于任何一端，也不想成为共产党或是法西斯。这些温和分子应尽量被波兰接纳，以便参与其政治生活。有些人与极端分子不符，不应该凭主观意见，就给这些规定好的人加上罪名。

当前欧洲局势十分混乱，只要人有权力，就可以打击他的对手并为其定罪。但是，这样一来，中间分子就无法参与到政治生活当中。将各种人吸收进来，才能成为一个国家。波兰还能承受国家分裂吗？它不但应该和俄国朋友联合，也要和西方联合，争取广泛的团结。譬如所有属于基督教民主党还有国家民主党的人士，只要没有积极配合过敌人，都应有参与选举的权利。我们还希望，在选举之前和选举期间，报纸和我们的大使馆能在观察和报道一切情况上，享有充分自由。波兰要想继续得到西方民主国家的尊重和支持，特别是英国的尊重和支持，只有容忍，有时候甚至是相互宽容，因为有些东西英国可以给予，有些东西英国需要保留。

贝鲁特辩解道，如果最初，英国参战是为了波兰，而现在却说不清楚它的要求，将会造成重大的错误。我们也考虑到欧洲需要和平，并且这些要求都不过分。相比波兰的损失，它所要求获得的并不多。仅有一百五十万德国人必须要迁移(在东普鲁士的那些人也包括在内)，里边剩下的全部是留下来的人。有四百万波兰人是从寇松线以东来的，还有三百万人将从国外返回，为安置这些人，还需要新的土地。但是，即便是这样，波兰的领土还没有战前大。它在维尔纳四周的肥沃的耕地、珍贵的森林（它的木材向来不足）以及加利西亚的油田都已经失去。战前,有八十万左右的波兰农民常根据季节到德国东部当短期雇工。事实上，波兰人想得到的地区中，大多数居住着波兰人，尤其是西里西亚，虽然我们也为将他们归为德国人做过尝试。根据历史，这些土地属于波兰人，而且，直到今天，还有许多的波兰人存在于东普鲁士的马祖里人中间。

我向贝鲁特指出，可以把东普鲁士在柯尼希斯贝戈西部和南部的土地划分给波兰，但是他非要说波兰损失了百分之二十的领土，而德国战败后仅补偿百分之十八。波兰人之所以迁到国外居住，是因为在战前他们的人口就十分密集（每平方公里大约有八十三人）。波兰人只是希望能细致审查他们的领土。他们提议的界线，是波兰和德国之间可以达到的最短的线路。由于波兰的损失，以及它对盟国胜利作出的贡献，它将获得公平的补偿，它也深信，英国人愿意弥补它所受的损失。

我提醒他，因为波兰是个封闭的地区，直到今日，我们都不能亲自观察波兰的真实情况。我们可不可以派人到波兰足够自由地行动，并将那里的真实情况告诉我们？对于他的国家得到足够的补偿，我是赞同的，不过我警告他，他们不该要求得太多。

*　*　*

当天深夜，艾登先生在自己的住所里会见了波兰人。他们讨论了很多问题。我跟贝鲁特在次日上午十点，进行了一次单独而严肃的对话。

他说，“新的社会发展”从战争中找到机遇。我问他的意思是否是说波兰将向我所反对的共产主义演变，虽然这完全不关别的国家的事。贝鲁特向我保证，从他的意见看，波兰跟共产党相差太远。波兰有自己的传统，它不会运用苏联的制度，只是想与苏联结成友谊，并要向它学习。如果有人想强行将制度用在他们身上，波兰人可能会加以反抗。我说，内部问题是他们自己的事情，但会使我们两国之间的关系受到牵连。当然，还有地方需要改变，特别是在较大土地的财产方面。

他回答说：“波兰的发展基于西方民主的原则。”它坐落于欧洲的中心，有二千六百万居民，因此不是个小国。大国不能忽视它的发展，如果它走民主的道路，特别是向英国学习，就不可免除一些改革。

我又一次着重说明自由选举是十分重要的。要使每个人都将事情辩论清楚，必须要言论自由，而且每个人都要像英国一样，可以参加选举。如果候选人只由一方提出，是没有好处的。我希望波兰能向英国学习，并为此感到自豪。我一定会尽量劝说国外的波兰人，以便他们找机会回到自己的国家，但这离不开临时政府对他们的激励。他们必须真诚地开始新的生活，就像他们本国的同胞那样。有些官员主张将所有回国的波兰人都送到西伯利亚去，而以前确实有很多波兰人被逐出境外，我对他们这种行为感到气愤。

贝鲁特向我保证，现在没有人被驱逐出境。

我再次说道，波兰必须设置法院，与行政完全分离。近期，巴尔干各国的发展变成了警察政府，而不是趋向于苏维埃化。令西方民主国家感到失望的是，政治警察拘捕人民是政府下的令。波兰会有进步吗？俄国秘密警察有撤离的打算吗？

贝鲁特回答，一般来说，俄国军队即将全部撤退。俄国的秘密警察在波兰没有效力。波兰的安全警察授命于波兰政府，跟他们没有关系。现在，不能再埋怨苏联想强迫波兰接受这种“帮助方式”。战争已经结束了，局势也趋于稳定。贝鲁特说，他和我在选举和民主方面的意见是一致的。他还向我保证，欧洲最民主的国家中一定会有波兰。虽然波兰人不得不采取一些特别的举措以弥补战争时期的重大分裂，但他们不支持警察制度。在所有人口中，天主教徒占百分之九十九。我们并不想压迫他们，并且一般说来，神父们是满意的。

我跟他说，英国只想看到波兰的强大、幸福、繁荣和自由，而没有从波兰获取什么的想法。自从雅尔塔会议之后，波兰还没有变化，不过从最近几个星期来看，情况有了很大改变，因为现在已经有了一个被认可的波兰政府。我期盼，波兰尽可能让自己变得开放而宽广，或是起码保证在选举上能尽量做到这些。不是每个人都能承受住德国占领期间的恐怖经历。多数普通人听天由命，只有强大的人会抵抗。不是每个人都能成为烈士或英雄。让人人都向政治生活的主流回归，才是最明智的方法。

贝鲁特说，他的政府只是希望不要有太多小党派，这是最紧急的，而不是要阻止人民发表政治上的言论。一般来说，在选举中，只能有不多于四个或是五个的大团体来参加竞选，而小党派只要愿意，都可以尽全力参加选举，这就是当前的趋势。相比英国的选举，波兰的选举应该更加民主，而且国内的政治也会发展得越来越协调。

我回答说，我们绝不想阻碍波兰的发展，只是边界问题与赔偿和供给的问题混为一谈。波兰人拿走德国人赖以生存的沃土，却将一大堆德国人推给我们来安置，波兰人要求的太多了。也许，我们和美国人在实行一种政策，而俄国人在追求另外一种政策，这会引发重大的后果。

我的呼吁不起作用。就让世人去评估我预料到的“重大后果”吧。

第二十一章　我记录的终结

阻碍——社交往来——我于 7 月 23 日举办最后一次宴会——斯大林在 7 月 24 日收到关于原子弹的情报——他的反应——我于 7 月 25 日参加了最后一次会议——继续探讨波兰问题——我在波茨坦的政策——我抵达伦敦——大选的结果——我于 1945 年 7 月 26 日致英国人民的告别书

“受阻”是最后一次“三大国”会议的天命。我不想把我们每次会议中提及但没结果的问题全都叙述一遍，我只想简单说一说我所了解的关于原子弹的事和恐怖的德国到波兰的边界问题。至今，这些问题还没有被解决。

剩下的，我要说一些在苦闷的辩论之后，令我们备感轻松的社交和个人之间的来往。三大代表团挨个宴请另外两方，美国是第一个开始的。轮到我的时候，我提出举杯祝贺“反对党领袖”，并附加说明“不论将来是谁”，这使艾德礼先生和在场的人都感觉到愉快。令人愉悦的还有苏联的宴会，俄国的高级艺术家演奏了一场非常棒的音乐会，直到深夜还在演出，后来我悄悄地走了。

23 日晚，该我举办最后一次宴会了。我要搞一个大规模的，并邀请了代表们和重要的指挥官。在我的安排下，总统坐在我的右边，斯大林坐在我的左边，许多人在会上发言。斯大林不管服务人员和勤务兵是否在场，就建议我们将下次会议举行的地点定在东京。不用说，俄国随时会宣布对日宣战，并且，他们的大部队已经在边界集合，准备将不太强势的满洲日本前线攻克。为让宴会轻松愉悦地进行，我时不时换下座位，现在我坐到了总统的对面。斯大林很高兴，因为我又跟他进行了一次友情般的对话。总统告诉我的关于新型炸弹的重大消息，他像是完全不知情。他像是预测到战争还要持续好多个月似的，因此谈到俄国对日的战争时很激动。在这次战争中，除了受到西伯利亚铁路运输的约束外，俄国的规模会日益强大。

席间发生了一件事情，令人惊奇。我那尊贵的来宾手拿一张菜单，从座位上起身在餐桌周围请在座的人签名。我从未想到，他居然是搜集签名的收藏家！当他坐回我身边的时候，为满足他的愿望，我也在上边签名了。我们二人相对而笑，斯大林非常兴奋，眼里闪烁着快乐的光芒。以前我说过，在宴会上喝酒的时候，苏联代表们一直用很小的杯子敬酒，斯大林也是如此。但是现在，我希望他有所改变。我用盛红葡萄酒的小号玻璃杯，给他和我都斟了一杯白兰地。我情深意重地看着他，我们俩立刻都干了，还都向对方投去赞许的目光。过了一会儿，斯大林说："如果我们不能在马尔默拉海获得一个要塞阵地，可不可以在德德雅佳奇建立一个基地？"我说："俄国希望一年四季都拥有海上航行的自由权，我必定一直支持。"我对自己的回答非常满意。

* * *

所有会议在第二天，也就是 7 月 24 日结束，之后，我们所有人从圆桌边上站了起来。在解散之前，我们三个两个地站在一起。我看见总统走到斯大林那边，在各自翻译的陪同下独自说起话来。他们离我距离只有五码，这个重要的谈话处于我紧密的关注之下。我想看到斯大林在这次谈话后所发生的变化，这是最重要的事情，因为总统想说什么，我是知道的。看样子斯大林很高兴。现在回想起来，这些事就像昨天发生的一样。当时我想象的是，一种新型的炸弹！拥有巨大威力！能决定对整个日本的战争！运气真是太好了！我相信他听说这个消息之后，对这件事的重大意义还不明确。显然，原子弹属于他紧张而繁多的工作中不用让他操心的一件事。他没有明显的反应是因为他对正在进行的世界事务的重大变化毫不知情。他最应该给出的答复是："你能让我知道关于你们新型炸弹的事，我非常感激。当然，我缺少技术知识，我可不可以派我们这方面的核子科学专家，明天上午拜访你们的专家？"但是他的神情不失温和愉悦，因此很快，这两个统治者的谈话就结束了。我们在等车，当时杜鲁门就在我旁边，等我发现他时问："情况如何？"他回答："自始至终，他一个问题也没提。"于是我认定，斯大林在那天没有弄清楚英美两国长时间以来进行的这项巨大的研究步骤，也不清楚美国以四亿英镑为赌注，来进行原子弹生产这种豪放而有风险的事业。

对于波茨坦会议来说，这件事就告一段落。之后，苏联代表团没再提起过这件事，他们也没听人再提起过。

*　　*　　*

25 日上午再次开始的会议，是我所参加的最后一次会议。我再次极力主张，如果不考虑留在那个地区的一百二十五万德国人，就无法解决波兰的西部边界问题。总统认真地说，每一个和平条约，只有遵循参议院的建议并经过他们认同，才能得到批准。他说，为了让美国人民得知实情，我们必须为他想出一个解决之道。我说，如果我们没有商定好把德国生产的粮食平均分配给所有德国人民的办法，就答应波兰成为第五个占领国家，我们也不需要再商量有关赔偿和战利品的办法，这样，会议就不会成功。我们工作的核心就是这些混乱的问题，但是直到今天，我们还没有取得一致。于是，我们继续争论。斯大林说，从鲁尔获取粮食，没有获取煤和金属重要。我说它们会用物资换取东方的粮食。另外，矿工们还能从哪种途径得到煤？答案是："以前他们就从国外进口粮食，现在还能这么做。"那么，他们如何才能付赔偿款，这个答复是冷漠的："德国还留下很多宝物。"我反对鲁尔因为波兰人占领了东部所有产粮区而陷入饥荒。英国本身煤也不足。斯大林说："不然就将德国战俘雇佣到矿上，我就是这么做的，还有四万德军在挪威，你可以把他们从那边弄过来。"我说："我们正在为法国、荷兰和比利时输送我们自己的煤。为什么波兰人可以向瑞典出售煤，而英国却让自己受苦，而为被解放的国家服务？"斯大林回答："但那煤是俄国的。我们处境甚至还不如你们。我们现在的劳动力严重不足，是因为我们在战争中损失的人口比五百万还多。"我又一次提出了我的意见："如果能为煤矿的工人换来粮食，我们一定把鲁尔的煤送到波兰或是一切其他地方。"

斯大林听我这么一说，停顿了一下，接着他又说，所有问题需放在一起考虑。我对此表示赞同，并且说我只想说出目前我们的困难。这件事对于我来说，到这就结束了。

* * *

我对在波茨坦所做的任何结论都不用承担责任，除了这里提到的事情。在开会过程中，对于圆桌会议上或每天的外长会议中无法协调的分歧，我都对它们置之不理。结果是，许多有分歧意见的问题都被放在一边，数量大得惊人。如果正如普遍预测到的，我重新当选的话，我准备与苏联政府就这一大堆的决定做一把拼搏。例如，以希尼斯河为边界线，这是我和艾登先生都坚决反对的。波兰退到寇松线，我们已经同意以奥得河和东尼斯河那条界线作为补偿，但是，俄国军队占领的领土都延伸到了希尼斯河，甚至有些地方超过了这条河，这是以我为代表的任何政府都坚决反对的，不论以前还是从今以后。这不仅是原则问题，它会为另一批三百万左右不愿返回的政治难民带来影响，因此也是一个严重的实际问题。

要跟苏联政府和波兰人争论的还有许多事情。很明显，这些波兰人已经心甘情愿受苏联操纵，因为他们一下子就将许多面积较大的德国领土侵占。但是，谈判因为大选的结果被分成两段，而且他们在没有分清形势的情况下，就定出结论。我并不是要指责新政府的部长们才这样说的，他们是被迫参与谈判的，准备得不够充分。况且他们也不清楚我最初心里是怎么想的，怎么计划的。我所想和所计划的是，在会议接近尾声的时候表明自己的立场。如有必要，我宁愿公然决裂，也绝不同意波兰得到奥得河和东尼斯河以外的任何土地。

然而，强大的盟国在战场上布阵相对，并且在美国人和小范围的英国人还未在一条长达四百英里（有些地方的纵深甚至有一百二十英里）的战线上大规模撤退，从而使俄国人获取德国的中心地带和大部分土地之前，才是解决这些问题的最佳时机，这些我在前几章中就已经指出。那时，我们还未进行如此大规模的撤退，盟军还存在，我本想趁那时，解决这件事情。美国人认为，我们应遵循固定的占领界线，而我坚决认为，我们谈论这条占领线的前提是，从北到南的整个战线必须遵照我们当时协定的意愿和精神得到圆满的解决。不过，美国没有支持我们这一建议。而俄国人遵循波兰人的道路继续前进，他们将前边的德国人赶出去，削减了德国大部分地区的居民，霸占了他们的粮食。英美占领区的人口已经很多，还要接收大量需要张嘴吃饭的人。也许这件事会在波茨坦会议上得到解决，即便如此，由于英国联合政府的解散，以及我在还有一定影响和权力的时候离任，使其不可能获得满意的结论。

* * *

我带着玛丽于 7 月 25 日下午乘飞机返回，降落在诺索尔特飞机场，我的妻子来接我，我们大家一起吃了一顿安稳的饭。

第二天选举结果开始揭晓，为便于做不间断的报道，皮姆上尉和地图室的工作人员已经提前布置妥当。最后，保守党总部的预测是，我们会稳稳当当地获得多数票。由于有很多重要的会议事务要操劳，我没有为这件事付出太多。对于党务经理人的观点，我大致都接受了，因此，就睡觉去了。我相信英国人民希望我继续工作。我希望有根据新下院的比重来重新组建全国联合政府的可能，就这样，我睡着了。但是，就快到天亮的时候，我突然有种感觉，就像一把刀子戳入身体中，使我猛然清醒。就在刚才，我下意识地冒出一个想法，我的所有心思，都被这个想法紧紧抓住：我们失败了。过去，我的肩上承受了很多重大事件带来的压力——为了承受这份压力，不致让我失衡，我一直借助一种心理上的“飞行速度”①——现在，我就要卸下重担，而我很快就会摔倒，因为我失去了重心。我将失去创造未来的权力。我所积累起来的知识和经验，还有我在众多国家中树立的声望以及建立的良好关系，都将消失不见。我不满意所看到的前途，又立刻转身入睡了。直到 9 点，我才清醒过来。当我走进地图室，初始阶段的结果已经出来。这些结果就像我当时预料的那样，对我不利。事情发展到中午已经明朗，会获得多数票的是社会党人。我的妻子在午餐的时候对我说：“外表看似不利，也许里边是好事。”我回答说：“从当前来看，这外表装得还挺像回事。”

根据寻常情况，我应该有几天的时间，将政府事务做一个常规性的收尾。按照宪法，其实我也可以等过几天之后召开议会，然后接受下院的解职。这样我就可以把日本的无条件投降向全国宣布后再辞职。但是我们已经在波茨坦会议上讨论了很多重要问题，那个时候，这些问题正等着解决，那里需要一位不列颠负全责的代表出席，因此，为不违背国家利益，我不能有任何延误。另外，既然选举的结果已经以这种占绝大多数的方式表现出来了，我不愿为处理他们的事务再耽误

① 飞机要达到一种必然的速度，才不会坠落，这就是“飞行速度”。如果达不到这个速度，就会掉下来。——译注

一个小时。于是我向英王请求觐见，在7点的时候乘车入宫提出辞职，并希望英王召见艾德礼先生。

我用下面所发表的告全国人民书来结束我的叙述：

1945年7月26日

我已经不用再承担英国人民在黑暗时期交给我的责任，因为今天检查后得出的选票，已经证明了你们的决定。我没有完成关于日本的工作，这让我感到惋惜。不过，这方面结果的到来或许比我们当前预期的要早很多，因为我们已经做好了所有计划和准备。新政府将要肩负所有国内外的责任，我们大家应该期盼他们成功地承担起这个职责。

在艰难的岁月中，我曾服务过的不列颠人民，在工作中给予我坚强的支持，并对他们的公仆表达了深厚的感情，现在，我唯有用深深的感谢来报答他们。

附　录

(1)

缩写表

A.D.G.B.	大不列颠防空
A.F.H.Q.	盟军总部（地中海战区）
A.K.	波兰地下军
A.R.P.	空袭预备警报
A.T.S.	本土防卫女子辅助服务队
C.A.S.	空军参谋长
C.I.G.S.	帝国总参谋长
C.-in-C.	总司令
C.O.S.	参谋长委员会
D.D.tanks	“两栖”坦克
D.U.K.W.	水陆两用车辆
E.A.C.	欧洲咨询委员会
E.A.M.	希腊“民族解放阵线”
E.D.E.S.	希腊“民族民主军”
E.L.A.S.	希腊“人民民族解放军”
G.H.Q.	总司令部
G.O.C.-in-C.	将级总指挥官
M.V.D.	波兰“内政部”

N.K.V.D.	俄国秘密警察
N.S.Z.	波兰右翼地下军
O.K.W.	德国武装部队最高统帅部
P.M.	首相
S.C.A.E.F.	盟国远征军最高统帅
S.E.A.C.	东南亚战区
S.H.A.E.F.	盟国远征军最高统帅部
S.S.	纳粹党党卫队
U.N.R.R.A.	联合国善后救济总署
V1	火箭弹（“战车”）
V2	喷气式火箭弹
V.C.A.S.	空军副参谋长
V.C.I.G.S.	帝国副总参谋长
V.C.N.S.	海军副参谋长
V.E.	欧洲的胜利
V.J.	远东的胜利

(2)

代号表

AdmiralQ（海军上将Q）：	指罗斯福总统
Anvil（铁砧）：	指1944年盟军登陆法国南部。后来改为“龙骑兵”
Argonaut（阿果诺特）：	指1945年2月在雅尔塔召开的“三国会议”
Buffalo（水牛）：	指一种两栖运兵坦克
Capital（首都）：	指从缅甸北部进军缅甸中部
Colonel Warden：	指首相（丘吉尔——译注）（沃顿上校）
Crossbow（石弓）：	指委员会，为对付无人驾驶的武器而设置的
Crossword：（纵横字谜）	指德国人准备通过意大利中间人与盟军联系
Culverin（长炮）：	指对北苏门答腊的军事行动
Dracula（吸血鬼）：	指占领仰光并阻断日军与他们在泰国的基地和交通线的联络
Dragoon（龙骑兵）：	指盟军登陆法国南部。原称“铁砧”
Manna（天粮）：	指英国于1944年远征希腊
Mulberry（桑葚）：	指人造港
Octagon（八角）：	指于1944年举行的第二次魁北克会议

Omaha Beach：（奥马哈海滩）	指贝叶西北的一片海岸美军的登陆地
Overlord（霸王）：	指1944年诺曼底登陆
Phoenix（凤凰）：	指作防波堤用的钢筋混凝土沉箱
Pluto（冥王）：	指横渡英吉利海峡的海底油管，是输送汽油用的
Quadrant（四分仪）：	指1943年的魁北克会议
Terminal（终端）：	指1945年的波茨坦会议
Tube Alloys：	指原子弹研发（合金管子）
Whale（鲸鱼）：	指在建筑码头中使用的浮水行车路
Window（窗口）：	指干扰德国雷达用的锡箔带

（3）首相所发出的指示、摘要和电报

1944 年 6 月——1945 年 7 月 6 日

首相致陆军大臣　　1944年6月1日

请给我一份有关精神病科医生及其附属人员在陆军里所有编制的报表。

首相致空军参谋长　　1944年6月5日

我已于5月17日收到来信，还有里边附加的最新改良过的摄影机从空中拍摄的照片，很感谢。这些照片表明我们在技术上的明显进步，为了我们的军事行动，我希望能制造出大量的特制照相机。

我看过彻韦尔勋爵有一张夜间照片，也是用类似技术拍摄的，这张照片比我们以前看到的任何夜间摄影，都要清晰得多。敌人无疑会在夜间进行很多行动，因此，为了工作，我们必须准备好这种照相机。

首相致陆军大臣及帝国总参谋长　　1944年6月6日

1.前天，我在内阁会议上得知，当前陆军日益感到兵力缺乏，共缺少九万多人。这些数量如果达不到，结果可能会损失掉五个师。你为何不先考虑一下裁员之后可能引发的所有不良作用，然后再裁掉这些数量的师呢？例如，军直属部队和集团军直属部队就远远不止十万人来跟这五个师合作，你们会如何安排这些兵力？你们一定可以将他们重新训练成步兵，与新兵或是空军送来的青年相比，他们应该很快就被训练好了吧？大约四万人，可以编成一个新的师。把现有的师调整分配一下，每个师平均削减一万八千人就够了。别人之所以无法帮你们保持陆军的人员数量，就是因为你们有这种想法。

2．我们在英格兰的青年男子有一百六十万还多。我们在国内还有很多人，

因此就算我们的部队渡了海，我们也可以补充所缺的九万人数。

3．即使我说了上边的话，也不代表我不再给空军联队海军陆战队或其他部队方面施压。但是假若我唠唠叨叨说什么缺少九万人就会损失五个师这样令人讨厌的话，别人是不会答应的。

首相致生产大臣、海军大臣、陆军大臣及军需大臣　　1944年6月7日

听到你们已经及时完成“桑葚”的生产，并获得胜利，感到很高兴。这是一件功绩。5月23日，“凤凰”最后一道程序的配置也已经装好，第二天，“鲸鱼”的最低运转配件也已经办好。因此，海军已经收到了全部设备，并且在D日已在集合地安置好，等候命令。

这种设备新颖而复杂，它从生产到拖运，再到工地上安装，最后再到集合地，是一件十分庞大的工程。我认为，我应该对所有相关部门能完成这项工程表示祝贺。

首相致生产大臣、海军大臣、第一海务大臣、军事运输大臣（外交大臣一阅）　　1944年6月7日

我们在执行“霸王”作战行动中，遭受轰炸的损失没有预想的那么多。因此，我希望你们在7月期间，组织一个护航运输船队前往俄国，并且要定期起航。只要美国送东西过去，或是我们有什么东西参照现在的协议书到期还没送，就要送过去。我们可能有必要重订协议书。

首相致生产大臣和爱德华·布瑞奇斯爵士　　1944年6月10日

1．沿海三十英里的禁区，应该是为“霸王”作战行动所设定的安全举措中最厌烦、最费劲的一条。我们应该立刻废去这一条。开展这件事的时候，尽量避免别人的关注，也不要对外公开，只需在当地做出安排。最好能让禁令逐渐消失。

2．在大家看来，外交上的禁令应该在D日后的第七天起予以撤销，且要秘密而无从察觉。除非爱尔兰有可被谅解的情况，否则不得放宽。另外，有人提议等

到D日的第十二天后，与盟国远征军最高统帅商议之后，再撤销其他的禁令，对此我表示赞同。

首相致财政大臣　　1944年6月15日

这里附带一份官员们草拟的备忘录，是关于1944年下半年兵力状况的。你们部里有委员会在去年11月期间研究了这些事情，请你再号召一下，让他们根据下列情况拟定一个让战时内阁思考的计划：

整个欧洲的战争要持续到1945年上半年，我们当前的计划必须以此为依据。以后战争是否会停止，我们还不能判定。到了1944年8月末左右，我们或许能将形势看得更明朗，但是目前这种状况，最好的处理方式就是进行短期的调整。

我想，在七八这两个月中，陆军集结的人数应该暂时有所增长（每月达到一万五千人而不是六千人）。这种增长虽然不能影响军火工业以及其他重要工业的成员，但也需要占用其他军种的名额。

我的意见是，我不能同意军需部提出的增加人员分配数量的要求，这个部必须按照批准的数量来办。

还缺少十万人左右的劳动力，海军部和飞机生产部中从事工业的人员应该可以弥补。民防方面也可以调出来一些人，各种工业或其他地方也可以调出一些。

到现在为止，“霸王”作战行动的伤亡人数没有预想得那么多。你们应该在建议中加入这一项。

首相致爱德华·布瑞奇斯爵士和伊斯梅将军转参谋长委员会

1944年6月18日

1．不论部长们出访诺曼底的目的何在，都应该向我说出他们的意图，然后我与艾森豪威尔将军协商。其他访问人员要想前往，必须征得艾森豪威尔将军的同意。

2．所有相关人员都应该得知此事。

首相致莫顿少校　　1944年6月22日

今后，你要提醒我发通知，在法国设置一个新闻记者招待所，就像上次大战时那样提供便利条件，以便接待到访的嘉宾，并将他们带到前线适合的地方去，而完全不使前线的指挥所以及总司令的工作遭受影响。关于当时建造的那所跟别墅一样的建筑物，给我一份报告。在这项工作中，内维尔·里顿少校发挥出巨大作用。我们应该与新闻大臣商量一下这件事。

首相致海军大臣及第一海务大臣　　1944年6月22日

1．你们打算用什么办法来维护轰击舰队，请立即告诉我。只要“沃斯派特”号能够开动，能够开炮，就不能报废。我想，“沃斯派特”号上的机件应找个合适的机会让“马来亚”号来接收，还是“马来亚”号已经装备好了呢？由于弹药、替换炮架和炮筒等，存货比较多，因此用十六英寸的炮就不如用十五英寸的炮好。“复仇”号和“坚定”号应该用于更高级的事情，但据我所知，你们把它们用作为司炉练习舰。也许我们还要用轰击舰队来对付瑟堡，并且一定会用它们在两侧对解放部队进行掩护，因此要将它们维护好。

2．英国舰队在“霸王”行动中遭受损失，我想知道你们的评估以及真实的受损情况。

3．请你们告诉我纳尔逊－罗德尼和马来亚－拉米伊这两个等级储存了多少弹药。马来亚型和拉米伊型军舰重装炮管是什么情况？我也想知道。把十五英寸的炮从一艘船上挪到另一艘船上需要多长时间？这些主要的战舰，或是战舰的军备和设施正是时候用于大战的高潮中，将这些战舰当作司炉练习舰使用，肯定是错误的。

4．以前我就想得知一些有关完善轰击舰队的情况。我也已经打算向美国人提出这方面的建议。不过还是让我们先把自己国家的事情弄清楚吧。

首相致第一海务大臣　　1944年6月22日

请你立即向我汇报一下关于人造港的情况。近期天气恶劣，它们是怎样抵挡住的？建造它们延误了多长时间？我们装运它们或是其他情况下，机件的损失数量是多少？我们有补充设施吗？我一直希望看到你的报告。

首相致伊斯梅将军　　1944年6月23日

我们先要破坏掉原属欧洲沦陷区海港的德国潜艇和鱼雷艇的修理坞，然后才能把那里交还给各盟国政府。陆军部得知后发了一个通告表示对这件事的疑虑，这令我很关注。

我们当然不能为了着急进行爆破工作而影响了战争，但是我们必须要保留权利，以便在方便的时候解决这些为我们的安全带来隐患的东西。但凡我们遭到了巨大的危险是因为任何同盟国政府自己不能保护自己的国家造成的，而他们在我们为了解放他们的人民流了这么多血之后，才出来制止这件事，我们是不能容忍的。我想知道参谋长委员会是什么意见。

首相致霍利斯将军　　1944年6月23日

波兰伞兵旅在其本土的价值可能会比它的实际军事力量要大得多，因此我想应该将它们吸纳过来。我希望，在这个旅还没有确切驻扎在法国之前，可以先让艾森豪威尔和蒙哥马利将军得知这些提议。

首相致霍利斯将军　　1944年6月29日

你对截止到今天抵达联合王国的美国军队做出分析，我对你提交的报告表示感谢。我坚持相信，美国人可以少派些辅助部队，而多派些作战的师过来。比如，军直属部队和集团军直属部队的总人数（十三万一千二百四十三人）比各师的人数（八万七千六百八十九人）竟多出四万三千五百五十四人之多，这是什么原因？我感到很好奇。后勤部队占总人数的五分之一，他们究竟要做什么？“应排除编外人员”，这个讨厌的说法到底是何含义？编外人员的数量是多少？

首相致外交大臣　　　　　　　　　　　　　　　　1944年6月29日

当前，我认为不该对巴勒斯坦的政策做任何决定。英国政府对犹太复国主义者许下的承诺包含在巴尔弗宣言以及1921年我在殖民部时所作的补充声明中，因此我坚决要维护，这大家是知道的。没有经过内阁详细讨论，这项政策不得变更。现在，我们要处理的事情不多，找个机会讨论一下这个问题应该是很容易的。

7 月

首相致内政大臣　　　　　　　　　　　　　　　　1944年7月1日

1．空袭警报的确引发了极大的恐慌，且是不必要的，因此应该立刻研究如何使用它们。大多数人民从未听到或见过炸弹，只听见过警报声。乡村出现这个问题和城市出现这个问题的情况是有差距的，特别是在炸弹经常降落的地方（上周五我在那里度过），情况当然更是不同。这里的“警报”和“解除警报”的信号中间也许只间隔十五分钟，信号几乎是持续的。

2．“各种人群听到警报后，我们希望他们做些什么？”我们应该能解答这个问题。我们是要耕田还是停止耕田，或是让店主躲到地窖里去？是否要让为某种目的而聚集在一起的人分散开来?你到底要他们怎么做？如果就像现在大家都知道的，我们不需要他们做其他事情，只做他们本就在做的事情，这样，拉警报还有什么用？如果是以前那样的空袭，还是涉及到全国各地的突然对这里轰炸，突然对那里轰炸，那么拉警报的办法很有用，为了这个目的，我们也应该予以保留。

3．曾经，我从窗口向外看，想看看警报响的时候，大数人都在做什么。他们什么都没做。他们的分散是因为一阵不大的阵雨，他们对这个报凶信的女妖漠不关心。而且这些炸弹也不可能在当地就发出警报，就算是这样，我也想象不出人们在白天的活动。到晚上，为忘却烦恼，他们总该到最安全的地方去。一旦到那儿，他们的美梦则不需要警报来打扰。

4．今天下午，我去看了看几个出事的地方。有一个地方的大多数爆炸，都是发生在距防空壕四五英尺的距离之内。我问他们防空壕里的人有多少，他们说全是人，伤亡不大就是因为这个原因。起码任何在防空壕里的人都没受伤。但是不是每个地方的情况都如此。我希望看到有关伦敦防空壕及其使用情况的报告。有多少人能进入防空壕，我的意思是那儿有多少铺位，有多少已被使用？你已经及时展开加强街道防空壕的工作，但没有起作用，我想到这些，似乎感到非常惋惜。

首相致主计大臣　　1944年7月3日

表上列出的（在意大利的）伤亡人数，有的从1943年9月3日算起，有的从1944年1月22日算起，总数的日期来源各不相同，数字的结算也参差不齐，对这一点我是表示反对的。我们所要知道的不是每星期将一周的伤亡人数加进去，累积出来的总数，我们所要知道的是一周之内伤亡和失踪的人数是多少，然后回顾累积起来的总数，以便再思考战役。基于当前情况，我们不得不累积英美和其他部队每周伤亡和失踪的总数，再从这些总数里边减去上一周汇报的总数。当然，这样做也可以，但一定要这样做是出于什么原因？陆军部方面一定要强制我们实施这种做法是为什么？列出各军和各国的伤亡、失踪总数，然后在每页上边列出一周或是两周内加起来的数量才是我们所需要的，至于到底是一周还是两周，我们则不关注。当然我不愿认同当前的编排，请你为我提供条件，以便我进行接下来的工作。

首相致伊斯梅将军转参谋长委员会　　1944年7月5日

波兰仅存的这几个师是波兰生命的体现，对于这样将波兰第二师解散，我不能赞同。我们不能把他们看作一群作为候补人员之用的男人。把这个师送到意大利去，与另外两个波兰师合并起来。到了那里，他们不但会受欢迎，还会形成一个强大的军，这样一定会更有利。对于盟国远征军最高统帅部的提议，我不准备接受。

首相致伊斯梅将军 1944年7月5日

1．请告诉比德尔·史密斯将军，我读了他的关于兵力集结计划的意见书，对此深表兴趣，请帮我向他转达谢意。

2．美国部队在D日后的第九十天到D日后的第一百二十天之间居然没有增加，在D日后的第九十天到D日后的第一百五十天之间只加入了四个师，看来这种情况确实十分严重。为此，将两个小港——圣纳泽尔和勒阿弗尔攻克很有必要，而且不能浪费那些登陆艇，因为它们可以将小港的效率提高不少。

3．据说现在，我们在美国拥有受过训练的师达四十余个，除了在俄国战线或是德国战线上出现全线溃败，否则，我们必然需要一支军队，它要比我们现在或将来可能拥有的兵力多得多，这样才能通过法国进攻德国。

4．在所有原因之中，我不同意将坦克登陆艇从有决定作用的战场调派到现在这种为法国南部设计的遥远的战役中去，就是因为这个原因。为适应美国所应用的大规模的军事力量，打通法国的港口，并使其得到充分利用，或是扩大他人给我们留下的人造港才是我们的首要目标。如果有人认为，现在派来该地的军队力量，已经可以进行决定性的打击，那这个人的胆子真是不小。让美军渡过大西洋直接登陆这件事，应该得到我们不一般的重视，而只有恢复使用上边我所提及的另外两个港口，再加上瑟堡，才能办成这件事。

比德尔·史密斯将军的意见书我已查阅，并初步发表了我的建议。不过，为了作深入研究，我要把意见书留下来。我想从陆军部得到一份与此类似的有关他们的兵力聚集的计划报告。

首相致伊斯梅将军转参谋长委员会 1944年7月6日

现在我们争取得到一个确切的态度，使亚历山大知道他有些什么，而我们也能知道我们在权力范围内能给他些什么。让他带领他们的三个美国师和四个法国师，共七个师。对于他们所得到的登陆舰，他们可单独使用，不过，我们起码要得到一次在英国司令官的带领下，单纯使用英国的力量进行一次有决定意义的战略袭击的机会。在这一点上，我不想向任何人退让。如果美国人要把还留在亚历山大那边的两个师调回去，而亚历山大又要打仗，那么为弥补空缺，我要你把在本国的第五十二师派遣出去。我们必须给美国人留下我们为受到的不好待遇感到异常愤怒的深刻印象，希望你能有所体会。这个事实不会因为各种理由的劝说就被掩盖，过了一会我们又友好合作。我们若不想以后没完没了地被他们强迫，就不要每件事都听从他们的摆布。

首相致陆军大臣　　1944年7月7日

两个英国旅怎么会组成第三十六印度师？世界上有很多值得称赞的谦虚行为，但是把一个英国师说成印度师，那真是比低声下气还不如。如果他们是英国部队，那么就称他们为英国部队好了。

首相致飞机生产大臣　　1944年7月8日

我已收到你6月5日的备忘录（集中让一个人领导喷气推进的研究工作，并尽量从政府机构外部收集意见），谢谢。

凡是研究和发展工作过分密集，就会带来很大风险。当下的这个建议，很可能会有这种危险，但是，假若你极力提倡这个建议，那就听从你的决定。

我个人一直对喷气推动问题感兴趣，这你是知道的，如果每隔两个月，我就能收到一份你的工作进度报告，我将十分感激。

首相致陆军大臣　　1944年7月10日

关于陆军精神病服务站

收到你说数量不足的报告，我很高兴。办这样一个服务站，需要多少经费，你能否让我知道？依我看来，需要的军医、护士还有从属人员约达到两千多人。

首相致第一海务大臣　　1944年7月10日

在上次大战中，我们曾一度大力发展一种可以包住敌人的潜艇，并在水面拖着一个浮标的轻型潜艇防御网。现在，能否将类似这样的东西改造并用于对付人控鱼雷？当然，这些轻网可以安置在港口附近，为不妨碍行驶，用浮标做标记，而且为了进行反击，我们还需要时常能发出警告的浮标或信号弹。

首相致第一海务大臣　　1944年7月10日

请你给我一份报告，简单说明卡昂港的容量。我看到有些数字比以前提及的要大很多。

首相致爱德华·布瑞奇斯爵士　　1944年7月10日

你在报告（有关战时内阁在会议上讨论组织一支犹太战斗部队）中提到，已经决定认真研究一个旅团的问题。当然，我很理解并且极力提倡组建一个旅团，但是当陆军方面说要认真研究的时候，就有放弃这件事的意思。因此，必须将这件事纳入战时内阁会议中，并且应该提前让陆军大臣知道我有反对意见。可以将威兹曼博士的第二封来信抄送一份给陆军部。

首相致伊斯梅将军转参谋长委员会　　1944年7月11日

有件事情很着急，你务必要把那套小型的雷达设备交给土耳其，为了保卫君士坦丁堡，还要让它得到一两个中队夜间战斗机。这件事办得怎么样，请让我得知。

首相致外交大臣　　1944年7月11日

这件事情（犹太人在匈牙利遭受迫害，以及被敌人驱逐出境）无疑是有史以来世界上最大并且是最恐怖的恶行，并且是由所谓的文明人士，利用科学机构，冠以大国和欧洲领导民族之一的名义做出来的。事实显而易见，我们一旦捉到参与这种恶行的人，仅是奉命屠杀的人也包括在内，只要能够证实他们参与杀害的事实，就应该一律予以死刑。

因此在我看来，这件事不能与由监护国提出的常见问题相提并论，例如某一集中营里的犯人吃不饱或是不注意卫生情况等。所以我建议，对于这种问题不必讨论，应该对外宣告，凡是与这种罪行相关的人，应该受到通缉并处死。

首相致陆军大臣　　1944年7月12日

你已收到威兹曼博士于7月4日来信的抄件，他请求组建一支犹太战斗部队，我希望尽快给他答复。据我所知，你想就组建犹太旅团的计划先征求威尔逊将军和帕吉特将军的意见，然后再向内阁提出。现在，这件事情已经考虑了一些时间了，如果你能将你的意见附在报告中并在下周初期交由内阁，我会为你感到高兴。

首相致陆军大臣　　1944年7月13日

我出身于牛津郡轻骑兵团，直到今日还是这个团的名誉团长。该团向我汇报了一个令人担心不已的消息，它的任务很明显已经变成第二十一集团军群组织选拔队，并成为一个收纳伤兵和受训人员的机构，也就是说，以后这个团只剩下一个虚名，它再也不能成为一个战斗单位。这个团队曾经有辉煌的历史和战绩，你们这样不公正地对待它，似乎是不正确的。他们一定会有上战场的机会，不是吗?

请你研究一下这件事，并向我提出弥补的办法。

首相致外交大臣　　1944年7月13日

我们和法国人都曾对叙利亚和黎巴嫩的人民获得独立给予认可，我们一定要记得。这是一种承诺，我常把其含义理解为，法国人在叙利亚和黎巴嫩所拥有的优惠和所有关系，不应该和我们在伊拉克所拥有的有差别，程度只能这样，不能再多。我们一定要坚持这一点。

首相致空军大臣　　1944年7月13日

请你关注这些数字（将德国飞机和飞弹所投射的烈性炸弹的重量做出比较），并且将它们与英、美空军在德国所投掷的炸弹数量做一个对比。

为什么无人飞机在伦敦上空投掷的炸弹包括容器在内，只有三四十吨左右，损害力度却这么明显，而我们在柏林和慕尼黑上空投掷的炸弹远不止五十吨，简直有二三千吨，却未对德国人带来一点伤害。这让我和其他很多人都心生疑虑。

你应该亲自带领一些专家，到这里某些受到破坏的地方去看一看。这么少的德国飞弹与我们在德国城市里投掷的同等重量的飞弹相比，产生的效果高出八到十倍，这是什么原因？

还应该听取空军上将哈利斯的意见。我们大肆宣扬给德国造成的损害，但对于他们在这里造成的损害效果如此严重，人们是不知道原因的。情况会不会正好是相反的：相比我们所吹嘘的，我们的飞机在德国命中率的真实效果要低得多。

首相致外交大臣　　1944年7月14日

有关犹太人从希腊出逃的事

我们要慎重处理这件事，那些有钱的犹太人为躲避德国人的杀戮很可能会出很多的钱，这些钱一旦落入希腊“人民民族解放军”的手里就不好了。不过我不理解为什么我们要与美国就这件事引发争执。如果我们不让包括富人在内的犹太人逃脱，我们就要负起很大的责任来。据我所知，无论什么地方的富人。只要发现就应该处死，这是当代的观点。但不幸的是，在当前我们竟然就要采取这样的态度。毕竟他们已经为他们的解放付出了不小的代价，并且在将来，这些犹太人都是贫穷的，因此，我们应该赋予他们做人的基本权利。

首相致陆军大臣　　1944年7月14日

我们不需要再考虑“霸王”行动的安全问题，因为它初步的需求已经得到满足。我希望驻意大利的军队能够获得一定数量的新式装备，例如能发射十七磅重炮弹的“谢尔曼”式坦克、“丘吉尔”式重型坦克车、喷火器、特种突击车辆，还有弹药等。我想知道你已经做了哪些准备，现在的计划是什么？

首相致伊斯梅将军和佩克先生　　1944年7月16日

我希望，在不违背军事方面考虑的情况下，每月能定期公布从（诺曼底）军事行动开始以来，英国的伤亡人数，它的起始日期应该与盟军每两周公布伤亡数字的日期一致。加拿大的伤亡人数是我尤其关注的，英国伤亡人数的公告中，也应该将这个数字包括在内，尽管它们没有列在一起，不然，它就会被认作美国伤亡人数的一部分。你们应该与自治领事务部商量这件事，因为它与帝国利益有关。为减少英国人在这些战役中所分担的牺牲，就用公开的方式在美国人数中直接或暗自加入加拿大的人数，这是极大的错误。不言而喻，出于军事方面的考虑，我们当然可以停止公布伤亡人数，不论是什么时候。

我相信美国国内将提出公布美国伤亡人数的要求，从当前来看，他们的伤亡人数比我们多出不少。如果艾森豪威尔以宽广的胸怀只公开“盟军伤亡人数”，并将此计划延续下去，哪怕只延长几个月我也得到满足了。但是我认为，这种事情是一点都不可能发生的。

不过，我希望我们能够更慎重地研究这件事，幸好还有时间，也许我得亲自和艾森豪威尔将军探讨一下。

首相致海军大臣及第一海务大臣　　1944年7月17日

现在，可能有人认为，我们的海军在打败希特勒之后，大部分实力和兵力可以维持现状。我认为，最好告诉你们一些大体的想法，这些也是值得让你们思考的。美国已经超越了日本的力量，比例成为二比一。我们必然要派遣一支包含最现代化军舰在内的实力雄厚的舰队，并附加必要的补给舰和附属船只。但是我想，第一项拨款决议案在对日战争期间通过的人数一定不足四十万，起码要在对日战争结束之后恢复到战前的实力。

首相致内阁秘书和伊斯梅将军　　1944年7月25日

关于把信函送到诺曼底的海、陆、空军各部队，以及他们那里送信函到这里的各收信地点的平均时间，请通知三军部队和邮政大臣，每周给我一份报告并做出说明。

首相致海军大臣　　1944年7月26日

该地和对岸海军单位之间的信函往来，在递送时间上，有很严重的延误情况。邮政工作在陆军方面已经得到很大改善。这个问题应该不难解决，因为船只往来这么方便。过去和现在的情况如何，你将会怎样处理，请给我一份报告。

与此同时，将此信函的抄件发给邮政大臣。

首相致内政大臣 1944年7月26日

我赞同（有关召开飞弹紧急警报新方法探讨会议的）报告，但以下各条建议要引起注意：

一、应该指出这种办法并非全部适用，可以在适合的情况和条件下逐步推广。

二、公共汽车司机等“特殊人员”应该获得确切的指示。对于公交汽车司机来说，不能让他们每一个人自己去解决困难，尤其是他的解决办法没有获得乘客们的认可，因此军事运输大臣要对他们负责。应该很容易将他们在各种情形下要做的事情印在一张纸上。一辆公共汽车四面都是玻璃，里面又挤满了人，如果遭遇此种轰炸，局面是不容乐观的。因此，在我看来，从原则上说，车子只要是到了可以将其掩护起来的地方，就应该停下来，让车上的人下车。

三、无论你制定出哪一种信号，都应该清清楚楚地对所有人做一下介绍，或是在必要时下达命令，让他们采取一些你认为最适宜的举措。关于这个题目，我曾读过几篇不错的文章。现在你有丰富的经验，应该对这些办法加以考虑，在城市中就写得详细些，在郊区就写得简练些。

首相致陆军大臣 1944年7月26日

1．我总体上同意你（有关犹太作战部队）的建议书。但是在我看来，应该尽快成立那个旅，把它派遣到意大利去，然后让其他部队逐渐加入，使它演变成一个旅团。

2．让犹太人去攻打在中欧杀害他们同胞的凶手的办法确实不错，我认为，这样做也会令美国人深感满意。

3．以下几点是我想到的细则：在我看来，不能因为军情过于紧急，就让这个旅遭遇拆散的几率高于其他中东部队。考虑到它的象征性，相反只有在最为紧急的情况下，才能更改它的组织。

犹太人与德国人之间就是有矛盾，我相信，到各处去攻打德国人是他们自己的意愿。为不使人认为陆军部经过周密的谋划，也许会把犹太人送去攻打日本人，就不要制定这样一些条件，否则这个旅团也没有存在的必要了。

当然，任何部队只要听从英国人的指挥，就要从军事上和政治上去考虑其复员或处理上的决定。类似这样的一个队伍，当然可能以政治为借口来决定它战后是解散还是保留……

我应该向英王请示（这支部队提议应该用它自己的旗帜）。这样一个在世界各地流浪的殉难民族，此时又遭遇了其他民族未曾经历过的困境，还不能实现有自己旗帜的要求，这个原因是我无法想象的。当然，不只是国王，而且内阁对于这一点也可以提出他们自己的看法。

4．如果我可以到意大利去访问的话，我一定要与威尔逊将军仔细商讨这件事，我也很可能去拜访帕吉特将军。与此同时，请你开始进行工作并与犹太代办处谈判，但不要越过所建议的范围。我们不要忘记，令人欢心，表达一种正义感，并使其在美国受到广泛认可，才是这件事的宗旨。通告写好后，请让我看看它是什么形式的。

首相致海军大臣及第一海务大臣　　1944年7月29日

7月17日，我给了你们（有关海军名额）的摘要，除此之外，你们所维持的那个舰队的规模和组成情况如何？你们应该假设在打败德国十二个月后，海军的人数已经减少到四十万人，以此再制定一份计划并加以说明。基于这种假设，你们应该能详细说明在这里和远东所维持的舰队的情况，并且1939年战争爆发动员完成时的船舰和人员数量，已经通过第一项拨款决议案，请将舰船数量与此作出对比。

首相致陆军大臣及帝国总参谋长　　1944年7月29日

1．上周，蒙哥马利将军向我谈起当前仅作为收容机构的英王的牛津郡轻骑兵团和其他历史久远的义勇骑兵团。我曾告诉过你，这些国防系统中的永久性成分是很重要的，要避免它们遭受破坏。

2．蒙哥马利向我提议，当前线上的“专门对敌作战”或在战时集结起来的部队损伤到不得不解散的时候，应该被送回本国当做供应来源的一部分来补充军队。而永久性义勇骑兵部队受过充分的训练，应该派遣它其中的一个部队去替代。事实上，他们现在必然已经受到炮队或防坦克队的训练。我对这个建议感到非常满意。

3．你在7月18日的备忘录中说，你已经发出当前不准从牛津郡轻骑兵团里调遣人员的指令，这个备忘录我已收到。那么你是如何对待格洛斯特郡骑兵团以及其他类似的部队的，例如你也会这样对待那些不管是顺境还是逆境，永远能为国防做贡献的各代部队吗？如果能给我一份名单的话，我会非常感谢。

首相致内政大臣　　1944年7月29日

我已收到你7月28日（附有飞弹紧急警报修订草案）的备忘录。

对于新的一段怎样能承受住别人的反对，我不知道。公共汽车司机应该运用他们的判断力，而人民的理智判断则是政府的依据。如果司机决定要这么做，而车上的人在理智的判断下决定那么做，该如何解决？这当然能制定出更简单的办法。如何使司机或售票员接受车上的人通过理智判断所提出的意见？对于这个问题，你最好在周一的内阁会议上提出。你的草案中的其余方面我认为不错。

8 月

首相致第一海务大臣　　1944年8月4日

1.位于陆军西翼的海军正在做什么？我本以为，他们会活跃在布雷斯特半岛的大西洋沿岸，将敌人全部船只驱赶出去，把海峡群岛的粮食通道阻断，阻止逃跑的德国守兵，并为在吉贝龙湾或其他地方同美国的前进纵队会合做准备。为控制布雷斯特半岛周边的水域，并大大帮助陆上部队的行动，我们很快就会占领海港或海湾，并在那里建立鱼雷艇或驱逐舰基地。从当前的情况看，海军似乎还做得不够多，只是在东北侧方承担攻击的任务。拉姆齐上将千万不要担心好事做得太多，布雷斯特半岛上还有事情可做。

2．等从你们那里得到这个问题的答复之后，我要与艾森豪威尔将军商量一下。艾森豪威尔将军正为陆上的战争操劳，对海上的事情知道得不多，如果有人跟我说，他并没有提出说明要求，这种说法则一点好处也没有。我深信机会很容易流逝。

3．你在任何时间来找我谈论这个问题，我都表示欢迎。

首相致生产大臣　　1944年8月4日

我已收到你的关于飞弹袭击对伦敦的生产造成影响的报告，谢谢。工作期间遭受这样的损失，尤其是在无线电工业方面，如果情况就这样持续下去，必然是重大的。得知你和劳工大臣想法设法地改善本地的警报系统，使工厂中空袭预备警报的普遍效率得到提高，我感到十分高兴。通过你的努力以及袭击的减少，我希望局面很快会有所改善。

当前，请你继续每两个星期给我一份报告。应该促使无线电的生产逐步向伦敦之外转移。

首相致外交大臣　　1944年8月6日

（匈牙利犹太人事件）似乎是一件十分值得怀疑的事情。这些不幸家庭中的大部分是妇女和儿童，他们的生命是花费了十分之九的财产换来的。我不想人家以为，英国人是故意要加害于他们。请你不要阻止他们逃跑，但遇到任何需要的事情，一定要告诉俄国人。

所有对和平协商的疑虑，都与这件不幸的事情有关，我不清楚原因何在。

首相致伊斯梅将军转参谋长委员会　　1944年8月10日

就“龙骑兵”作战行动和“霸王”作战行动的关系来说，将前者看成为一种“主要的作战行动”，继而在关键时刻，就要剥夺亚历山大将军的部队和它作战的机会，是我不能认同的。不管怎样，我们都不接受这支部队的作战行动没有“龙骑兵”重要，或在基本需求上没有“龙骑兵”那样的优先权，因为自从法国的军队以及半数的美国军队撤离之后，这支部队现在还有约二十个师，其中有十六个师是英国的和英帝国的，或属英国控制的。另外，就我们所考虑到的战略方面的问题来说，目前，当我们还未做深入探讨的时候，还不能认定与进军的里雅斯特，或再与铁托元帅的南斯拉夫游击队配合共同在伊斯特利亚半岛展开军事行动相比，亚历山大将军的部队则更适合向西挺进。对于这件事情，我们当然可以有不同的观点。只有通过会议来解决这些事情，除了双方参谋长之间要开会，政府首脑之间也需要开会。

首相致帝国总参谋长 1944年8月10日

第六警卫坦克旅为什么会没有那些配有厚装甲的“丘吉尔”式坦克？这些拥有厚装甲的坦克都去了哪里？我需要得到答案。

首相致陆军大臣和帝国副总参谋长 1944年8月18日

1．我听克拉克将军说，为便于替换盟军总部和其他后勤工作中的男子，让他们能够参与作战，他曾在约六个月之前向陆军部提议派遣两千名本土防卫女子辅助服务队队员。但是，直到今天才派出了二百五十名。

2．应采取一切措施为亚历山大将军的部队提供紧急援助。在这个地方，美国人使用妇女的程度远远高于我们。

首相致陆军大臣 1944年8月18日

据说《大陆每日邮报》的经理部主任为了他们的报纸能恢复在法国发行，一直在请求方便的条件，并且这个建议已获得同盟国远征军最高统帅部的认可。如果这件事情能够落实，我也希望看到《每日邮报》和有同样意愿的伦敦其他报纸能发行可供驻法国部队阅读的大陆版。但是对于报纸如何分配，应该获得新闻业同业公会的赞同。如果你同意这个计划，希望你能尽可能快地与他们取得联系。

首相致外交大臣、海军大臣及陆军大臣 1944年8月18日

陆军部在提交的一份报告中说，在英美政府移交之前，已收复的大陆港口内的德国潜艇和鱼雷艇收藏坞无法被摧毁，参谋长委员会在我的要求下已经研究了那份报告。

这些设施之所以在移交之前难以彻底被摧毁，是因为我们的政策无疑是把占领区的管理权尽快移交给本国各个当局。

但是我确定，我们应该让各相关政府（指法国民族解放委员会、挪威、比利时及荷兰各政府）得知，在包括潜艇及鱼雷艇收藏坞在内的所有敌人建立的军事设施在彻底被拆除或是被摧毁之前，我们在将任何占领区移交给他们时，一定要保留继续控制这些设施的权利。是否有可能将这件事交给承包商去处理，我希望陆军部和海军部能探讨一下，并提交报告。

首相致伊斯梅将军 1944年8月23日

战犯一旦落入盟军的手中就会被处死，因此让德国崩溃最好的办法，就是将战犯的名单列出来。为使名单上的人有别于其他的人，这张名单上的人数最好保持在五十到一百之间（不包含地方犯罪的处罚）。目前，战斗到最后一人，是每个德国领导人关心的唯一一件事，并且他们都希望最后的一个人是自己。希特勒、戈林、希姆莱及其他十恶不赦的人必定会被消灭，最重要的是让德国人民知道，他们与这些人所处的立场是不同的。

首相致外交大臣 1944年8月23日

对于你给华盛顿发去的（建议举行外长会议来探讨未来世界组织的）电报。

1．轮到我们主持这样一个会议了，因此我肯定同意它在伦敦举办。我希望法国人在没有扩大他们的政府之前，不要参加这种会议。这件事会因法国的快速解放而更快实现，而且能产生出全国政权，并得到我们的认可。既然法国的大多数地区得到解放，就不要在这件事情上耽误太长时间。

2．我为将中国纳入世界四强之一感到可笑。总统既然坚持这一点，我当然会适当尊重这件事，但是，对这件事采取一种积极的观点则是我不认同的，这我也对总统说过。最近，中国内部传来了消息，说蒋介石的政府即将被已经产生的对立政府所取代，而现在与共产党的内战已经十分紧迫。虽然我认同总统的愿望，但却非常反对贯彻一种完全积极的方针。必要时，让中国人去跟俄国人打交道吧。

首相致海军大臣和第一海务大臣　　1944年8月25日

在如此短距离之间递送海军和在海军服役的商船队的信件，要比陆军和空军的信件慢那么多，这是会令人耻笑的。这件事不仅邮局方面没光彩，海军部方面应承担主要责任。请你们改进这个问题。

首相致印度事务大臣　　1944年8月28日

考虑到欧洲和平之后，印度必定仍没有从战争中解脱。因此，最为主要的事情是，为将东方现驻扎的和可能派往的英军的生活和福利条件安排妥当，要用何种方式来展开大规模的行动。在我看来，虽然我不能确定什么时候可以开始运输，但还是应该先将计划制定出来。

首相致外交大臣和伊斯梅将军转参谋长委员会　　1944年8月29日

1．在我看来，对于俄国人提出的关于国际空军的提议，我们不应该反对。不能单单依靠军事上的理由来决定这件事情，这样会引起很多原则上的问题。我相信大不列颠会非常欢迎俄国人的这项建议，它为了保证持久的和平，看起来确实是要把各国的力量综合在一起。我在上次大战之后，就对这个问题表达了我的观点，在《战后》的头几章中有所体现。我知道，内阁没有发表过任何反对组织国际空军的决定。

2．在我看来，应该采用以下方式：每一个处于和平会议中的成员国，都应该把它的空军分为两部分——国家空军和国际空军。国家空军的现状保持不变；国际空军可以采用相似的组织和训练，但要有十年的服役期限。他们可以用交叉的方式与其他成员国提供的类似分队相互之间自由混合，并穿着一种特殊的制服。国际空军不能因任何原因采取反对自己国家的行动。

3．运用国际空军的办法十分重要，让部门通过考虑来决定这件事是不可能的。

9月

首相致第一海务大臣　　1944年9月1日

我对你的商船修理报告书表示感谢，从中可以看到从1944年1月到6月的六个月中，所修的商船、运兵船和医院船共有两千五百万吨还多，与之前任何六个月中的数量相比，这个数量要多出十分之一。现在，对修理破损的需求程度不如以前那么高，因为我们打败了德国潜艇，但由于与此同时，你还要进行许多特殊的工作从而为“霸王”作战行动做准备，因此这仍然是件值得大肆赞扬的功勋。

首相致殖民地事务大臣　　1944年9月1日

饲养在直布罗陀岛上的猿猴应该为二十四只，为达到这个数字应尽快想尽一切办法，并且注意以后要保持这个数字。

首相致爱德华·布瑞奇斯爵士　　1944年9月2日

1．我十分关注预制房屋政策的施展情况。为把我们的图样展示给喜好时尚房屋的人、地方当局和议员等，便于他们提出细致的批评，我们已经耗费了约五个月的时间，但事实上，这样的结果对工作一点推动也没有。我曾亲自对外向军队做过保证，我很重视这件事情。我们想向人家多献殷勤，但还不够聪敏。主要的事情是回来结婚的士兵可以有房子住，至于房子造得是不是最好，也没什么关系。如果我们只忙于设计图纸，而不多加注意，最后只能提供出尼生式移动兵房。

2．等我（从魁北克）回来的时候，要知道你们的真实情况，并且要收到一个尽快加速制造大量活动房屋的计划。我在内阁里委任了一个委员会，以比弗布鲁克勋爵为首，委员为波特尔勋爵和布列肯爵士。如果有需要，该委员会可以请求贸易大臣和卫生大臣的帮助，秘书由佩克先生担任。

3．在我看来，不必再让伍尔顿勋爵处理这些小事，因为现在他正将全部注意力都放在整个建设部门的总规划上。不管怎样，我在两周后回来的时候，一定要看到一份实施计划。到时，我们可以在内阁中就这份计划展开探讨。

4．请让各相关大臣得知这件事情的重要，并尽量说明，由于我亲自向军队许下承诺，而且在我看来，承诺对来我来说是庄严的，因此我坚决要实施这件事。

5．与此同时，我希望能从贸易大臣那儿得到一份有力的报告，并对他置办日用必需品、陶器、家具等达到的程度以及民用服装等准备的情况加以说明。所有东西由于战争的迅速发展而变得迫切需求，因此，需要在很大程度上改变军火与家庭用品之间的优先地位。

首相致建设大臣　　1944年9月3日

有些事情不可延误，例如订购临时房屋需要的装架和工具以及为建造供房子被破坏的人所居住的这种房屋等。我既然授权给你，议会自然会批准这些事宜，千万不要耽误。

首相致建设大臣　　1944年9月3日

请你在两周之内，给我一份有关应取消的管制或“命令”的完整报告，说明（甲）欧洲战事停止后立刻实行什么，以及（乙）停战后两个月内要实行什么?

首相致建设大臣　　1944年9月3日

居民在战争结束之后，对服装家具以及家庭用品器皿的需求量将会增加。你将采取何种措施来使这种需求得到满足，请提交报告。

首相致爱德华·布瑞奇斯爵士　　1944年9月4日

以下是委托范围：

为在最短时间内建造出更多各种样式的预制配成房屋，且不会对正常的建筑业造成过多妨碍，请尽量制定一份最为完善的计划，并将程序表附上。委员会在探讨这件事情的时候应该意识到，如果内阁批准了这项计划，可能要与军火制造有所冲突。你们应该在这个月20日左右完成报告，这样我回来时，就能交给内阁处理。

首相致帝国总参谋长　　1944年9月10日

1．如果这份（1944年9月1日的西线各师列表）能一直列到近期，我会十分高兴。

2．你好像没有把集团军坦克旅的数量加入英国人或美国人的师里边去，一个师是由两个这样的旅组合而成的。

3．即使不将这个计算在内，英帝国加上意大利和法国两地的兵力，也有三十四个师，而美国有三十个师。尽管新到的部队会使这个数字有所变化，但不管怎样这也表明，我们有了（到魁北克）开会的强有力的支持。

首相致伊斯梅将军转参谋长委员会　　1944年9月14日

1．请阅读这份电报。虽然国内正在解决这件事，但参谋长们最好也能表达他们的看法。

2．我准备将以下拟定好的文稿返给利特尔顿，与此同时，也希望听到他们的建议：

“究竟对德战争到今年年底能否结束，我本人极为不确定。也许要在一个较小范围内耽搁到1945年。尽管这样，我仍对你提出的确切程序表示赞同，只要内阁和国防委员会不反对就行了。因此，你可以根据自己的建议将意见书交给内阁。”

10月

首相致陆军大臣　　1944年10月23日

1．亚历山大将军希望驻意大利军队得到更多的啤酒供应，他极力向我呼吁。你应该即刻想办法，如果涉及到其他部门，我会为你提供帮助，因为听说美军每周能得到四瓶，而英军每周一瓶都无法满足。请给我一份附有时间表的计划书，说明啤酒问题。不要忘记考虑输入配料的问题。首先，前线作战的军队有优先供应权，照顾后方要等到供应充足的时候。

2．请假问题也十分急迫。只要一小部分人得到假期，就会让人十分感激。请试着制定一份每月一千人的计划。据我所知，马赛港十分拥堵，这些人能经过法国回来吗？另外是否还有其他可用的线路？对于这件事情，上过前线的军队应该享有优先权。

首相致军事运输大臣　　1944年10月28日

应该为在冬天忍受灯火限制之苦的公民，特别是伦敦的公民想办法提供便捷的交通，这件事十分重要。据我所知，乘坐公交车所排的队越来越长，你能否给我一份关于此方面的报告，另加一份关于改善这种情况的意见。

首相致第一海务大臣　　1944年10月31日

关于“冥王” 的进展，我已请杰弗利·劳埃德先生写了一份报告。我从他那儿得知，通过海峡输送汽油的目标容量每天达到一百万加仑，如此庞大的数量可以节约出很多油船和人力。我期盼，这种油管极为需求，我希望你尽全力确保尽快铺设。这件事情的进展如何，请你告诉我。

11月

首相致陆军大臣及帝国总参谋长　　1944年11月3日

1．蒂尔元帅的空缺，我一定会派人去接替，在我看来，除了梅特兰·威尔逊将军以外，任何其他军官都没有资格去替补他的空缺。我们代表团的团长可以由他来担任，我相信凭他的性格和资历，可以接近总统并与马歇尔将军建立友好关系。

2．地中海战区在今年年初成立，与此同时，它在范围和规模上已经受到很大影响，地中海东岸各国都平安无事，希腊处于快速解放之中，各岛上的德军都已崩溃，如同烂梅子掉到了地上一般。美军已经接手了里维埃拉战线，德弗斯将军的军队开始听从艾森豪威尔将军的指挥。法国人已经彻底控制了突尼斯和阿尔及利亚，只剩下了亚历山大将军指挥的意大利战役，以及我们或许要渡过亚得里亚海进行的作战，不过，这也仅仅是意大利战役旁出的事情而已。

3．因此，在我看来，蒂尔元帅在华盛顿的职务由梅特兰·威尔逊将军接替，地中海最高指挥官由亚历山大将军担任，或者说完结其未完成的事情的时机已经到来。当前意大利两个参谋部的人数，必然会由于亚历山大将军调任最高指挥而削减，也必然会引发反作用，这我们以后再做探讨。你有什么意见，请告诉我。

首相致伊斯梅将军转参谋长委员会 1944年11月5日

你看不断进入希腊的辅助和随从的参谋单位如此之多，而作战部队却数量极少。那看似只有两个营，在所有两万两千六百人员中，只有一千五百名常规英国步兵。我们能不能往那里派几营步兵？

首相致伊斯梅将军转参谋长委员会 1944年11月16日

1．我听艾森豪威尔将军说，就目前的作战来说，如果我们能够达到鲁尔区附近的莱茵河，这个地区就会处于美军的远射程炮队控制之下并且一半地区会遭到毁灭。我们在多佛地区所建的重炮队，其中的一部分——尤其是那些装在铁道炮架上的——是否可以这样使用？直径达二百四十毫米的美国中型大炮射程达三万码远，我们的十二英寸、十三英寸，甚至十五英寸口径大炮是否可以穿插进去使用，这我还不知道。能够装在铁道炮架上的主要大炮，有多远的射程？我们十八英寸的榴弹炮恐怕会被看作是短射程的。

2．不管怎样，都应该把全部事件细致审查一遍，并且制定一个计划以供艾森豪威尔将军运输重炮，也许待安特卫普港不再拥挤的时候，可以从那里运送出二十尊左右这样远射程的大型重炮。我已经保存这些大炮达二十五年之久，人都有得意的一天，我希望有一天，这些大炮也能派上用场。

首相致生产大臣和粮食大臣 1944年11月16日

为苏联供应罐头肉一事

1．就是因为这件事，我们要赔付两千万美元，这样的事实为什么粮食大臣不说，我弄不明白。他授权他在华盛顿的代表同意四万五千吨的供应量，是以什么为依据的，这我也弄不明白。这件事情当然应该先向内阁请示，并同财政大臣商量，你与他们商量了吗？如果没有，那么现在一定要向他们说明这件事。

2．我的话来自粮食大臣的电文，但据说斯大林所说的搞笑的话也与这有关。斯大林说，这是石器时代以来，人们不吃人肉后取得的进步，之后还有一段话，也是用相同玩笑的语调说的。在我看来，不能单单因为这样一种言辞表明了我们的意图，我们就该承担起一种义务或是签订买卖合约，只要读一读秘密记载这件事的上下文，便能知晓这一点。

3．还有其他的谈判是关于这件事的吗？现实中，俄国人有没有对这种食品提过要求？迄今为止，我们跟他们说了哪些正式的话？说到以上这些问题，并不意味着即使不损害英国的利益，我也不愿为俄国人提供这种肉食。但是我确实认为，应该在更重要的谈判中使这件事发挥作用，并认为当前没有为实施提出任何要求。我们尽量等俄国人提出要求，然后由美国人去处理。将这件事提交上去，以便下次的内阁会议探讨，那时，我希望粮食大臣能将这件事情说清楚。

首相致殖民地事务大臣　　1944年11月17日

1．对于那件事（我向下院提出声明是关于巴基斯坦及默因勋爵被刺一事）我用了一天的时间去思考，以下各点是我想出来的。禁止移民或用禁止移民来胁迫，是不是反而是在为极端分子提供帮助？威兹曼博士的建议比较温和，现在普通的犹太人很可能会听从于他，这是由于默因勋爵的死亡使他们受到震撼并产生了一种情绪。所提议的通告也许会引发另一种不一样的震惊，不但不能增强他们的忏悔之心，反而很可能会引发一种转变，这种转变也许受人们欢迎，并激发一种痛恨政府的呐喊。毫无疑问，威兹曼博士要参加（据说是为了极少数人的行为而惩罚整个团体）的抗议，不过基于这种情况，极端分子会掌握住主动权。如此一来，那些受益的人反而是有暗杀责任的人。我们——而不是恐怖团体——很可能遭到犹太复国主义的所有势力，甚至是全世界的犹太人团结一致的反对。

2．当然，当前形势需要采取特殊行动，但这是否应该更明确地针对这个社会上那一部分应该承担责任的人，譬如针对私带军火或是参与非法团体的人，应该施以更严格的惩罚，尤其是一个人既是这个党的极端分子又是政治犯罪的主犯，而看起来是受人敬重的领导人，对于他们是否可以采取行动？他们的国籍如果不属于巴基斯坦，好像能递解出境，但如果国籍是巴基斯坦，应该被流放。

首相致内政大臣　　1944年11月19日

委员会设置的主席是非大臣级的，对此我不能认同。这件事根本是属于行政性质的。士兵应该有充足的机会来行使他们在选举上的权利，我想，在过去我们都赞同这一点，因此，即使在最偏远的地区，如果没有更好的办法，必须使用代理投票，但与代理投票相比，为选举候选人亲自投票以及熟悉自己选区中双方争执的问题，一定更有益处。我们不需要公证人，因为我们在原则上已经同意。你的委员会需要对细则进行研究并将难题清除掉，而我正等着给司令官们发电报，让他们以自己的角度发表对这个问题的看法。在我看来，我尤其要为士兵们负责，以便他们能有适当的机会为自己投上理智的一票。战时内阁在必要的时候会亲自对细则做出研究，并传唤他们认为适合的人证。不久，亚历山大将军就要来这个地方，而且我猜想某个晴朗的一天，蒙哥马利元帅也会乘飞机到来。这两名统帅的部下，占所有陆军选票的五分之四。内阁需亲自解决那些有待结果的问题。既然，我们在原则上同意给予士兵更好的机遇，在我看来，我们之间就应避免重大的分歧。

首相致陆军大臣　　1944年11月19日

1．英国义勇骑兵团历史长久，并具现代化，我们不想令他们终结，而有一定数量的部队是在战时集结而成并且损失严重，我们同蒙哥马利商量好，由他对它们予以解散。奥康纳将军却在来信（附件）中说，皇家炮队第九十一（阿盖尔和萨瑟兰郡的高地人部队）防坦克团由牛津郡轻骑兵团来替代，这说明一支优秀而永久的地方部队又被拿出来处置。对于牛津郡轻骑兵团的安置，一定会有一个比这更优越的办法吧。对于这个问题，我会在必要时致电蒙哥马利元帅。与此同时，请你就这个问题以及附信上特别提及的几点，给我一个报告。

2．一位军官给我带来那封附加的信，我收到这封信，还有奥康纳将军写的这封信，这两件事都由我来完全负责。由于这种通信被看作为特许的，而我个人负责使用这封信，因此一切针对这个问题的打击行为都是不允许的。

首相致陆军大臣　　1944年11月20日

好的，加油吧。应该确保在敌人炮火之下的部队，每周必须有四品脱的啤酒 ，然后再供应后方宴会。

首相致外交大臣　　1944年11月20日

主计大臣的关于在法国及低地国家粮食救济的备忘录，我真心赞同。我深信在过去四年里，西欧的伙食要好于英国，并且认为，解决运输上的困难才是真正的帮助。

首相致外交大臣　　1944年11月26日

在我看来，把“伦敦荣誉市民权”赠予这位杰出的美国将军［艾森豪威尔将军］的最佳时机是冬季战争结束的时候。显而易见，那时只有他自己。

首相致海军大臣　　1944年11月27日

我不能同意剥夺海军所获的奖金这件事，尽管当前的情势并不非常紧迫。我记得上次我们也有过一番争辩。

首相致外交大臣　　1944年11月30日

我们随时可以告诉美国，“我们当然不想代管埃塞俄比亚，你们来代管好不好？”请你千万要记住。你会发现，他们很快就会非常谦虚地推卸掉事情。

12 月

首相致外交大臣　　1944年12月2日

首要大事是法国人手中要有武器，其次才是尽量提升武器的质量和种类。

如果在今后两三年内，我们决定用夺取来的德国武器武装一定数量的法国师，怎么会使解除德国武装以及摧毁德国军火工厂这种基本的处理受到影响？在没有其他武器可用时，先用一批德国武器，等有了更好的更适合的武器以后，就逐渐淘汰它们。你的意见立足于我们现在必然达不到的基础之上，这个观点就好像在说“现在先不要用德国制造的手枪来打那个德国人。不如先让他把你杀了，等你埋葬了几年之后，有了一种以科学的规模制造出的类型基本适合的武器再杀他。”

首相致海军大臣、陆军大臣、空军大臣及伊斯梅将军转帝国总参谋长和参谋长委员会

1944年12月3日

（告诉劳工大臣事情的经过）

1．第五十师面临裁员与合并，让我深感难过。在此时期，我们不能削弱西线上的力量。我们必须审查所有可行的办法，例如对于指定开往远东的船只而言，我们需要现有的近八万名皇家海军陆战队，但是，目前海上的船只还未遭遇日本的侵袭，我们就没必要让他们以这种力量置身其中了。陆战队的全部人员在什么地方，他们在哪条船上，这些船准备驶向哪个战区，岸上有多少陆战队，训练机构中有多少人等，海军部应在一份报告中说明。我猜想，仅从这方面最少能找出一万人。必须将这些人派到法国和意大利两地服役。第五十师可以把三个旅削减成两个旅，然后再把一个皇家海军陆战旅添加进去。剩下的陆战队可以先后并到一个共同的预备队中去，还有一种办法是把所有人都并入预备队中去。

2．海军在今后六个月中还要吸纳多少人？新兵训练学校中的职工和学生有多少人？请给我一份确切的数字。愿意接受海军训练而现在海军训练学校的学生最好有五千名，我提议将他们转为陆军。

3．对德战争很有希望在六个月之后结束，到时，我们会重新思考这些事情。不过，从当前情况看，我们应该让我回绝大多数的部队都留在战场上。

4．当前我国空军的任务比海军紧迫，这我是知道的，但为了补充共同的预备队，我也无一例外地要求皇家空军再从联队中提取一批人员。

5．与此同时，有一批更年轻的人因为我们对议会的保证而被扣压，我们在

这几个月中，应该斩钉截铁地将他们吸纳过来，我打算随时以国防大臣的名义向议会提出请求，以便我们的一些义务得到免除。

6．参谋人员应该挑选一些身体强壮的人来充当作战官兵。我们想从卡塞塔总部的人员中调遣出几千人来。我们应审查陆军的每一所训练机构或特殊机构，不但应从小范围内开始，还应对用年老的人和受伤刚痊愈的人来替换的问题进行关注。恐怕在所有穿着皇家制服的人当中，不到四分之一甚至不到五分之一的人，听到过枪声，或是今后也许会听到一次枪声，这是让人悲伤的。他们大多数人还不如英格兰南部的平民经历的危险多。事实上，谈及这件事是不愉快的，但这就是我的职责。有一部分人，接二连三被派到前线，而绝大多数人则无法接触战斗，他们为此感到惋惜。

7．现在这个时候，最需要欧洲陆军战线方面全力以赴，因此我真挚希望三军部门的顾问们以及他们在议会中的负责人，能为满足国家需求而用尽全力。

8．最后是关于第五十师解散的问题。如果我们没有对上述各点进行细致探讨，然后由战时内阁做出决定，你们决不能继续进行。

首相致陆军大臣　　1944年12月3日

我准备在星期二向国王提出这个问题（西线一个指挥官在信中说授予他部下的奖励被延误，尤其是“立即”要发出的奖一直没有发的情况）但希望先听听你的建议。有的人在临终前几个月已经被授予勋章，但是直到死后都没有拿到，这让我很气愤。不要去调查是谁或是哪个团写的信，因为我是这件事的负责人，我想你不需要我的提醒。

首相致外交大臣　　1944年12月3日

1．这件事已被我记录下来保存。瑞士是所有中立国中，最值得享受荣誉的国家，因为那些其余的国家被可恶的地方隔断，而它是国际上能将我们和那些国家联系在一起的唯一力量。它是否能使我们的商业利益得到满足，或是为使它的生活稳定而多给了德国人一些什么，这完全没有关系。一直以来，它都是一个民主国家，在山中自我保护，热爱自由，虽然我们来自不同种族，但我们的思想总体上是相符的。

2．我感到震惊的是，约大叔对它粗暴的态度，虽然我非常尊重这位杰出的好人，但却绝不会被他的态度所影响。他称他们为“蠢猪”，他是出于一定目的才这样叫的。我敢十分肯定地说，我们应该支持瑞士，我们这样对待瑞士的原因，也应该向约大叔解释。我应该找到一个合适的机会，再发送这样一份电报……

首相致财政大臣　　1944年12月11日

为按照劳工大臣和全国兵役处的备忘录（说明1945年的人力情况及三军和其他部门在1945年提出的要求）为战时内阁拟定一份提案，说明1945年上半年为三个军种和工业方面分配人力的情况，我很期盼你能再次召集一次（包括你自己、贝文先生、利特尔顿先生和彻韦尔勋爵）的人力委员会。

在即将出现的问题中，其中一个是为解决陆军兵力不足的困难是否要调动大量海军和空军人员的问题。当然，战时内阁拥有决定权，但是如果你们委员会，在不妨碍他们所提的分配新吸纳人员意见的前提下，能把问题综合在一起，这样也可以帮助到内阁。

你们的委员会应该把对德战争结束的日期假设为1945年6月末，然后再开展工作。但是，应为制定的计划保留足够的灵活性，如果对德战争结束的假设日期需要改变，这样在不过度打扰全力作战的情况下，也有随时调整的空间。

首相致外交大臣　　1944年12月11日

1．在我看来，（在致佛朗哥的一封信中）没有恰当说明西班牙在战争期间对我们的帮助和阻碍。1940年，它未曾参与进来；1942年，“火炬”行动之前的几个月，它也未曾阻碍我们使用飞机场和阿尔赫西拉斯湾，那些令人难过的琐事，我们无需一一列出，因为它们远远比不过这些强大的功绩。因此，我希望减少我们表达不满的章节……只要稍微改动一下措辞，就能显示出公正和前后一致。我希望你站在这种观点的角度上，把信重新阅读一次。

2．我赞同稿件中的其他部分，从整体上看，我是十分满意的。不过，是否将一些关于长枪党和独裁专制的内容包括进去？我想内阁会希望看到这些话，请你考虑。

3．我希望今晚或是明天就能将这几点解决，然后把印好的文件分别发给内阁……由于……我认为等这封信经过一致同意后，立刻用电报或派专人给斯大林送去一份，是大有益处的，因此在过去我没有尽快处理这件事，而现在却如此急着把它弄明白。我相信斯大林会对此感到非常满意，而同时，戴高乐在到访期间可能会产生的猜忌——认为我们会建立一个西方集团来反对俄国——也因此而消除。我相信，戴高乐只是想尽可能在斯大林面前阿谀奉承，因而才扬言自己不支持这种集团的。

4．迄今，我对斯大林的良好印象逐渐深刻，因为他虽然面对很大的诱惑，甚至或许是压力，但仍能恪守他和我们的协议，未曾出来干涉希腊的事情。我深信，苏联人看到我们思考问题的方式之后，可以为他们带来更深的影响，并使对苏联人的温和政策得到强化。

5．最后我想说，这封信用外交上恰当的节制来谈论这些最冷淡的事情，写得实在是很好。

首相致生产大臣

1944年12月18日

你在有关青霉素的报告中说了一件令人失望的事情，就是我们今年的产量只能达到预期的十分之一。虽然我国发明了青霉素，但是无论从产量上还是技术上都被美国人超过了很大一截，这令人感到难过。希望你能相信，我们绝对不缺合适的负责人，我们也早就在努力解决劳动力和原料上的难题。

请你从实际出发，给我一份1945年的预期产量报告。

首相致财政大臣、劳工大臣、生产大臣、陆军大臣及伊斯梅将军转参谋长委员会

1944年12月19日

中东部队司令官已按照我的口头指示拟定出一份备忘录，说明了当前中东的人力情况。报告中显示，计口授粮的人数约有六十六万两千人，加之直接雇用的

二十四万两千名文职人员，两者总共为九十万四千人。以下是对计口授粮人员的分析：

联合王国军事人员	154，000人	
皇家空军	66，000人	
自治领部队	29，000人	
印度部队	42,000	
地方招募和殖民地部队	130,000	172,000人
盟军包括美国在中东陆军部队	78，000人	
难民、战俘及非正规军队人员	163，000人	
	662，000人	

联合王国军事人员有十五万四千名，其中在各种部队单位、卫戍部队及基地兵站等等之中的有八万八千人，在埃及和巴基斯坦的基地上的有五万人，另外属于总部和后勤部队的有一万六千人。

尽管中东是个重要的战区，但吸纳这么多的人员也是不应该的，因此有两方面的原因可供削减人员。当前人力短缺，应该把更多英国士兵用来对敌作战。在我看来，应该从中东战区的总数中为别的战区拨去五万左右的现役人员，另外，也应该减少在该地工作的人员数量。

此外，鉴于不良的财政状况，我们不得不削减中东的经费。中东基地的两个重要地区埃及和巴基斯坦，到6月底的时候英镑积存量分别为约三亿二千万镑和九千五百万镑。现在，我们在这两个国家中，每月单纯的军费仍达六百万镑，而1942年和1943年，每月的平均数是八百二十五万镑左右。我们的财富是不能这样随意消耗的。现在，在我看来正到了减少人员的时候，第一次我们应该使中东基地上的人员减少四分之一，也就是说原来计口授粮的人有六十六万两千人，加上二十四万二千直接雇用的文职人员，总计九十万四千人，现在他们应该缩减为六十八万人。

这些人员该如何缩减，陆军大臣应提出实施建议。

首相致外交大臣　　1944年12月19日

我认为最大的错误就是让波斯的驻军撤退，为什么要这样做呢？这支部队主要都是印度人且精明强悍。很多问题还悬而未决，我们最好是留在那里。离开不难，再回去就不容易。当前我不催促这种撤退是因为没有什么军事上的原因。

首相致外交大臣　　1944年12月28日

当然，我们可以再次向曾在波兰师中作战的人们做出保证，不管他们在别的方面有何种遭遇，大英帝国都会为他们安置居住的地方。奥布利·赫伯特的儿子由于医生检查后认为他不适合加入英军，于是在过去两年中，他一直和波兰人在一起作战，这封令人怜悯的信就是他写的。

1945年1月

首相致陆军大臣　　1945年1月1日

基于当前全部资料，我不能判定在缅甸战役中有多少是因为没有执行部队的抗疟命令，有多少是因为医疗服务缺乏，才导致如此高的疾病率。但是，我希望，你能对其中提到的一些问题引发关注。

一、有多少热带卫生专家在国内和国外被任命为部队顾问？

二、你们有没有授予专家独立公民的身份？他们是以下级军官的身份被安置在军队里吗？

三、陆军大臣和军医总监在应对医疗事务时，有没有什么可提供意见的民间专家？据我所知，有两个委员会就是为这个目的而成立的。他们在过去的五年中，一年开几次会，有没有就一些问题与他们商量？

我并非出于要责怪皇家陆军医疗队才提出这些问题。我没有理由去评判他们的工作。但是，热带疾病既猖獗，又耗费军力，使我们必须彻底检查这件事情的方方面面，我想你也会认可这种做法。

首相致空军参谋长　　1945年1月2日

1．对于我们的机场在比利时遭遇德国飞机袭击一事。把飞机分散开并不困难，尤其是大型飞机，沙袋就可将它们隔开。我们是否照这样研究过这种分散问题，但却没有采纳，这让我感到怀疑。看来更可能是我们没有对飞机的拥堵情况做出预防举措，而是任凭它发展下去。毕竟在好几个月前，这些机场中的很多就归我们所有。无疑敌人发动袭击，就是因为飞机密集。现在有没有什么办法？是让这些机场保持这种拥挤状态，还是要进行一定的分散？在我看来，等时间充沛的时候，可以把飞机分散纳入训练。我对这次事件十分不满，希望你能给我一份报告，说明我提到的几点。

2．有七百名左右的皇家空军地勤部队人员在卡费希厄投降了，这是需要你注意的另外一件事。这些人中的大部分都属于非战斗人员，虽然他们经历了几次警告，但还是被遗忘在一个孤零零的飞机场上，那儿离雅典有七英里。我想那儿有两排步兵保护着他们。看来好像陆军与空军之间缺乏联络，在这种情况下，陆军指挥部不应该让他们仍然和居民们都留在危险的地方，而应该把他们召回。我担心俘虏们遭受极为严重的痛苦，因此一定要请亚历山大元帅彻底调查一下这件事。现在，这件事正在调查之中，不过我尤其想知道的是，这些人中有多少人是有步枪的，他们受到步枪射击训练的程度是什么？当我们同时在一个前进观察哨时，元帅听一个空军士兵说，他们每年可供训练的子弹只有五颗。每一个穿皇家制服的人，不管他带着的是一支手枪还是一支手提机枪，都应该是能战斗的人，我再次强调是每一个。

首相致生产大臣　　1945年1月8日

对欧洲的供给和救济

在我看来，关于对欧洲的供给和资助方面，我们还未足够重视当前海运方面的困难。

解放区域供应委员会应早日提出一份报告，并将以下各项包括在内，请你对此做出安排。每个项目下提出的海运要求，需给予特别关注。

一、他们现在提出的粮食和原料的供给。

二、如果该委员会对比利时的粮食需求提供了某种建议，那么各方对它普遍供应情况有什么反应。

三、如果荷兰的堤坝被炸毁进入了海水，荷兰人可能会提什么要求。

四、如果按照三百克的定量口粮计算，意大利以及巴尔干诸国会提什么要求。

五、为让比利时人和法国人自己去做进口，尤其是从他们的殖民地运输，要把船只移交给他们。

六、联合国善后救济总署提出的办法。

七、在不与英国的进口计划发生冲突的情况下，能否实现第（1）至（6）项?

八、如果把原则性的问题都留在华盛顿探讨，而把关于欧洲经济问题的详细类目放在伦敦解决。是不是就不会延误?

你应该就今后六个月的情况制定详细的方案，并就所需的吨位以及获取这个吨位的办法做出说明。

首相致伊斯梅将军和爱德华·布瑞奇斯爵士 1945年1月14日

1．下面这件事一直让我费心。去年9月，我们还没去魁北克开会的时候，就对对德战争的结束表现出极大的乐观，参谋部的意见是战争会在1944年圣诞节之前结束，我们都记录了下来。于是各部也都多次改变了计划，并且美国也做出了相同的行动，其规模要大得多。

2．但是现在的情况却有所改变。在我看来，为慎重起见，我们应该把计划中也许会到来的结束日期设置为1945年10月1日。你是否确定，你已向所有的军事部门以及其他所有相关部门恰当反映了军事形势的变化，而无需我再采取特殊的举措。从当前的预测来看，整个夏天陆地上都会有异常激烈的战争，德国潜艇会自2月或3月起再次活动猖獗，而他们的空军也会恢复挑战，因为德国在喷气式飞机方面处于领先地位，战斗机的数量也大幅度增长。

3．对于对德战争结束的预计日期，你与参谋长委员会商量后，如要采取哪些必要的措施，请告诉我。如果需要，我们可以召开一个参谋会议和一个战时内阁会议。不管怎样，我们不能让人钻空子。基于新的形势，我想大部分部门已经改变了他们的观念。他们实际上总是不愿削减，这件事反倒成了好事。上次，官方将1944年12月31日规定为对德战争的结束日期。之后我们设定过新的日期吗？如果没有，现在我们是不是就肯定不能设定了？那么该如何通知各部门呢？

首相致伊斯梅将军转参谋长委员会　　1945年1月14日

1．由于到达莱茵河之前的大战马上就要爆发，于是出现了一个问题：我们能不能把莱茵河上的永久性桥梁捣毁。在空军不能的前提下，漂浮水雷行吗？这种水雷帮我们在战争初期获得了很多成绩，不过当时是以摧毁莱茵河上的交通为主要目标的。只要德国的重要部队还在莱河西部作战，我们非常重要的一个目标就是摧毁莱茵河上的永久性桥梁。由于德国人一旦被迫过河之后，他们自己肯定会摧毁那些桥梁，因此把它们摧毁也不会对我们渡过那条河之后的局面带来影响。目前，所有那种类型的漂浮水雷很可能都不够大，不起作用，但是我们可以思考一下让我们花费了很多精力的那个原理。空军也许愿意提供帮助。不管怎样，德国人全部的浮桥数量肯定不少，对于摧毁浮桥，漂浮水雷是非常有效的。

2．尽快把这件事情细节上的研讨工作交给相关单位，千万不要耽搁。

研究与发展的优先权

首相通令

1945年1月15日

就战争的当前阶段来说，任何研究和发展计划但凡可能要在1946年年末之前应用于作战，必须享有最高的优先权。

研究人员和制图人员数量不足，工业上，鉴于为给向和平时期转变的生产和民用航空的发展做准备，这种人才也受需求。

所以，现在手中只要是军用的研究和发展计划，都必须以假设现行的德国战争的结束以及日本战争的持续为标准，立刻重新审查。如果有些计划不能大范围地应用于1946年下半年的战役中，为了尽量将力量集中到其他部分，并可以为民用生产上拨出一些人力，就应该延缓速度或是暂停放弃。

对于他们现在改进中的实际工作，各部门也必须重新审核，尤其要关注即将过时的武器和装备（包括飞机在内）的改进工作，这样一来，除了对作战或确保生命有重大关系的人之外，其余所有的都可以忽略。

首相致伊斯梅将军　　1945年1月19日

1．有大批固定的高射炮放置不用，我们应该做好安排，使它们在原地得到管理和保养。炮台设置得很辛苦，我不同意将他们拆掉。除留少数人保持看守外，剩余人员可以调动，如果不这样做，我敢肯定，几个月后我们会发现，我国西部和北部的防御设施必定会彻底拆除，假如局势发生变化，我们几乎要从头来过。我们现在就是人手不够。

2．对于“低级步兵旅”的称呼，我是不赞同的。你们千万不能再用这样的称谓。如果需要区别，就把他们称为“后备旅”。

首相致农业部　　1945年1月22日

由于在传统上，我们一直以马铃薯为主食，因此我非常重视它缺乏的问题。

我想知道这种东西为什么缺乏，现在采取了哪些补救措施，到什么时候情况会有所好转？既然农业大臣远在美国，农业部应该给我一份简短的报告，不得超过一页。

首相致伊斯梅将军　　1945年1月25日

请你将我们的情报机关在以前所作两个不同日期的预测（有关德国战略和抵抗意志），还有现在的预测，各自做一个不超过十五行的提要交给我。这些提要待我找机会读了之后，才能传阅。对于我们正在比较军官们几个月以前所说的话与现在所说的话一事，不要让他们知道，不然这只会让他们难过。

2月

首相致雅各布少将　　1945年2月6日

似乎这全部都是形而上学的琐碎之谈。在对德战争期间，我国要有两千六百万吨的输送量，无论发生什么事，这个数字是不能减少的。另外，我国的现存货数量目前已受批准，它们不能受侵占，甚至是被降低。如有缺少，应派摊为运营损耗。如果有谁侵犯了我国重要的必需品的输入，应该被看成各政府之间极力争取的最为重要的问题。请向我说明，这会对你的形而上学造成什么影响。

首相致外交大臣，第一海务大臣及伊斯梅将军　　1945年2月6日

我听地中海司令官说，希腊海军的工资即将削减百分之九十七，也就是从每周五镑减成三先令。如果将此事或是与此相似的事，作为希腊最需要和最适当的经济方面的办法之一，真正实施，会为当前带来灾难性的后果，不管怎样都不能随意实施。有一个办法是由我们在三个月到六个月之间来出这笔差额。我相信地中海司令官是非常重视希腊舰船的。

首相致霍利斯将军　　1945年2月20日

1．我们很少从报纸上看到不列颠部队的工作情况，而英格兰部队的工作甚至从来没有人看到并谈论。我想知道自战争以来，英格兰人伤亡的最为详细的数字，平民伤亡也要包括在内，请向我做出报告。我想他们起码是联合王国和英帝国剩余部分总和的两倍，或许是三倍。我要想想还有什么补救措施。不要受我所提出的问题的约束，你还可以举些例子加以阐释。

2．另一种计算方式是以伦敦人的伤亡为标准。包括军人和平民在内的伦敦公民所受的损失，要比整个不列颠帝国，或联合王国的剩余部分，或整个不列颠帝国再加上联合王国的剩余部分还要多，是否可以这么说？我自己会判断是否要利用这些事实，或是如何利用。但是我想知道到底是怎么回事。

首相致财政大臣和爱德华·布瑞奇斯爵士　　　　1945年2月23日

1．我对这种花销很大，而大部分由没有必要的调查（轰炸机联合攻势的效果）是反对的。当前，三军部门必然要为大规模扩充后的许多新人员安排新的工作，因为他们遭受了很大的压力。我希望，财政部能最先处理诸如此类的要求。在我看来，你们提出的所有做法毫无道理。我想毫无顾虑地说一句，这个特别的组织所总结的教训，不会有益于对日轰炸的。除非是美国想以此作为消耗财力的方式之一，才会热衷于这种调查，而我国财力不雄厚，因而不该效仿。不过，凭借盟国的关系，他们可能会告诉我们调查到的结果。

2．我本人打算在这件事情上争取到底。在我看来，财政部应该最先顶住，财政大臣则应该对这样的计划予以反对。

人力问题

首相兼国防大臣的指令

1945年2月26日

1．显然，我们现在准备做的事情已经超出了我们资源能力所能承受的范围，而且为了起到一定的缓和效果，我们还需要修改制定计划时所依据的优先次序。只有我们的民用经济在相当大程度上得到充实以后，才能维持我们战斗上的努力。我们尤其需要制定一个标准——1945年上半年向贸易部输送的劳动力，总共需增加的人数约为二十七万五千。

2．在人力分配上，应该以下列原则为导向：

（1）为尽快战胜德国所需的东西，当然应该享有第一优先权。特别是要将在欧洲陆军的第一线实力保持住，并且像炮弹一类的重要必须品必须满足供应。但是到了1945年下半年，我们同意我国空军实力在欧洲方面的初步削减。如果在1945年年底前，不能制造完成供欧洲战区使用而设计的飞机或是其他作战物资，就千万不要再在这上边耗费人力。

（2）除了（1）项之外，必须为满足适度发展民用生产事业的基本需求用尽全力。

（3）我不提倡更改最后要对日本部署的全面武装力量，不过包括后备部队在内的武力聚集与配备，可以延缓一些。我们可以根据这条总的原则来重新审视军火生产计划。

（4）如果现有的装备类型过时，但适用于对日作战，那么我们应该确保不在大量制造新式的和改良的装备上耗费人力。应该认真检查初期装备的标准，假设的消耗率以及预备补给品的级别等。对于不是非常重要的装备项目，就清除出去。提供过于完善的供应是奢侈的，以我们的能力还达不到。

（5）这个指令的意思并不是说，当某种专门装备缺乏时，要制造的新装备就可以忽视良好的品质，也不是说现成可用的设备虽然过时，但有一定库存，就无需制造一些改进型号的装备。但是，这只是针对有特别重要性的项目。

3．请大臣级的人力委员以该指令的精神为依据，重新审查人力上的情况，如有需要，请与参谋长委员会和战时联合生产参谋部一同协商。

3 月

首相致军事运输大臣及参谋长委员会 1945年3月2日

既然雅尔塔会议已经开过，我们务必立刻对怎样解决即将出现的我国船运严重缺乏的问题作出决定。

千万不能削减进口的计划，其他方面可能要实施节俭，但是似乎地中海和印度洋方面的军事航运应作为削减的主要目标。三军大臣提议，以后四个月内驶向这些战区的次数为每月一百二十二次，而在我看来，每月最高为八十次。

这样对我们的通常航运情况会造成什么样的延缓作用，请你尽快让我知道。与此同时，它会对我们的军事计划造成什么影响。

首相致外交大臣 1945年3月5日

1．我专心并尽量使波兰人自己当家作主，并使在我们军队中服役的波兰军人愿意返回自己的国家。如果这一点无法做到，那么我们必须在不列颠帝国安置波兰军人，这些人勇敢而有价值，要接纳他们不难。首先，他们可以用来驻守德国，正好也为我们减轻军事负担，这是毫无疑问的。

2．虽然总有若干波兰人不愿回到波兰的原因是对俄国深恶痛绝，但如果我们的劝说工作做得到位的话，这些人的数量会减少的。即便这些人用荒谬无稽的眼光看待回到波兰后的生活我们也应该赋予他们加入英国国籍的机会。

首相致财政大臣及爱德华·布瑞奇斯爵士　　1945年3月5日

我要让相关的三军大臣先于财政部商量（英国轰炸研究团）这件事，并且这个计划要像和平时期那样，先由财政部通体审查，等它们对这项开支做出充分而有效的保证之后，我们再向内阁提出，我会尽快通知他们。这个计划如此庞大，最重要的是要确切计算出它所需的费用，与此同时也要对它为恢复民间生活的其他方面带来的伤害做出评估。

首相致飞机生产大臣　　1945年3月5日

莫尔文学校的校舍在战争初始时期，曾被海军部征用。据我所知，后来又交于飞机生产部以供研究之用。因此莫尔文学校的学生得到哈罗公学的庇佑。当时，哈罗由于伦敦空袭，一个学生都没有，但是现在，越来越多的学生都希望报考哈罗，如果莫尔文的学生继续待在那里，他们就会没有容身之地。两校的理事们都急切希望终止目前的局面。为了让莫尔文迁回旧地，你部是否有可能不再使用该校舍？我很想知道你的意见。

首相致伊斯梅将军转参谋长委员会　　1945年3月7日

1．我记得驻意大利的波兰师装备的是英国的配备。这种东西难道现在就没有了？现在不管怎样，我们都要给予这两支额外的波兰部队最好的装备，因为我们可以毫不犹豫地把它们称为后备队。

2．应该为配备的规模保留很大的灵活性。我们不应因循守旧，一成不变地对待某些军队编制，因为它们虽然不一定能阻挡战火的冲击，但到了战争快要结束的时候，它们也是有价值而有必要的。在占领德国的时候利用这些波兰军队，有助于我们减轻人力上的负担，等德国溃败之后，这对我们是十分重要的。因此，为全面备战所准备的配备和运输工具等，则是他们不需要的。

首相致粮食大臣及军事运输大臣 1945年3月9日

附件是我收到的来自农业大臣关于增加生猪和蛋品的建议。既然小麦比几乎所有的粮食产品都多，那么这些建议不能被看作是不合乎实际的，反而它们有很大的好处。

你们关于此事有什么一致意见，请向我提出。

首相致财政大臣 1945年3月9日

我希望就我想到的以下若干问题，听听你们的看法。

1．首先是关于儿童的补助金。这笔钱当然应免交所得税，并被看作儿童财产，是吗？这么做是不是减少了很多麻烦？需要多少数额的开销？

2．今天我看到，《泰晤士报》上刊登了一则议案，即大臣们有权减少或停发男性军人和女性军人家属所领取的补助金。考虑到我们还有鼓励生育和为儿童加强营养的意愿，那类人为什么不能享受附加的恩惠，这我想不通。事实上，在我看来，这种决定会令人产生一种偏见，我们每年仍然要支付出巨额资金，而人们对该举措的好感会大打折扣……

首相致外交大臣 1945年3月9日

1．现在，我们完全可以按照中东英军的待遇来支付新的希腊陆军和海军，但是他们的酬薪必须与希腊国内的情况相符。

2．但是，令我担忧的是，他们的海军做出过杰出的成绩，他们的陆军人数虽然不多，却是未来新的希腊陆军的核心力量，他们的薪金突然大幅度减少是否合适。可不可以先通知他们一下，让他们知道六个月后他们将与希腊的工资标准一致？在现在这个时候，让他们的心情变差是非常不好的，尤其是我们特别想让我们的军队撤离的时候。我想这个关乎于得失的数目应该不太多。我们可不可以在日后的六个月中，把我们与所期望标准之间的差价付给他们？这要多少开销？

首相致劳工大臣　　1945年3月10日

1．我对你的（关于劳动管制及从武装部队中解除服役的人员）意见书表示感谢。说真的，我不知道在德国战败之后，还要使用全权统制的方式。比方说一个作家，一个剧作家，或一个艺术家，本来是刚从陆军甲类服役人员解除出来的，虽然他的研究成果并没有产生直接作用，但是从理论上来说，你是否有命令他脱离自己的专业到煤坑里去工作的权力？你是否有派一个属于上一类，而本身并不是真正的农民，现在正看管自己耕地的人到钢铁厂去的权力？有一个在国外参战四年的士兵或军官，现在说要休息一年过自己闲暇的日子，但不用政府支付生活费用，你有让他们到石矿上去的权力吗？

2．我认为，政府只有在关乎存亡的时候，才能使用这些令人畏惧的、绝对性的权力。以前，通过与你简短的谈话，我对这些事情一惯的想法是，甲类人员和那些服役期满而解除军队兵役的人，可以自由选择职业。但是，核心人员但未满服役期限想先解除兵役的人，肯定要服从分配，到指定的工业部门工作。

3．你所说的“一种最紧急的基本性工作”，不知指的是哪种工作。我们不能够强行让一个人去承担高难度的任务，譬如你可以强行让一个人去打扫实验室，却不能强行让他成为科学家。而打扫的工作肯定不是所说的“无法找到合适人选的、最紧急的基本性工作”。显然，如果一个医生不愿意，你不能强行让他去看病，但是你可能会利用职权让他去种蔬菜吗？你是否允许一个服役期满的吉卜赛人回到自己的吉卜赛篷车去？你是否批准一个退伍军人去当他想当的作家，而他曾经骁勇善战获得了无数勋章？你是否会不顾人的志愿，将一个已经在自己的专长上从事很长时间工作的人，调到一种基本工业中去？如果不，那么在你看来哪些种类的职业才与这个目标相匹配？对德战争结束后，贝文青年的境况会怎样？如果其中有人想上大学或参加对日作战，你也会强迫他们去煤坑里吗？

4．在战争时期，那些出于不得已而勉强还清当兵债务的人被要求担任高级职务，要增加这方面的例子不难。如果强迫他们承担不一般的体力劳动，只是把那些需要工作的人挤走罢了。照我的原则看，这些极为妨碍个人自由的事只能在危难存亡的时候才能做。

5．在我看来，对德战争结束之后，对全国男女全面统制的权力不能保持太长时间。我不知道这种有深远影响的原则性的决定还曾受到内阁的赞同。正在进行中的事情有很多，我也有很多事情要处理，但是我必然提倡对这件事进行探讨或再次审查。

6．我敢说，以上这些话都是以原则和理论为导向的。事实上，我确信你作为劳工大臣，绝对不会允许这类难题发生。除了国家遭遇紧急情况之外，一个英国人应该坚持被认作为一个自由人。

首相致生产大臣　　1945年3月10日

我已收到你2月19日关于青霉素的备忘录，感谢。我为我们终于能在这里实现大批生产而感到高兴。但是我又难免感到担心，因为我听说我国生产青霉素的质量没有美国制造的好。我们千万不能为了数量而忽视质量，如果真有此事，我相信很快就会改善的。除了供应军用之外，等到产量有明显富余的时候，如何为民用提供更多供应，请你务必给我一份报告说明这方面的计划。

首相致枢密院长　　1945年3月10日

仅用于雅尔塔会议的词语“托管制度”，所适用的土地仅限于“领土代管”讨论范围内。因为托管所依靠的权力机关，过去的国联已经不在了，所以这是有必要的。以后再有任何安排，都超出了它所管辖的范围。虽然我们确实是对托管制度的维护没有限制，但是除了我们自己自愿提出之外，把非托管的英国属地交给任何形式的领土代管的问题是不会出现的。对于背离这项原则的做法，我本人是不支持的，但是诸如像英国、法国、荷兰、比利时等这些拥有很多殖民地的国家，很可能会受到像美国、俄国和中国这些没有殖民地的国家的督促，而赞同这种做法。

首相致海军大臣　　1945年3月10日

我听你们的文职大臣（在海军预算）的争论中说，扩建我们造船厂的大好机会，正是在战争进行时等，令我感到十分惊讶。你们务必意识到，现在的任务一直由皇家海军所承担，战后，空军则会接管很大一部分。不管怎样，我们所做的任何决定都不能使战后政策受影响，除了遭受和平时期财政部审查的一般限制（这种制度如果存在的话）以外。请你给我一份报告，说明当前扩建皇家造船厂的方针和计划，以及估算的费用。

首相致财政大臣、贸易大臣及农业大臣　　1945年3月14日

我听说，关于政府给予妇女耕作军战士津贴的决定，引起人们的不满。如果能做出一个不会引起普遍反感或引发重大损失的计划，那我们就应该智慧而公平地予以采纳。下面是我收到的一个计划，我希望你能予以审查，并让我知道它是否与上述原则相一致。

由于考虑到妇女们置装所需的特种工业补助远远不及她们所放弃的配给券多，因此，对于提倡妇女在离开耕作军时应该领取一份附加配给券，还有一份相同数量的补助金的建议，请你们尽快审查。我没有任何意见。

首相致陆军大臣　　1945年3月18日

帝国总参谋长3月10日的总结报告中，记录了截至目前为止欧战中的伤亡人数，对此我一直在研究。

据我所知，在2月份，美军的伤亡人数是我们的两倍半，但在发起进攻当天，双方的数字大概相当。按照平均兵力数量计算，从6月6日到（来年）2月，美军遭受伤亡损失者约为英军与加拿大军的两倍。

从D日起，美国损失人数为七万一千而我们损失的为三万三千，比例为二又八分之一比一。因此，我们两个盟国之间兵力与死亡的比例相差无几，但是美军方面的损失要稍微严重一些。

来自美军的报告称，美军死亡与受伤的人数比例为一比四又四分之一。至于英国或加拿大士兵死亡与受伤人数比例则为一比三又四分之一；虽然在北欧的差距明显没有那么大——三点五比三点一，但是美军在意大利受伤与死亡人数之间的比例仍然高于英军。我们很难阐明两者之间的不同，除了我们假设为美国士兵受伤后没英国士兵容易死亡，或许问题出在“受伤”这个词的含义上，因为两国

军队遭遇的危险和面对的武器是没有差别的。陆军部对这一点作何解释，请让我知道。

首相致伊斯梅将军转参谋长委员会、空军大臣和空军参谋长

1945年3月18日

这份责备我们的材料来自于荷兰外交大臣，其中从两方面暗指了空军部和皇家空军。第一，指出我们为干扰火箭做出了无用的努力。第二是瞄准方面很差劲，于是为荷兰人带来屠杀。我们必须详细解释这件事。对于我们是如何高度精准轰炸荷兰境内迹象可疑的德国秘密警察的房屋和其他专门目标，我们收到过很多报告。但是这篇材料却明确指出保存火箭的树林还有铁路线，如果铁路线被阻断，火箭的供应就会减少。我们早就该从空军情报处得知这所有的目标。只在这个不幸的城市（海牙）上空随便投射弹药，却不去对这些地点进行精准而经常的袭击，不但不会对火箭发射场产生丁点效果，而且为无辜人民的生命以及友好人民的情绪带来损伤。

首相致财政大臣

1945年3月18日

得知外交部的工资又上涨了六十六万六千八百九十三镑，是什么原因造成上涨数额如此之大？此事是怎样与财政部协商的？对于这件事，你的官员们是否做过细致的探讨，还是只凭借战时的权力就这么做了？

现在欧洲战争的高潮已经过去，应该恢复财政方面的有效控制。

首相致内政大臣

1945年3月18日

我不知道现在你为什么不发放你们的传单，你应该与新闻大臣就海峡群岛广播的一些专门文章进行商讨。我不相信这个题目会有放到我的广播里去的可能性。这些广播不应像目录那样，只是作一系列迎合人的通告，而是应该作出全面的思考。我已经有十五个月没有向全国广播了。

首相致总督导员 1945年3月18日

约在1888年，寇松、布罗德瑞克及沃尔默都因丧父所提交的免上贵族院的申请或议案，请为我查询一下。

儿子的政治生涯因为父亲的死亡而趋于完结，这是多么可怕的事情，但凡是从时间上赶不上提升到下议院的人当中，必定有很多人有相同的遭遇。

首相致威尔逊元帅 1945年3月19日

我希望你能借着私人交谈的机会让马歇尔将军获悉这些话：首相认为，如果我们有能力救助但却坐观驻印度支那的法国军队因军火不足被日本人打得七零八散，那我们会在历史上留下很差的评价。因此，他希望我们能在这样紧急的时刻，全部能不受细节拘束。你应该代我问候他一下。

首相致艾仕顿先生 1945年3月19日

我看到中英总部或当地领袖们在报纸上发出的通告，凡年龄超过七十的恶人，不得成为应届选举中的候选人。当然，我也想尽快知道，我是否也适用于这样的限制。

首相致海军大臣及第一海务大臣 1945年3月25日

据我所知，已经有人发出呼吁。（甲）应尽快装备好已送回的拖网渔船；（乙）送回更多的拖网渔船，尤其是高级的。你们打算怎么处理，请让我得知。如果你们不知道怎么办，我们就必须向内阁提出。

首相致诺曼·布鲁克先生 1945年3月27日

星期三晚上十点计划举行房屋供应小组会议。

我要特别提及的是打败德国后头一年内，涉及解除军队兵役的，建筑房屋的专门单位里让出来的，以及军火工厂等单位解雇人员的劳动力供应问题。我不能赞同的是，在打败德国后的头一年内设最高额为八十万，平均数为五十万。我打算等德国有组织的反抗停止后，对陆军中解除兵役义务这个问题做一次全面的研究。只要是没有依据顺序回来的人，必然要归入指定的类别里。我还在思考，怎样组织特殊的流动单位，为进行基地预备或平房建筑制定一个两三年的合约。当然，这方面的人员主要从陆军工兵中出。

地方当局有什么意见，我们必须弄明白。当紧张状态仍旧没有褪去的时候，占大部分优势的必须是全国政府的权力。

首相致空军大臣　　1945年3月28日

你们说皇家空军击败了“V”武器的袭击是没有道理的。皇家空军虽然参加了作战，但是据我所知，他们很明显没有高射炮部队付出的努力多，更赶不上陆军在清除加莱海峡省的所有“V”武器发射设施时所获得的成就。要不是这样，就算我们的空军全部出动，敌人的飞弹也很快就会对我们再次发动毁灭性的袭击。

直至今日，皇家空军都无法也没有能力去应对Ｖ2武器。

在我看来，在与“V”武器对抗上，夸大自己的成就从而使大不列颠的荣耀受到损失，是件很可惜的事情。这只会招致广大民众的嘲笑罢了。

首相致财政大臣　　1945年3月29日

基于我们在大陆上的进展，我们修改雅尔塔会议制定的欧战结束日期是有道理的。我已经与参谋长委员会讨论过这件事，他们请求用一定时间来思考这个问题。两周之后，我们无疑能了解得更多一些，但是，我们为了进行必要的研究，而不能延误一天。因此现在，你们的人力委员会应该假设欧战结束日期最晚为5月31日，然后再制订计划，但别忘了，我们如果在德国遭受料想不到的困难，我们也许依然要以雅尔塔的日期为标准。当然，德国也有提前溃败的可能。

罗斯福总统致斯大林元帅　　1945年3月29日

说真的，自从雅尔塔会议显现成效以来，我一直用关怀的心情来观察与我们有共同关系的事情的进展。我们在那里达成的一些决议都是很不错的决议，而且世界各国人民对其中的大多数都是热情接受的。他们所看到的一个安全与和平世界的最高保障，就是你能找到一个相互理解的共同基础。这些决议的现实情况也正受到最紧密的关注，因为它们引发了希冀与期待。我们有权让他们抱以希望。截至目前，我们在会议中达成的政治决议在实施上还缺少令人振作的进展，也违背了世界的期许，尤其是关于波兰问题的那些决议。为什么会产生这种情况，实在让我惊奇。贵国政府为何会有这样明显冷漠的态度？我必须告诉你，我在很多方面都不大清楚。既然我们在雅尔塔已经增进了双方的了解，我确信我们三人能够，也必然要清除掉会议结束后出现的任何阻碍。因此，在这份电报中，我要毫无保留地把我所发现的问题交给你思考。

尽管我心里想着的主要是波兰谈判中遇到的困难，然而我们在“有关被解放的欧洲的宣言”中所出现的协议也必须要简单提及一下。我真的不知道，为何近期罗马尼亚的局势进展被认作超出了该项协议的范围。我希望你有空时能亲自查看一下我们两国政府关于这个问题的电函往来。

毕竟，我们在雅尔塔达成的所有决议中，波兰问题的那部分是最容易引起民众关注，也是目前最为紧急的部分。当然，我们所成立的委员会还未获得任何进展，这你是知道的，但是，在我看来，这是因为你们的政府对克里米亚决议的理解不同。为了溶解误会，我要提出我对该协议的几点理解，这几点与该委员会在莫斯科所遭遇的苦难密不可分。

到现在为止，贵国政府在以往各次的探讨中，提出的几乎都是，经我们的同意应该组成的全国统一的波兰临时政府似乎是当前华沙政府的延续罢了。在我看来，这违背了我们的协议或所探讨的。协议的文本中有好几处对这一点说得很清楚，就是卢布林政府的确需要改组，而且它的成员要起关键作用，但是改组之后必须产生一个新的政府。我必须让你清楚地知道，任何解决之道的结果，如果只是华沙现政府在一层薄膜掩护下的延续，我是不能同意的，而且这会使美国人民认为雅尔塔协议没有成功。同样清楚的事情是，根据同一个理由，该委员会邀请波兰人到莫斯科去协商，遵照协议，华沙政府无权发出选择或是反对的主张。先让该委员会负责选择波兰领袖到莫斯科去协商，然后再发出邀请，这样难道我们要反对吗？如果办到这些，那么我就不会坚决反对让卢布林集团先去，使他们能充分掌握雅尔塔决议在这一点上双方达成一致的理解。委员会还能先选出少数有代表性的波兰领袖，由他们来提出可供委员会考虑的其他人选。对于莫洛托夫先生可能提出来的任何可协商的候选人，我们从未也不会反对或否决，因为我们深信，任何人对克里米亚决议的目的持不友好态度，他都不会提及。我想提一个不算过分的要求，就是希望对我的大使给予相同的信任。事情显而易见，如果委员的权利受到限制或要与华沙政府分享才能对这些波兰人做出选择，那么就等于破坏了协议的基础。

以上涉及到的是一些直接的阻碍，我认为，这些事情对委员会在这件大事上获得发展带来阻碍。不过，除此之外，还有两点建议，它们以前虽不属于协议范围之内，但却对我们所追求的结果十分关键。到目前为止，贵国政府仍然在抗拒这两点建议。我指的是：

一、波兰的政治应该高度稳定，政见有分歧的团体，应该停止所有相互攻击的行为。我认为最为合理的是，为达成这个目的，我们要各自利用我们的影响力。

二、十分自然的一件事情是，由于他们在协议中所享有的责任，委员会中英、美两国成员的代表要访问波兰，应该得到批准。

我希望你能够理解，公平而迅速地解决这个波兰问题，关乎到我们国际协作计划发展的成败。当我们在克里米亚力争达成协议时，我为各种有碍于盟国团结的困难和危险感到无比担忧。现今我们若不解决波兰问题，那么我们必将面临更加严重的困难与危机。我相信你清楚，在美国，政府的任何政策要想实施，不管是在内部还是外部，都要得到人民真正的认可。美国人民一旦坚定决心，政府的任何行动都要坚持下去。由于我没在你的来电中看到一句提及莫洛托夫出席旧金山会议一事，因此指出这个事实。我不清楚你是否高度重视了这一点？

首相致财政大臣　　1945年3月30日

你的（附加政府各部门新闻发布委员会报告）备忘录，让我深感担忧。如果这件事涉及到内阁，我很可能会倡导所有消息发布机构，一律减少百分之二十五的经费，我还提倡成立一个部长级的委员会为各部分担它们的责任。与此同时，你可能会让我知道，大战前一年中发布消息的工作经费是多少，今年准备提出多少，去年一年中实际报销了多少。

我在帮忙调度支出上，总是全力以赴，你认为我有失望的感想，是很正确的。

首相致海军大臣和第一海务大臣　　　　　　　　　　1945年3月30日

1．我之所以要求必须在4月期间，为百分之十的高级拖网船解除兵役，5月期间再解除百分之十，是因为西线的进展以及船只受德国潜艇袭击真正遭受的损失，远远没有海军部所预计的损失那么多。以后看战事情况如何，我们再讨论关于6月解除的数字。我相信，我不须把这件事作为机密向内阁提出，你就能根据这个指示办事。对于军事和全国人民来说，英国的食品供应同样重要。

2．我想从你们那儿得知，如果将这些船只上的炮保存下来，否都能出海捕鱼，如果为了运输需要改装，每只船预计要用多长时间。当我提出尽快改装已解除兵役的那批较旧的拖网船的时候，我发现其中的大部分已经破旧到不适用于港口之间的来往，因此，这件事对你们没多大损失。

4 月

首相致自治领事务大臣　　　　　　　　　　　　　1945年4月3日

（把副本转交外交大臣）

1．自雅尔塔会议之后，关于俄国人对波兰的态度，你我二人都下定决心，用最可能坚定的立场来看待。如何做到最具成效是仅存的问题。显而易见，我们和美国对于已经采取的方式——极力促使俄国派遣最有效的代表团到旧金山去——是无法更改的。对于总统和我完全相同的意见，俄国持何种态度？我们不管怎样都必须根据它带有严肃措辞的电报来判断。等我们收到答复之后，再做决定。

2．如果俄国完全是用敌对的态度来答复的，我想大概他们宁愿与卢布林波兰人站在一起斗争到底，也不会到旧金山去。那么问题又出来了，旧金山会议还开不开。我们还不知道结果，但是，安东尼和我设想了一下这件事，都认为如果俄国人执意为这个世界会议的召开进行阻碍，这会大大打击我们的事业和威信，还有一个自由波兰的事业。俄国人认为，世界性的行动缺少了他们就会停滞。虽然我从未对这个会议热衷过，但到那时，我倒要变得非常热衷于它。这样就相当于其他的全部友好世界方面自愿示弱，这比当前不利于开会的条件要好得多。如果俄国拒绝，我相信我们只有给它摆事实，文明世界对它既无须畏惧也无须依靠，而且对于文明世界的组织来说，会议缺了它照样开。它爱来不来。如果它执意不理睬我们，我们必定要适当地改变。

3．如果我们放弃绘制以英、美两国为首的联合国全体会员国大会的蓝图，是由于斯大林和莫洛托夫的傲慢态度导致的，那该给人们造成多么不好的印象啊。相反，所有加入联合国的其余国家都参加英美两国举行的会议，而唯独缺少俄国，这也是对俄国的很大指责。不仅这样，此时英美的军事力量比俄国的大，而且除俄国本国以及它所征服的卫星国之外，几乎覆盖全世界。毋庸置疑，哪一方才是人类的希望。

4．因此，事情的发展即便像我在这里所说的这么不幸，毫无疑问，我认为会议仍然要举办。Les absens onttoujourstort（缺席的人总是不对的）。只有这件东西能更清楚说明，苏联是在何种情形下缺席会议的，因此，在我看来，这条道路最富有战术意义，也是全世界人民大众在英语国家的军队和其他各种力量的带领下，应该走的合乎情理与道德的路。

5．我的行动取决于我为你提供的这些理由，不管以后出现什么结果，请你务必仔细思考它们是否能以最有效的方式实现你的目标。还要请你永远别忘了，在各种有差别的大问题上，我们所走的路要与美国愿意走的路相一致。不管怎样，我们得等待：（1）关于我们给斯大林的照会，俄国人有何答复；（2）弄清楚俄国人是不是拒绝参加旧金山会议；（3）弄清楚美国人在此情形下，是否会坚持。如果他们能够坚持，我们一定尽力支持他们。

6．我在漫长的一天结束时，为你提供这些理由，而你却说你“只相信你自己的本能”。

首相致主计大臣、雅各布将军和机要室　　1945年4月3日

这些文件（关于法国北部火箭发射场）我还没来得及查阅，但是我深知我们获救的主要原因是陆军在扫荡海岸地区中所获得的成就。其次是高射炮队，空军可以和他们共享荣誉。但是，包括加拿大军队在内的蒙哥马利元帅的部队，在扫

荡海岸地区方面立下了唯一具有决定作用的功勋，如果将这一点忘记，我们真想象不出比这更愚蠢的事了。

首相致海军大臣和第一海务大臣　　1945年4月3日

继上次我关于为拖网船解除兵役的备忘录之后，你现在可能要知道的是，我指出的要削减百分之十的那个总数，约等于四百二十五艘被征用的内海英国拖网船。这些船只是最优秀的渔船。在此期间，我要在4月征收四十二艘，但是，除了战局有变，否则5月我要百分之二十，6月的我们再做考虑。我希望海军部令这些船只尽快移交过来，并检查一下它们能否用于捕鱼，以为国民做贡献。这对海军部来说，是充分发扬海军的机动精神。你或许不知道，1938年，“英国人捕获的鲑鳕科鱼类”为七十五万吨，而1944年仅有二十四万吨。

首相致农业大臣、粮食大臣和军事运输大臣　　1945年4月3日

你们针对增加国产猪肉和蛋品的备忘录。

1．对德战争的进展能决定所有事情。我曾经按照推测把我们的奋斗目标定为1945年5月底的一个日期，但是对德战争也许会提前结束。不管怎样，我们到4月底之前，能更有把握并且观察得更清楚。我们没有理由不让人以4月30日作为战争结束日期，去计划并分配运输任务，但是为了参谋部可以考虑是否过于冒险，让我看一看详细的计划。这是一件好事。

2．请你们一定要坚持蛋品计划，以及为1946年春季充足的生产所需的小鸡。

3．千万不能减少制威士忌（酒）所用大麦的产量。这种酒既是出口的珍品，又能换来美元外汇，要存放好几年才行。想到出口方面的其他各种困难，如果这种宝贵的英国特产不能保留，那见识真是太浅陋了。

4．军事运输大臣不能因背负军事要求的重担而使自己头昏目眩，应该拿出勇气来。得到最低限度的食品供应是全国人民的权利。如果在4月末之前，突然承担的许多运输任务是由德国投降带来的，这难道不是太冒风险了吗？

5．当然，应该请财政部批准按照以上假设，从普拉特河国家购买二十万吨谷物。这需要多少开销？

6．希望你们按照我给你们的有思考价值的指示，一同协商并做出更大胆的决定，我会全力予以支持。修订完的文件请先让我过目，然后再分发给内阁。

首相致爱德华·布瑞奇斯爵士　　1945年4月4日

在某次内阁会议上，我们与海军部协商为加拿大和澳大利亚两个地方移交战舰的事情。那次会议，我们邀请来自治领的部长，接着，我们当场在会议桌上把所有战舰毫无条件地送给了他们。海军部首先应该建议，不要提出经济上的条件。就单说金钱，我们欠加拿大的已经太多，况且，我们以该种态度示人的作用，要比与这两个国家就如何将军舰折价抵偿欠款而争执的做法要好得多。当前时刻，我们在采取的政策上要避免“因小失大，刻薄算计”。要么我们把这些船舰自己留下，要么就赠送给他们。如果海军部答应，现在正是时候可以用最佳友情的方式赠送给他们。真心施恩，很快就会得到回报。

向有关方面说明这件事。

首相致外交部　　1945年4月4日

我在外交部的电报上已经看到过多次“inadmissable”一词在拼写上的错误，应该注意。

首相致伊斯梅将军转参谋长委员会　　1945年4月7日

如下是我的观点（有关东南亚将来的行动）。如果需要，我必当依据诸如此类的方针，通过威尔逊元帅，与马歇尔将军就这个问题展开讨论：

“我们在上次还有这次的战争中发现，在所有事情中有一件极具危害性的事情，就是赋予某一系列的作战行动或是某一类补给品优先权，这种权利是绝对的，并且超乎一切。规定颁布之后，只要有人拥有绝对的优先权，就把他们想要的东西一点不剩地拿走供自己独自支配，对次要的优先权是否会造成损失，他们完全不予以思考。譬如说，某部门需要某一种商品五吨，因为他们拥有绝对优先权，所以就毫不犹豫地把这五吨拿走了，而其他重要而紧急的优先权者总共只需要这种商品一百一十二磅，也没有顾及他们。因为缺乏比例观念，所以造成这种常见的损害。

“在这次战争的军事交往中（大西洋两岸大多是这样），为限制前者所享有的权利，我们在指定第一优先的同时，要紧接着规定应该完成的任务。当然，只顾主要作战方面的绝对优先权而没有为兼顾其他行动所需的少量十分重要的补给品而达成协议，是我们无法认同的。如果在提出某些建议时，忽视了在规模上显然小于主要行动，但确实是被我们视作重要的其他行动，我们则会尽全力对这些建议表达愤怒并予以抗拒。因此我们希望通过合理的协商来解决这些事情。”

首相致伊斯梅将军转参谋长委员会　　1945年4月8日

关于筹划中的英国轰炸研究团的工作，我认为没有多大成效，你要把这么多资金和我们重建国家所需的这么多熟练程度高的专业人员用于这项工作，我持反对意见，对此我表示遗憾。你要求一千个人中，高级专家要占一半，对于用去这么多我国余下的力量资源，会得出什么样的结果才能与之持平，我无法想象。

我建议给你三十个专家，另外还有很多空军地勤人员分散在德国各地、也可以暂时抽调出来，加上这些人员的配合，足以帮助你发觉让你感兴趣的每一点。

首相致外交部　　1945年4月8日

假如不是哈布斯堡皇室在美国和现代化的压力下被赶出奥地利和匈牙利，而霍亨索伦皇室也在此压力下被赶出德国，这场战争是绝对可以避免的。希特勒这个怪物之所以从阴沟中爬出来，借机登上了那些无人的宝座，是因为我们制造了真空地带。这些意见无疑是不合乎形势需求的……

首相致海军大臣　　1945年4月8日

在这周之内，我一定要找个时间与你和第一海务大臣见面，但是为了便于渔民开始工作，以及使我国食品走出极为紧张的状态，我依然希望能尽快实现有关拖网船解除兵役的要求，因为这个要求并不算高。行动不得有误。

首相致贸易大臣　　　　1945年4月14日

我们绝对有必要为平民增加服装供应。我不能忍受的是，我看到的计划中指出，欧洲获胜之后民用服装会缺乏。如果真的发生这种事，贸易部的名誉会严重受损。2月26日，我的命令实施之后，可为你逐渐增加你所需要的劳动力，我相信很快就有充足的人手被分配到服装业上。

如果这样也很难保证秋天时为人们提供足够多的服装，我则非常愿意考虑调遣多达百分之二十的军装制作人员，就算延缓了军服的供应，也不在乎。

1945年的人力问题

首相兼国防大臣的命令

1945年4月14日

1．在雅尔塔会议上大家同意，为了规划生产和分配人力，应该将对德战争的结束日期假设为最早到1945年7月1日，最晚到1945年12月31日。自从会议之后的几周以来，我们没想到德国的军事形势会这么快就恶化。西线崩溃了，西部有很大一部分军队被消灭，还有事实上已经干涸的石油存储量，令敌人的局面无法挽救。现在，我们有把握能确定，到了这个夏天，有组织的对抗就会终结。因此，我主张我们现在的所有计划都应决定以5月31日为确切日期。就算战争会提前或延迟一两周结束，假如我们的工作都以这个日期为准则，我们基本上不会有什么损失。

2．在全国复员期间，财政大臣的人力委员将负责卸去他们的任务，就好像在全国动员期间，他们承担起他们的任务一样。他们应先要求三军部门就他们的机构何时能完成解除兵役的筹备工作而出示报告。最为重要的事情是，三军人员解除兵役的开始日期必须要在对德战争结束后的六周之内。

3．参谋长委员会应该就他们计划部署参加对日战争的兵力的数量向国防委员会递交报告。假定对日战争期间能够及时调派参战的有多少人，这些兵力要严格以此为依据。等到这项估算出来后，应该算出需要多少军火才能为这些兵力提供支持。另外，如果有必要，要调整在印度和远东的后勤准备工作。

4．接下来，人力委员会应制作一份平衡表，日期为1945年6月1日起至12月31日。我要求三军部门和劳工部在这段时期内，保证做出的进展比原计划要大得多，在所建议的标准上，把兵役额和军火工业降低到不得超过国家二级的标准。

5．为在5月期间，能让战时内阁看到结果，我确信以上我所例举的各环节的工作能及时完成。

首相致劳埃德·乔治少校和杰弗利·劳埃德先生 1945年4月15日

据我所知，在华盛顿的讨论中，我们曾提出思考关于对德战争结束后，放宽汽油分配的建议。在我看来，从欧洲获胜当日起，最重要的事情就是放宽居民使用汽油的界限。如果对德战争很快结束，而供应充足的话，那么恢复基本供应的日期应该为6月1日。行政上准备得怎么样，请给我一份报告。

首相致空军大臣和空军参谋长 1945年4月16日

自始至终我都不清楚，英联邦在加拿大的一切空军训练计划要这样突然取消的原因何在。有很多人为这件事感到烦恼。我们本应该保留它的中心力量。我虽然赞同你们每次发来的电报，但请给我些时间。

首相致公共工程大臣 1945年4月23日

我看到周六的报纸上有一段文字说，不能优先照顾白金汉宫的维修工程，应该像看待普通人一样看待国王和王后。我不赞成这种宣传。在我看来，这并不能代表这个忠实的国家的人民情感。

此外，我们为了全国以及公共之用才保留了皇宫。白金汉宫和圣詹姆斯宫在未来的六个月内，很可能要迎接或招待众多欧洲的杰出人物。如果时不时就对这些地方进行一定的修理，就会影响将来国际上的交往。

首相致外交部　　1945年4月23日

1．在我看来，英国那些熟悉的地名是祖祖辈辈传下来的，我们不该为了迎合当地外国人的心意而进行改变。我们应该按照当地的习惯来称呼一个没有特殊含义的地名。不过，虽然我们在君士坦丁堡后边的括号内注上一个（伊斯坦布尔）是为了迎合愚笨的人，但这个名称永远不能改变。至于安戈拉，我们很久以前就知道了安戈拉猫，把它降格称为安卡拉 ，我是坚决不能同意的。

2．顺便提一句，凡是经常遭致不幸的人都是更改他们城市名称的人。只要人破坏了传统和过去的习俗，命运是绝不会放过他们的。但凡我没有失去对这件事的发言权，我就要反对使用安卡拉这个名词，除非放在后边的括号里。如果我不出来反对，就有人在几个星期后让我们把莱格霍尔改称为里窝那，而英国广播公司就会用Paree来代替Paris。外国地名不是英国人为外国地名而称呼的，而是为了英国人的便利而称呼出来的。我要写下圣乔治日来代替这个写摘要的日子。

首相致帝国总参谋长　　1945年4月25日

俄国人致使德国人遭受的实际伤亡数字，陆军部情报司认为总共有多少？他们可不可能已经将一千万德国人杀害或是俘虏，只给我们和美国人留下少量？在我看来，大概一半是合乎情理的。

首相致纳奇布尔·休格森爵士（在布鲁塞尔）　　1945年4月26日

1．逮捕哈布斯堡王室的大公奥托，或是将众多奥国友好人士为国家君主政体尽忠的行为看成一种犯罪分子的联合，不属于英国政府的政策。我们出来积极地干预不能取决于他们的原因，我们始终抱有决心，我们的理想是不干预，但如果形势迫使我们不得不放弃理想，我们就按照以自由的、不受限制的和不记名投票为表现形式的人民的意愿来决定。说来奇怪，在英国人眼中，他们并不憎恨基于人民意愿的君主立宪的原则。

2．经过众多欧洲叛乱之后，我个人仔细研究了其中的原因。依我之见，当初如果盟国在凡尔赛的和平会议上，不以清除有长久创建历史的旧王朝当做一种进步的方式，如果他们准许霍亨索伦、维特尔斯巴赫和哈布斯堡三个王朝的子孙重返他们各自的王位，希特勒就绝不会上台。德国本可以找到一个象征点，可供军人阶层尽忠，并且一个魏玛君主国与获胜的盟国来往后，本可以保留下社会的民主基础。虽然这是我的个人意见，但是，或许你愿意就此考虑一番。

首相致爱德华·布瑞奇斯爵士　　1945年4月30日

电报、备忘录及其他文件凡由本人所写或是有本人签名而曾传阅于内阁的，大臣们有保留的权利。通常，这些文件都要打印很多份，很多大臣有这些文件的副本。除了应该遵守明确规定的公文应用规定外，这些应该看作是他们的私人物件。就拿首相来说，不仅是这些，还应增加他与各国首脑的信件往来。其余一切文件都可供相关各部的大臣们使用，虽然这些文件要存放在政府管库内，但他们随时可以查阅。

关于在辩论中使用内阁和其他文件的事情，通过枢密院顾问官的宣言而被严格禁止，这份宣言规定：凡调用内阁全体共同负责的文件的目的是辩论问题，不管使用得是否合理，都要获得王室的许可。大臣的级别处于内阁之下的，必须将他们所有的文件交还。至于未来内阁大臣要摘引联合内阁所用文件的问题，各相关党派的领袖应该去商量着解决，最后由当朝首相去向国王申请。为了大家的利益，一方使用了文件，另一方也有使用的权利，这要引起注意……

首相致陆军大臣　　1945年4月30日

1．假设欧洲获得和平的日期为5月31日，你关于伤亡的预测是多少？应该让我看看。关于占领德国需要多少人力，我还想看看你对此的简短说明，要表示出你所采用的普遍原理以及你采取行动所遵循的主张。战争还在进行之中，对于这些问题，我还未作出最终论断。

2．我碰巧想到一些办法，希望能尝试一下。第一，用装甲车、旧车等机动宪兵队来代替我们的大量占领部队。第二，编制成能进行巷战，配有喷火器和炮队的机动纵队，适合这个特别任务的迫击炮也要包含在内；第三，在停战初期，把所有正在国内训练的青年军人送过去，使他们既能继续受训，又能代替年龄较大的人；第四，如果在我们德国的占领区内能找到合适的房屋，一定要把国内一定数量的训练机构迁移过去；第五，空军的意见绝不能脱离这些情况。空军的意见无疑太过庞大，应该做出十分谨慎的审查。我欢迎你就这些问题提出任何建议。在征求多方意见之后，我准备做一份更为详细的文件。

当然，我们不是让德国人躺下来接受我们和美国的安慰，而是必须使他们能自己管理自己，照顾他们自己的将来。

首相致燃料和动力大臣　　1945年4月30日

对于从部队中解除矿工兵役义务一事，内阁于上周五做出了一些决定。这事对煤炭生产会有什么影响？如果你能给我一份报告，我将十分感谢，同时在你的报告中，还要对煤的短缺能得到多少补救一事作出说明。我们务必要保障下个冬季有充足的煤。

5 月

首相致陆军大臣　　1945年5月2日

陆军的乐队在伦敦及全国召开庆祝（欧洲获胜日）时，能做些什么事情？

首相致伊斯梅将军　　1945年5月3日

如果在军队方面有一点迹象表明，莱瑟斯勋爵已经知道减少拿有限的船只做无限的使用，我十分乐意为他写一份备忘录。由于对日战争的进一步要求与能在那里作战的战舰、部队和飞机数量完全没有关系，因此整个世界被压得喘不过气来，这是我们所面临的真正的灾难。有一种观点是没有道理的，即人人都要受罪而军事部门无需去开发自己的潜力。我在签署每一份备忘录之前，都想要有一份说明三军方面在自己的问题上已经作出缩减的详细报告。

首相致赫里欧先生（法国）　　1945年5月4日

得知你和赫里欧夫人在一场长时间的考验中表现英勇，现已安全脱险，我感到十分欣慰。我向你们表示热烈的祝贺。

首相致蒙哥马利元帅（德国） 1945年5月6日

1．那些孤苦伶仃的德国平民和伤兵的数量，在你这一区域里多得令人震惊，你肯定会感到担忧。如果你怕常规途径太慢，请直接与我通信，千万不要犹豫。

2．把作指挥的将军关在战俘的囚笼里有什么必要？在分别对他们提出战犯起诉之前，我们难道就没有办法按平常的军阶来安置他们？

首相致雷诺先生、达拉第先生和布鲁姆先生（法国） 1945年5月9日

对于你们获得解救，我表示最热烈的祝贺。我在你们多年的囚禁之中，是如何经常想到你们的，不用说；在这个胜利的日子里能与你们同欢乐，我是多么地高兴更不用说。

首相致外交部 1945年5月14日

1．通过对德国人有权力的代理人来完成德国的投降工作，是最主要的。邓尼茨也许是个战犯，我不认识他，也不关心他。他虽然没有我们第一海务大臣霍金上将那么成功，但他曾用潜艇把船只击沉。他是否有叫德国人放下武器的权力，并且在保证没有生命损伤的情况下，尽快把他们移交过来，这是我们所关注的问题。我们不能跑到每一条德国人居住的简陋的巷子中去，与每一个德国人辩论，告诉他们不想被我们杀死的话就必须投降。一定要有一种势力能够发布命令，使他们会服从于所听到的命令。他们一服从，我们就可以根据我们的愿望实施无条件投降。

2．我不同意在这个力求避免暴乱的时候，提出关于宪法的大问题。你们似乎会惊叹于布仕将军所下达的命令，因为看来我们想要德国人做的事情，正好体现在这些命令中。我们永远不可能只管理德国而不顾德国人，我们膝盖上的负担已经过重，除非你还打算让每一个可怜的德国小学生把他疲惫的头枕在上边。有时候，任凭事情自然发展是有很大好处的。有些更重要的问题需要采取办法或是

可能需要炮火来解决，等过几天我们解决了这些问题，就会发现很多事情也随之消逝。接着，我们可以制定出大原则，以便适用于各种广大团体的特征。

3．当然，如果邓尼茨对我们来说有利用价值，就可以与他在指挥潜艇时所犯的罪行相抵消，千万要记得这一点。为对付这些被征服的人，你们是要控制一个能听使唤的工具，还是让你们的双手插到不安的蚁洞中去？

首相致海军大臣及第一海务大臣　　1945年5月15日

请你们在提交给我的方案中说明，你们将把你们所掌握的拖网船尽可能多地返还给渔民，还要说明，你们会在修理船只及帮助他们尽快下海捕鱼方面全力以赴。

要度过未来的艰苦岁月，我们还需要三四十万吨鱼，鱼都是在那里等着的。

首相致农业大臣　　1945年5月16日

如果所有的德国人从6月1日起，都开始耕地，下田种粮，哪种作物应该优先种植？

他们耕作情况如何，你们有这方面的报告吗？

首相致伊斯梅将军　　1945年5月20日

德国人俘虏的，后来又被我们释放的俄国人有多少，你有这方面的资料吗？哪些只是工人，哪些是和我们真正交过锋的人，你能分辨出来吗？

关于艾森豪威尔将军在电报中所说的四万五千名哥萨克人，他们是如何陷入当前的困境的？他们向我们发动过进攻吗？ 你可否再给我一份报告？

首相致劳工大臣、海军大臣和军事运输大臣　　1945年5月20日

你们竭尽全力用最快的速度发还最多的拖网船，这让我感到欣慰。使最大的和最现代化的船只立即出海才是最为重要的。不过，只是把它们发还还不行，为便于它们应用于远处的渔场，还要对他们进行改装。这种改装工作所享受的优先权要处处超过所有战舰的修理和制造。如果还缺乏很多劳动力，我希望劳工大臣

能够提供。

为使打捞回来的鱼从渔港转运各地，做好运输安排也是十分重要的事情。军事运输大臣应该保障不浪费捕捞来的鱼。缺乏肉类是我们面临的一种危机，大家应该为把最多数量的鱼提供给市场而尽自己的一份力。

首相致劳工大臣及其他有关人员　　1945年5月21日

至于复员问题，现在我还不能制订出解除医生兵役的办法，不过从军队中复员的医生初步定为一千六百人，因为他们为一般民众提供的医疗护理质量非常不好。

首相致伊斯梅将军转参谋长委员会　　1945年5月27日

1．现在，参谋长委员会应该关注的最主要的事情就是重新部署和复员。他们必须与我密切往来。一方面人们正在期盼解除兵役，另一方面我们目前要保持所有师的数量，或者在有需要时，我们必须能重新建立起来。为保持这些师的编制我们必须费尽心力。俄国的师的人数只有六千或七千。我打算留下更多的间接经费，更多数量的师，至于人数的多少，可以放宽限制，这样可以使师的人数缩减，而重新动员的力量不变。

2．这个时候，你无法专心致志地为了复员事务而投入全部精力。原本，我也希望是这样，但是现在我相信，国际关系中最重要的方面最好得到一些改善。我听蒙哥马利元帅说，他打算保留他所拥有的六个师，另外六个师打算做占领之用。最好把这六个为占领准备的师，以机动为基础来保留。请你告诉我，你对这件事有什么意见。是不是正在这样做？如果没有，如何能做到？我不愿做一个失去军队的领袖，使众多的俄国人能够在欧洲胡作非为。

3．特别是空军更适用于上述的话，如果俄军执意越过约定界限前进，我们就利用空军袭击他们的交通线。我们所能想象的是，这些事情可能会引发严重后果，因此，参谋长们应该牢记这件事。等到三大国再召开会议后，我们能有更确切的了解。

首相致飞机生产大臣　　1945年5月28日

对于你3月27日关于喷气式飞机的备忘录，我表示感谢。我注意到有六十架“流星三”型飞机说好在3月底交货，现在只生产出三十五架。虽然为“吸血鬼”式飞机配备的“鬼怪”式发动机大约可以生产出一百五十台，但是今年这种飞机却只能制造出五十架。为了在对日战争中获得作战经验，难道我们就不能制造出能装备成几个中队的，更多的喷气式飞机吗？

我期望罗尔斯－罗伊斯·尼恩式发动机的性能与其名声相符，如果真是那样，那它真的是非常杰出的发动机了。

首相致枢密院院长　　1945年5月30日

在我看来，最重要的事情是提高鱼类的供给，尤其是未来肉类要减少的几个月中。因此，我希望，你能将收到这份备忘录的大臣召集起来，组成一个委员会，并且为做到以下几点，想办法采取快速而持续的措施：

一、为使拖网船用于捕鱼，尽快对它们实施发还、修理和改装，特别是现代式的拖网船。扫雷舰在必要时也是需要的。

二、为保证配备人员，继而尽早出海捕鱼，请作出安排。

三、为保证所捕之鱼都能得到利用，请作出安排，还要将所有收购及从港口运输和分配所需要的安排包含在内。遇到必要时，应当做军事行动的延续来执行这件事。如果鱼在港口上岸时，民众的劳动力缺乏，又没有可以补充的其他人力，海军部应该命皇家海军人员予以帮助，并对此作出安排。

你可否尽快去执行，并每两周向我汇报一次。

首相致外交部及陆军部　　1945年5月31日

很长时间以来，这位勇士（安德斯将军）和我们并肩作战。在论功授勋的时候，我不愿意被布尔什维克片面的想法所影响。为表彰安德斯将军屡战沙场的功勋，我提议给他授予一枚勋章。

首相致外交大臣及陆军大臣 1945年5月31日

我的建议如下：

我们曾带领并为我们作战的那十二万八千名波兰部队，应该编制成一个占领军的军团，驻扎于（德国的）英军占领区内的某部分区域，但不要紧挨着俄国占领区。我们以后再商量他们时常需要召集新兵的问题。我认为不会有什么阻碍。我们对这些人迫切需求，而俄国人在流放几十万人到西伯利亚去之前也没与我们商量，因此对于这件事，他们也不会说什么。这也避免了波兰人与俄国发生政治矛盾，对他们来说是一件好事。陆军部原计划再调一个师到第二十一集团军群的事，不应该改变。以后做事要更多符合复员的需求，基于此原因，当前我们的（人）多一个是一个。三国会议即将举行，在此之前，千万不要做出与之相违背的决定。

首相致陆军大臣及伊斯梅将军转参谋长委员会 1945年5月31日

艾森豪威尔将军曾下令逮捕德国粮食局全体成员，我听农业部长说，除非联合参谋长委员会目前让他撤销此命令，否则，德国在第二年的粮食生产就不可能充足。我们在进入德国之前，将所有相关的德国官吏都假设为凶狠的纳粹分子，于是就制定了这条命令。正如在德国其他工业部门中一样，我们应根据档案材料对个别官吏做出判断。

我希望你将这个问题看作紧急事件，并做出考虑，在同联合参谋长委员会一起采取合适的行动之前，有必要与赫德森先生协商。

6月

首相致外交大臣 1945年6月2日

1．在保加利亚发生的暴行。关于彼得罗夫的秘书遭受恐怖行为的打击，到底是怎么回事？我们是否应该让我们的大使去告诉俄国人，我们打算根据我们收到的消息，公开实情，还要说出一切他们畏惧的情况。

2．英国国旗具有令人敬佩的权力，假如季米特洛夫曾经是英国代理人，我们应该充分利用该权力对他进行保护。不管在什么地方，如果让这些布尔什维克们以为你对他畏惧，他们就什么事情都能做出来，以显示他们的私欲和凶残。不过，苏联政府是不愿意让世人知道这些有损它名誉的报道，那么就让他们守着文明的礼节，老老实实地做事吧。

首相致蒙哥马利元帅　　1945年6月5日

1．我在这里发现众多意见，它们有改变禁止与占领区的敌国人民友好往来问题的迹象。俄国人之所以得到好处，因为他们似乎在实施相反的计划。

2．我为德国冬季将会出现的情形感到担忧。我想，只要你能让他们吃饱，不管你让他们干什么，他们都会去干。我在思考，除了让德国人自己承担起责任，要得到所有德国人的协助，还有什么办法？如果今年冬天，德国又出现一个布痕瓦尔德，导致几百万人（而不是数千人）面临死亡，那就不能把结束这场战事看作是有益的。

3．最近与我们往来过的德国海、陆军将领们被迫两手举在头上站着，这是我不愿意看到的。而第十一装甲师的步兵被人派来执行这个任务，也是我不愿看到的。我清楚，这全是同盟国远征军最高统帅部发出的命令。

4．我只是用简短的信告诉你这些事情，欢迎你详细询问。

首相致新闻大臣布列肯先生、布瑞奇斯爵士和机要室　　1945年6月9日

1．在鲍尔温先生的政府通过一个决策后，有了大臣们为报纸写稿的制度，就是说，凡是自己部门的报纸，不管是何题目，有没有报酬，都不得写稿，也不能为报酬撰写任何关于政府或政治方面的文章。当然，为给政府的政策辩护，他们可以参加辩论。一个大臣不适合把某一种报纸作为他的机关报。

2．此外，除当代政治之外，大臣有权随意创作文学、历史、科学或哲学等题材的东西，还可以收取报酬， 但要时刻警惕，不要被批评为玩忽职守。包括我在内的许多大臣，在工作期间，根据以上条件写下了一些书，并且这些书已经连载在报纸上。

3．选举期间，我们能有更多的自由。在目前的选举中，大臣们为体现那政府的意愿或为它的政策辩论，可以不计回报地在任何报纸上发表文章，但是，应该警惕的是，如果他们对某些报纸明显表现出偏爱，其他报纸就会反击他们。在内阁上可以提出这件事。

首相致海军部　　1945年6月11日

请把下列电报传达下去：首相致“柯尔文”号军舰舰长，你部下的司炉们，送给我漂亮的鲜花，又为纪念我乘“柯尔文”号到诺曼底海滩视察一周年给我发来热情的电报，请你将我的感激之情转告给他们。这是我有生以来，首次在一艘皇家军舰上作战。

首相致粮食大臣　　1945年6月16日

1．每天运往伦敦的五百吨鱼中，为什么只有一半可以食用？另外一半究竟做什么用了？如果没有任何用处，可不可以在交货地点把它们腌了？谁来为不能食用的鱼承担费用？

2．为缩短买鱼的长队，你必须尽快想办法加快供应的速度。与此同时，你应该发布消息说，由于人们获得确切的消息说，伦敦已大大增加了鱼类的供应，因此他们都来买鱼。

首相致空军大臣和劳工大臣　　1945年6月26日

1．为了测量全欧洲这个更大规模的计划，就提议重新使用梅德门南地方的空军摄影部队来服务，这是怎么一回事？现在还没到要人民来做（公家的）工作的时候，反而要尽可能多地放一些人出来。我们不能允许消耗了如此多精力，只是让人民做各种无用的工作。同样，轰炸效果研究团曾经提出要一千多人，这也让我感到棘手。这全部的计划必须立刻交给财政大臣审查。为什么我们要在这个时候增加我们的负担而为全欧测量呢？

2．我希望，你们在处理这些问题的时候能兼顾公共利益和国家财政。为保留那些不必要的职务，我们遭到各方面的劝告。在私人生活的许多其他方面都需要女性的时候，我不打算雇佣大量妇女作为政府人员，并付给她们满额的薪水，请你们务必亲手办理这件事。

首相致亚历山大·卡多根爵士　　1945年6月29日

关于禁止和占领区内敌国人民友好交往的问题，我们是不是在政策中将奥国人和德国人同等对待？我们应该严肃并急切关注这所有的事情。俄国人既能与人成为酒肉朋友，又会使唤别人，而我们则显得尊贵严肃，傲慢无礼。我们竟能做如此愚蠢的事情，这是我从未想到的。

7月

1945年7月份的计划

1945年7月3日

1．欧洲胜利之后，紧接着联合政府就解散了，大臣们在最近这几周里的大多数时间和注意力都必然会放到大选的活动上去。有很多问题还没有决定，为适应欧战的结束，我们要依靠这些决定才能重新计划全国的力量，并重新安排其顺序。

2．虽然最近的几个星期，我的同事们一直在忙碌，但是从投票当日到选举揭晓的一段时间内，我还要请求他们更加努力。在这段期间，内阁需要经常开会，一个星期可能要开三次，虽然内阁里的各常务委员会已经改过组了，但是还有许多事情要他们去处理……

内务方面的计划

必要时，房屋建筑小组还要与内阁一起出来，保证像对待军事行动一样，积极推进房屋建筑计划。在实施中会采用各种方式管理，要以两年为期限召集一批复员军人组成特别旅，在国内从一个地方到另一个地方，把工作做好，并给予特别优厚的待遇。在工兵中，有不少威望显著的合适人选。首批先组成五个包含一千人的团。建造这些房屋应该付出的力量应该像打场胜仗那样。任何东西都不能成为我们前进道路上的绊脚石。除此之外，还有值得特别注意的几点：

3．所提供的劳动力，既要照顾到建筑和土木工程的工业，又要照顾到生产建筑材料和构件的工厂。

4．为便于地方当局及私人企业尽快建筑永久性房屋，并加速生产预制配成房屋及其构件，需对永久性房屋采取措施。

5．尽快预备场地，准备生产房屋，是临时性房屋采取的措施。

6．用临时变通的方式，如征用或改建大房屋等，来增加用于冬季的房屋，这是为应急暂居而采取的手段。

五、为适当控制建筑事业而采取措施，以确保可用的劳动力都聚集到优先权等级高的工程上去……

8．尽快准备出口，推动出口。

9．必须制定出一份关于煤的详尽计划，以便5月29日，燃料和动力大臣能够执行关于未来采煤工业组织的政策说明。为确保煤炭得到充足的供应以满足入冬的需求，务必采取一切可能的程序。

10．关于房租限制方式，必须立即考虑里德利报告中的意见。

11．为开展国民保险的计划，应坚持进行立法和行政上的筹备工作。

12．为使修正计划所需要的立法形式得以实现，现在应该对国民卫生事业予以思考。

人力方面

首相的指示

1945年7月5日

1．我们不该不加区别地对待女性和男性。由于我们怕引起甲级人员的愤慨，因此不让我们所需的男性们回家开动工业机器。甲级排名最高级，是威严而不容侵犯的。如果对他们的权利有任何侵犯，都有引起像上次一样那么大灾难的可能。不管付出多大的代价，我们也不能和他们分开。

2．不过，妇女所属的范畴就完全不同了。由于她们不会叛变或引发暴乱，因此早点回家则更好。在空军飞机场和陆军及海军的工作岗位上，保留大量工资高的年轻女性，还要让她们从一批没有职务的人员那里专门学习把自己生活过得更好的方式，我们的制度应该会完全容不下这种观点。应该赋予所有女性自由，让她们尽早退出兵役，那些必要的职务足够让自愿留下的人担任。时常有人威胁说要抓住这些妇女不放，并且越来越恶劣。如果这些人不需要作战，不管怎样也不能保留。愿意留在部队里的人应该自动报名，成为去远东或印度的人选。我确信，在几周之内，我们也许就能宣布，只要女性愿意退出兵役，就可得到自由，只要愿意离开的人数不是很多，就不会使甲级人员的退役的比例受到影响。

3．请你们想方设法来实现这个目标。

首相致殖民地事务大臣和参谋长委员会　　1945年7月6日

所有巴基斯坦问题，虽然在波茨坦会议上可能会涉及到，但也应该留待和平会解决。在我看来，这是一件非常难办的事情，因此我们不该为此担负责任，而总是招致美国人背后的评论。我们应该请他们来负责，这点你们有没有想过。我确信，越把他们拉进地中海，越是会加强我们的地位。不管怎样，我们表达不想继续负责这一事实将大有好处。我不清楚，这种任务费力不讨好，究竟能给英国带来哪种好处。现在也该轮到别人了。不过，对于这件事，参谋长委员会应该以战略观点进行审核。

首相致爱德华·布瑞奇斯爵士　　1945年7月7日

1．不管女性相当于男性的哪个类别，只要在三军中服役的或是在战时军火工厂中工作的，如果自愿要走，就一律应该得到退役的允许。但是要继续保持妇女参加诸如纺织厂等民用制造业的命令，不要让她们在复员之后无所事事。与此同时，叫人专门来为她们寻找工作是绝不允许的。

2．我希望，迄今为止三个月后，从部队或军火工厂退出来的人达五十万。

首相致海军大臣、陆军大臣、空军大臣、卫生大臣、自治领事务大臣和印度事务大臣　　1945年7月17日

5月期间，我曾下达命令要一千六百名医生立即从军队中复员过平民的生

活。我想他们应该出来了，为证明此事，希望你给我一个报告。为今年冬季保障平民得到充足的医疗护理，现在已是时候再次减少军医数量了。因此，还会再有一千六百名医生于10月1日左右复员，过平民的生活。而三军方面则应该根据第一批一千六百人的相同比例放出这些医生。

首相致伊斯梅将军　　1945年7月23日

至于德国的步枪，你们会怎么处置？最大的错误就是将它们销毁。有没有为我国保留至少几百万支的可能？

(4) 每月对英国、盟国和中立国因敌人的行动而受损失的船只统计

（订正于 1952 年 6 月）

月份	英国		盟国		中立国		总计	
	船舶数	总吨数	船舶数	总吨数	船舶数	总吨数	船舶数	总吨数
6月（1944）	17	54 665	8	47 382	1	2 037	26	104 084
7月（1944）	11	40 539	6	38 217	–	–	17	78 756
8月（1944）	17	80 590	5	37 661	1	53	23	118 304
9月（1944）	4	26 407	3	16 961	1	1 437	8	44 805
10月（1944）	2	1 722	2	9 946	–	–	4	11 668
11月（1944）	4	11 254	3	24 621	2	2 105	9	37 980
12月（1944）	11	46 876	15	88 037	–	–	26	134 913
总　计	66	262 053	42	262 825	5	5 632	113	530 510
1月（1945）	9	45 691	9	37 206	–	–	18	82 897
2月（1945）	13	43 636	12	50 116	1	1 564	26	95 316
3月（1945）	13	46 653	13	63 406	1	1 145	27	111 204
4月（1945）	11	52 496	11	52 016	–	–	22	104 512
5月（1945）	1	2 878	3	14 320	–	–	4	17 198
6月（1945）	–	–	2	18 615	–	–	2	18 615
7月（1945）	–	–	3	7 237	–	–	3	7 237
8月（1945）	–	–	1	36	–	–	1	36
9月（1945）	–	–	–	–	–	–	–	–
不明	2	1 806	–	–	–	–	2	1 806
总　计	49	193 160	54	242 952	2	2 709	105	438 821

(5)
首相就胜利发表的广播演说

1945年5月13日

五年前的这个星期四，英王陛下命我组织联合政府来管理我们的国家大事，这个联合政府由各个党派组成。对于人的一生来说，五年是一个不算短的时间，尤其在需要不知疲倦地工作的时候更是这样。但是，不管怎样，议会、国内全体不列颠民族以及我们在国外的全部战士还是支持这个联合政府的，而远在海外的自治领和位于全球各地的我们整个帝国也坚决与它合作。历经所发生的各种事情后，我在上星期的时候已经明确意识到，迄今为止，事情没有遇到任何阻碍。英联邦和帝国的历史是久远而神奇的，但它在任何历史时期都没有现在这么团结，这么强大。没错，相比五年之前，我们在应对未来的问题和危机的能力上提高很多，我认为只要是公正的人就不会对此否认。

德国，是我们的最重要的敌人，也是我们强大的敌人。有一段时间，它几乎践踏了全部欧洲。在上次大战中，法国度过了一段非常焦虑的日子，这次更是全线溃败，这不是短时间内能恢复的。尽管低地国家为作战全力以赴，但最终没有成功。挪威也遭到践踏。当墨索里尼以为我们就快要倒下的时候，他的意大利在我们背后放暗箭。但是，提及我们自己——我是说我们大家，也就是英联邦及帝国——当时我们真的是孤立无援。

在1940年的7、8、9三个月中，在不列颠战役中作战的四五十个英国战斗机队狠狠打击了嚣张的德国航空机队，敌我损失比例为七比一或八比一。在最严重的时刻，我说："在人类战争的范围内，从未有过这么少的人对这么多的人做过这么大的贡献。"我想再重复一遍这些话。空军上将道丁的名字将与这件光荣的事件永远联系在一起。不过，与空军并肩作战的，还有总是准备完善的英国海军，任何时候，它都能把德国人从荷兰、比利时运河里所收集来的驳船轰炸成碎片。当时只有这种船只才能运送德国侵略军的部队。我绝对相信，敌人用当时所拥有的那种船只来侵略不列颠的任务，不会那么容易就完成。随着秋季暴风雨的来临，1940年马上就要经历的侵略危机过去了。

希特勒在闪电战马上就要爆发的时候说，他要“把他们的城市全部摧毁”。他的原话就是“把他们的城市全部摧毁”。我们从闪电战中挺了过来，没有表现出一点畏惧，也没有一句怨言，当时我向很多人民表示致敬，向他们证明伦敦“挺得住”，其他遭到践踏的核心城市也一样。但是，1941年到来之后，我们的危机仍然还在。我们海岛的入口水道，是四千六百万人民每天一半食粮以及他们需要的全部其他战争物资或民用物资必然要经过的输入口，然而敌人的飞机飞到了这些入口水道的上空。它们能通过一次飞行从布雷斯特越过这些入口水道而到达挪威，接着再返回。我们在克莱德湾和默尔西河之间往来的所有航运活动，都能被他们观察到，因此我们的护航队所在地，能被诸多并且越来越多的潜艇得知。当时，敌人的这些潜艇分布在大西洋中——现在，我国的港口正在征收这些潜艇的残余或它们的替代者。

让我们感到痛苦的是被包围的感觉，尤其是对我们的绞杀随时可能取代这种包围。当时我们必须通过北爱尔兰和苏格兰之间的那一条西北入口的水道，才能将生活必需品运进来，并将作战的军队运出去。在南爱尔兰中，有好几千人奔赴战场表现他们勇敢的秉性，与他们相比，都柏林政府的这种性情和气质则完全不同。那些入口水道在南爱尔兰港口和机场本来不难加以防御，但因为都柏林政府的行动，这些入口水道竟然被敌机和潜艇阻断。这个时刻在我们一生中都是非常关键的。如果缺少北爱尔兰的忠实和友情，要么我们必须去作战，要么就从地球上消亡。不过，尽管对付都柏林很容易也是自然所致，但英王陛下政府从来不曾这样做过。我敢说，它的镇定和自制力在历史上都是少有，且无人能比的，但是，他们先和德国人，后和日本代表瞎混在一起，我们却任凭他们为所欲为。

当我忆起这些日子的时候，也忆起另外一些片段和人物。我记起分别荣获了维多利亚勋章的埃斯蒙德海军少校、基尼利一等兵和费根上尉，还有其他爱尔兰英雄们，他们的名字我很难忘记。因此，我不得不如实承认，不列颠对爱尔兰民族的愤恨在我心中已不存在了。我只希望，在我逝世之后，人们能永远保持光荣而忘记那种耻辱，并且英联邦的人民能在相互理解相互体谅中共同前进，大不列颠群岛的人民也能像他们一样。

我的朋友们，虽然诸如我们商船海员们的忠心，以及每晚出动的扫雷舰等事情很少在报纸上用大标题刊登，但当我们想到西北入口水道的时候，我们就会想起这些事情。我们的皇家海军是庞大、富有创造性、善于灵活应变的，它排列四周并且最后有能力控制全局。而空军，则是它逐渐强大的新同盟者，因此我们也会记得它们。我们的生命线因为这些力量而一直畅通无阻，我们才能呼吸，才能存活，才能反击。我们被迫做出可怕的事情。我们必须说法国的舰队如果完全落入德国人手中，恐怕早已并入意大利舰队，促使德国海军与我们在公海上对抗，因此我们不得不将它们摧毁或占为已有。我们做了这件事，于是不得不在最惨淡的时候，将我们岛上真实拥有的全部坦克都绕过好望角，交到韦维尔将军手上。由于这件事，还是1940年11月的时候，我们就能保卫埃及免受蹂躏。本来墨索里尼还打算紧跟着意大利军队进入开罗和亚历山大，但是这支军队在损失了二十五万名战俘以及被悲惨地消灭后，又被击退了。

其实，罗斯福总统还有美国全国的才干之人，对我们在1941年春天将要经历的事情深表担忧。总统心里最深处想的是，英国遭遇毁灭这件事本身就很可怕，况且美国的巨大潜力和今后的命运几乎还没有武装起来，很容易因此遭受致命的危机。他唯恐我们在1941年的春天遭遇侵略。在他的身后，无疑还有军事顾问们的意见，这些军事顾问相当于世界上著名的一流军事家。因此，他让他最近一次的总统竞选对手——已经去世的温德尔·威尔基——把他的亲笔信带到我这里来。信上写着的著名诗句来自朗费罗，我在前几天曾在下议院中引用过。

毕竟，在1941年年初的几个月中，我们已经拥有相当坚固的地位，并且同法国刚刚溃败之后的那几个月相比，我们自己感觉要好很多。我们拥有约一百万兵力的敦刻尔克部队和在英国的野战军部队，几乎已经全部准备或者重新装备起来。自从去年6月之后，美国已经从大西洋彼岸给我们运来一百万支步枪和一千门大炮，并且都配有弹药。在我们的逐渐壮大的兵工厂里，在机器旁边工作的男人和女人，不到累得晕倒就不罢休。有近一百万男工，最多时候达到二百万，他们不仅每天工作，还被编到国民自卫军中。至少他们配备了步枪，并且被“不胜利就死”的精神装备起来。

到1941年后期的时候，我们依然是独自维持着。我们在冬季，在昔兰尼加和在利比亚摘取了胜利的果实，但为了支援希腊，我们只能无奈地，并在某种程度上也是不经意地将它牺牲掉。尽管不起什么作用，但希腊永远会记得我们从自己仅留的一丁点东西中为它支援了多少。我们这样做是出于道义。由德国人挑唆起来的伊拉克叛乱被我们镇压了，巴勒斯坦受到我们的保护。我们在戴高乐将军坚持不懈的自由法国的帮助下，将叙利亚和黎巴嫩的维希分子、德国的飞行员还有密谋者肃清。而另一件世界重大事件在1941年6月发生了。

我希望你们能用心去读英国史，在读它的时候，你们会注意到，只有对照过去，才能评测未来，只有阅读英国和英帝国的历史，你们才能感受到住在这些岛上拥有一种扎实根基的自豪感——你们在读英国史的时候，有时会注意到，独自作战或在联合行动中成为主要推动力，以致与大陆上的一个暴君或是独裁者做对抗，这对我们来说是经常的事，而且我们常常要坚持很长一段时间。反对西班牙的无敌舰队时是这样，反对路易十四的强权时也是这样。当时我们在威廉三世和马尔巴罗的指挥下，在欧洲领导作战长达二十五年之久。一百五十年前的时候，拿破仑曾经被纳尔逊、皮特和威灵顿打败，这是因为在1812年时，俄国人勇敢地帮助了我们。我们在这些世界战争中，或是保持着欧洲领导的角色，或是独立作战。

时机总会到来，只是需要我们独自坚持一段时间，到那时这位暴君犯了重大的错误，就会更改整个斗争的力量对比。希特勒认为自己会统治全部欧洲，不，他甚至自认为很快会统治全世界。他在1941年6月22日，没有通知一声，就平白无故地对俄国发动突然而凶猛的进攻，而与斯大林元帅和成千上万的俄国人民为敌，简直是忘恩负义。接着，在该年年底，日本对美国珍珠港发动恶劣的袭击，与此同时，对在马来亚和新加坡的我们发动进攻。很快，希特勒和墨索里尼就对美国宣战了。

从那时起，已经过了好几年了，对我来说，度过每一年的确就好像度过了十年那么久。但是自从美国加入战争，我深信我们绝对可以得救，并且相信我们只要尽力作战，就能获得胜利。我们在这所有的过程中，都起到了自己的作用。今天，这些恶人已经被打倒了——但愿我不是在这里自我吹嘘。我说，自从1942年10月阿拉曼战争以来，英美联军攻入北非、西西里、意大利，甚至将罗马占领，我们行军虽翻山越岭，但通过这些，我们再也没有打过败仗。到了去年，经过两年的耐心准备，加上水陆两栖作战的精巧设计——我们独一无二的科学家，也值得你们注意，尤其是当他们把精力集中到海军事务方面的时候——去年6月6日，我们在被德国人侵占的法国领土上，夺取了面积不大的栖息之地，这也是经过我们慎重选择的。接着，我们从本岛和大西洋彼岸召集了成百万的人进去，直到向前挺进的英美先头部队把塞纳河、索姆河和莱茵河都落在了后面。法国解放了，为了帮助自己解放，它打造了一支全部是勇士的军队。

另外，俄国人民在军事上获得了伟大的成就，他们始终在自己的前线上与德国军队抵抗，他们所能抵抗的远远多于我们。现在，他们正快速向前，在德国的中心地带与我们会师。与此同时，亚历山大陆军元帅指挥的多民族的军队——其中大部分是英国和美国人——在意大利给敌人致命的打击，并使百万以上的德国军队被迫投降。现在，由几乎同等人数的英国人和美国人共同组成的我们所说的第十五集团军群，正进入奥地利国境，与分别在左右两边的艾森豪威尔将军所指挥的美国军队以及俄国人共同前进。你们可能记得——但也有可能忘记——碰巧就在这三天内，我们就收到了墨索里尼和希特勒的死讯，他们死有余辜。也是在这三天内，这支十分好战的德国军队，其中有二百五十多万人向亚历山大元帅和蒙哥马利元帅投降。

在这里我要说明：美国在拯救法国和战败德国时，所使用的强大而精锐的力量，一直被我们所重视。譬如，从伤亡人数表上可以看出，我们英国人和加拿大人在那边的人数，虽然只有美国人的三分之一左右，但是我们在分担作战上却全力以赴。我们的海军在大西洋、英吉利海峡、爱尔兰海峡，以及在北冰洋到俄国去的护航舰队中，都担负了沉重的责任，这是无人能比的，而美国海军的强大力量主要用于对付日本。我们之间的分工很公平，有些工作我们已经做了，有些还没有做，我们现在都可以汇报。我们表扬我们自己最杰出的两位指挥官，亚历山大和蒙哥马利的品行和光荣战绩，是很应该也是很自然的。自从他们两人在阿拉曼共同作战以来，打的全是胜仗。他们都指挥过最重要和具有决定性作用的战役，地点遍布非洲、意大利、诺曼底和德国。而艾森豪威尔将军的指挥是联合且统一的，他的战略指导是有深度的，我们知道我们应该对此表示最真切的谢意。

在这个时刻，我个人要向英国参谋长委员会致敬。在这些艰难的暴风骤雨的年月里，我一直与他们保持合作，并且非常紧密。这个组织不大，但具有杰出的才能，它的成员变动也不多。他们摒弃了所有不同兵种的派别偏见，从整体上思考战争上的问题，因此彼此之间协作得非常融洽。布鲁克陆军元帅、庞德海军上将以及在他去世后接替他的安得鲁·坎宁安海军上将，还有波特尔空军元帅组成的一个组织，在一切英国战略指导上与同盟国战略的合作上，应该享有最高荣耀。

绝对可以这样说，最好的联合以及最亲密的合作之所以能在英美联合参谋长委员会的行动中彻底实现，是因为我们的战略指挥。俄国的军事首领自德黑兰会议之后，也加入其中。而且还可以说，两国军队在各条战线上混合在一起共同作战，并能够像英美两国的伟大的军队一样这般团结、友好、亲如兄弟，这是从未见过的。有人说："这并不奇怪，如果两国的语言相同，法律相同，大部分历史也相同，并且对待人生的态度以及所有希望和荣耀的理解也是大致相同的，发生这样的事情岂不是应该的吗？"还有一些人或许会说："当有人需要出来为整个世界的自由和公正做些事情的时候，而他们却不能协商合作，在陆地上不能共同前进，在海上不能共同航行，在空中不能一齐飞翔，这才是整个世界的灾难，也是他们两国的灾难。这就是未来伟大的希望。"

我们最后一个危机因德国的溃败而消除。一年以来，我们在伦敦和东南各郡经受了各种各样的飞弹——还有火箭的袭击——或许你们也听说过，而我们的空军和高射炮部队非常漂亮地完成了对这些武器的阻击，特别是空军。他们在飞弹的可疑迹象还不明朗的时候，就已经能够及时进行轰炸，使德国人的所有筹备工作受阻并延误。不过，直到我们的军队将法国沿岸地区的敌人消灭，将全部发射点占领；直到美国人在莱比锡附近将大量各种样式的火箭缴获之后——在我们已收到的消息中，这是另一件事，我们也是前天才得知——直到我们可以在法国和荷兰海岸，详细审查他们所做的全部准备工作，将其中的科学细节掌握之后，才得知我们过去所处的危机是多么严重，除了火箭和飞弹外，还有在筹备中的复式远程大炮，它的目标是伦敦。幸好在最后的时刻，盟军趁毒蛇还未出洞穴就将它炸死，否则，在1944年秋天或许就会看到伦敦毁坏得像柏林一样，更不要说1945年了。

与此同时，德国人已经在筹备一种新的潜艇舰队和战术，虽然最后，我们也会摧毁这些东西，但是，反潜艇的战争很可能因此再次达到1942年那样的高潮。因此，我们不但为了在独自战斗时能够免受伤害，而且为能及时从难以估计的新的灾难和危机中解脱出来而幸免和感激。

希望今晚我就能告诉你们，我们的所有灾难和烦恼已经不在。这样我也能高兴地终止我五年来的服务，并且，如果你们认为我无处可用，应该卸去职务，我定当高兴地接受。不过，我反过来要像当时我承担这五年的任务一样提醒你们——当时没人知道会延误这么久——我们还有很多事情要做，并且如果你们不准备退到懒惰颓废、毫无目的和懦弱无能的旧道路上来，你们必须为了伟大的事业，在身心方面再做努力与进一步牺牲的准备。不管怎样，你们决不能有一点松懈，一定要保持清醒和警觉。尽管人类的精神需要节日的欢乐，但是每一个男女都应该以快速复原的精力和更多的力气回到他们应该做的工作中去，并且他们还应该在公共事务上继续保持他们的认识和警惕。

我们还要保障，在欧洲大陆上，在胜利后的日子里，我们纯粹而荣耀的参战目的不会遭受放弃或轻视，并且我们不能误解“自由”、“民主”和“解放”这些字眼，使它们失去我们所理解的真正含义。如果缺少法律和正义的统治，如果德国侵略者任凭极权或警察政府来替代，那么我们也没必要惩罚希特勒分子一伙的罪行了。我们不为自己谋取什么，但是我们必须保证和平会议能够在事实上和文字上接受我们为之奋战的那些主张，特别重要的是，我们必须为联合国在旧金山成立的世界组织有真实作用，为不成为强者的盾牌与弱者的嘲笑而努力。胜利者在兴奋的时候，更应该反躬自省，并使自己的高尚行为配得上它们所拥有的如此庞大的武力。

除了以上种种之外，我们一定要记得，日本虽然遭受打击，并且日益衰落，但它仍不甘心失败。它的民族拥有一亿人口，他们的士兵都不怕死。对于要使日本人修正他们那可恶的阴谋与残酷的行为还需要多少时间，耗费多少精力，今晚我还不能告诉你们。但我们像中国一样勇敢地坚持这么长时间，我们本身遭受过他们可怕的伤害，并且由于我们与美国之间的友谊是真诚的，关系如手足般忠诚，因此我们必须在世界的另一头勇敢、准确地与他们并肩打这一场仗。我们切不要忘记澳大利亚和新西兰以及加拿大过去和现在都直接受到这个凶狠国家的威胁，这些自治领在我们的暗淡时期，都曾经对我们伸出援手，我们一定要坚决完成关于他们的安全和前景的一切任务。在五年前的当时，我就对你们说了一些艰难的事情，但是你们勇往直前。如果我不是在完成所有任务之前，在整个世界都变得安全而清澈之前坚持呼喊：前进、勇敢、坚定、不要屈服，我就不配拥有你们的信任与宽容。

(6) [①]

大西洋战役：德国潜艇在最后阶段击沉商船的情况

大西洋战役：在大西洋被德国潜艇击沉的商船

① 参阅第十三章《德国的投降》。——原注

(7) 大臣任命表
1944年 6月——1945年 5月

(战时内阁的成员重点标出)

首相兼第一财政大臣及国防大臣	W.S.**丘吉尔先生**
海军大臣	A.V.亚历山大先生
农业和渔业大臣	R.S.赫德森先生
空军大臣	阿齐博尔德·辛克莱爵士
飞机生产大臣	斯塔福德·克里普斯爵士
缅甸事务大臣	L.S.埃默里先生
兰开斯特公爵郡大臣	欧内斯特·布朗先生
财政大臣	**约翰·安德森爵士**
民用航空大臣	斯温顿子爵(1944年 10月9日任命)
殖民地事务大臣	奥利弗·史丹利上校
自治领事务大臣	克莱勃恩子爵
经济作战大臣	塞尔伯恩伯爵
教育委员会主席(1944年教育法令改称教育大臣)	R.A.帕特勒先生
粮食大臣	J.J.卢埃林上校
外交大臣	**安东尼·艾登先生**
燃料和动力大臣	G.劳埃德·乔治少校
卫生大臣	H.U.韦林柯先生

内政大臣 国内安全大臣	赫伯特·莫里森先生
印度事务大臣	L.S.埃默里先生
新闻大臣	布伦丹·布列肯先生
劳工与兵役大臣	欧内斯特·贝文先生
司法官:	
检察总长	D.赛默威尔爵士
苏格兰检察总长	J.S.C.里德先生
副检察总长	戴维·马克斯威尔·法伊弗爵士
苏格兰副检察总长	戴维·金·默里爵士,大法官西蒙子爵
枢密院长	克莱门特·艾德礼先生
掌玺大臣	比弗布鲁克勋爵
国务大臣	R .K.劳先生
不管部大臣 (迄 1944年 11月 18日) 国民保险大臣	威廉·乔伊特爵士
主计大臣	彻韦尔勋爵
年金大臣	瓦尔特·沃莫斯里爵士
邮政大臣	H.F.C.克鲁克香克上尉
生产大臣	奥利弗·利特尔顿先生
建设大臣	伍尔顿勋爵
苏格兰事务大臣	托马斯·约翰斯顿先生
军需部大臣	安德鲁·邓肯爵士
城乡计划大臣	W.S.莫里森先生
贸易大臣	休·多尔顿先生
陆军大臣	詹姆斯·格里格爵士

军事运输大臣	莱瑟斯勋爵
公共工程大臣	波特尔勋爵（迄 1944年11月22日）邓肯·桑兹先生
驻外大臣：	
驻中东国务大臣	默因勋爵（迄 1944年 11月22日）爱德华·格立格爵士
驻华盛顿军需大臣	本·史密斯先生
驻盟军总部地中海战区大臣	哈罗德·麦克米伦先生
驻西非大臣	斯温顿子爵（迄1944年 11月22日）巴尔弗上尉
上议院领袖	克莱勃恩子爵
下议院领袖	安东尼·艾登先生

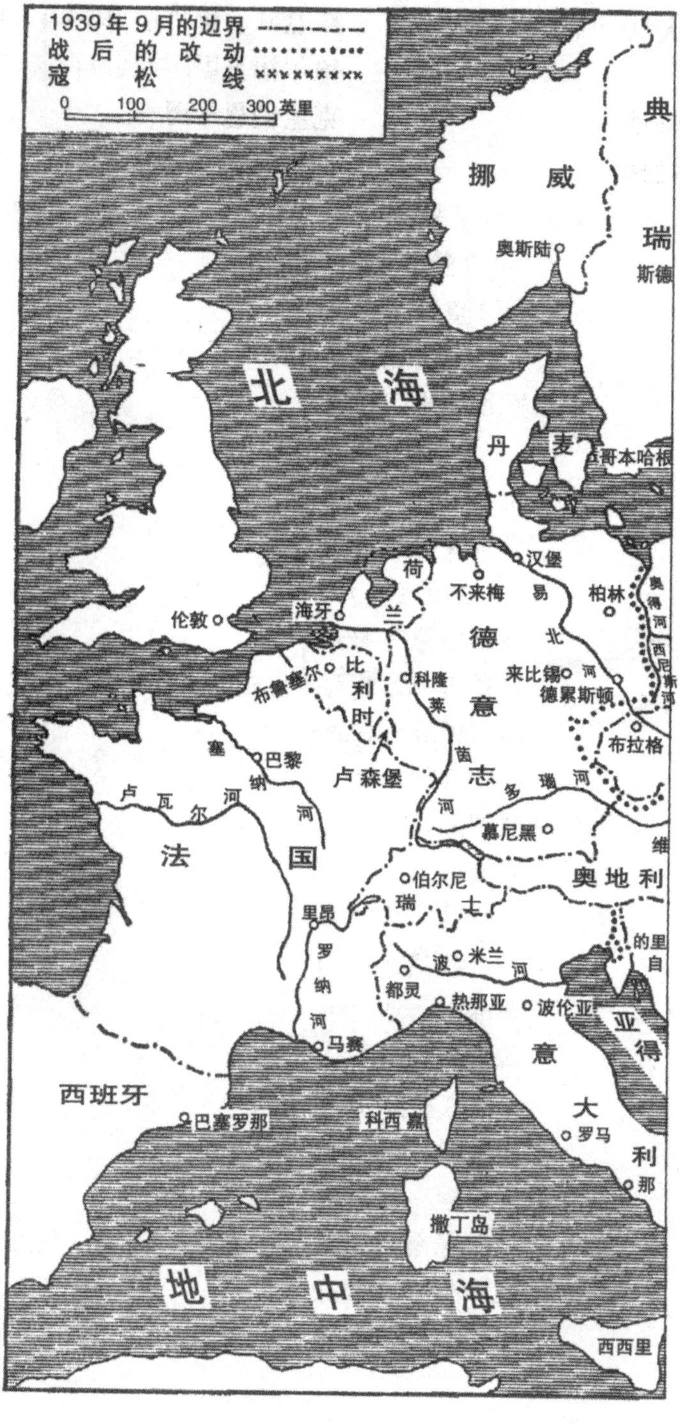
1939年9月的边界
战后的改动
寇松线
0 100 200 300 英里
北海
挪威
奥斯陆
瑞典
丹麦
哥本哈根
汉堡
荷兰
海牙
不来梅
柏林
易北河
奥得河
西尼斯河
伦敦
布鲁塞尔
比利时
科隆
德意志
莱茵河
来比锡
德累斯顿
布拉格
巴黎
塞纳河
卢森堡
卢瓦尔河
多瑙河
慕尼黑
法国
伯尔尼
瑞士
奥地利
里昂
罗纳河
米兰
波河
都灵
热那亚
波伦亚
马赛
西班牙
巴塞罗那
科西嘉
意大利
罗马
撒丁岛
地中海
西西里

奥涅加湖
芬　兰
拉多加湖
列宁格勒
哥尔摩
塔林
爱沙尼亚
楚德湖
（派帕斯湖）
普斯 科夫
波罗的海
莫斯科
里加
拉脱维亚
维切布斯克
立陶宛
考纳斯
维尔纽斯
（维尔纳）
科尼希斯贝格
明斯克
但泽
格罗德诺
苏　　联
波　兰
平斯克
华沙
布列斯特－
利托夫斯克
基辅
布雷斯劳
索科尔
东尼斯河
利沃夫
普热米什尔
甲线
乙线
捷克斯洛伐克
敖德萨
也纳
布达佩斯
匈　牙　利
罗马尼亚
黑　海
雅斯 特
由区
布列勒斯特
南
贝尔德莱德
斯
拉
夫
多　瑙　河
索非亚
保加利亚
伊斯坦布尔
里
亚
海
阿
尔
巴
尼
亚
地拉那
不勒斯
希
腊
土耳其
雅典

图书在版编目（CIP）数据

第二次世界大战回忆录 .12，铁幕 / （英）温斯顿 · 丘吉尔著；
王敏译 . —北京 ：北京时代华文书局，2017.7（2020.2重印）
ISBN 978-7-5699-1650-8

Ⅰ . ①第… Ⅱ . ①温… ②王… Ⅲ . ①丘吉尔（Churchill，Winston Leonard Spencer 1874–1965）－回忆录②第二次世界大战－史料 Ⅳ . ① K835.167=5② K152

中国版本图书馆 CIP 数据核字（2017）第 137110 号

第二次世界大战回忆录 12：铁幕

DIERCI SHIJIE DAZHAN HUIYILU 12：TIEMU

著　　者 | 〔英国〕温斯顿 · 丘吉尔
译　　者 | 王　敏

出 版 人 | 王训海
选题策划 | 梁明德　邵鹏军
责任编辑 | 周连杰
装帧设计 | 格林文化
责任印制 | 刘　银　訾　敬

出版发行 | 北京时代华文书局 http://www.bjsdsj.com.cn
北京市东城区安定门外大街 136 号皇城国际大厦 A 座 8 楼
邮编：100011　电话：010 - 64267955　64267677
印　　刷 | 三河市华润印刷有限公司　0316 - 3656029
（如发现印装质量问题，请与印刷厂联系调换）
开　　本 | 710mm×1000mm　1/16　　印　　张 | 27.75　　字　　数 | 360 千字
版　　次 | 2017 年 8 月第 1 版　　印　　次 | 2020 年 2 月第 3 次印刷
书　　号 | ISBN 978-7-5699-1650-8
定　　价 | 62. 00 元